电子商务综合实训

DIANZI SHANGWU ZONGHE SHIXUN

（第二版）

主　编　蒋定福
副主编　吴煜祺

首都经济贸易大学出版社
Capital University of Economics and Business Press
·北 京·

图书在版编目（CIP）数据

电子商务综合实训/蒋定福主编．--2 版．--北京：首都经济贸易大学出版社，2018.9

ISBN 978-7-5638-1968-3

Ⅰ．①电…　Ⅱ．①蒋…　Ⅲ．①电子商务　Ⅳ．①F713.36

中国版本图书馆 CIP 数据核字（2011）第 258658 号

电子商务综合实训（第二版）
主　编　蒋定福　副主编　吴煜祺
DIANZI SHANGWU ZONGHE SHIXUN

责任编辑　刘元春　陈炳珍
封面设计　**风得信·阿东 FondesyDesign**
出版发行　首都经济贸易大学出版社
地　　址　北京市朝阳区红庙（邮编 100026）
电　　话　（010）65976483　65065761　65071505（传真）
网　　址　http：//www. sjmcb. com
E- mail　publish@cueb. edu. cn
经　　销　全国新华书店
照　　排　北京砚祥志远激光照排技术有限公司
印　　刷　北京市泰锐印刷有限责任公司
开　　本　787 毫米×1092 毫米　1/16
字　　数　608 千字
印　　张　23. 75
版　　次　2012 年 4 月第 1 版　**2018 年 9 月第 2 版**
　　　　　　2020 年 12 月总第 8 次印刷
书　　号　ISBN 978-7-5638-1968-3/F · 1137
定　　价　45. 00 元

内容提要

电子商务综合实训是学生掌握电子商务理论、方法及技能的重要渠道，作者针对电子商务实践教学环节的要求编写本书，其内容可分为网络应用篇、系统模拟篇及网上实务篇。网络应用篇有服务器（包括 DHCP 服务器、DNS 服务器、Web 服务器及 FTP 服务器）的安装与使用，网络配置及故障诊断，网页制作及网络工具的使用四项实验；系统模拟篇采用的是国家电子商务师鉴定系统（ECPv3.0），模拟实验有 B2C 模拟、B2B 电子合同、B2B 电子交易、B2B 招投标、C2C 模拟、网络营销、EDI、网上单证八项实验；网上实务篇有网上购物、网上开店、B2B 网上交易及服务、跨境电商、O2O 电子商务五项实验。

本书结构新颖，内容丰富，通俗易懂。网络应用篇具有很强的操作指导性，系统模拟篇采用国家电子商务师的鉴定系统进行模拟操作，网上实务篇可为读者在网上进行实践提供指导。

本书适合于高校应用型本科及高职高专电子商务专业及经济管理类专业的学生使用，也可作为自学参考书及培训教材。

前言

近年来信息技术的发展突飞猛进，各种新业态及新的商业模式不断产生，电子商务经过二十余年的发展，已由初始时企业间商务领域的简单应用迅速扩展至购物、缴费、旅游、餐饮、娱乐、社区服务等大众日常消费领域，电子商务无论从规模还是结构上都实现质的飞跃。它不仅引发技术上的改变，而且还带来商务模式的变革，这一变革甚至延伸到文化和理念方面。电子商务所覆盖的知识无论从理论上还是从实践上看，都有较强的综合性。

在过去几年的电子商务教学中，我们深深感受到，讲授一些电子商务理论知识学生难于理解。这就要求我们在教学中需将理论知识同大量案例及实践操作相结合，以加深学生对电子商务的理解。电子商务综合实训是学生掌握电子商务理论、学习电子商务方法与技能的重要渠道。我们最初设计电子商务综合实训体系时发现，电子商务模式的不断创新使得电子商务案例不断丰富。而现有的电子商务模拟系统软件缺少统一的标准，各个系统的编写者根据各自的理解进行的系统设计各具特色。因此，编写一本既能提高学生的电子商务实际操作能力，又符合各大高校培养目标的电子商务综合实训教材具有相当的难度，但这又是当前国内高校电子商务实验教学之所需。正是为满足电子商务综合实训的迫切需求，我们编写了这本实训教材。

《电子商务综合实训》第二版是在第一版的基础上，融入近年来电子商务实业界的新发展、新应用及作者十余年的教学经验。本书分为网络应用篇、系统模拟篇及网上实务篇。网络应用篇对 DHCP 服务器、DNS 服务器、Web 服务器及 FTP 服务器的安装与使用进行了压缩，按照当今流行的服务器安装与使用方法进行整合，网络工具增加了微信、钉钉移动办公软件等现代网络应用。系统模拟篇对一些表述不准确的内容进行修订，大部分内容得以保留。网上实务篇部分有比较大的改动，其中网上购物、网上开店、B2B 网上交易及服务等实验采用当前较流行的微淘、微店及移动电商平台，支付方式也采用已广泛使用的支付宝、微信支付及苹果支付等支付工具，增加了敦煌网跨境电商及 O2O 应用等内容。

本书是对嘉兴学院国家经济管理实验示范中心十余年的电子商务实验教学的总

结，本书在编写过程中参考了同行相关资料及相关网站。中国制造网及阿里巴巴、美团、微信、敦煌网等提供了部分内部资料，在此表示感谢；杜睿、薛菲、倪晓雨、周若柳等同志为本书的编写提供了无私的帮助和支持，在此致以诚挚的谢意。

快速迭代的信息技术将对电子商务综合实训产生深远的影响，具体做哪些实验、采用何种技术做、做到什么程度都是需要不断探索的问题，加之编者水平有限，书中不足之处在所难免，敬请各位专家、读者批评指正。

编　者

2018 年 8 月

目录

目
录

第一篇

网络应用篇

实验一　服务器的安装与使用

一、实验名称和性质

所属课程	电子商务综合实训
实验名称	网络服务器的安装与使用
实验学时	4
实验性质	□验证 ☑综合 □设计
必做/选做	☑必做 □选做

二、实验目的

（1）学会安装 DHCP 服务器、创建和配置 DHCP 作用域；学会在 DHCP 作用域中添加保留 IP 地址。

（2）学会安装 DNS 服务器、创建正向和反向搜索（查询）区域。

（3）学会安装互联网信息服务（IIS）、访问和创建 Web 站点；掌握启动、停止和暂停 Web 站点的方法。

（4）学会安装 FTP 服务器、建立和访问 FTP 站点、设置和访问虚拟 FTP 目录。

三、实验环境

装有 Win 7 的计算机、局域网环境、一台 PC 机和 FTP 服务器软件（本项实验以 Serv-U 为例）。

四、知识准备

（一）DHCP 服务器的含义及作用

DHCP（Dynamic Host Configuration Protocol，动态主机配置协议）指的是由服务

器控制一段 IP 地址范围，客户机登录服务器时可以自动获得服务器分配的 IP 地址和子网掩码。首先，DHCP 服务器必须是一台安装有 Windows Server/Advanced Server 2008 系统的计算机；其次，承担 DHCP 服务器的计算机需要安装 TCP/IP 协议，并为其设置静态 IP 地址、子网掩码、默认网关等内容。在默认情况下，DHCP 作为 Windows server 2008 的一个服务组件，系统不会自动安装，必须把它添加进来。

（二）DNS 服务器的含义及作用

DNS（Domain Name System 或者 Domain Name Service，域名服务）指的是一种层次结构的计算机和网络服务名称系统。它通过友好的名称代替难以记忆的 IP 地址，以定位计算机和网络服务。

DNS 服务器是域名系统或者域名服务。域名系统为 Internet 上的主机分配域名地址和 IP 地址，当用户使用域名地址时，该系统就会自动将域名地址转为 IP 地址。域名服务是运行域名系统的 Internet 工具。执行域名服务的服务器称之为 DNS 服务器，可通过 DNS 服务器帮助域名服务的查询。

DNS 服务器可以进行正向查询和反向查询。所谓正向查询，是指将域名解析成 IP 地址；所谓反向查询，是指将 IP 地址解析成域名，以实现 DNS 服务。

DNS 是用来帮助记忆网络地址的，这完全是为了迁就人类的记忆思维而设的。当用户在浏览器地址栏中输入一个网址时，就可以使用 DNS 的服务了，如输入 www. sohu. com，DNS 服务器就会自动将它翻译成搜狐的主机 IP 地址（114. 80. 130. 94）了。计算机在网络中可以通过 IP 地址（最终也是要翻译成 0 和 1）寻找主机，而复杂的 IP 地址难以记住，DNS 就可以用一些比较有意义的字符代替 IP 地址。DNS 的作用就是在域名和 IP 之间承担翻译工作。

（三）Web 服务器的含义及作用

Web 服务器也称为 WWW（World Wide Web，简写 WWW，环球信息网）服务器，也可以简称为 WEB，中文名字为“万维网”，主要作用是提供网上信息浏览服务。WWW 采用的是浏览器/服务器结构，其作用是整理和储存各种 WWW 资源，并响应客户端软件的请求，把客户所需的资源传送到 Windows 95（或 Windows 98）、Windows NT、UNIX 或 Linux 等平台上。

微软的 Web 服务器产品为 IIS（Internet Information Services，互联网信息服务），IIS 是允许在公共 Intranet 或 Internet 上发布信息的 Web 服务器。IIS 是目前最流行的

Web 服务器产品之一，很多著名的网站都是建立在 IIS 平台上的。IIS 提供了一个图形界面的管理工具，称为 Internet 服务管理器，可用于监视配置和控制 Internet 服务。

（四）FTP 服务器的含义及作用

FTP 服务器是在互联网上提供存储空间的计算机，它们依照 FTP 协议提供服务。FTP（File Transfer Protocol，文件传输协议）就是专门用来传输文件的协议。简单地说，支持 FTP 协议的服务器就是 FTP 服务器。

FTP 服务可实现两台远程计算机之间的文件上传和下载。一台计算机作为 FTP 客户端，另一台计算机作为 FTP 服务器。可以采用匿名和授权用户账户两种方式登录 FTP 服务器。FTP 服务目前仍然是互联网中文件传输的一种主要方法。

常用的 FTP 服务器软件及其特点，如表 1-1 所示。

表 1-1　常用的 FTP 服务器软件及其特点

软件	特点
Serv-U	设置简单，功能强大，性能稳定，具有非常完备的安全特性
8UFTP	多线程，支持在线解压缩，是目前体积最小的 FTP 客户端工具
CuteFTP Pro	全新的商业级 FTP 客户端程序，提供更加快速的文件传输系统
LeapFTP	功能强大，书签形式使连线更加方便，下载与上传文件支持续传

现在常用的 FTP 服务器软件除表 1-1 所示的外还有 FlashFXP、TurboFTP、ChinaFTP、AceFTP Pro、EmFTP Pro、Xlight FTP Server 等，此处就不一一列举比较了。

五、实验步骤和内容

（一）DHCP 服务器的安装与配置

1. 安装 DHCP 服务器

如果原服务器在域控制器安装时没有安装 DHCP 服务器，则可以在安装域控制器后另外安装、配置 DHCP 服务器。在 Windows 服务器系统中配置 DHCP 服务器比较简单、直观，因为都是通过操作图形界面的方式进行的，与其他服务器的配置方法一样，所以也很容易理解。

在安装 Windows Server 2008 DHCP 服务器之前，必须注意以下两点。

第一，DHCP 服务器本身的 IP 地址必须是固定的，也就是其 IP 地址、子网掩码和默认网关等数据必须是静态分配的。

第二，事先规划可提供给 DHCP 客户端使用的 IP 地址范围，即所需要建立的 DHCP 作用域。

（1）执行“开始”→“管理工具”→“服务器管理器”操作，如图 1-1 所示，打开窗口，如图 1-2 所示。

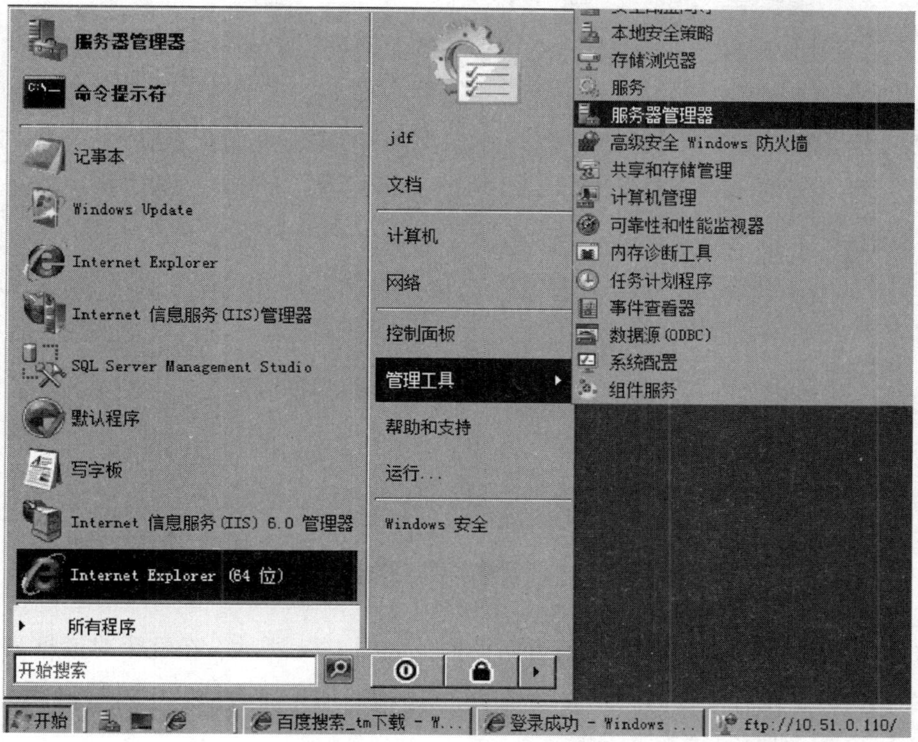

图 1-1　“开始”菜单操作界面

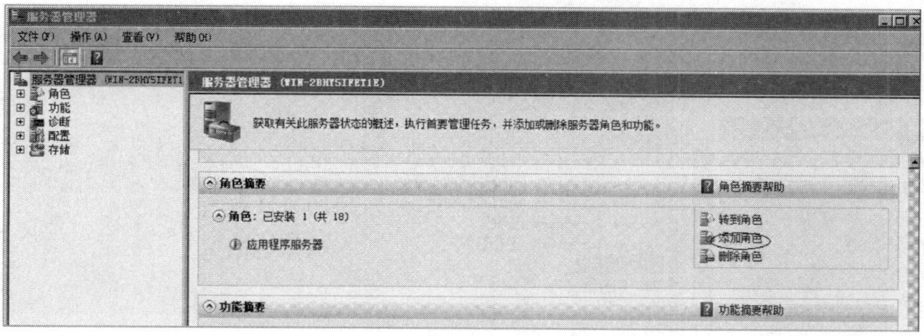

图 1-2　“服务器管理器”界面

（2）单击“添加角色”链接项，打开向导对话框，如图 1-3 所示。在这个对话框中显示添加角色时所必须做的准备步骤。

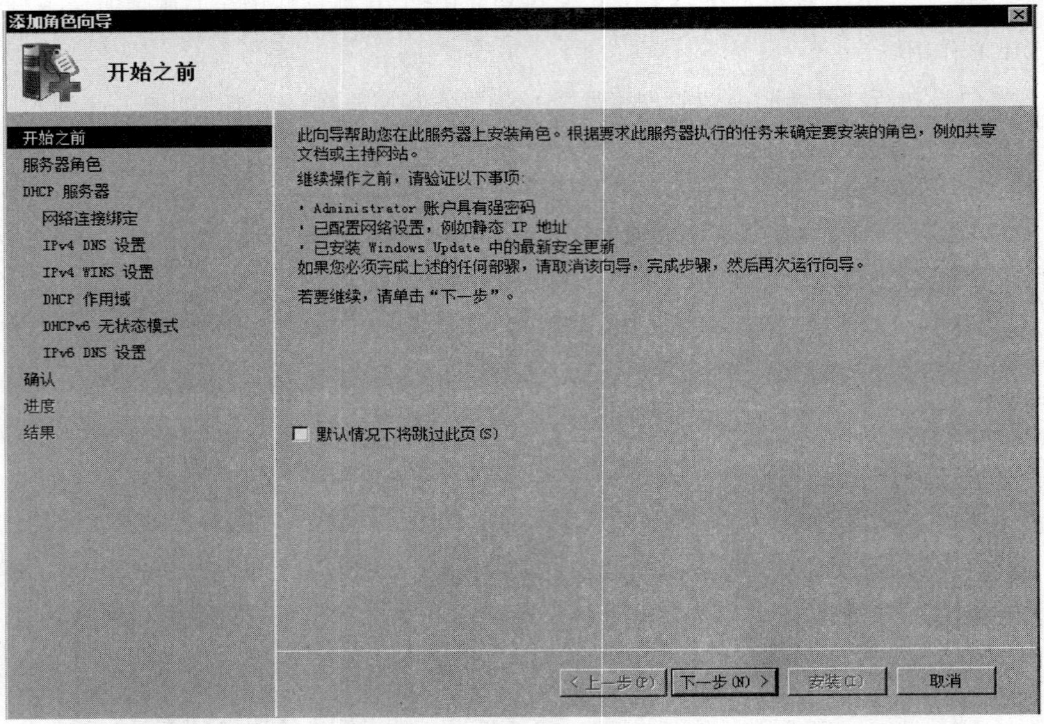

图 1-3　“开始之前”对话框界面

（3）单击“下一步”按钮，打开对话框，如图 1-4 所示。在这个对话框列表中显示当前服务器中各角色的配置情况，找到“DHCP 服务器”项，可以看到当前没有配置 DHCP 服务器角色。

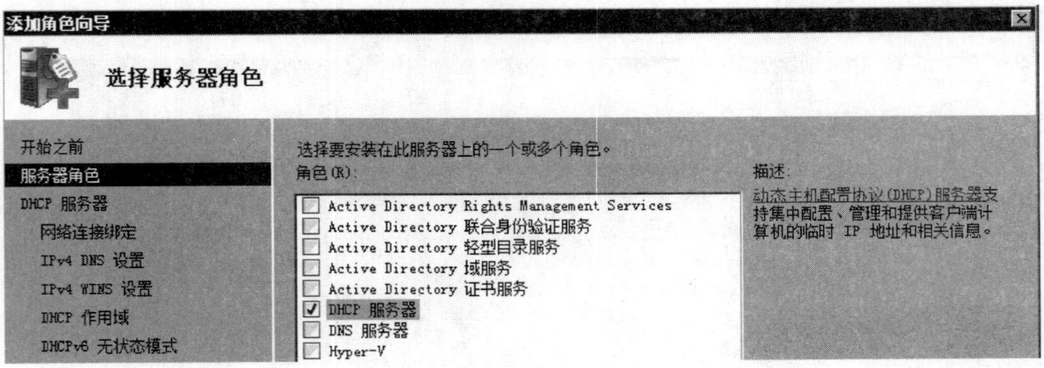

图 1-4　“选择服务器角色”对话框界面

（4）选择“DHCP 服务器”项后，单击“下一步”按钮，打开对话框，如图 1-5 所示。在这个对话框中显示 DHCP 服务器简介、注意事项及其他信息。

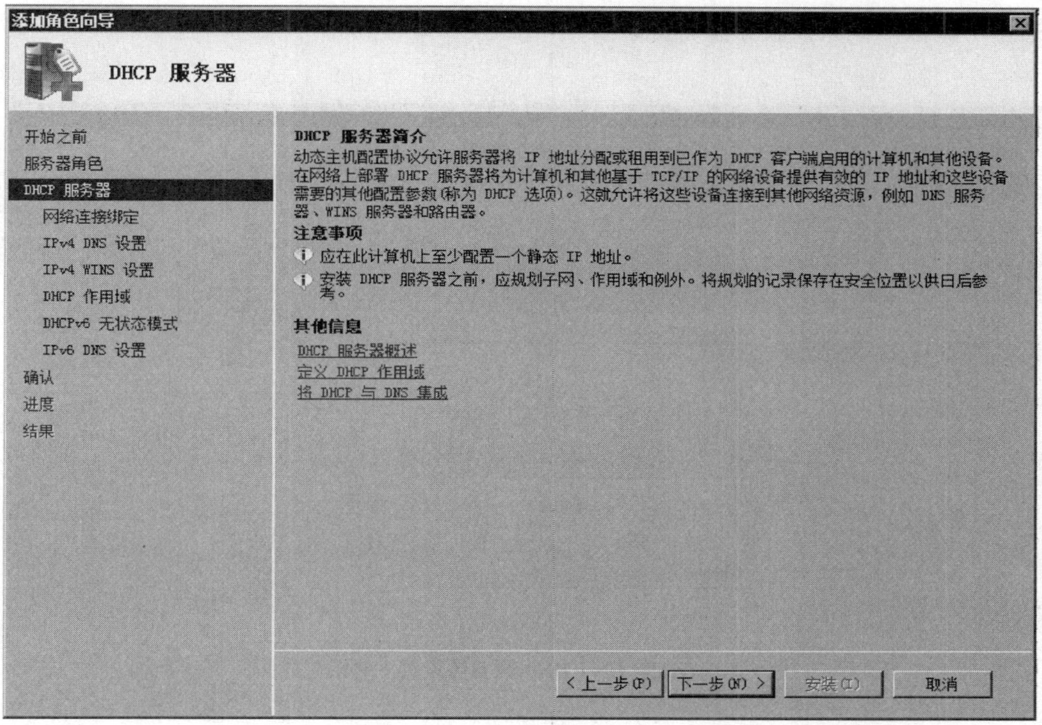

图 1-5　“DHCP 服务器”对话框界面

（5）安装程序会自动检测与显示这台计算机内应用静态 IP 地址的网络连接，如图 1-6 所示（目前仅一个连接），在图中选择要提供 DHCP 服务的网络连接，只有通过这个网络连接发送来的 DHCP 请求，这台服务器才会提供服务。

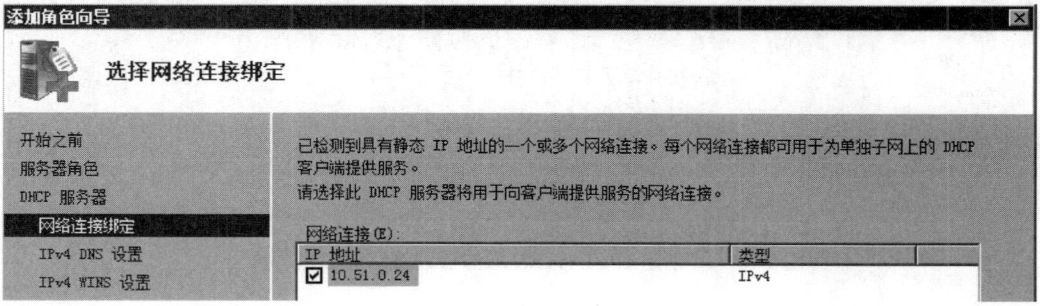

图 1-6　“选择网络连接绑定”对话框界面

(6) DHCP 服务器除了租出 IP 地址给客户端外，还可以分配其他选项给客户端，例如 DNS 域名与 DNS 服务器的 IP 地址，可以通过图 1-7 设置这两个选项。图中将 DNS 域名设置为 zhejiang. com，将首选 DNS 服务器 IPv4 地址设置为 10. 1. 1. 9，建议通过“验证”确认该服务器确实存在。

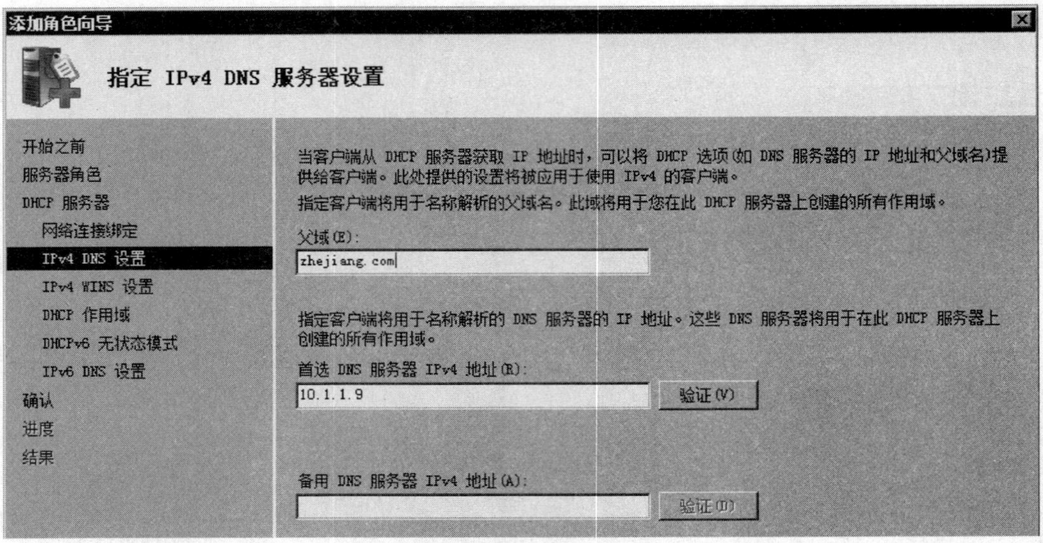

图 1-7 “指定 IPv4 DNS 服务器设置”对话框界面

(7) 单击“下一步”按钮，打开对话框，如图 1-8 所示。这是个 IPv4 WINS 服务器设置对话框。

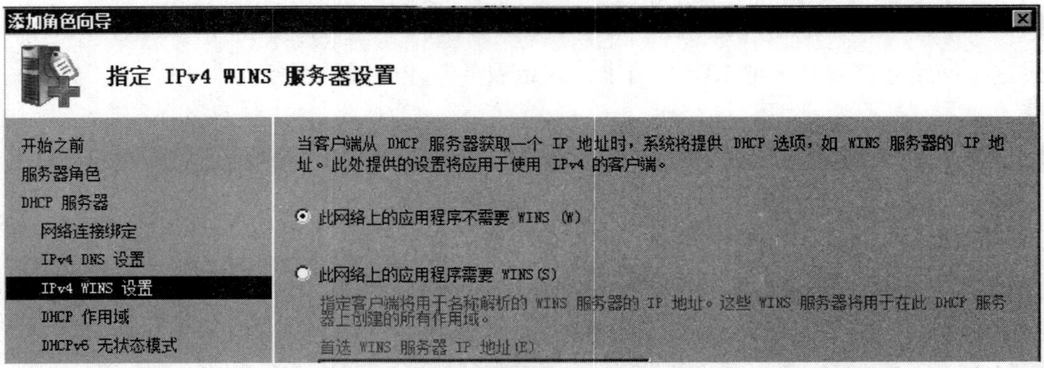

图 1-8 “指定 IPv4 WINS 服务器设置”对话框界面

（8）单击“下一步”按钮，通过图 1-9 中的“添加”创建 DHCP 作用域，也就是设置客户端可租用的 IP 地址的范围。

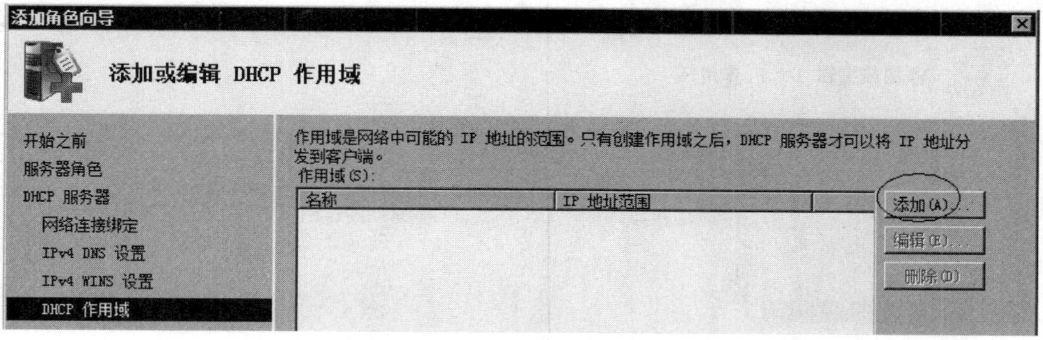

图 1-9　“添加或编辑 DHCP 作用域”对话框界面

（9）在图 1-10 中，为此作用域设置以下项目：作用域名称、出租给客户端的起始 IP 地址、结束 IP 地址、子网掩码、默认网关；在子网类型字段选择有线或无线网络（默认租用时间分别是 6 天与 8 小时）；激活此作用域（默认会启用）。

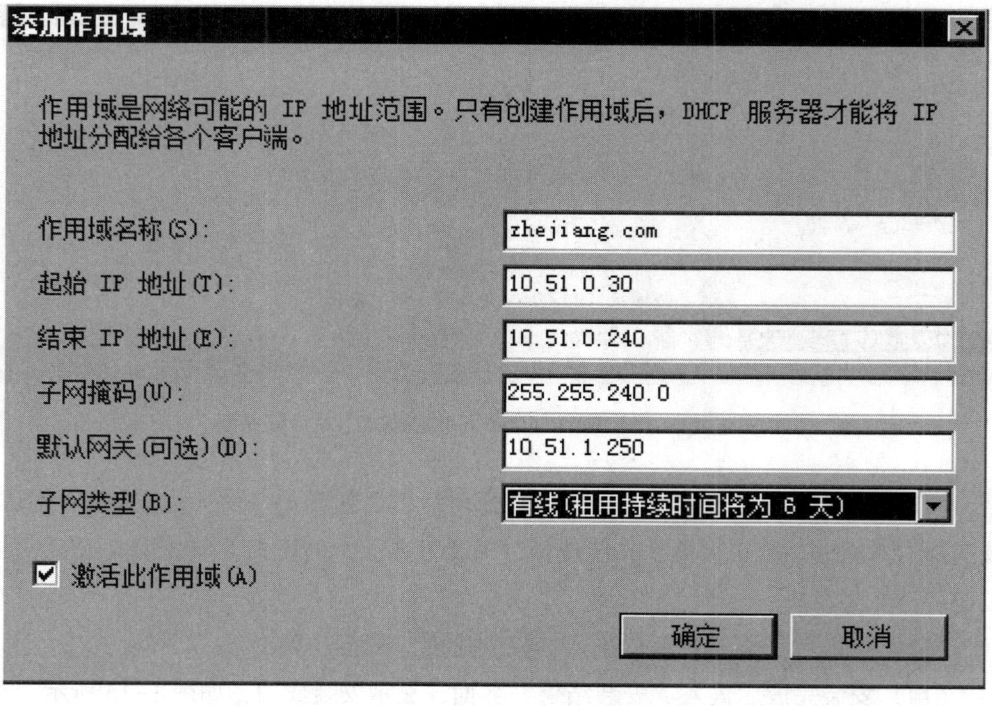

图 1-10　“添加作用域”对话框界面

（10）单击“确定”按钮，回到“添加或编辑 DHCP 作用域”对话框界面，此时显示已设置完成的一个 DHCP 作用域，如图 1-11 所示。

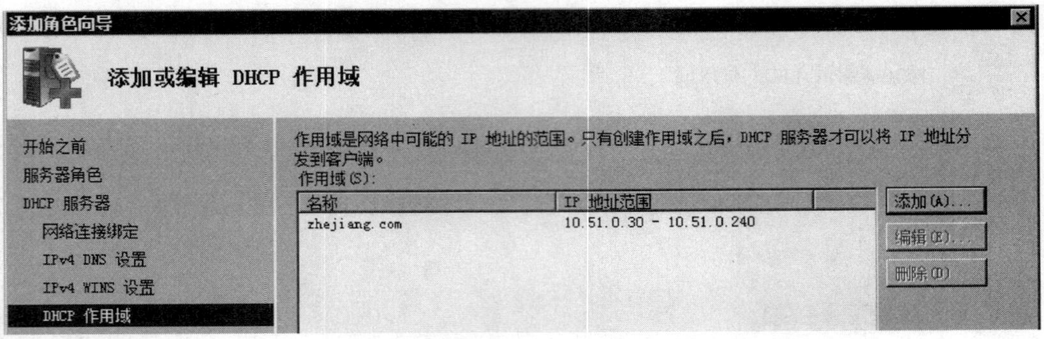

图 1-11　“添加或编辑 DHCP 作用域”对话框界面

（11）单击“下一步”按钮，打开对话框，如图 1-12 所示。这是个配置 DHCPv6 无状态模式的对话框，选择“对此服务器禁用 DHCPv6 无状态模式”（因为没有 IPv6，所以 IPv6 DNS 设置不考虑）。

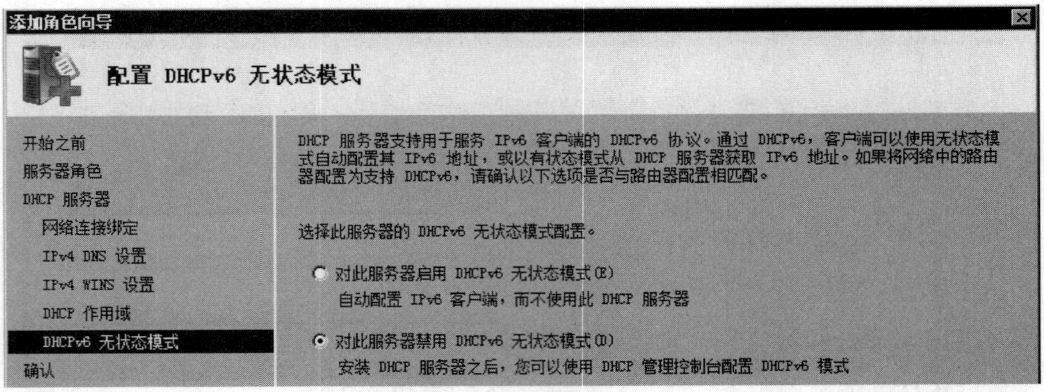

图 1-12　“配置 DHCPv6 无状态模式”对话框界面

（12）直接单击“下一步”按钮，打开对话框，如图 1-13 所示。这是个确认安装选择的对话框。若在“确认安装选择”对话框界面中的设置无误，请点击“安装”按钮。

（13）点击“安装”按钮后进入“安装进度”界面，如图 1-14 所示。

（14）安装完成后进入“安装结果”界面，显示安装成功，如图 1-15 所示。

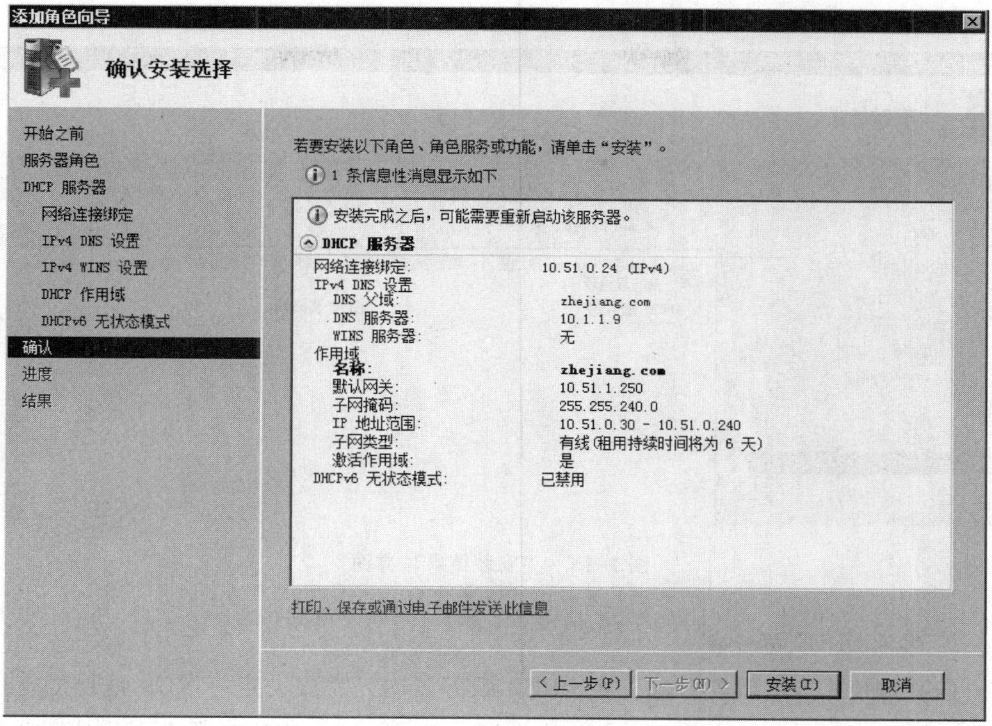

图 1-13　“确认安装选择”对话框界面

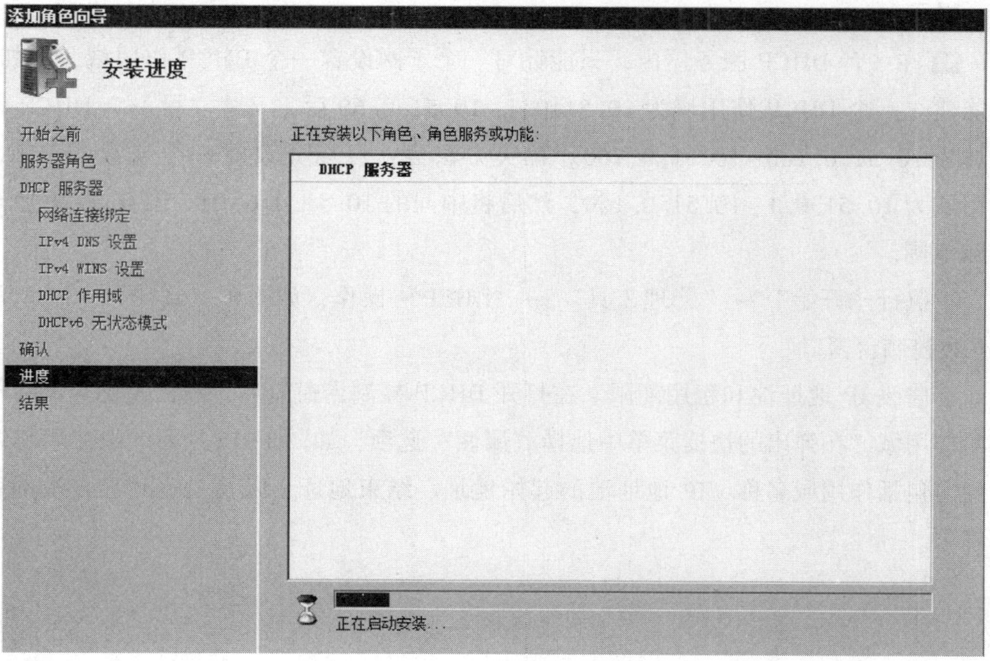

图 1-14　“安装进度”界面

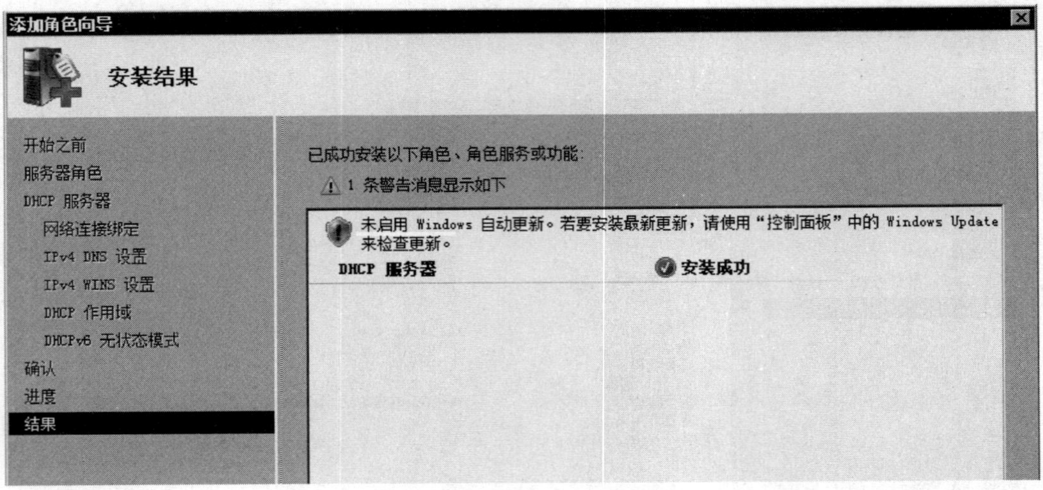

图 1-15 “安装结果”界面

2. 配置 DHCP 服务器

(1) DHCP 作用域的管理。在 DHCP 服务器内，需要设定一段 IP 地址的范围 (可用的 DHCP 作用域)，当 DHCP 客户端请求 IP 地址时，DHCP 服务器将从此范围提取一个尚未使用的 IP 地址分配给 DHCP 客户端。

提示：

🕮 在一台 DHCP 服务器内，只能针对一个子网设置一个 DHCP 作用域，例如：不能建立一个 DHCP 作用域为 10. 51. 0. 1～10. 51. 0. 60 后，又建立另一个 DHCP 作用域为 10. 51. 0. 100～10. 51. 0. 160。解决方法为：可以先设置一个连续的 DHCP 作用域为 10. 51. 0. 1～10. 51. 0. 160，然后将中间的 10. 51. 0. 6～10. 51. 0. 99 添加至排除范围。

①执行“开始”→“管理工具”→“DHCP”操作，如图 1-16、图 1-17 所示 DHCP 控制台窗口。

②修改 IP 地址池和租用期限。在打开 DHCP 控制台窗口后，右击左侧控制台树中的作用域，在弹出的快捷菜单中选择“属性”选项，如图 1-18 所示，其中可修改的内容包括作用域名称，IP 地址池的起始地址、结束地址，以及 DHCP 客户端的租用期限。

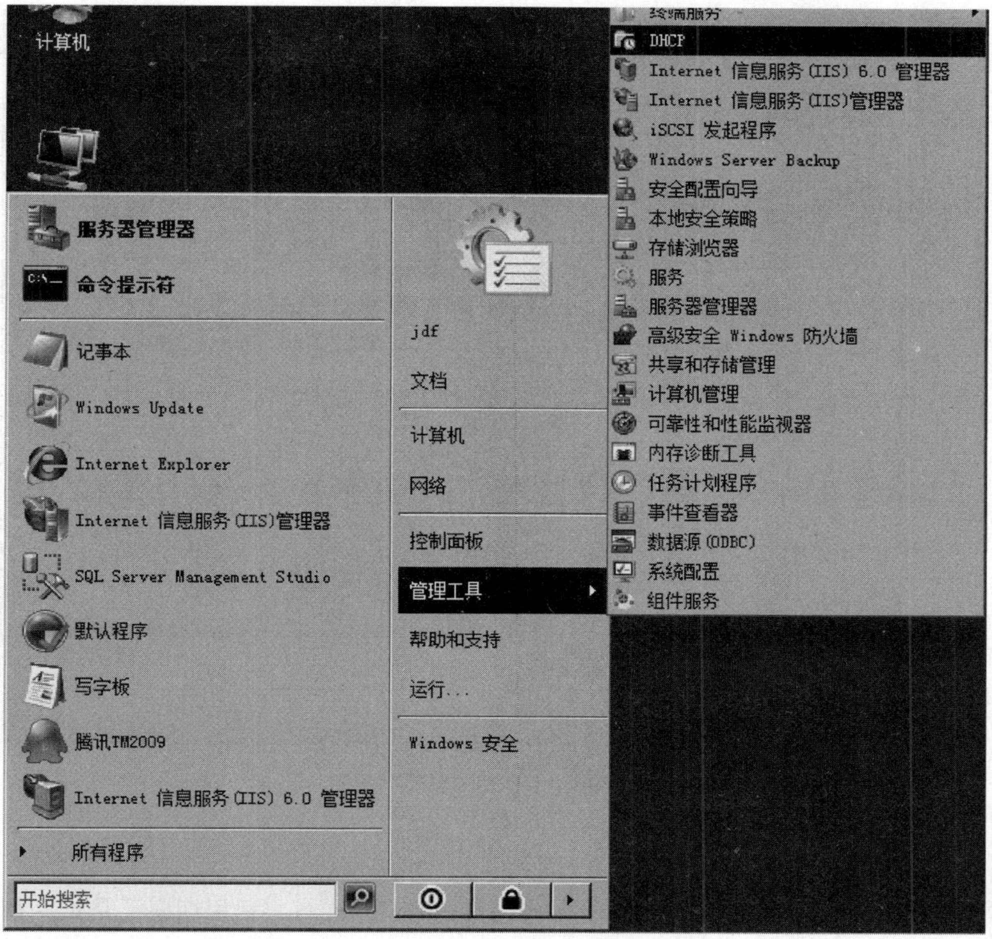

图 1-16　“开始”菜单操作界面

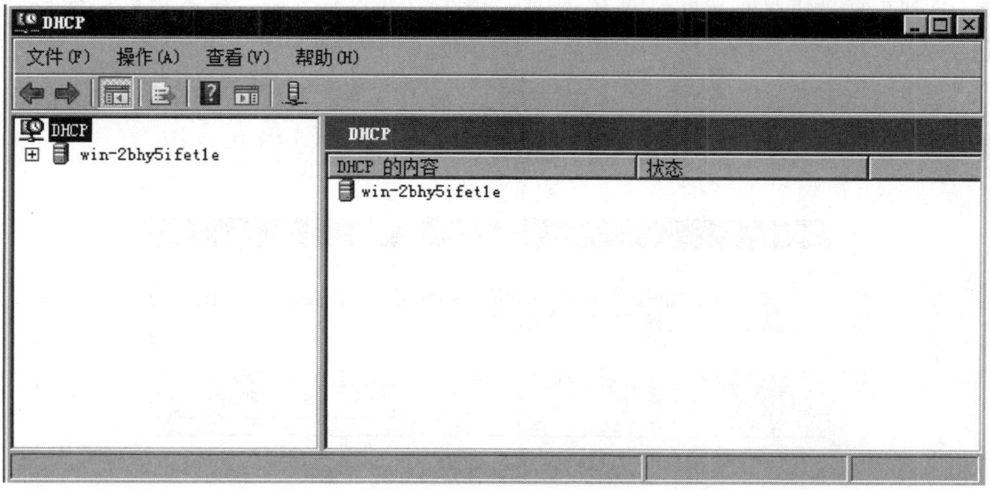

图 1-17　“DHCP”界面

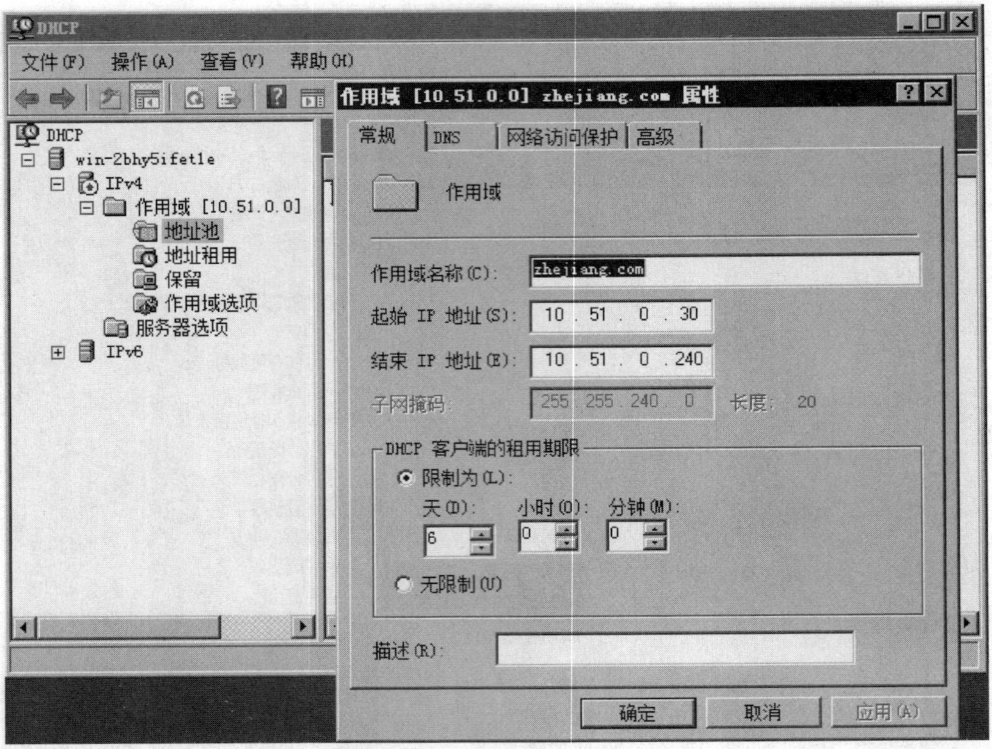

图 1-18 “作用域属性”界面

提示：

🕮 租用期限默认为 6 天，对于台式机较多的网络而言，租用期限还是长一些比较好，有利于提高网络传输效率；对笔记本比较多的网络而言，租用期限还是短一些好，有利于计算机及时获取新的 IP 地址。由于 DHCP 服务会产生大量的广播包，而且租用期限越短，广播也就越频繁，这样会降低网络传输效率。

③停用作用域。打开 DHCP 控制台窗口，右击左侧控制台树中的 DHCP 服务器中的作用域，选择“停用”菜单项，将显示如图 1-19 所示的 DHCP 提示框。

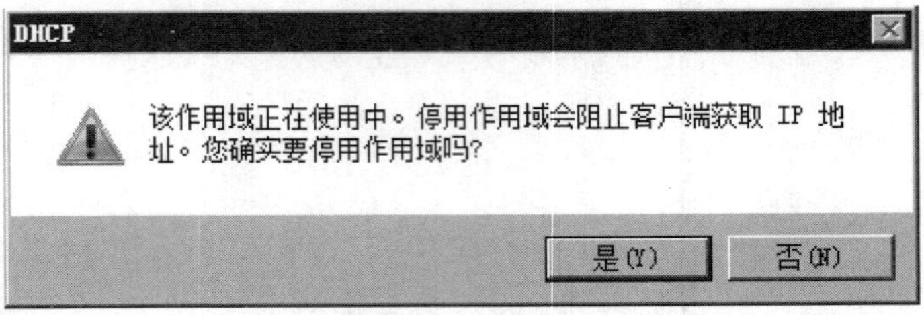

图 1-19 DHCP 停用提示框界面

提示：

🕮 在一台 DHCP 服务器中可以根据需要创建多个作用域，为不同的 DHCP 客户端提供服务。若欲停止整个 DHCP 服务器的工作，则应当在 DHCP 控制台窗口中右击 DHCP 服务器名称，选择“所有任务”→“停止”。

④删除作用域。要删除某一个作用域，单击鼠标右键，在快捷菜单中选择“删除”。

（2）特定 IP 地址的保留及应用。为保证某一特定的客户端每次申请 IP 地址时都拥有相同的 IP 地址，可以保留特定的 IP 地址给该客户端使用。这在实际中有很大用处，例如，管理学校的网络时，采用 DHCP 服务一方面可以避免用户随意更改 IP 地址，用户也无须设置自己的 IP 地址、网关地址、DNS 服务器等信息；另一方面可以通过此功能逐一为用户设置固定的 IP 地址，即所谓“IP-MAC”绑定，这会减少不少维护工作量。为某一台有需要的 DHCP 客户端计算机分配固定的 IP 地址，可以通过 DHCP 服务器提供的保留功能来实现。

在“作用域”下面选择“保留”，单击鼠标右键，在弹出的对话框中选择“新建保留”，如图 1-20 所示。

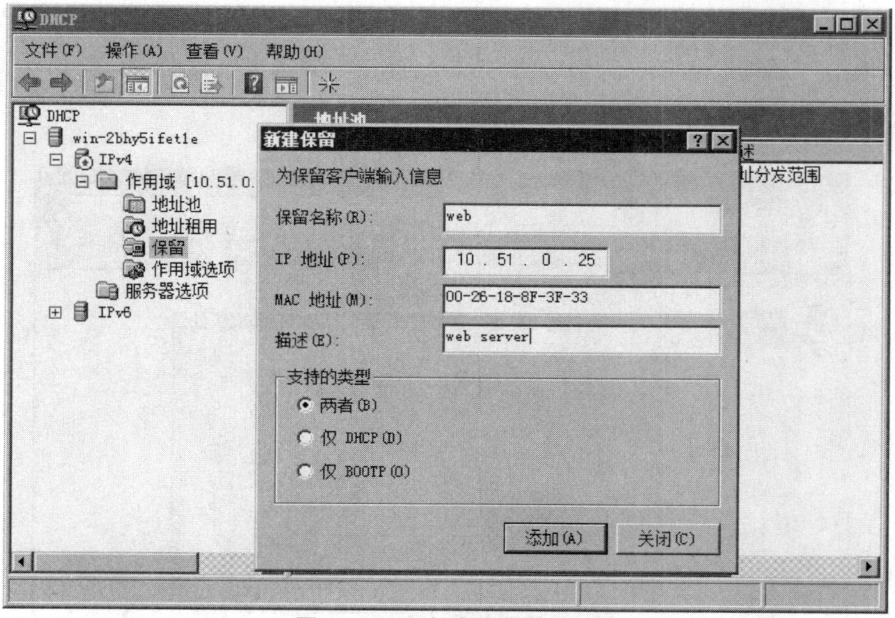

图 1-20　“新建保留”界面

提示：

🕮 在“保留名称”输入框中输入用标识 DHCP 客户端的名称，该名称只是一般的说明文字，并非用户账号的名称。例如，可以输入计算机名称，但并不一定需要输入客户端的真正计算机名称，因为该名称只在管理 DHCP 服务器中的数据时使用。在“IP 地址”输入框中输入一个保留的 IP 地址，可以指定任何一个保留的未使用的 IP 地址。如果输入重复或非保留地址，“DHCP 管理器”将发出警告信息。在“MAC 地址”输入框中输入上述 IP 地址要保留客户端的网卡 MAC 地址。在“描述”输入框中输入描述客户端的说明文字，该项内容可选填。

网卡 MAC 物理地址是“固化在网卡里的编号”，是一个 12 位的 16 进制数。全世界所有的网卡都有自己的唯一标号，不会重复。在装有 Windows 98 的计算机中可通过在“开始/运行”中输入 winipcfg 命令查看本机的 MAC 地址。在装有 Windows 2000/XP 的计算机中，通过在“开始/运行”中输入 cmd 命令启动 MS DOS 命令窗口，输入 ipconfig/all 命令查看本机网络属性信息。

（二）DNS 服务器的安装与配置

1. 安装 DNS 服务器

（1）选择本机用于连接的网络连接项。单击右键，在弹出对话框中选择“属性”选项，在“此连接使用下列项目”列表中选择“Internet 协议版本 4（TCP/IPv4）”选项，单击“属性”按钮，为 DNS 服务器配置一个静态 IP，如图 1-21 所示（也可以在 DHCP 服务器端为 DNS 服务器保留一个 IP 地址）。

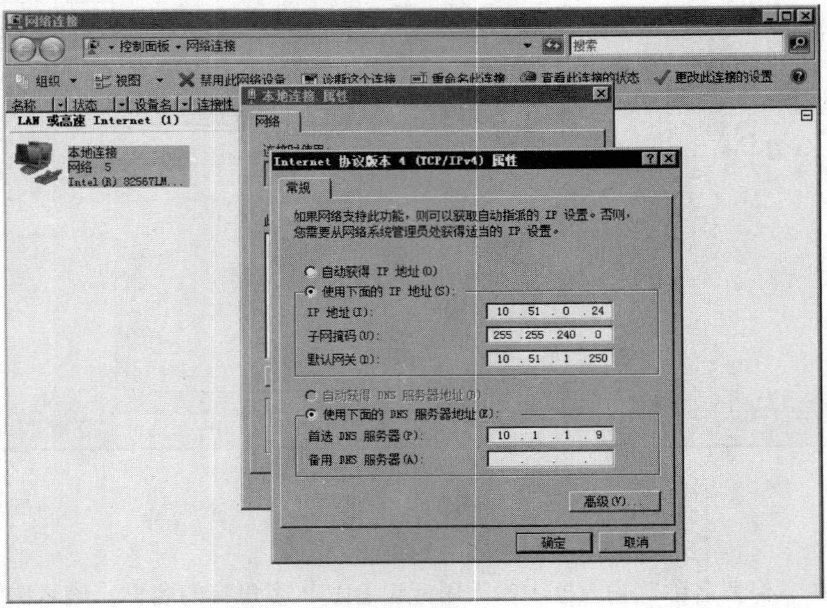

图 1-21 “Internet 协议版本 4（TCP/IPv4）属性”对话框界面

（2）执行“开始”→“管理工具”→“服务器管理器”操作。打开窗口，单击“添加角色”链接项，打开向导对话框。单击“下一步”按钮，打开对话框，如图 1-22 所示。在这个对话框列表中显示当前服务器中各角色的配置情况，找到“DNS 服务器”项，可以看到当前没有配置 DNS 服务器角色。

添加角色向导
选择服务器角色
开始之前
服务器角色
DNS 服务器
确认
进度
结果
选择要安装在此服务器上的一个或多个角色。
角色(R):
Active Directory Rights Management Services
Active Directory 联合身份验证服务
Active Directory 轻型目录服务
Active Directory 域服务
Active Directory 证书服务
DHCP 服务器 （已安装）
DNS 服务器
Hyper-V
UDDI 服务
描述:
域名系统(DNS)服务器为 TCP/IP 网络提供名称解析。DNS 服务器与 Active Directory 域服务安装在同一服务器上时更易于管理。如果选择 Active Directory 域服务角色，则可以安装并配置 DNS 服务器与 Active Directory 域服务协同工作。

图 1-22　“选择服务器角色”对话框界面

（3）选择“DNS 服务器”项后，单击“下一步”按钮，打开对话框，如图 1-23 所示。在这个对话框中显示 DNS 服务器简介、注意事项及其他信息。

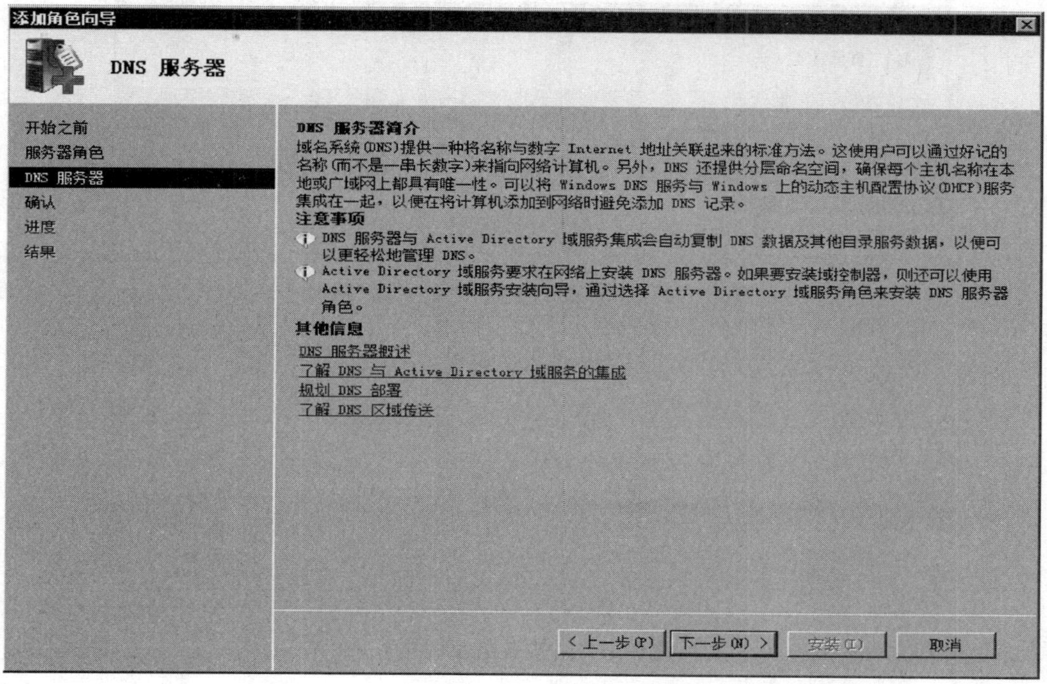
添加角色向导
DNS 服务器
开始之前
服务器角色
DNS 服务器
确认
进度
结果
DNS 服务器简介
域名系统(DNS)提供一种将名称与数字 Internet 地址关联起来的标准方法。这使用户可以通过好记的名称(而不是一串长数字)来指向网络计算机。另外，DNS 还提供分层命名空间，确保每个主机名称在本地或广域网上都具有唯一性。可以将 Windows DNS 服务与 Windows 上的动态主机配置协议(DHCP)服务集成在一起，以便在将计算机添加到网络时避免添加 DNS 记录。
注意事项
DNS 服务器与 Active Directory 域服务集成会自动复制 DNS 数据及其他目录服务数据，以便可以更轻松地管理 DNS。
Active Directory 域服务要求在网络上安装 DNS 服务器。如果要安装域控制器，则还可以使用 Active Directory 域服务安装向导，通过选择 Active Directory 域服务角色来安装 DNS 服务器角色。
其他信息
DNS 服务器概述
了解 DNS 与 Active Directory 域服务的集成
规划 DNS 部署
了解 DNS 区域传送
< 上一步(P)
下一步(N) >
安装(I)
取消

图 1-23　“DNS 服务器”对话框界面

（4）直接单击“下一步”按钮，打开对话框，如图 1-24 所示。若在“确认安装选择”对话框界面中的设置无误，请点击“安装”按钮。

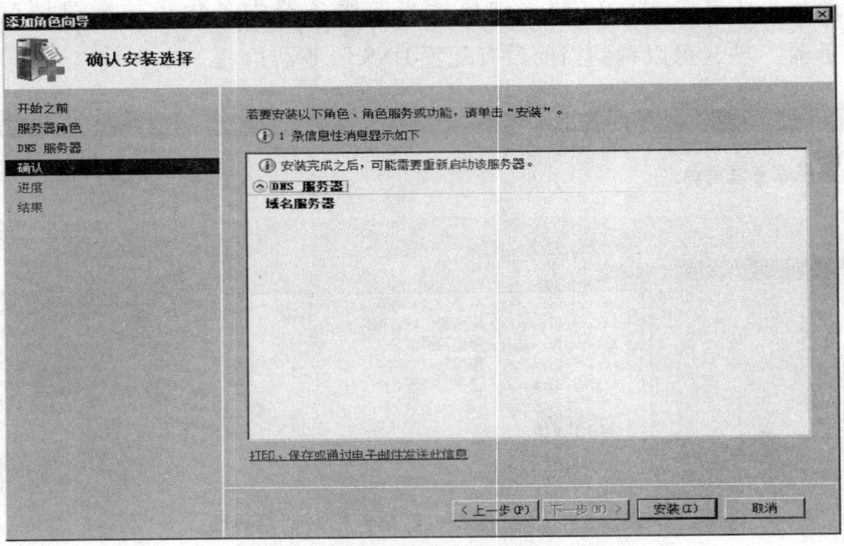

图 1-24 “确认安装选择”对话框界面

（5）点击“安装”按钮后进入“安装进度”界面，如图 1-25 所示。

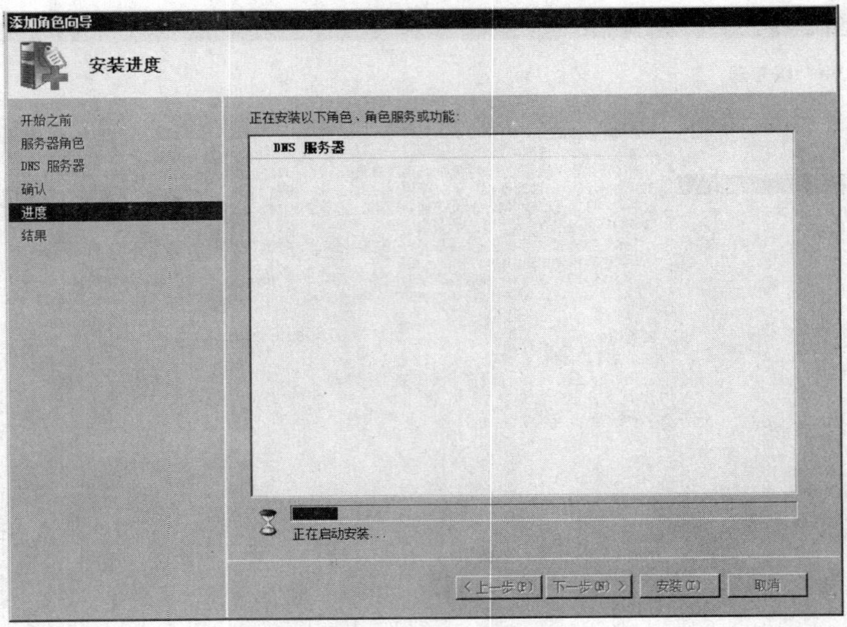

图 1-25 “安装进度”界面

（6）进度完成后进入“安装结果”界面，如图 1-26 所示，显示安装成功后单击“关闭”按钮。

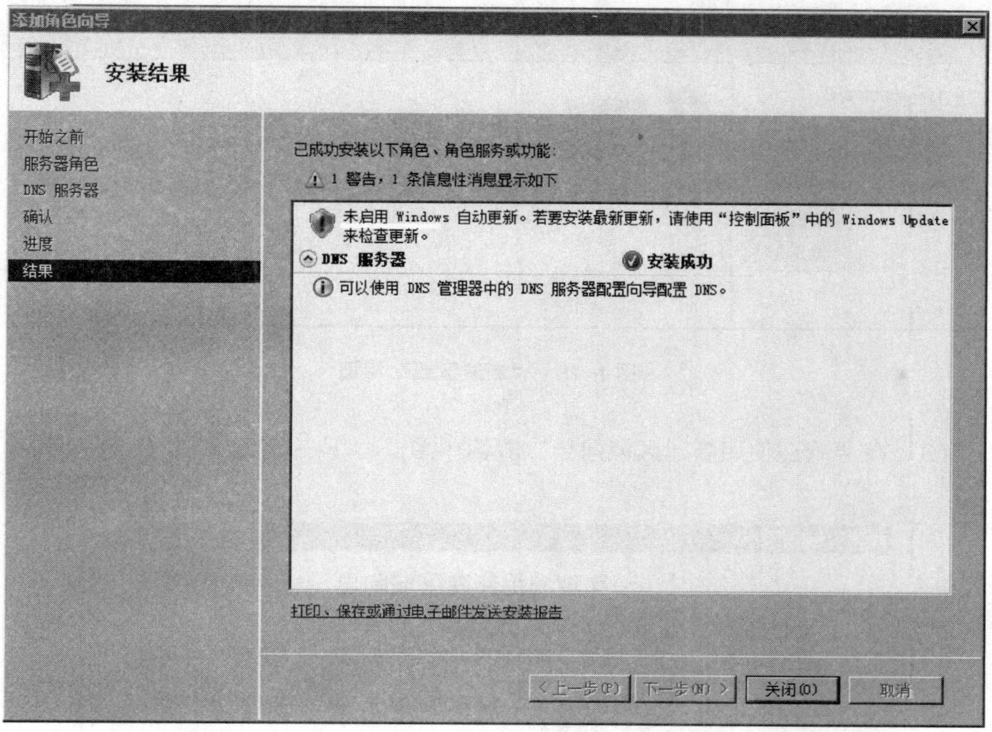

图 1-26 “安装结果”界面

2. 创建主要区域

DNS 客户端所提出的查询请求，绝大部分是属于正向对应查询，也就是由主机名查询 IP 地址。以下将说明如何添加一个提供正向查询服务的主要区域。

（1）执行“开始”→“管理工具”→“DNS”操作，打开 DNS 管理器，如图 1-27 所示。

图 1-27 “DNS 管理器”界面

（2）在“正向查找区域”上单击右键，选择“新建区域”，如图 1-28 所示。

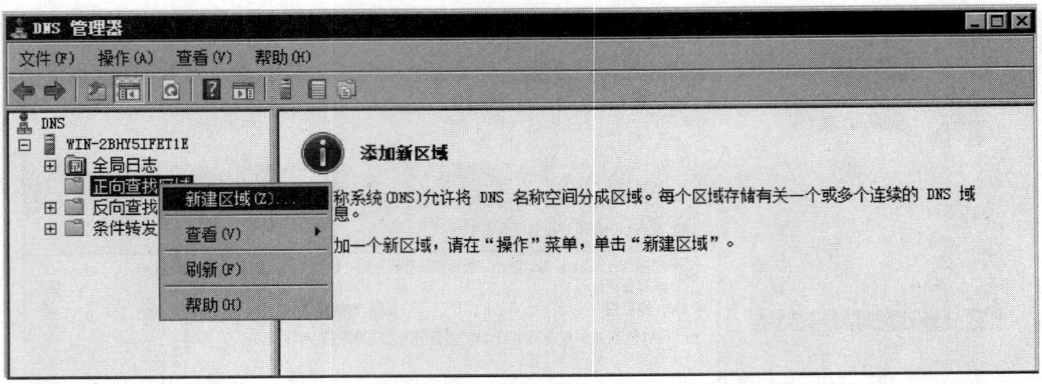
DNS 管理器
文件(F) 操作(A) 查看(V) 帮助(H)
DNS
WIN-2BHY5IFET1E
全局日志
正向查找区域
反向查找
条件转发
新建区域(Z)...
查看(V)
刷新(F)
帮助(H)
添加新区域
称系统(DNS)允许将 DNS 名称空间分成区域。每个区域存储有关一个或多个连续的 DNS 域息。
加一个新区域，请在“操作”菜单，单击“新建区域”。

图 1-28　“新建区域”界面

（3）在“欢迎使用新建区域向导”界面中单击“下一步”，如图 1-29 所示。

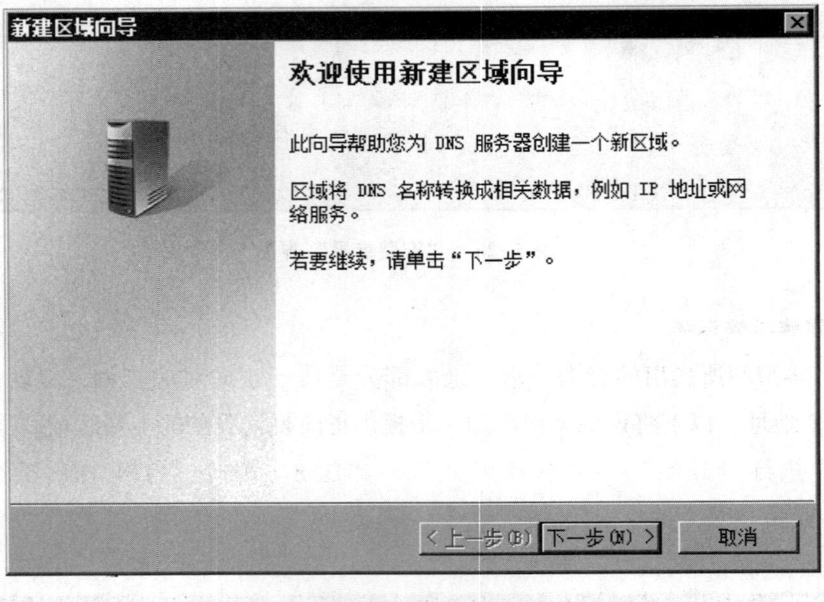
新建区域向导
欢迎使用新建区域向导
此向导帮助您为 DNS 服务器创建一个新区域。
区域将 DNS 名称转换成相关数据，例如 IP 地址或网络服务。
若要继续，请单击“下一步”。
< 上一步(B)
下一步(N) >
取消

图 1-29　“欢迎使用新建区域向导”界面

（4）在图 1-30 中选择“主要区域”后单击“下一步”。

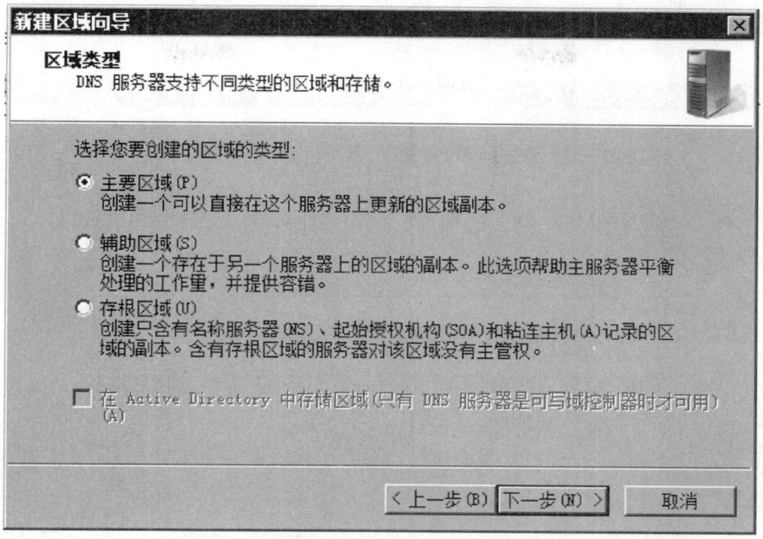
新建区域向导
区域类型
DNS 服务器支持不同类型的区域和存储。
选择您要创建的区域的类型:
主要区域(P)
创建一个可以直接在这个服务器上更新的区域副本。
辅助区域(S)
创建一个存在于另一个服务器上的区域的副本。此选项帮助主服务器平衡处理的工作量，并提供容错。
存根区域(U)
创建只含有名称服务器(NS)、起始授权机构(SOA)和粘连主机(A)记录的区域的副本。含有存根区域的服务器对该区域没有主管权。
在 Active Directory 中存储区域(只有 DNS 服务器是可写域控制器时才可用)(A)
< 上一步(B)
下一步(N) >
取消

图 1-30　“区域类型”选择界面

提示：

🕮 区域记录会被存储到区域文件内，但是如果 DNS 服务器本身是域控制器，则默认会选择上图 1-30 中最下方的“在 Active Directory 中存储区域”，此时区域记录会被存储到 Active Directory 数据库，即它是一个 Active Directory 集成区域，同时可以通过下一个界面选择将其复制到其他也是 DNS 服务器的域控制器中。

（5）在图 1-31 中输入区域名称后（如 zhejiang. com）单击“下一步”。

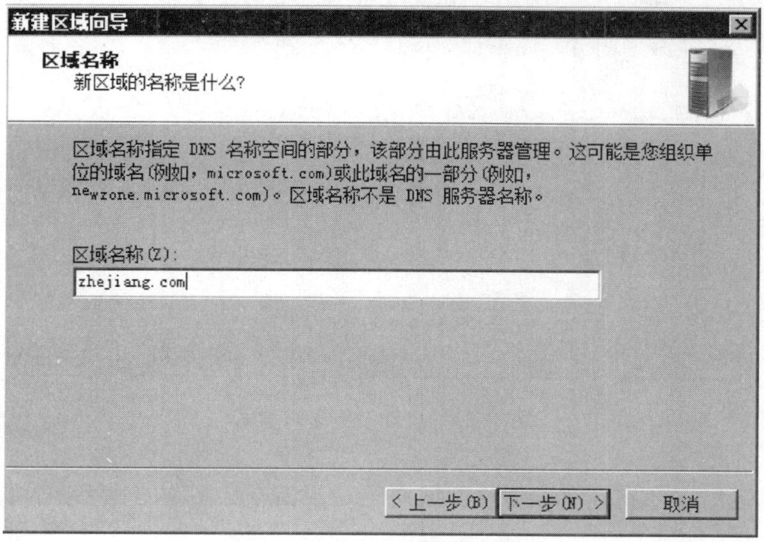
新建区域向导
区域名称
新区域的名称是什么?
区域名称指定 DNS 名称空间的部分，该部分由此服务器管理。这可能是您组织单位的域名(例如，microsoft.com)或此域名的一部分(例如，newzone.microsoft.com)。区域名称不是 DNS 服务器名称。
区域名称(Z):
zhejiang.com
< 上一步(B)
下一步(N) >
取消

图 1-31　“区域名称”界面

（6）在图 1-32 中单击“下一步”采用默认的区域文件名。

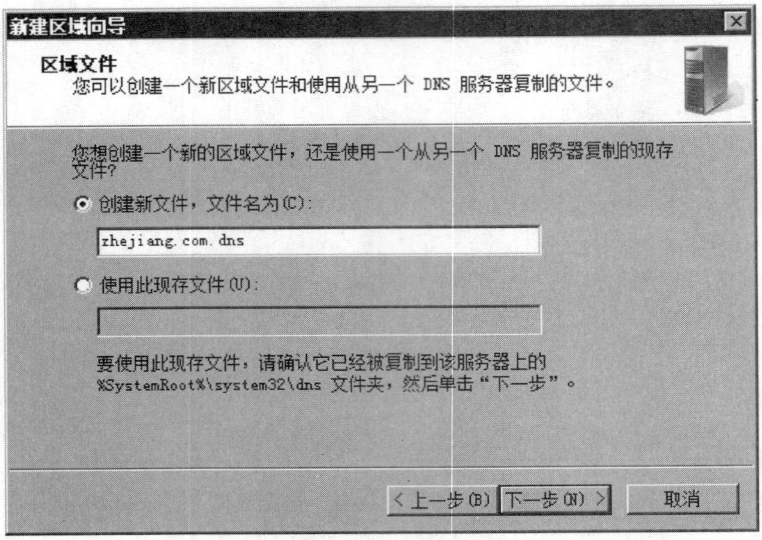
新建区域向导
区域文件
您可以创建一个新区域文件和使用从另一个 DNS 服务器复制的文件。
您想创建一个新的区域文件，还是使用一个从另一个 DNS 服务器复制的现存文件?
创建新文件，文件名为(C):
zhejiang.com.dns
使用此现存文件(U):
要使用此现存文件，请确认它已经被复制到该服务器上的 %SystemRoot%\system32\dns 文件夹，然后单击“下一步”。
< 上一步(B)
下一步(N) >
取消

图 1-32　“区域文件”界面

（7）在图 1-33 中单击“下一步”，“动态更新”在此处不进行详细说明。

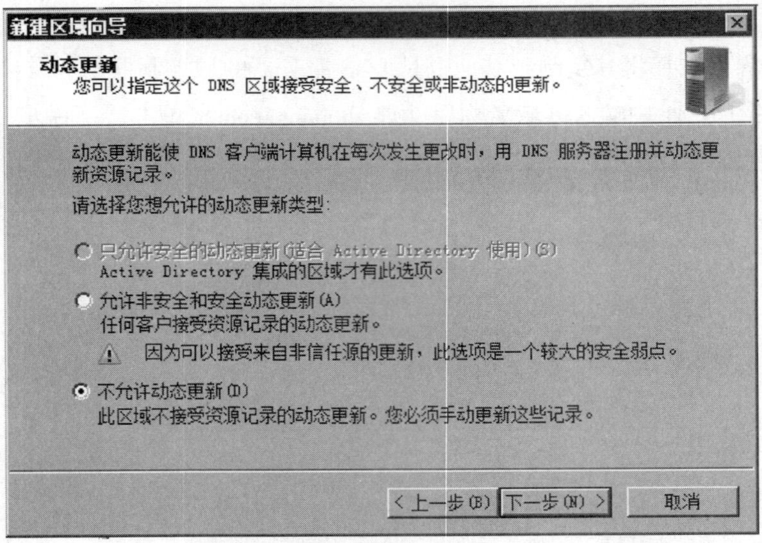
新建区域向导
动态更新
您可以指定这个 DNS 区域接受安全、不安全或非动态的更新。
动态更新能使 DNS 客户端计算机在每次发生更改时，用 DNS 服务器注册并动态更新资源记录。
请选择您想允许的动态更新类型:
只允许安全的动态更新(适合 Active Directory 使用)(S)
Active Directory 集成的区域才有此选项。
允许非安全和安全动态更新(A)
任何客户接受资源记录的动态更新。
因为可以接受来自非信任源的更新，此选项是一个较大的安全弱点。
不允许动态更新(D)
此区域不接受资源记录的动态更新。您必须手动更新这些记录。
< 上一步(B)
下一步(N) >
取消

图 1-33　“动态更新”界面

（8）随后出现“正在完成新建区域向导”界面，如图 1-34 所示，单击“完成”按钮。

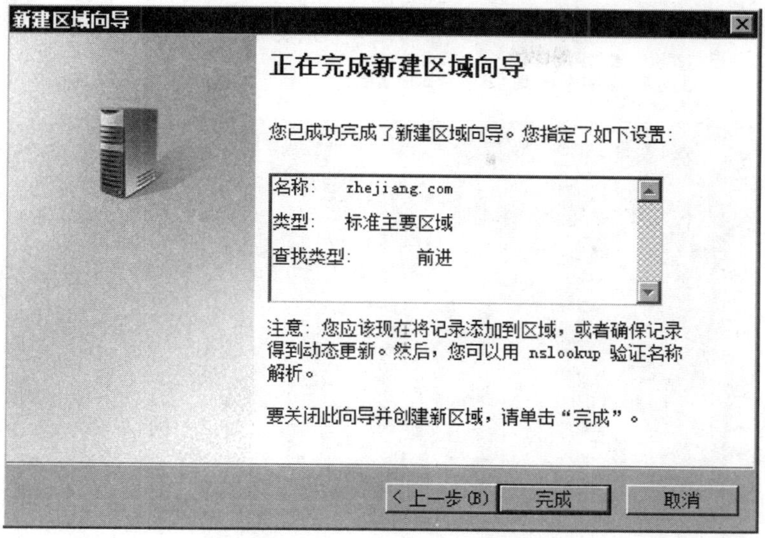

图 1-34 “正在完成新建区域向导”界面

（9）图 1-35 中的 zhejiang. com 就是所创建的区域。

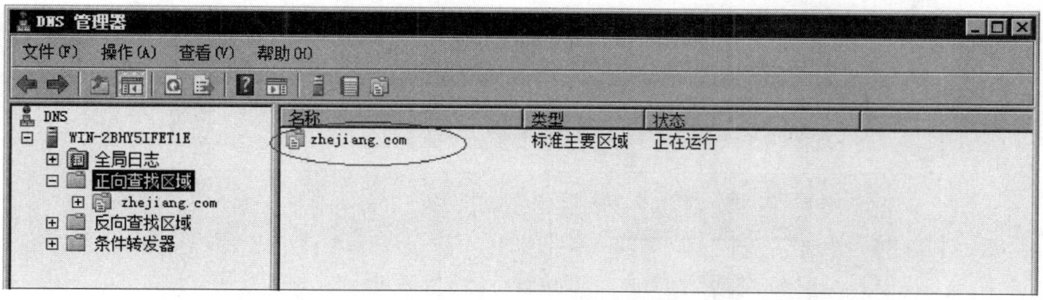

图 1-35 “DNS 管理器”界面

3. 创建反向查找区域

创建反向查找区域操作与创建正向查找区域操作相似，以下只给出不同步骤的截图。

（1）执行“开始”→“管理工具”→“DNS”操作，打开 DNS 管理器。

（2）在“反向查找区域”上单击右键，选择“新建区域”。

（3）在“欢迎使用新建区域向导”界面单击“下一步”，选择“主要区域”后单击“下一步”。

（4）在图 1-36 中选择“IPv4 反向查找区域”后单击“下一步”。

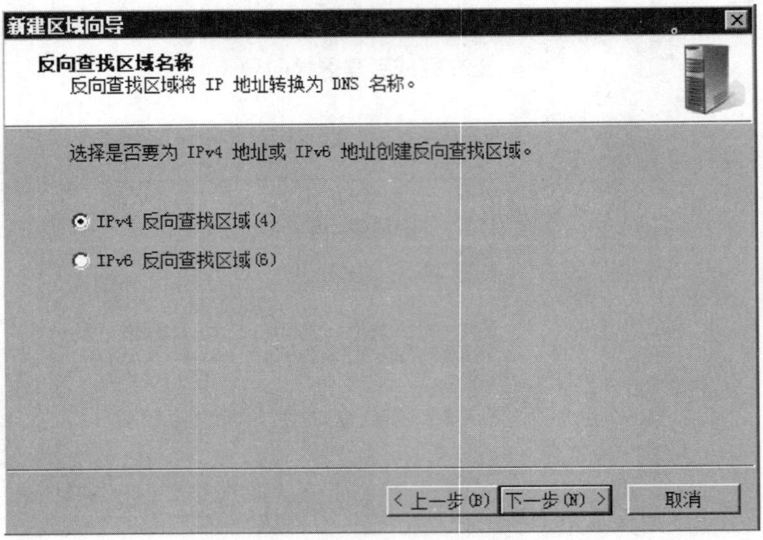
新建区域向导
反向查找区域名称
反向查找区域将 IP 地址转换为 DNS 名称。
选择是否要为 IPv4 地址或 IPv6 地址创建反向查找区域。
IPv4 反向查找区域(4)
IPv6 反向查找区域(6)
< 上一步(B)
下一步(N) >
取消

图 1-36 “反向查找区域名称”选择界面

（5）在图 1-37 中的“网络 ID”处输入 10. 51. 0 或自行在“反向查找区域名称”处输入 0. 51. 10. in-addr. arpa，完成后单击“下一步”。

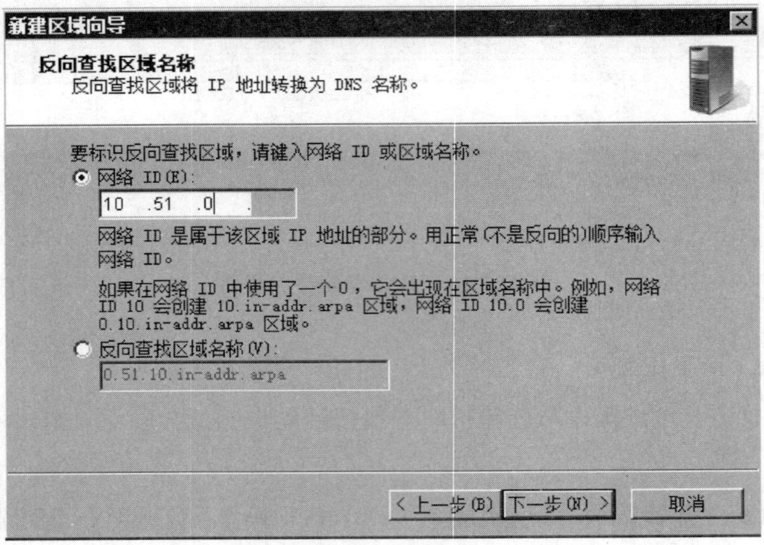
新建区域向导
反向查找区域名称
反向查找区域将 IP 地址转换为 DNS 名称。
要标识反向查找区域，请键入网络 ID 或区域名称。
网络 ID(E):
10 .51 .0 .
网络 ID 是属于该区域 IP 地址的部分。用正常(不是反向的)顺序输入网络 ID。
如果在网络 ID 中使用了一个 0，它会出现在区域名称中。例如，网络 ID 10 会创建 10.in-addr.arpa 区域，网络 ID 10.0 会创建 0.10.in-addr.arpa 区域。
反向查找区域名称(V):
0.51.10.in-addr.arpa
< 上一步(B)
下一步(N) >
取消

图 1-37 “反向查找区域名称”输入界面

（6）采用默认的区域文件名后单击“下一步”。

（7）继续单击“下一步”。

（8）出现“正在完成新建区域向导”界面时单击“完成”。

（9）图 1-38 为完成后的界面，图中的 0. 51. 10. in-addr. arpa 即为所创建的反向查找区域。

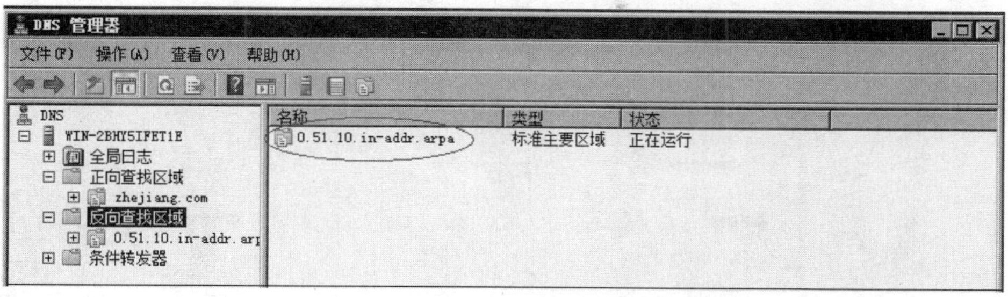

图 1-38　成功创建的“反向查找区域”界面

（三）Web 服务器的安装与测试

1. 安装 Web 服务器

（1）安装 IIS7（Web）服务器时需要静态 IP。将本机的 IP 进行配置，选择本机的网络连接项，单击右键，在弹出对话框中选择“属性”选项，如图 1-39 所示。

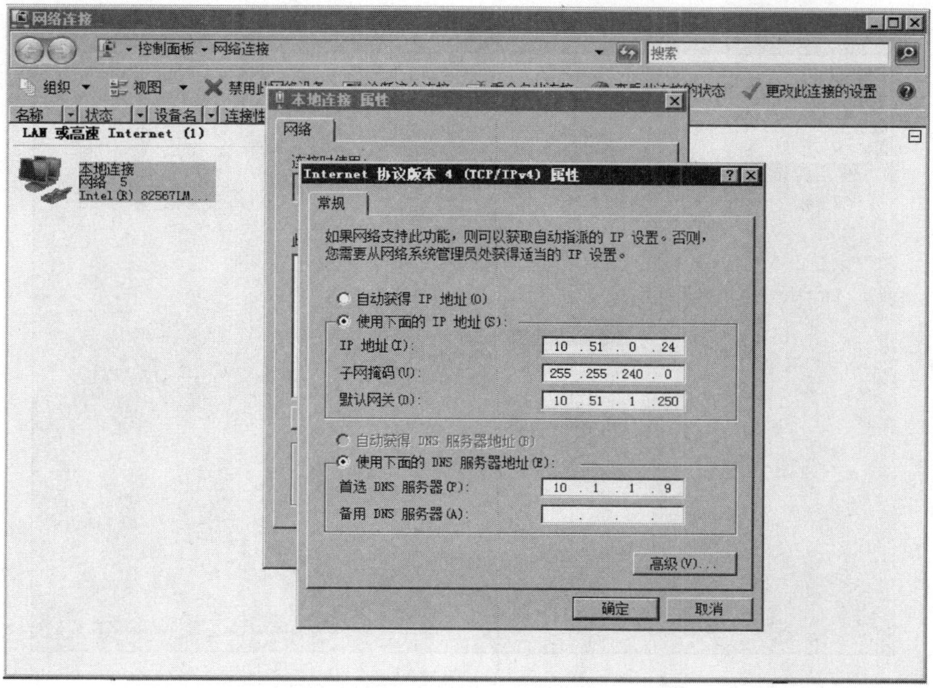

图 1-39　“Internet 协议版本 4（TCP/IPv4）属性”对话框界面

（2）执行“开始”→“管理工具”→“服务器管理器”操作，启动“服务器管理器”，如图 1-40 所示。

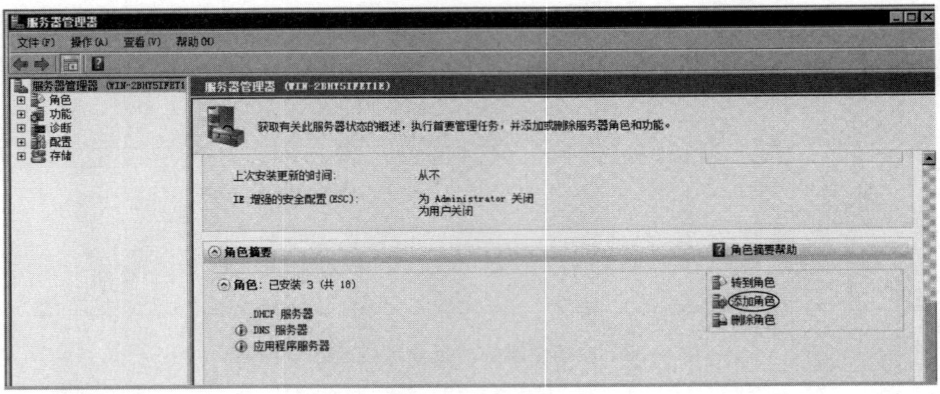

图 1-40 “服务器管理器”界面

（3）单击“添加角色”链接项，出现“开始之前”界面，单击“下一步”按钮。

（4）在图 1-41 这个对话框列表中显示当前服务器中各角色的配置情况，找到“Web 服务器”项，可以看到当前没有配置 Web 服务器角色。选中“Web 服务器（IIS）”后单击“下一步”按钮。

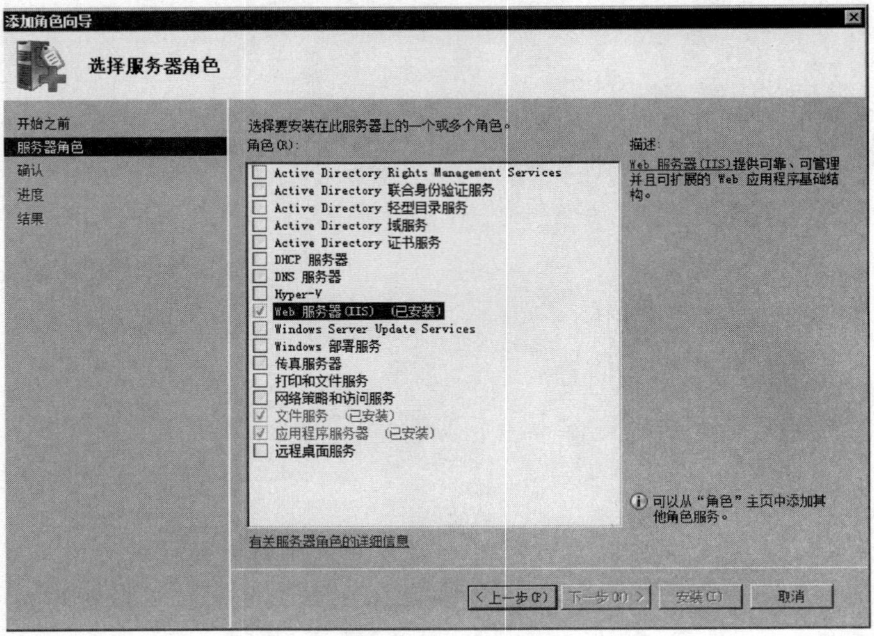

图 1-41 “选择服务器角色”对话框界面

(5) 在“选择角色服务”界面中选中 ASP. NET，如图 1-42 所示，后单击“下一步”按钮。

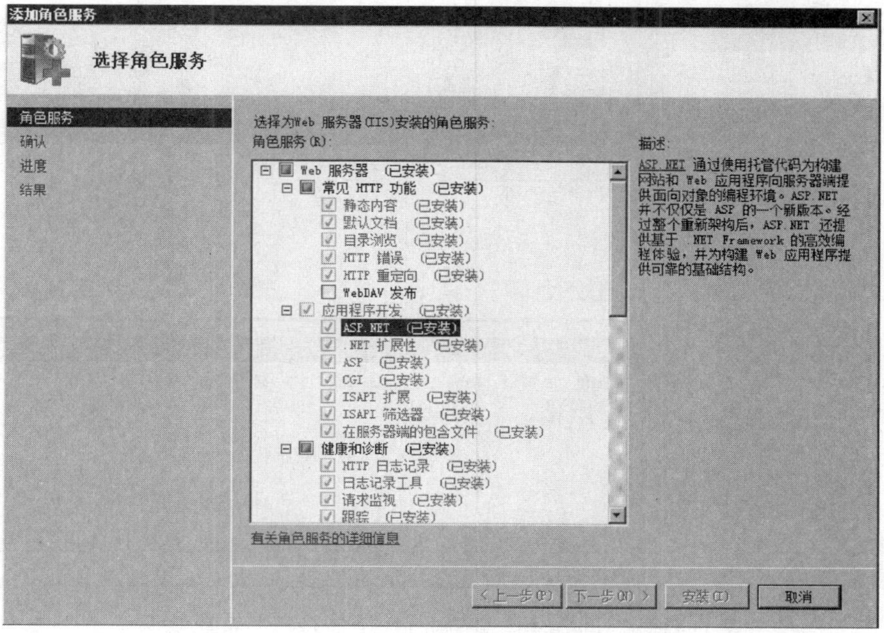

图 1-42 “选择角色服务”对话框界面

(6) 若在“确认安装选择”界面中的设置无误，请单击“安装”按钮。

(7) 点击“安装”按钮后进入“安装进度”界面，显示“安装进度”。

(8) 进度完成后进入“安装结果”界面，单击“关闭”按钮。

提示：

🕮 也可以在“命令提示符”（或 Windows PowerShell）环境中通过运行 pkgmgr. exe 命令安装“Web 服务器（IIS）”。

2. 测试 Web 服务器

执行“开始”→“管理工具”→“Internet 信息服务（IIS）管理器”操作，打开“Internet 信息服务（IIS）管理器”界面，如图 1-43 所示。

测试网站是否运行正常常用的方法是利用 IP 地址 http：//10. 51. 0. 24/或 http：//localhost/。

若一切正常，应该会看到如图 1-44 所示的默认界面。还可以通过图 1-45 右侧的操作窗口重新启动、启动、停止此网站。

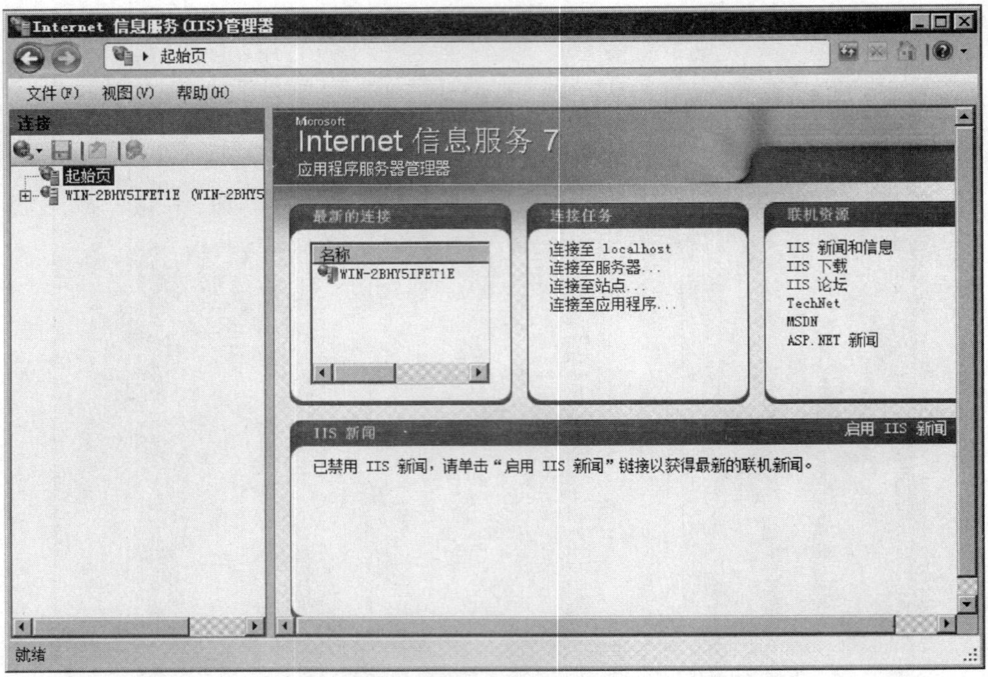

图 1-43　“Internet 信息服务（IIS）管理器”界面（一）

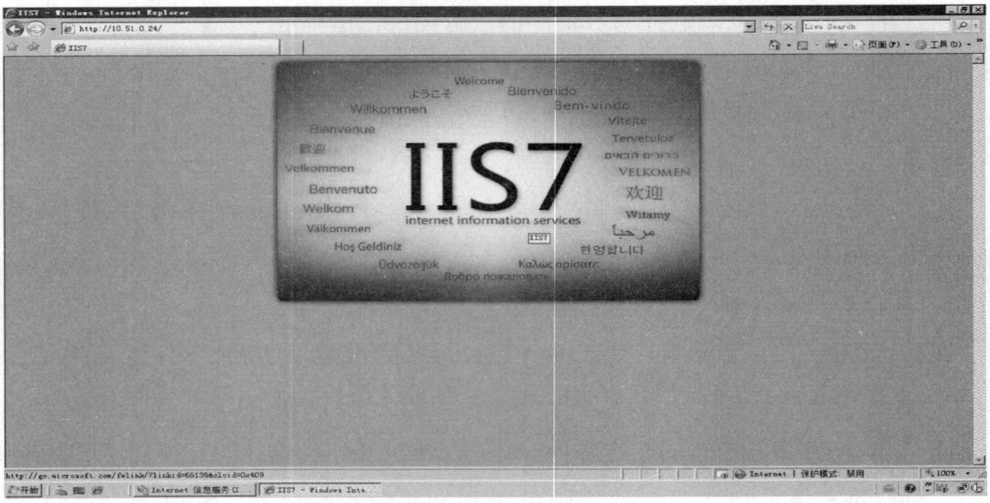

图 1-44　默认界面

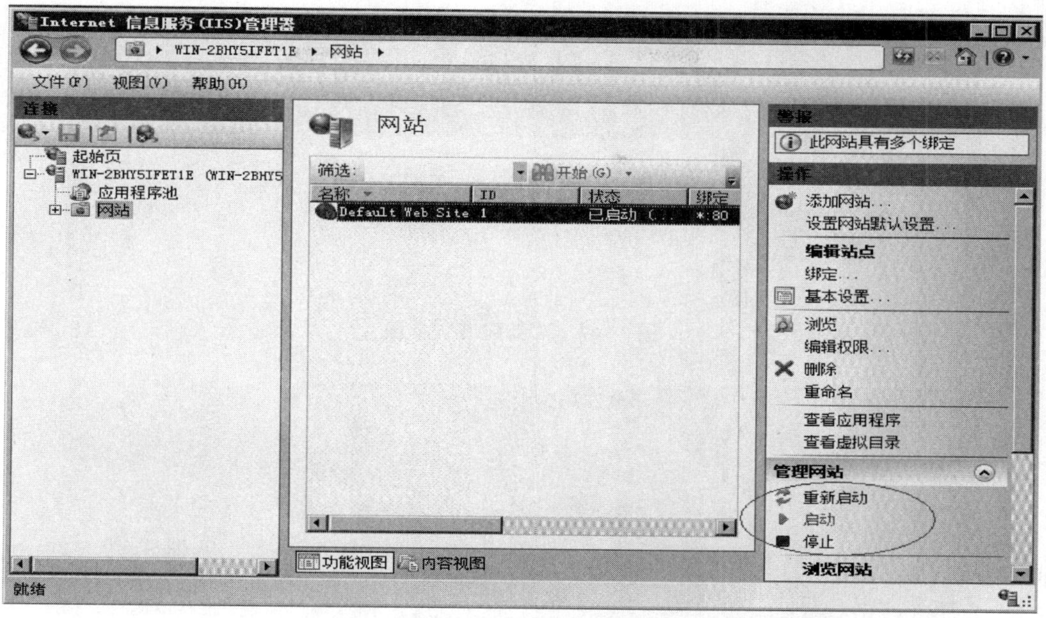

图 1-45 “Internet 信息服务（IIS）管理器”界面（二）

（四）FTP 服务器的安装与使用

1. 安装 FTP 服务器

（1）由于本项实验选用 Serv-U 6.4.0.6 绿色中文版，无需安装，只须双击 Serv UAdmin. exe文件，即可启动 Serv-U，显示“Serv-U 管理员”界面，如图 1-46 所示。

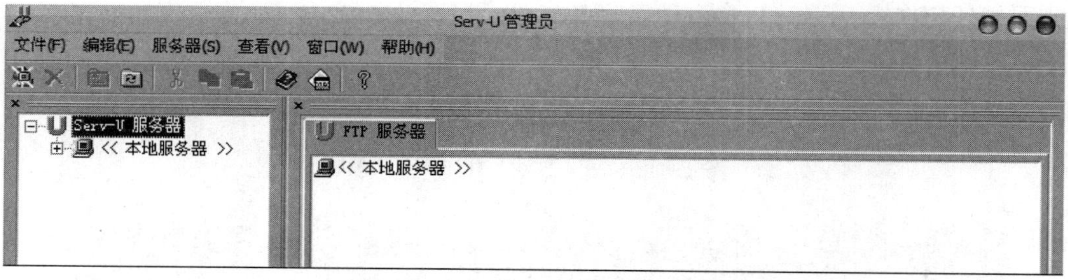

图 1-46 “Serv-U 管理员”界面

（2）点开<<本地服务器>>前面的“+”号，然后在“域”上右击出现“新建域”，如图 1-47 所示。

①输入新建域的 IP 地址或留空使用任何可用的 IP（动态 IP 地址），然后单击“下一步”，如图 1-48 所示。

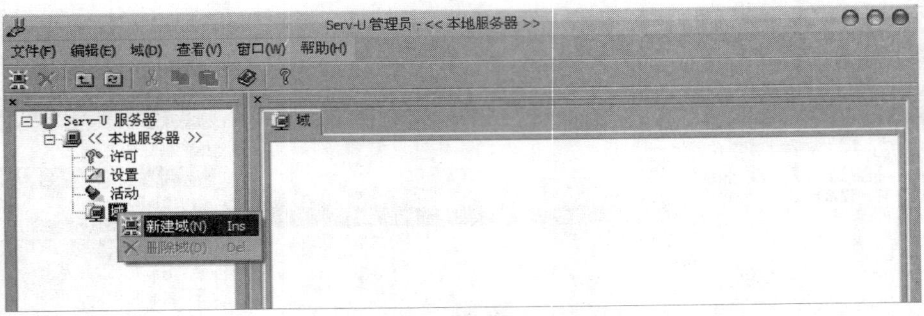

图 1-47 “新建域”界面

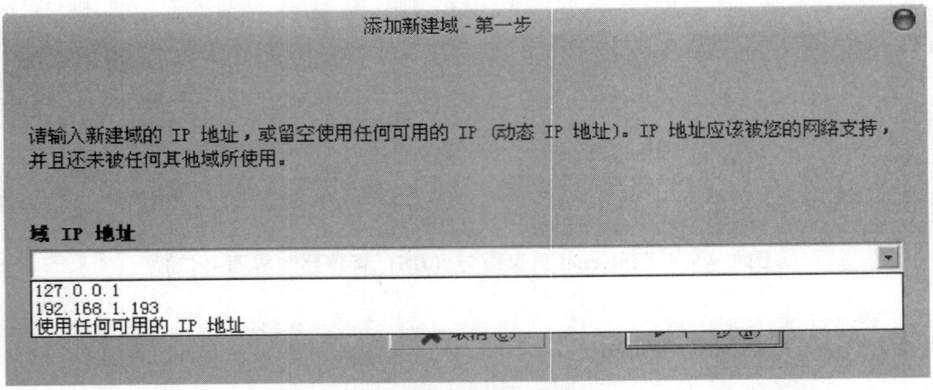

图 1-48 “域 IP 地址”对话框界面

提示：

🕮 如果服务器有固定的 IP，就可输入 IP 地址；如果只是在自己电脑上建立 FTP，而且又是拨号用户，有的只是动态 IP，没有固定 IP，那么这一步就可省略，不需要填任何内容，Serv-U 会自动确定 IP 地址。

②输入新建域的描述名称，然后单击“下一步”，如图 1-49 所示。

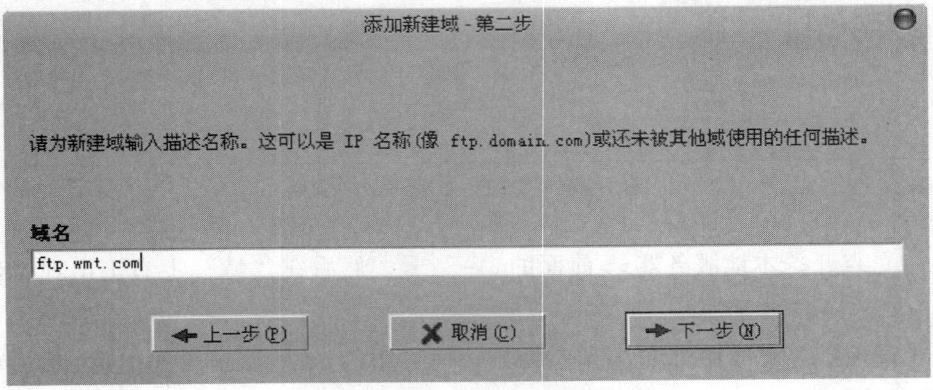

图 1-49 “域名”对话框界面

提示：

🕮 如果有 IP 名称，如 ftp. abc. com，就可输入；若没有，就随便填写一个。

③输入新建域的端口号，此处选择默认端口 21，然后单击“下一步”，如图 1-50 所示。

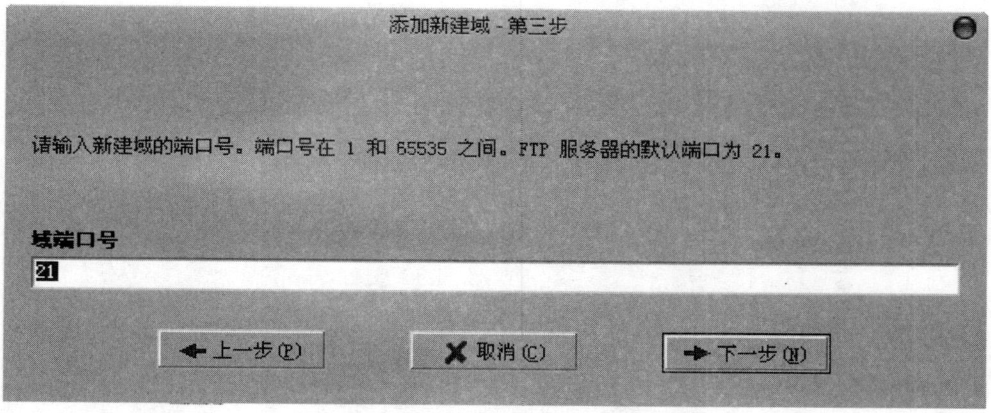

图 1-50　“域端口号”对话框界面

提示：

🕮 FTP 服务器的默认端口为 21，可以修改也可以不修改。

④选择该域应该被存储的地方“存储于 . INI 文件”，然后单击“下一步”，如图 1-51 所示。

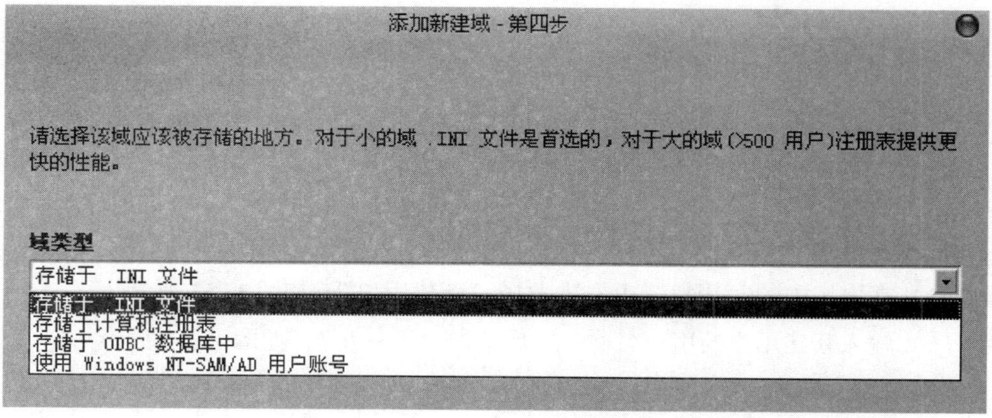

图 1-51　“域类型”对话框界面

提示：

🕮 要根据域的大小（用户的数量）选择域类型，对于小的域 .INI 文件是首选的，对于大的域（>500 用户）注册表可提供更快的性能。

⑤新建域成功后显示的界面，如图 1-52 所示。

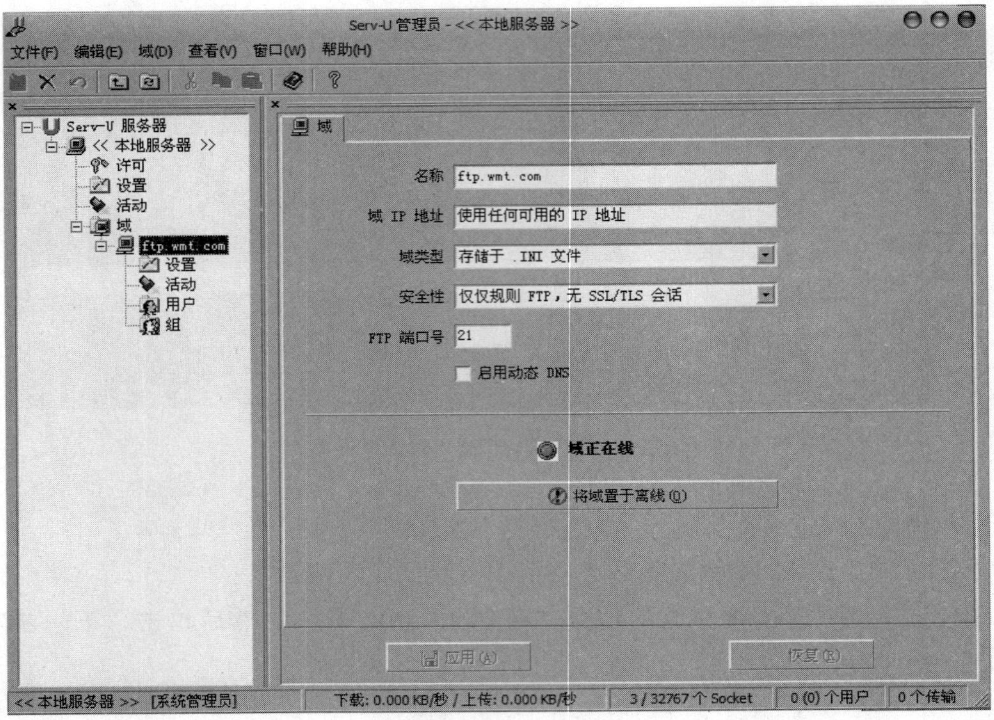

图 1-52　成功新建域后的界面

提示：

🕮 此界面显示名称、域 IP 地址、域类型、安全性、FTP 端口号，也可以在此界面修改此域的各类属性，可以设置是否启用动态 DNS 及设置域的在线或离线。

2. 添加并设置 FTP 用户账号

（1）在本域中的“用户”上右击选择“新建用户”，如图 1-53 所示。

（2）输入新建用户的用户名称，然后单击“下一步”，如图 1-54 所示。

（3）输入新建用户的密码，然后单击“下一步”，如图 1-55 所示。

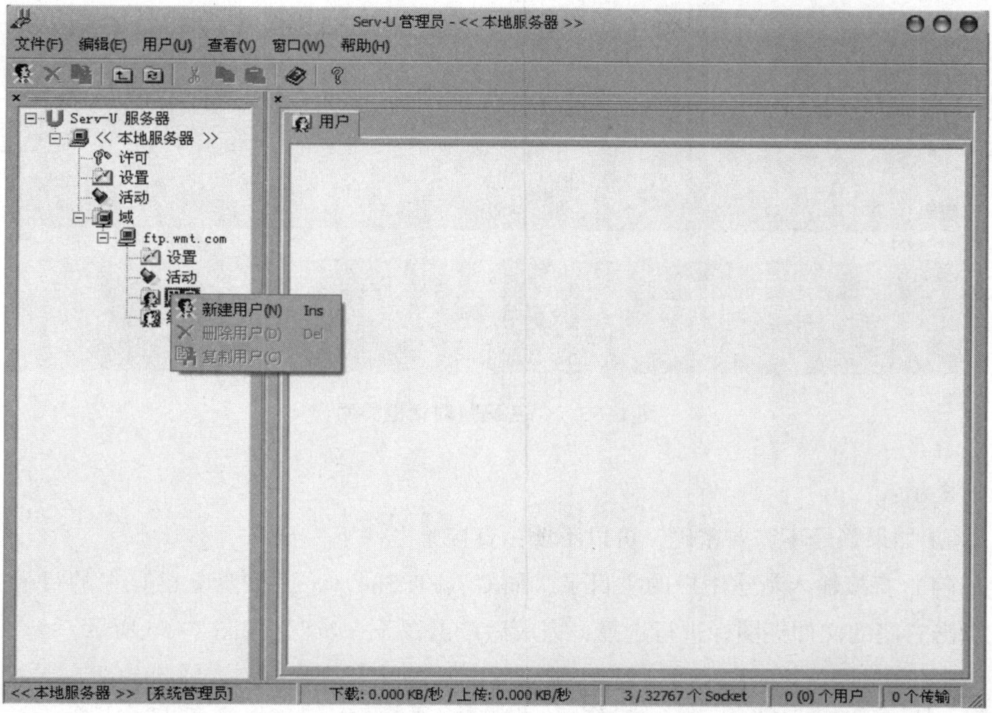

图 1-53　“新建用户”界面

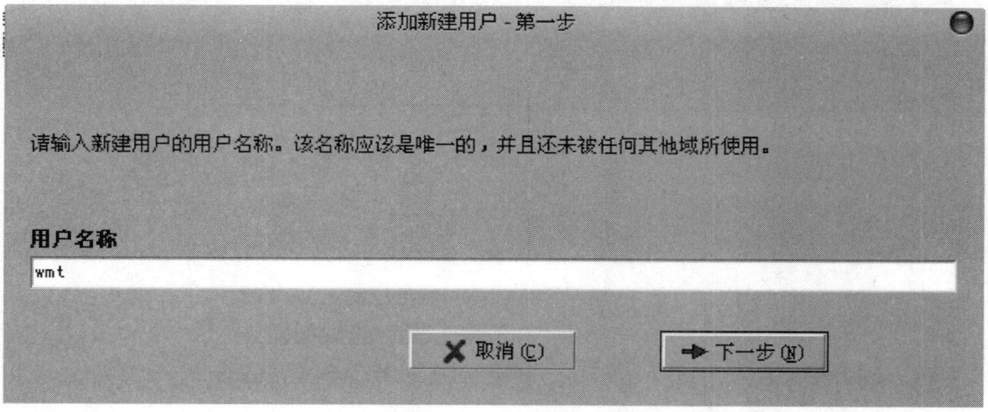

图 1-54　“用户名称”对话框界面

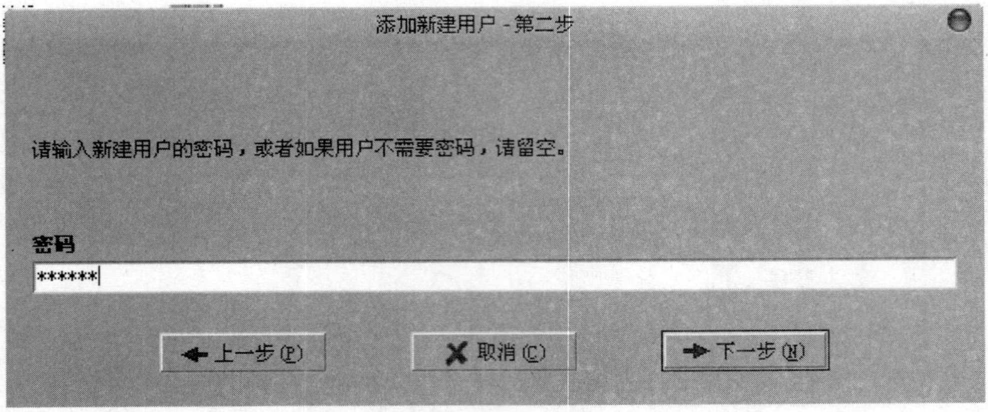

图 1-55　“密码”对话框界面

提示：

🕮 如果账号不需要密码，可以不填，直接单击“下一步”。

（4）直接输入新建用户的主目录，如 G:\FTPSite（一个硬盘上已存在的目录），或点击右侧的文件夹图标进行选择，完成后单击“下一步”，如图 1-56 所示。

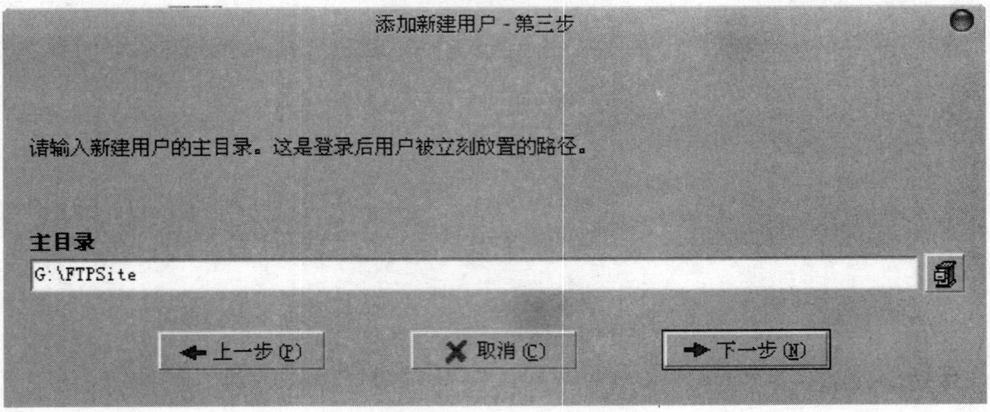

图 1-56　“主目录”对话框界面

（5）选择是否锁定用户于主目录，然后单击“完成”，如图 1-57 所示。

（6）成功新建用户的属性界面，如图 1-58 所示。之后可以根据需要设置该用户的各种属性。

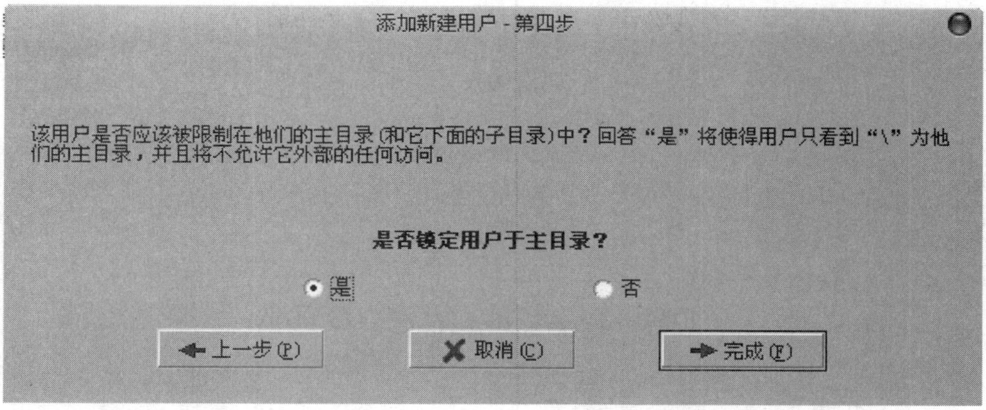

图 1-57　“是否锁定用户于主目录”对话框界面

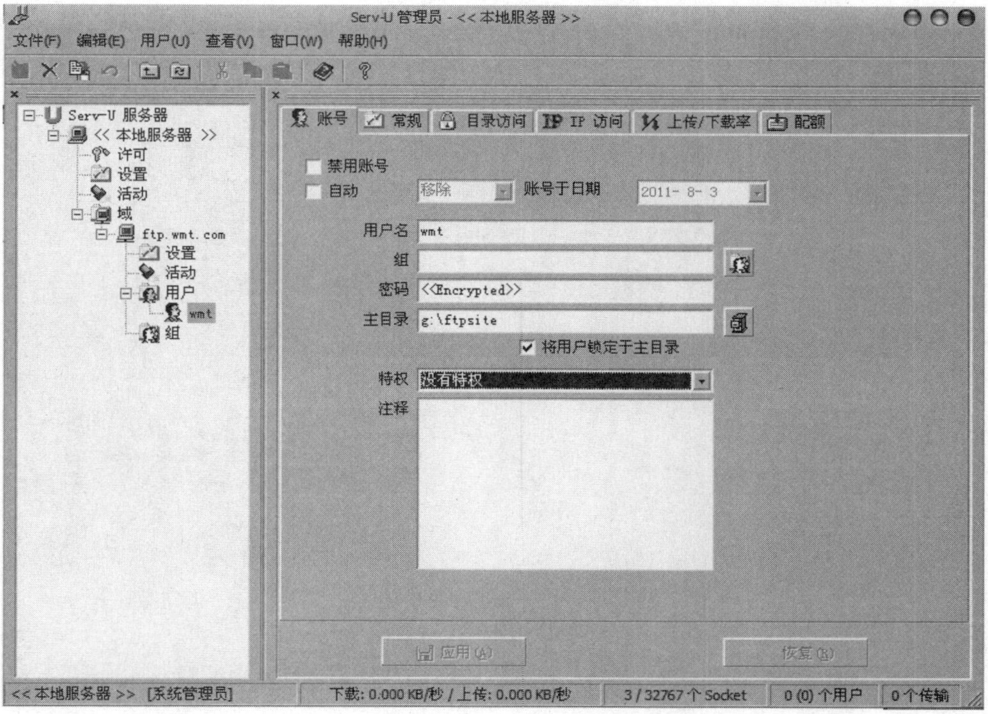

图 1-58　成功新建用户的属性界面

3. 访问虚拟 FTP 目录

（1）在“帮助”菜单中单击“本地 IP 地址”查看 IP 地址，如图 1-59、图 1-60 所示。

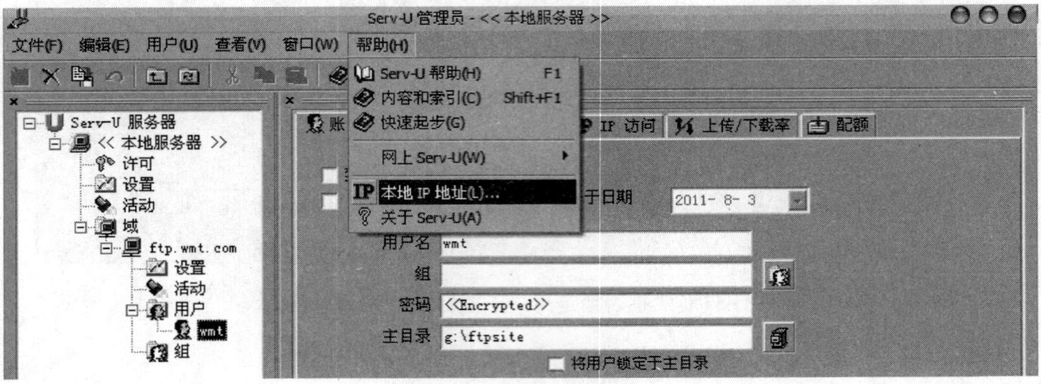

图 1-59 “帮助”菜单界面

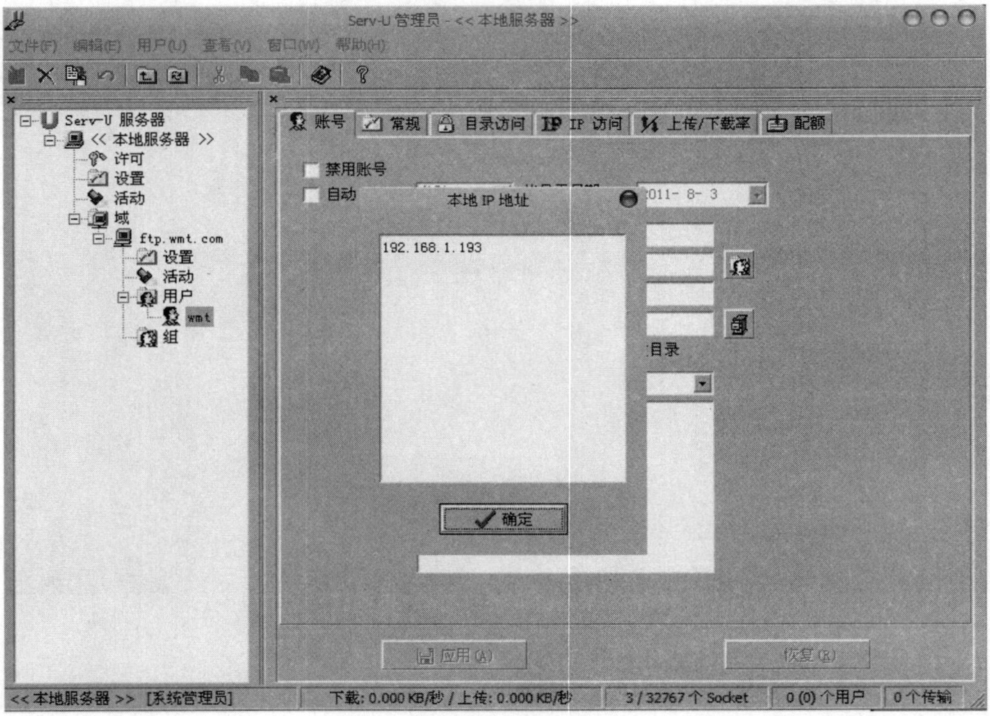

图 1-60 “本地 IP 地址”界面

（2）打开 Internet 浏览器，在地址栏中输入自己计算机的 IP 地址（如 ftp://192.168.1.193）并按回车键，如图 1-61 所示。

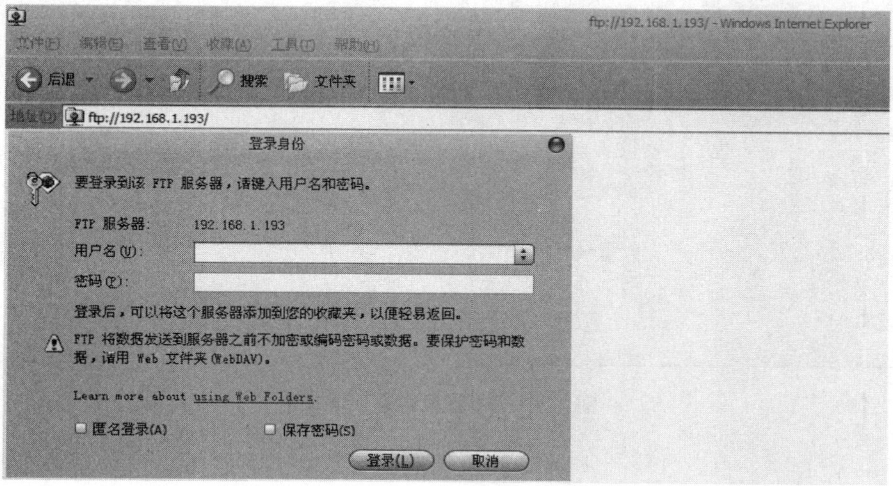
ftp://192.168.1.193/ - Windows Internet Explorer
后退
搜索
文件夹
ftp://192.168.1.193/
登录身份
要登录到该 FTP 服务器，请键入用户名和密码。
FTP 服务器: 192.168.1.193
用户名(U):
密码(P):
登录后，可以将这个服务器添加到您的收藏夹，以便轻易返回。
FTP 将数据发送到服务器之前不加密或编码密码或数据。要保护密码和数据，请用 Web 文件夹(WebDAV)。
Learn more about using Web Folders.
匿名登录(A)
保存密码(S)
登录(L)
取消

图 1-61　“登录身份”对话框界面一

（3）输入用户名和密码来登录 FTP 服务器，如图 1-62、图 1-63 所示。登录成功后便可看到事先放入 G：\ FTPSite 中的文件。

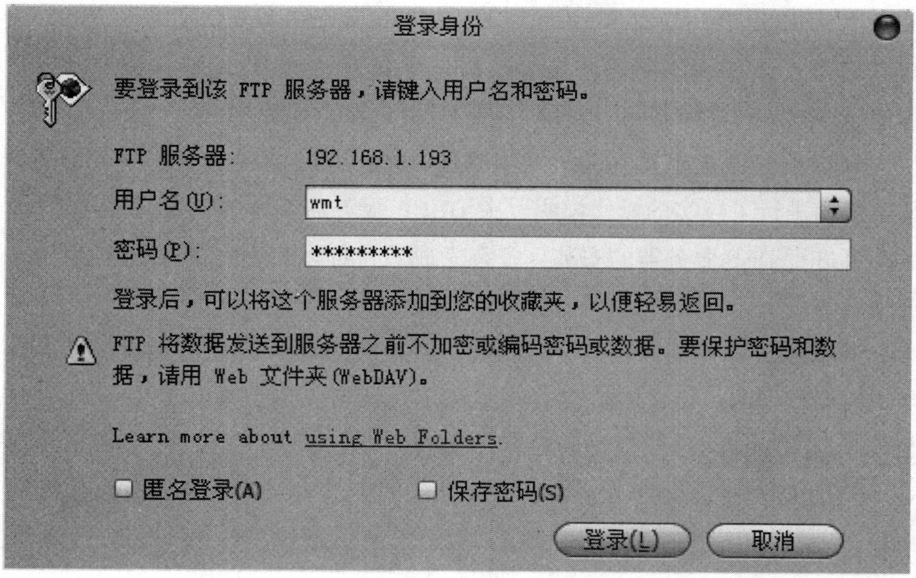
登录身份
要登录到该 FTP 服务器，请键入用户名和密码。
FTP 服务器: 192.168.1.193
用户名(U): wmt
密码(P): *********
登录后，可以将这个服务器添加到您的收藏夹，以便轻易返回。
FTP 将数据发送到服务器之前不加密或编码密码或数据。要保护密码和数据，请用 Web 文件夹(WebDAV)。
Learn more about using Web Folders.
匿名登录(A)
保存密码(S)
登录(L)
取消

图 1-62　“登录身份”对话框界面二

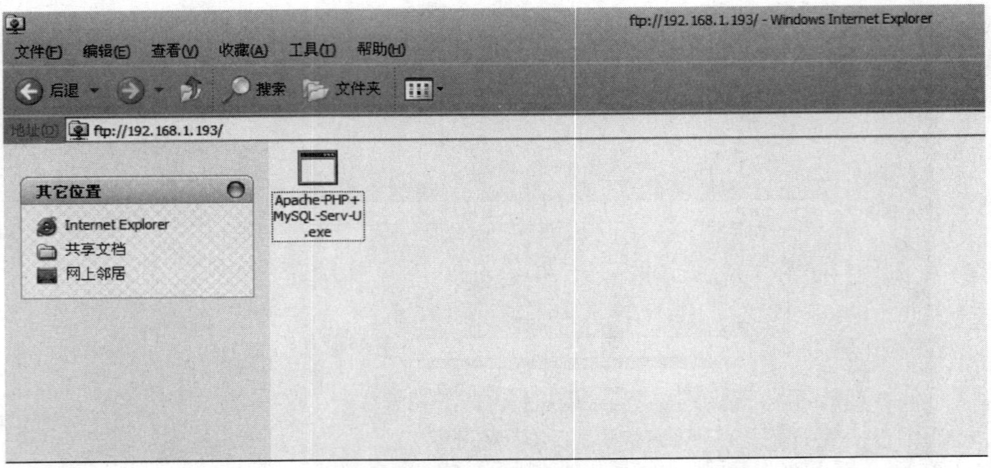

图 1-63 “登录成功”界面

六、实验总结

本项实验主要阐述了以下相关内容。

（1）DHCP 服务器的相关含义、工作原理及作用，对 DHCP 的安装及使用进行了翔实的操作说明。在 DHCP 服务器内，需要设定一段 IP 地址的范围（可用的 DHCP 作用域），当 DHCP 客户端请求 IP 地址时，DHCP 服务器将从此范围内提取一个尚未使用的 IP 地址分配给 DHCP 客户端，也可以保留特定的 IP 地址给特定的客户端使用，以便该客户端每次申请 IP 地址时都拥有相同的 IP 地址。

（2）DNS 服务器的相关含义、工作原理、作用以及域名与网址的区别，对 DNS 的安装及使用进行了翔实的操作说明。在 DHCP 服务器端为 DNS 服务器保留一个 IP 地址后，可进行 DNS 服务器的安装，安装完成后，可以在 DNS 服务器内创建正向和反向搜索（查找）区域。

（3）Web 服务器的相关含义、功能及发展趋势，对 Web 服务器的安装及使用进行了翔实的操作说明。该实验安装 IIS7（WEB）服务器时需要静态 IP，在“Internet 协议版本 4（TCP/IPv4）”属性中自行手动输入 IP 地址、子网掩码、默认网关和首选 DNS 服务器后，进行 IIS7（WEB）服务器的安装，安装完成后，可以选择利用 IP 地址来测试网站是否运行正常。测试正常后，还可以通过操作窗口重新启动、启动、停止此网站。

（4）FTP 服务器的相关含义、工作方式、工作原理及作用，并选用 Serv-U 进行操作。该实验用Serv-U安装FTP服务器，主要是通过设置域IP地址、域名、域端口号、域类型建立新域。成功新建域后可以在此域中通过设置用户名称、密码、主目录添加FTP用户账号，成功添加用户后可以对新添用户的属性进行设置和修改。各种设置完成后可以在Internet浏览器中输入自己计算机的IP地址（如ftp://192.168.1.193)登录虚拟FTP目录。

实验二　网络配置及故障诊断

一、实验名称和性质

所属课程	电子商务综合实训
实验名称	网络配置及故障诊断
实验学时	2
实验性质	□验证 ☑综合 □设计
必做/选做	☑必做 □选做

二、实验目的

（1）理解互联网的基本原理及其协议的安装配置。

（2）掌握 TCP/IP 协议的安装及其配置。

（3）熟悉并使用 ipconfig、ping、tracert 等命令进行测试及诊断。

三、实验环境

装有 Win 7 的计算机、能连接互联网的网络环境。

四、知识准备

TCP/IP（Transmission Control Protocol/Internet Protocol，传输控制协议/因特网互联协议，又称网络通信协议）是互联网最基本的协议，是由传输层的 TCP 协议和网络层的 IP 协议组成的。TCP/IP 定义了计算机或者其他电子设备如何接入互联网，以及数据如何在它们之间传输的标准。TCP/IP 是一个四层的分层体系结构，高层为传输控制协议，它负责聚集信息或把文件拆分成更小的包；低层是网际协议，它处理每个包的地址部分，使这些包正确地到达目的地。

互联网即因特网，是世界上最大的计算机网络，事实上它是一个连接不同结构的网络。互联网上的每台主机（Host）都有一个唯一的 IP 地址。IP 协议就是使用这个地址在主机之间传递信息，这是互联网能够运行的基础。IP 地址（ IPv4）的长度为 32 位，分为 4 段，每段 8 位，用十进制数字表示，每段数字范围为 0~255，段与段之间用句点隔开，例如 158.212.8.1。IP 地址由两部分组成：一部分为网络地址；另一部分为主机地址。IP 地址分为 A、B、C、D、E 五类，常用的是 B 类和 C 类。

子网掩码（Subnet Mask）又称为网络掩码、地址掩码或子网络遮罩，它是用来指明一个 IP 地址的哪些位标识的是主机所在的子网以及哪些位标识的是主机的位掩码。子网掩码不能单独存在，它必须结合 IP 地址一起使用。子网掩码只有一个作用，就是将某个 IP 地址划分成网络地址和主机地址两部分。

网关（Gateway）是一个网络连接到另一个网络的“关口”。网关实质上是一个网络通向其他网络的 IP 地址。

DNS（Domain Name System，域名解析系统）是因特网的一项核心服务，它作为可以将域名和 IP 地址相互映射的一个分布式数据库，能够使人更方便地访问互联网，而不用去记住机器能够直接读取的 IP 数串。这种名字到地址的转换通常称为解析。名字解析过程有时一个服务器就可以完成，有时会涉及多个服务器。

WINS（Windows Internet Name Service，Windows 网络名称服务）。它提供一个分布式数据库，能在路由网络的环境中动态地对 IP 地址和 NetBIOS 名的映射进行注册与查询。WINS 用来登记 NetBIOS 计算机名，并在需要时将它解析成为 IP 地址。WINS 数据库是动态更新的。

五、实验步骤和内容

（一）Windows 网络配置

1. 进入网络配置

（1）单击“开始”按钮，打开“开始”菜单，点击“控制面板”，打开“控制面板”对话框。

（2）单击“网络和 Internet 连接”，再点击“网络连接”图标就直接进入“网络连接”，再点击“本地连接”对话框，如图 2-1 所示。

（3）在“本地连接”→“属性”对话框中，一般包括“常规”“验证”和“高级”三个标签选项，如图 2-2 所示。

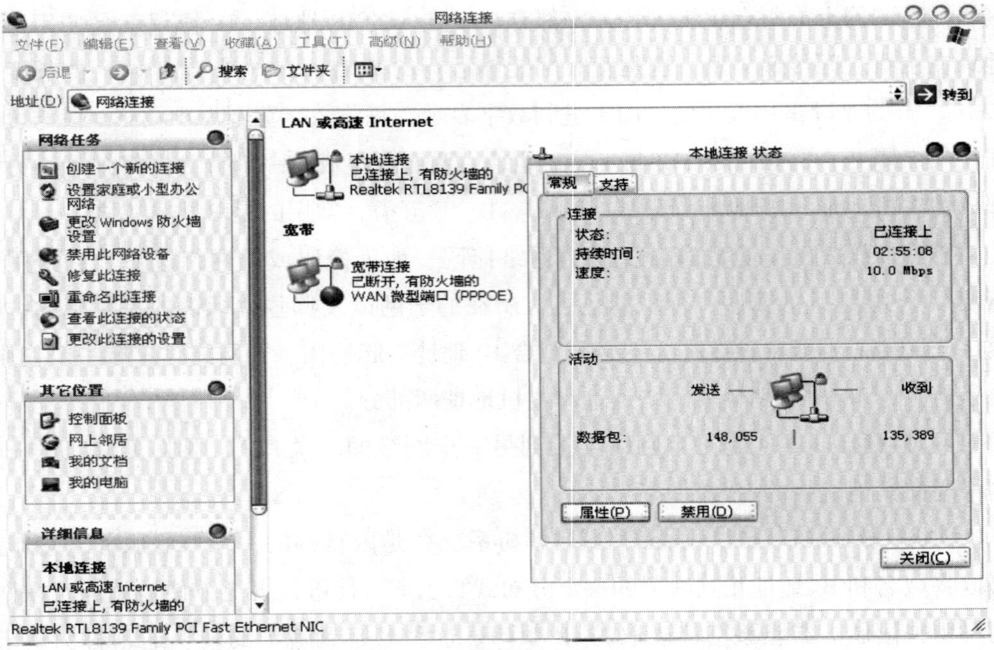

图 2-1 “本地连接状态”界面

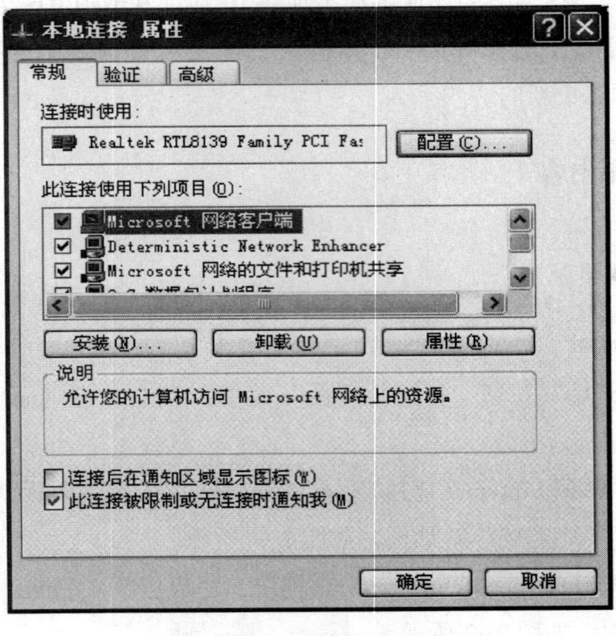

图 2-2 “本地连接属性”界面

2. 创建新用户账户

打开“控制面板”对话框，单击“性能和维护”，再单击“管理工具”，然后双击“计算机管理”，选择“本地用户和组”下的“用户”。按屏幕提示操作，即可完成新用户账户的创建过程，如图 2-3 所示。

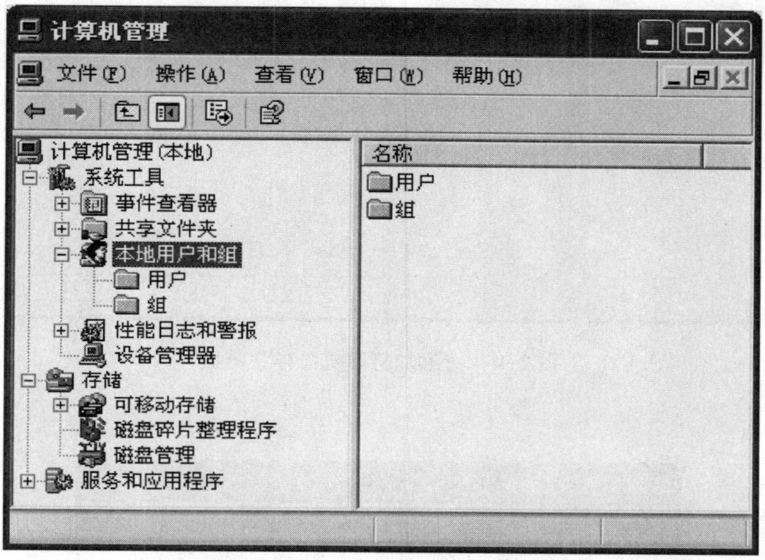

图 2-3　“计算机管理”界面

3. 配置共享打印机/文件和文件夹

（1）配置共享打印机。依次单击“开始”“控制面板”，单击“打印机和其他硬件”，然后打开“打印机和传真”。右键单击要共享的打印机，然后单击“共享”。

（2）连接到网络打印机。打开“控制面板”，单击“打印机和其他硬件”，然后单击“打印机和传真”。在“打印机任务”下，单击“添加打印机”打开添加打印机向导，然后单击“下一步”。单击“网络打印机或连接到其他计算机的打印机”，然后单击“下一步”连接到所选打印机，如图 2-4 所示。

（3）配置共享计算机中的文件和文件夹。如果将文件或文件夹移动或复制到“共享文档”中，则拥有用户账户的任何人都能访问它。步骤为：打开“我的文档”，单击需共享的文件或文件夹，将该文件或文件夹拖动到位于“其他位置”中的“共享文档”。

（4）在网络上共享文件夹和驱动器。打开“Windows 资源管理器”，然后选择需共享的驱动器或文件夹，右键单击该驱动器或文件夹，单击“共享和安全”，然后选择“共享”选项卡，如图 2-5 所示。

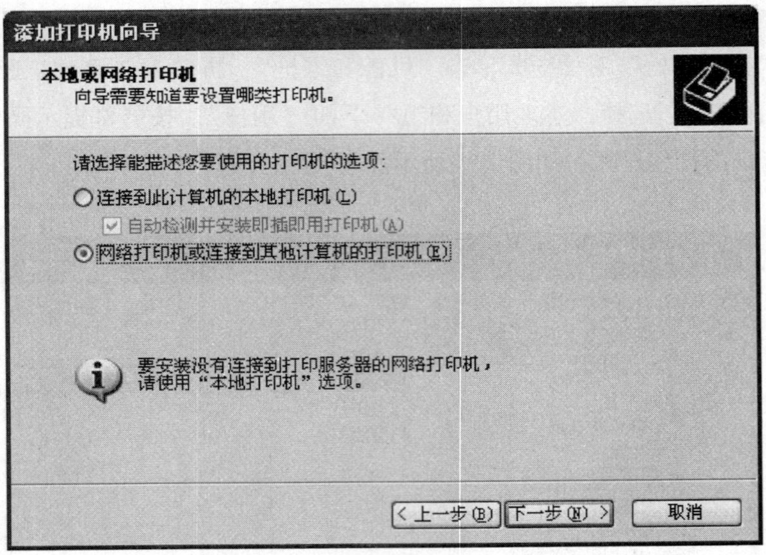

图 2–4 “添加打印机向导”界面

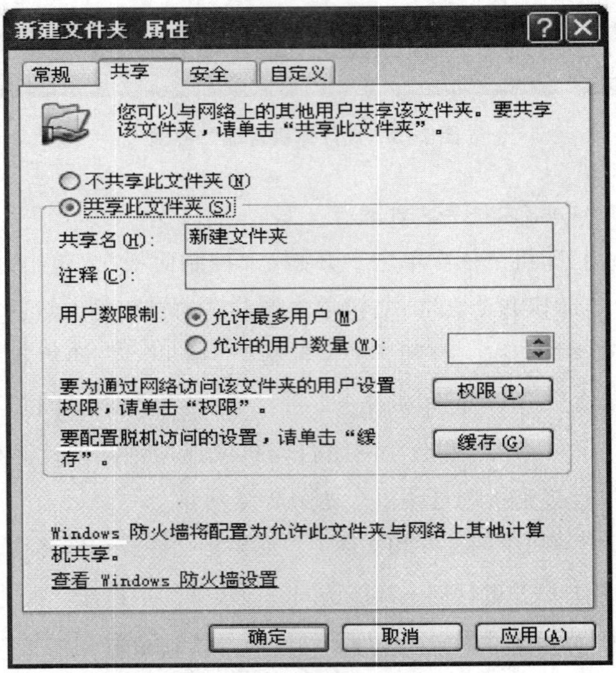

图 2–5 在网络上共享文件夹和驱动器界面

4. 设置访问控制

访问控制是批准用户、组和计算机访问网络上的对象的过程。打开“Windows 资源管理器”，然后选择需共享的文件夹和驱动器，右键单击该文件夹和驱动器，单击“共享和安全”，然后选择“安全”选项卡，为指定的用户设置相应权限，如图 2-6 所示。

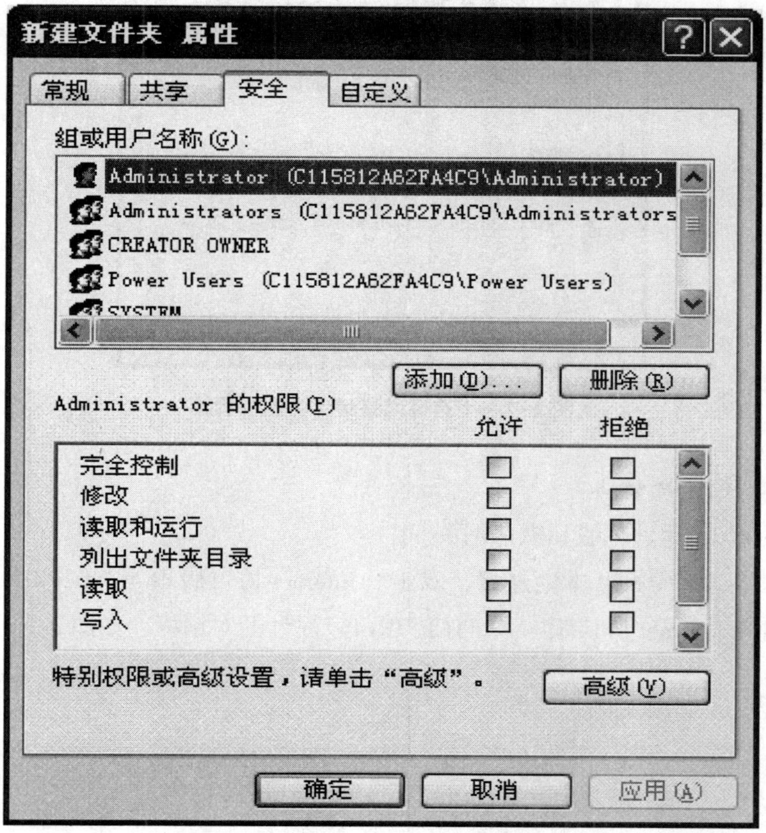

图 2-6　共享权限设置界面

（二）TCP/IP 协议配置

1. 添加协议

在连接互联网前要安装所需的网络组件。Win 7 在网络应用方面提供了许多核心组件，包括由安装程序自动安装的网络组件和许多附加的组件，供用户选择安装，以扩展 Win 7 的网络功能。这些组件分为三类：客户端、服务以及协议。客户端软件使计算机能与特定的网络操作系统通信；协议是网络上计算机通信的基本语言，它可帮助一台计算机找到另一台计算机，并定义它们之间传送数据时所遵守的规则。

用户在配置网络组件时，在“本地连接属性”的“常规”选项卡中，选择“Microsoft网络客户端”，单击“安装”。在“选择网络组件类型”界面中，单击“客户端”或“服务”或“协议”，再单击“添加”，如图 2-7 所示。

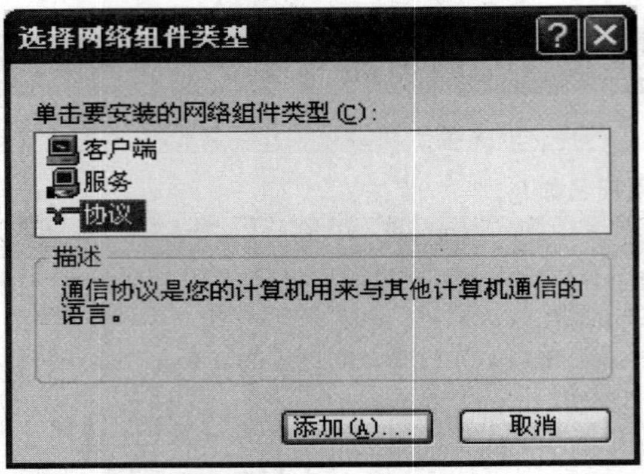

图 2-7　“选择网络组件类型”界面

2. **配置 TCP/IP 协议**

(1) 配置 IP 地址标签和默认网关。

①在网络连接中打开本地连接，双击“Internet 协议版本 4（TCP/IPv4）”查看其属性，出现 Internet 协议版本 4（TCP/IPv4）属性的对话框，如图 2-8 所示。

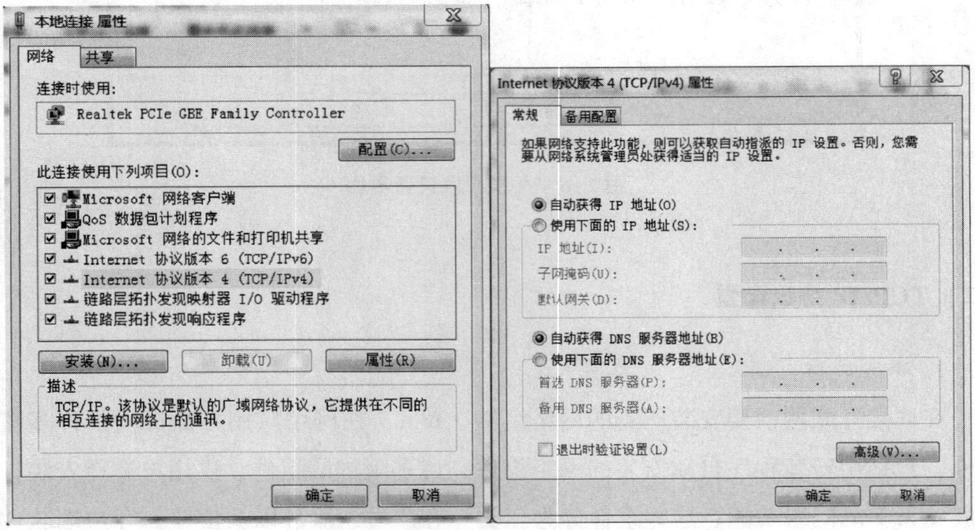

图 2-8　“本地连接属性”和“Internet 协议版本 4（TCP/IPv4）属性”界面

②在“Internet 协议版本 4（TCP/IPv4）属性”界面中，单击“常规”选项卡。IP 地址的获得有两种方式：一种是自动从 DHCP 服务器中获得 IP 地址，选“自动获得 IP 地址”如图 2-9 所示；另一种是指定 IP 地址，在“IP 地址”一栏中输入主机的 IP 地址，在“子网掩码”一栏中输入子网掩码，在“默认网关”一栏中输入默认网关即可，如图 2-10 所示。

（2）配置 DNS 和 WINS。DNS 是域名服务系统，DNS 服务器是用来进行域名解析的，用户如要连接互联网，就必须配置 DNS。WINS 提供一个分布式数据库，能在路由网络的环境中动态地对 IP 地址和 NetBIOS 名的映射进行注册与查询，WINS 用来登记 NetBIOS 计算机名，并在需要时将它解析成为 IP 地址。WINS 数据库是动态更新的，有了 WINS，则不需要配置 DNS，用户可在 WINS 服务器和 DNS 服务器当中任选一个。

① 配置 DNS。在“Internet 协议版本 4（TCP/IPv4）属性”界面中，单击“常规”选项卡。DNS 服务器地址的获得方式有两种：一种是自动获得 DNS 服务器地址，选“自动获得 DNS 服务器地址”；另一种是指定 DNS 服务器地址，选择“使用下面的 DNS 服务器地址”后，在下面两栏中输入 DNS 服务器地址。

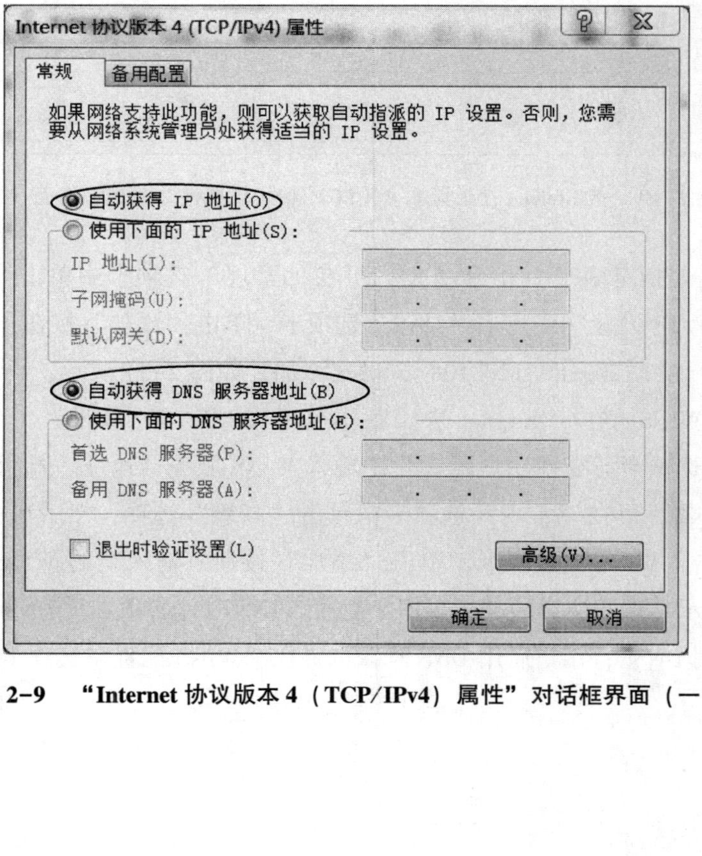

图 2-9　“Internet 协议版本 4（TCP/IPv4）属性”对话框界面（一）

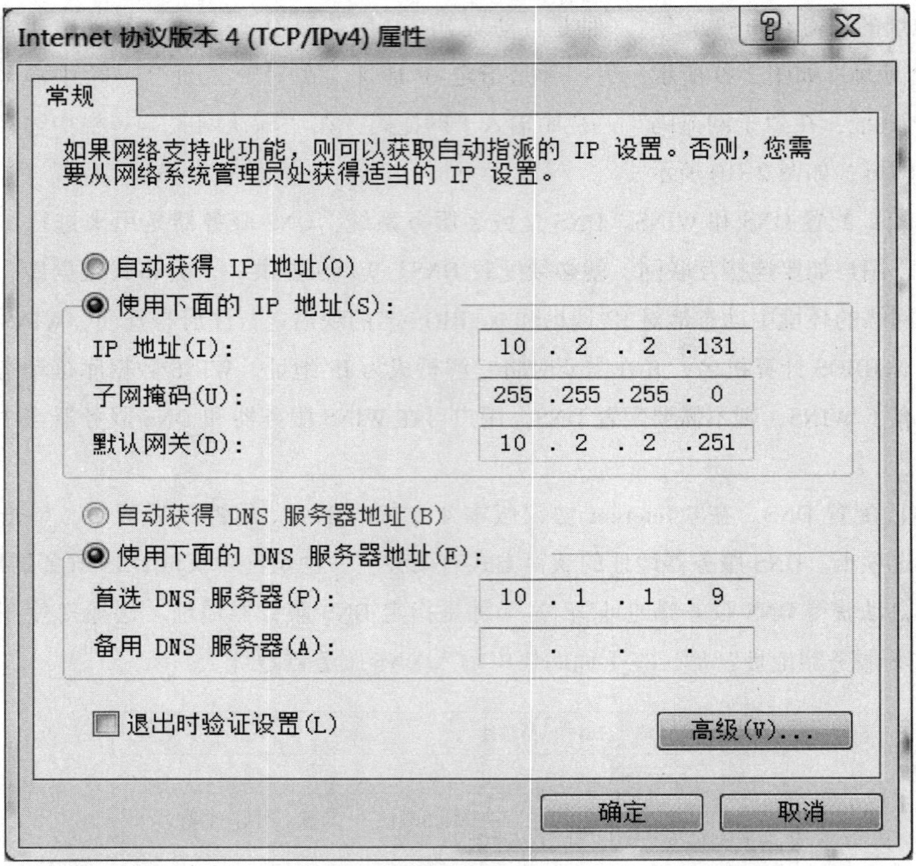

图 2-10 “Internet 协议版本 4（TCP/IPv4）属性”对话框界面（二）

若用户需要指定多个 DNS 服务器，可在“常规”选项卡中单击“高级”选项，在“高级 TCP/IP 设置”中点击“DNS”选项卡，单击“添加”按钮，输入新的 DNS 服务器地址，如“220. 189. 127. 108”，确定添加，如图 2-11 所示。

② 配置 WINS。在“Internet 协议版本 4（TCP/IPv4）属性”对话框中，单击“备用配置”选项卡。在“用户配置”中输入 WINS 服务器地址。若用户需要指定多个 WINS 服务器，可在“常规”选项卡中单击“高级”选项，然后在“高级 TCP/IP 设置”中点击“WINS”选项卡，单击“添加”按钮，输入新的 WINS 服务器地址，如图 2-12 所示。需要注意的是，当用户启用 WINS 时，必须在“DNS 配置”选项卡中选择“禁用 DNS”；用户启用 DNS 时，也要在“WINS 配置”选项卡中选择“禁用 WINS”。

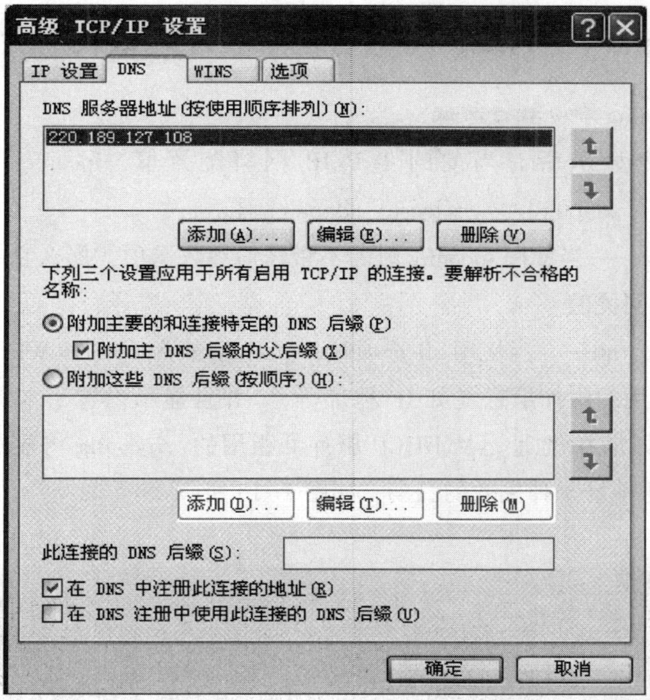

图 2-11　指定多个 DNS 服务器界面

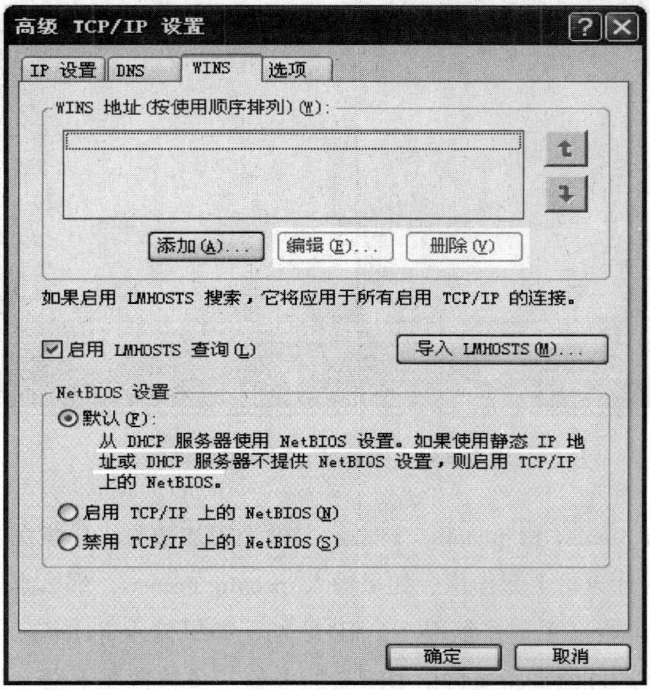

图 2-12　指定多个 WINS 服务器界面

(三) 网络故障诊断

1. 利用 ipconfig 命令进行测试

ipconfig 命令显示所有当前的 TCP/IP 网络配置值，ipconfig 可带的参数有[/all | /renew [adapter] | /release [adapter]]。

(1) ipconfig——当使用 ipconfig 时若不带任何参数选项，那么它会显示 IP 地址、子网掩码和缺省网关值。

(2) ipconfig /all——当使用 all 选项时，ipconfig 能为 DNS 和 WINS 服务器显示它已内置且所要使用的附加信息（如 IP 地址等），并且显示内置于本地网卡中的物理地址（MAC）。如果 IP 地址是从 DHCP 服务器租用的，ipconfig 将显示 DHCP 服务器的 IP 地址和租用地址预计失效的日期，如图 2-13 所示。

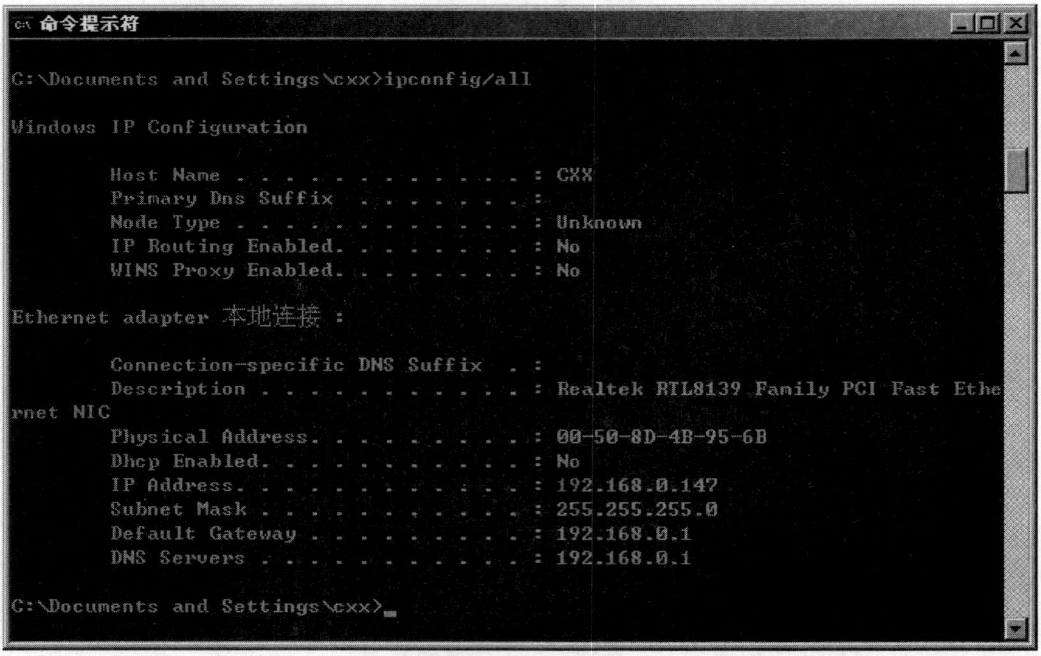
命令提示符
C:\Documents and Settings\cxx>ipconfig/all
Windows IP Configuration
Host Name . . . . : CXX
Primary Dns Suffix . . . . :
Node Type . . . . : Unknown
IP Routing Enabled. . . . . : No
WINS Proxy Enabled. . . . . : No
Ethernet adapter 本地连接 :
Connection-specific DNS Suffix . :
Description . . . . : Realtek RTL8139 Family PCI Fast Ethernet NIC
Physical Address. . . . . : 00-50-8D-4B-95-6B
Dhcp Enabled. . . . . : No
IP Address. . . . . : 192.168.0.147
Subnet Mask . . . . : 255.255.255.0
Default Gateway . . . . : 192.168.0.1
DNS Servers . . . . : 192.168.0.1
C:\Documents and Settings\cxx>

图 2-13 “ipconfig/all” 命令运行

(3) ipconfig /renew 和 ipconfig /release 是两个附加选项，只能在向 DHCP 服务器租用其 IP 地址的计算机上起作用。如果输入 ipconfig /renew，那么本地计算机便设法与 DHCP 服务器取得联系，并租用一个 IP 地址；如果输入 ipconfig /release，那么所有接口的租用 IP 地址便重新交付给 DHCP 服务器。多数情况下网卡将被重新赋予和以前所赋予的相同 IP 地址。

2. **使用 ping 命令进行诊断**

ping 命令主要用于测试网络的连通性。ping 程序使用 ICMP 协议简单地发送一个网络包并请求应答，接收请求的目的是让主机再次使用 ICMP 发回同其接收的数据一样的数据，于是 ping 便可对每一个网络包的发送和接收报告往返时间，并报告无响应网络包的比例，这在确定网络是否正确连接以及网络连接的状况（网络包丢失率）十分有用。按缺省设置，Windows 上运行的 ping 命令发送 4 个 ICMP 回送请求，每个 32 字节数据，如果一切正常，应当能得到 4 个回送应答。ping 命令能够以毫秒为单位显示发送回送请求到返回回送应答之间的时间量。如果应答时间短，表示数据包不必通过太多的路由器或网络连接速度比较快。ping 命令还能显示 TTL（Time To Live，生存时间）值。ping 命令是 Windows 操作系统集成的 TCP/IP 应用程序之一，可在“开始”的“运行”中直接执行。

（1）ping 命令的命令格式和参数说明。ping 命令格式为：ping [-t] [-a] [-n count] [-l size] [-f] [-i TTL] [-v TOS] [-r count] [-s count] {[-j host-list] | [-k host-list] } [-w timeout]，如图 2-14 所示。

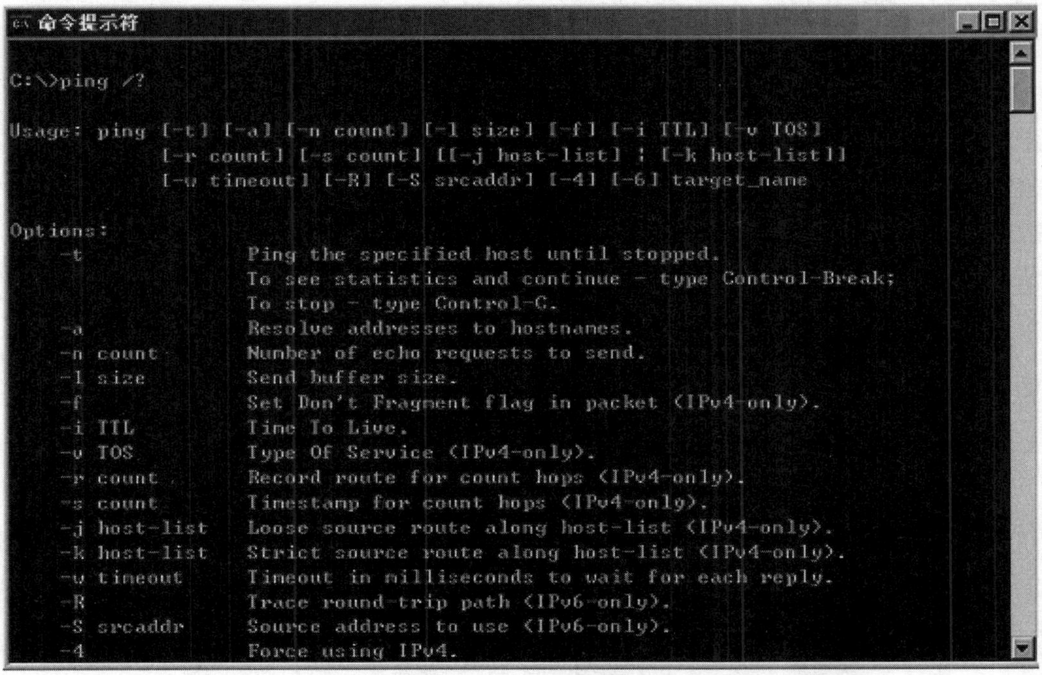
命令提示符
C:\>ping /?
Usage: ping [-t] [-a] [-n count] [-l size] [-f] [-i TTL] [-v TOS]
[-r count] [-s count] [[-j host-list] | [-k host-list]]
[-w timeout] [-R] [-S srcaddr] [-4] [-6] target_name
Options:
-t Ping the specified host until stopped.
To see statistics and continue - type Control-Break;
To stop - type Control-C.
-a Resolve addresses to hostnames.
-n count Number of echo requests to send.
-l size Send buffer size.
-f Set Don't Fragment flag in packet (IPv4-only).
-i TTL Time To Live.
-v TOS Type Of Service (IPv4-only).
-r count Record route for count hops (IPv4-only).
-s count Timestamp for count hops (IPv4-only).
-j host-list Loose source route along host-list (IPv4-only).
-k host-list Strict source route along host-list (IPv4-only).
-w timeout Timeout in milliseconds to wait for each reply.
-R Trace round-trip path (IPv6-only).
-S srcaddr Source address to use (IPv6-only).
-4 Force using IPv4.

图 2-14 ping 命令参数

ping 命令主要参数说明如下：

-t 链接指定的主机直到反馈停止；

-a 将指定地址解析为计算机名；

-n count 发送 count 指定的 ECHO 数据包数，默认值为 4；

-l size 发送包含由 size 指定数据量的 ECHO 数据包，默认值为 32 字节，最大值为 65527；

-f 在数据包中发送“不要分段”标志，数据包就不会被路由上的网关分段；

-i TTL 将“生存时间”字段设置为由 ttl 指定的值；

-v TOS 将“服务类型”字段设置为由 tos 指定的值；

-r count 在“记录路由”字段中记录传出和返回数据包的路由，count 可以指定最少 1 台、最多 9 台计算机；

-s count 指定由 count 指定的跃点数的时间戳；

-j host-list 利用由 host-list 指定的计算机列表路由数据包，连续计算机可被中间网关分隔（路由稀疏源），IP 允许的最大数量为 9；

-k host-list 利用由 host-list 指定的计算机列表路由数据包，连续计算机可被中间网关分隔（路由严格源），IP 允许的最大数量为 9；

-w timeout 指定超时间隔，单位为毫秒。

（2）通过 ping 命令检测网络故障的典型次序。正常情况下，当使用 ping 命令查找问题所在或检验网络运行情况时，需要使用许多 ping 命令。如果所有 ping 命令都运行正确，就可以相信基本的连通性和配置参数没有问题；如果某些 ping 命令出现运行故障，它也可以指明去何处查找问题。下面列举典型的检测次序及对应的可能故障的例子。

①ping 127. 0. 0. 1——这个命令被送到本地计算机所配置的 IP 地址，该命令永不退出该计算机。如果做不到这一点，就表示 TCP/IP 的安装或运行存在某些最基本的问题，如图 2-15、图 2-16 所示。

图 2-15　运行 ping 命令

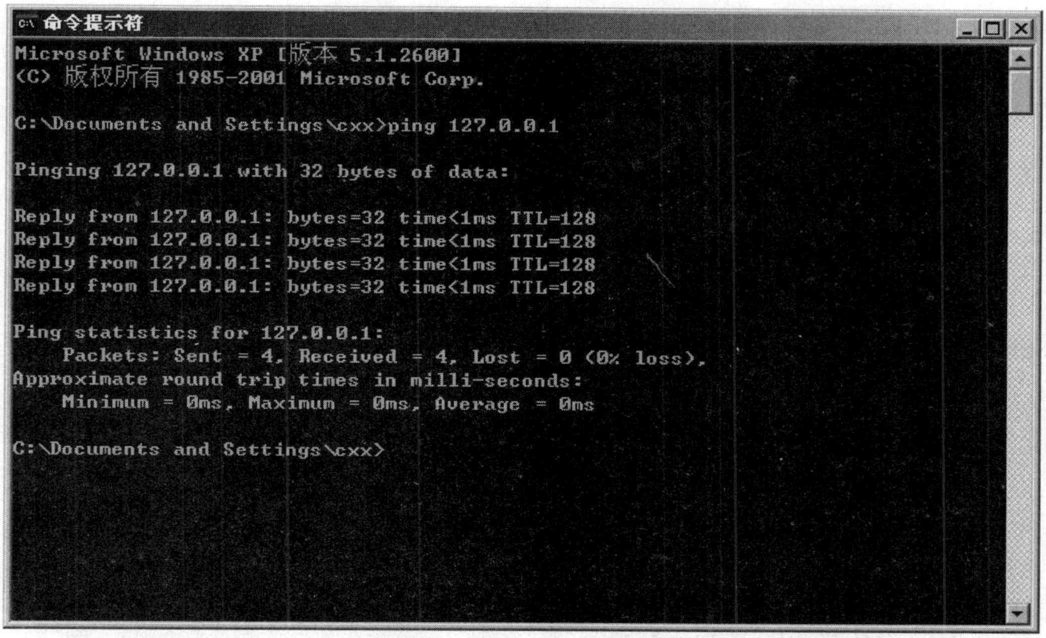
命令提示符
Microsoft Windows XP [版本 5.1.2600]
(C) 版权所有 1985-2001 Microsoft Corp.
C:\Documents and Settings\cxx>ping 127.0.0.1
Pinging 127.0.0.1 with 32 bytes of data:
Reply from 127.0.0.1: bytes=32 time<1ms TTL=128
Reply from 127.0.0.1: bytes=32 time<1ms TTL=128
Reply from 127.0.0.1: bytes=32 time<1ms TTL=128
Reply from 127.0.0.1: bytes=32 time<1ms TTL=128
Ping statistics for 127.0.0.1:
Packets: Sent = 4, Received = 4, Lost = 0 (0% loss),
Approximate round trip times in milli-seconds:
Minimum = 0ms, Maximum = 0ms, Average = 0ms
C:\Documents and Settings\cxx>

图 2-16 ping 计算机保留 IP

②ping 本机 IP——这个命令被送到本地计算机所配置的 IP 地址，计算机始终都应当对本 ping 命令做出应答；如果没有应答，则表示本地配置或安装存在问题。出现此问题时，局域网用户需断开网络电缆，然后重新发送该命令。如果网线断开后本命令正确，则表示另一台计算机可能配置了相同的 IP 地址，如图 2-17 所示。

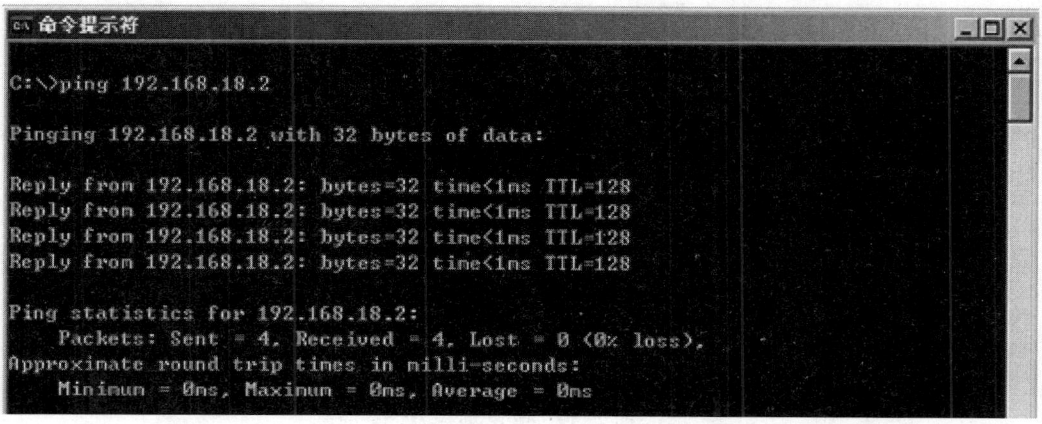
命令提示符
C:\>ping 192.168.18.2
Pinging 192.168.18.2 with 32 bytes of data:
Reply from 192.168.18.2: bytes=32 time<1ms TTL=128
Reply from 192.168.18.2: bytes=32 time<1ms TTL=128
Reply from 192.168.18.2: bytes=32 time<1ms TTL=128
Reply from 192.168.18.2: bytes=32 time<1ms TTL=128
Ping statistics for 192.168.18.2:
Packets: Sent = 4, Received = 4, Lost = 0 (0% loss),
Approximate round trip times in milli-seconds:
Minimum = 0ms, Maximum = 0ms, Average = 0ms

图 2-17 ping 本机 IP

③ping 局域网内其他 IP——这个命令应该离开计算机，经过网卡及网络电缆到达其他计算机，再返回。收到回送应答表明本地网络中的网卡和载体运行正确，但如果收到 0 个回送应答，就表示子网掩码（进行子网分割时，将 IP 地址的网络部分与主机部分分开的代码）不正确或网卡配置错误或电缆系统有问题。

④ping 网关 IP——这个命令如果应答正确，就表示局域网中的网关路由器正在运行并能够做出应答，如图 2-18 所示。

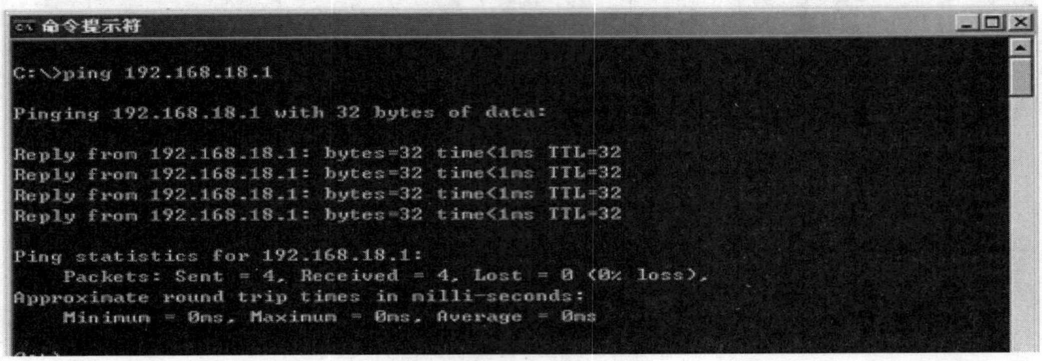
命令提示符
C:\>ping 192.168.18.1
Pinging 192.168.18.1 with 32 bytes of data:
Reply from 192.168.18.1: bytes=32 time<1ms TTL=32
Reply from 192.168.18.1: bytes=32 time<1ms TTL=32
Reply from 192.168.18.1: bytes=32 time<1ms TTL=32
Reply from 192.168.18.1: bytes=32 time<1ms TTL=32
Ping statistics for 192.168.18.1:
Packets: Sent = 4, Received = 4, Lost = 0 (0% loss),
Approximate round trip times in milli-seconds:
Minimum = 0ms, Maximum = 0ms, Average = 0ms

图 2-18　ping 网关 IP

⑤ping 远程 IP——这个命令如果收到 4 个应答，表示成功地使用了缺省网关，对于拨号上网用户则表示能够成功地访问互联网（但不排除 ISP 的 DNS 会有问题），如图 2-19所示。

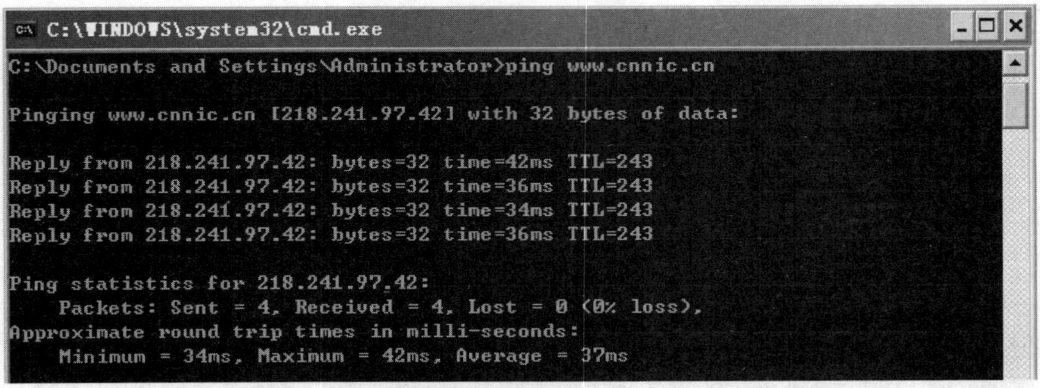
C:\WINDOWS\system32\cmd.exe
C:\Documents and Settings\Administrator>ping www.cnnic.cn
Pinging www.cnnic.cn [218.241.97.42] with 32 bytes of data:
Reply from 218.241.97.42: bytes=32 time=42ms TTL=243
Reply from 218.241.97.42: bytes=32 time=36ms TTL=243
Reply from 218.241.97.42: bytes=32 time=34ms TTL=243
Reply from 218.241.97.42: bytes=32 time=36ms TTL=243
Ping statistics for 218.241.97.42:
Packets: Sent = 4, Received = 4, Lost = 0 (0% loss),
Approximate round trip times in milli-seconds:
Minimum = 34ms, Maximum = 42ms, Average = 37ms

图 2-19　ping 远程 IP

⑥ping localhost——localhost 是测试系统的网络保留名，它是 127. 0. 0. 1 的别名，

每台计算机都应该能够将该名字转换成该地址。如果做不到，则表示主机文件(/Windows/host)中存在问题。

⑦ping 域名，如 ping www. yahoo. com——对这个域名执行 ping 命令，计算机必须先将域名转换成 IP 地址，如果这里出现故障，则表示 DNS 服务器有故障。

如果上面所列出的所有 ping 命令都能正常运行，那么对计算机进行本地和远程通信的功能基本上就可以放心。但是，这些命令的成功执行并不表示所有的网络配置都没有问题，例如，某些子网掩码错误就可能无法运用这些方法检测到。

3. **利用 tracert 命令进行跟踪测试**

网络路由跟踪程序 tracert 是一个基于 TCP/IP 协议的网络测试工具，利用该命令可以查看从本地主机到目标主机所经过的全部路由。无论在局域网还是在广域网或因特网中，通过 tracert 所显示的信息，既可以掌握一个数据包信息从本地计算机到达目标计算机所经过的路由，还可以了解网络堵塞发生在哪个环节，为网络管理和系统性能分析及优化提供依据。

（1）tracert 命令详解。tracert 的命令格式为：tracert [-d] [-h maximum_hops] [-j host-list] [-w timeout] target_name，如图 2-20 所示。

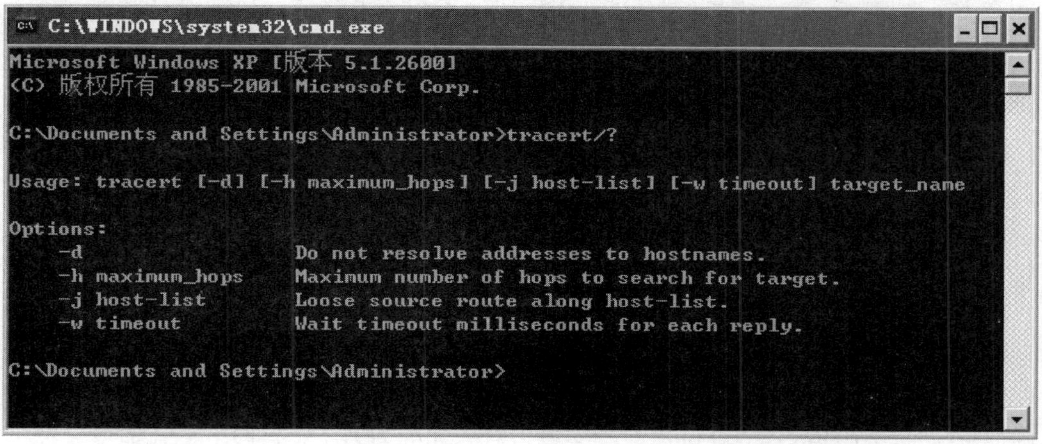
C:\WINDOWS\system32\cmd.exe
Microsoft Windows XP [版本 5.1.2600]
(C) 版权所有 1985-2001 Microsoft Corp.
C:\Documents and Settings\Administrator>tracert/?
Usage: tracert [-d] [-h maximum_hops] [-j host-list] [-w timeout] target_name
Options:
-d　　Do not resolve addresses to hostnames.
-h maximum_hops　　Maximum number of hops to search for target.
-j host-list　　Loose source route along host-list.
-w timeout　　Wait timeout milliseconds for each reply.
C:\Documents and Settings\Administrator>

图 2-20　tracert 命令参数

tracert 命令主要参数说明如下：

-d 不将指定地址解析为计算机名；

-h maximum_hops 指定搜索目标的最大跃点数；

-j host-list 指定沿 host-list 的稀疏源路由；

-w timeout 每次应答等待 timeout 指定的微秒数；

target_name 目标计算机的名称。

（2）跟踪路由。如果要跟踪某一台网络计算机到百度服务器之间所经过的路由，可以直接在操作系统的 DOS 操作符下输入“tracert www. baidu. com”命令，结果如图 2-21 所示。

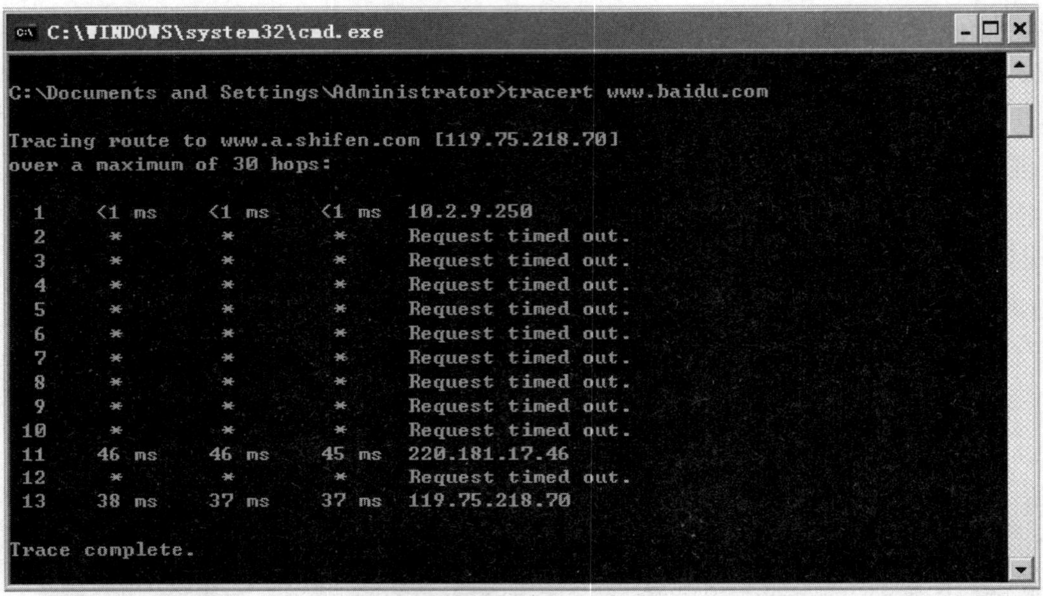
C:\WINDOWS\system32\cmd.exe
C:\Documents and Settings\Administrator>tracert www.baidu.com
Tracing route to www.a.shifen.com [119.75.218.70]
over a maximum of 30 hops:
1 <1 ms <1 ms <1 ms 10.2.9.250
2 * * * Request timed out.
3 * * * Request timed out.
4 * * * Request timed out.
5 * * * Request timed out.
6 * * * Request timed out.
7 * * * Request timed out.
8 * * * Request timed out.
9 * * * Request timed out.
10 * * * Request timed out.
11 46 ms 46 ms 45 ms 220.181.17.46
12 * * * Request timed out.
13 38 ms 37 ms 37 ms 119.75.218.70
Trace complete.

图 2-21　输入“tracert www. baidu. com”命令的结果

从图 2-21 所示的信息可以看出，这条线路中总共经过了 13 个路由器，通过查看每个路由的延时长短就可判断每一段网络连接的质量。

（3）tracert 命令在局域网互联中的应用。在同一个局域网中发生故障时，可通过前面讲述的 ping 命令进行检测，但在跨网段或多个局域网互联的网络中，如果要精确地定位网络中的故障点，ping 命令就显得有些无能为力了，这时 tracert 命令便派上了用场。

当两个网络中的用户无法进行互访时，有时很难确定到底是哪个局域网中的路由服务出现了错误，利用 tracert 命令就可以方便地判断故障究竟出在哪个地方，方法是在其中的一个客户机上先跟踪检测本局域网服务器的主机名。如在局域网 1 中输入命令“tracert pc1”，如果返回正确的信息，就说明本局域网内部的连接没有问题；再跟踪检测对方服务器的主机名，如局域网 1 中的用户可输入命令“tracert admin”，如果返回出错信息，就说明故障点出现在对方的局域网中，或者连接两个局域网的线路或连接设备有问题。

当数据包从计算机经过多个网关传送到目的地时，tracert 命令可以用来跟踪数据包使用的路由（路径）。该实用程序跟踪的路径是源计算机到目的地的一条路径，不能保证或认为数据包总遵循这个路径。如果计算机配置使用 DNS，就经常会从所产生的应答中得到城市、地址和常见通信公司的名字。

tracert 命令是一个运行得比较慢的命令（如果指定的目标地址比较远），每个路由器大约需要 15 秒钟；但 tracert 的使用很简单，只需在 tracert 后面跟一个 IP 地址或 URL，tracert 就会进行相应的域名转换。例如，地址为 www. cia. gov，如图 2-22 所示。

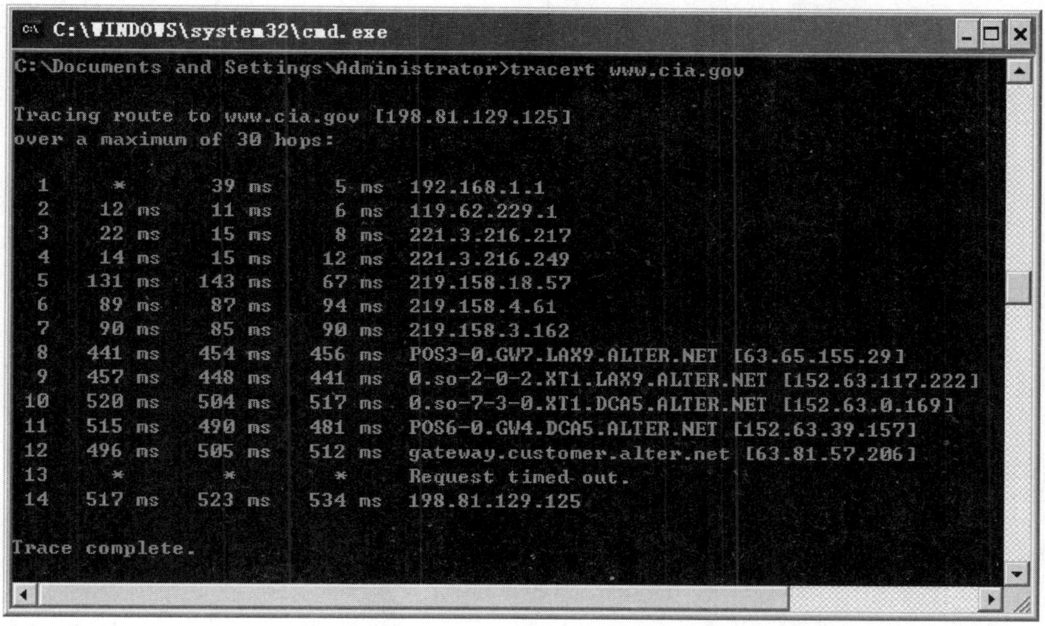
C:\WINDOWS\system32\cmd.exe
C:\Documents and Settings\Administrator>tracert www.cia.gov
Tracing route to www.cia.gov [198.81.129.125]
over a maximum of 30 hops:
1 * 39 ms 5 ms 192.168.1.1
2 12 ms 11 ms 6 ms 119.62.229.1
3 22 ms 15 ms 8 ms 221.3.216.217
4 14 ms 15 ms 12 ms 221.3.216.249
5 131 ms 143 ms 67 ms 219.158.18.57
6 89 ms 87 ms 94 ms 219.158.4.61
7 90 ms 85 ms 90 ms 219.158.3.162
8 441 ms 454 ms 456 ms POS3-0.GW7.LAX9.ALTER.NET [63.65.155.29]
9 457 ms 448 ms 441 ms 0.so-2-0-2.XT1.LAX9.ALTER.NET [152.63.117.222]
10 520 ms 504 ms 517 ms 0.so-7-3-0.XT1.DCA5.ALTER.NET [152.63.0.169]
11 515 ms 490 ms 481 ms POS6-0.GW4.DCA5.ALTER.NET [152.63.39.157]
12 496 ms 505 ms 512 ms gateway.customer.alter.net [63.81.57.206]
13 * * * Request timed out.
14 517 ms 523 ms 534 ms 198.81.129.125
Trace complete.

图 2-22 输入"tracert www. cia. gov"命令的结果

tracert 一般用来检测故障的位置，tracert IP 可以用来测试网络在哪个环节上出现了问题，虽然还未确定是什么问题，但它已经告诉了我们问题的所在，我们也就可以很有把握地说出哪里出现了问题。

六、实验总结

本项实验阐述了 TCP/IP 协议的含义、作用及 IP 地址相关知识，对 Windows 网络配置、TCP/IP 协议配置、网络故障诊断进行了翔实的操作说明。该实验对 Windows 基本网络配置、创建新用户账户、配置共享打印机和文件、设置访问控制进行配置说明；对如何添加网络协议，如何配置 TCP/IP 中的 IP 地址、默认网关、DNS 及 WINS 等进行详细阐述；介绍了当网络在使用中遇到问题时，如何用 ipconfig、ping、tracert 等一系列命令对网络的基本故障进行诊断。

实验三　网页制作

一、实验名称和性质

所属课程	电子商务综合实训
实验名称	网页制作
实验学时	2
实验性质	□验证 □综合 ☑设计
必做/选做	☑必做 □选做

二、实验目的

通过对网页制作方法的简单介绍，让学生了解和掌握静态网页的制作流程以及基本的网页组件元素的应用。

三、实验环境

装有 Win 7/Win 10 的计算机、FrontPage/ Dreamweaver、能连接 Internet 的网络环境。

四、知识准备

网站是一个精致的交互式环境，包含该网站的内容和用户获取内容所需的导航工具。而网站中的每一个网页都是用户与网站进行交互的通道，是用户与网站进行交互的工具或手段。

（一）网页布局的一般要素

网页的设计目标是使网站所提供的内容能够更有效地展示在用户面前。而网站的这些内容需要通过网页布局来传达，其一般要素包括以下几个方面。

1. 网页的名称

网页的名称是指发布信息的企业或单位，或其他主体的名称，一般都以很醒目的形式出现在网站的首页。

2. 标题

标题是表达信息主题的短句。标题有主标题与子标题之分。主标题的功能在于吸引观众视线，传达所要表达的主题。子标题的功能在于补充和延展主标题的意义，传达更加具体的信息。

3. 导航条

导航条是网站内多个页面的超链接组合，它可以引导浏览者轻松找到网站中的各个页面和其他相关页面。

4. 广告条

广告条又称 BANNER，其功能是宣传网站或为其他企业做广告。BANNER 的尺寸可以根据版面需要安排，一般大型的商务网站都有自己的标准尺寸和摆放位置。

5. 内容

内容包括文字、图像、图形、动画、声音文件等。内容是网页的核心部分，是网页的主体信息。一般要注意内容编排的规范性和艺术性。

（二）构成网页的常见要素

网页的各构成要素在网页中担当着各自的角色，共同保证信息的有效传达，是网页发挥整体作用不可缺少的部分。构成网页的常见要素包括以下几个方面。

1. 文本

网页中的信息是以文本为主的，用户浏览网页时能够获取较多的文本信息。

2. 图片

图片可以使网页更加形象生动，主要包括 GIF 和 JPEG 两种格式。

3. 超级链接

超级链接技术是互联网流行最主要的原因，它是指从一个网页指向另一个目的网页的链接。

4. 动画

网页中的动画主要有 GIF 动画和 Flash 动画两种。其中，GIF 动画只能有 256 种颜色，主要用于简单的动画和图标。

5. 音频和视频

用于网络的声音文件的常用格式有 MIDI、WAV、MP3 等。很多浏览器不用插件也可以支持 MIDI、WAV 格式的文件，而 MP3 和 RM 格式的声音文件则需要专门的浏览器播放。

6. 导航

导航的作用是引导浏览者游历站点。

7. 表格

在网页中，表格用来控制网页中信息的布局方式，现在大多数网页整体框架布局都是采用表格制作的。

8. 表单

表单通常用来接受用户在浏览器端的输入，然后将这些信息发送到网页设计者设置的目标端。

9. 其他常见要素

其他常见要素有悬停按钮、Java 特效、ActiveX 等各种特效。

（三）网页的制作工具

常用的网页制作工具很多，如 FrontPage、Dreamweaver、记事本等，下面简要介绍它们的特点，见表 3-1。

表 3-1 网页制作工具介绍

工具名称	工具简介
FrontPage	FrontPage 是 Office 自带的一个组件，所见即所得，操作较简单直观，学起来也很容易上手，建议初学者使用
Dreamweaver	Dreamweaver 是 Macromedia 公司网页“三剑客”之一，是专门制作网页的工具，可以自动将网页生成代码，界面简单，实用功能比较强大，建议初学者选用
Microsoft Visual Studio	适合开发动态的 . aspx 网页，适合高级网页制作，可以利用 Web Service 功能制作无刷新网站
PHP	PHP 是一种易于学习和使用的服务器端脚本语言，只需要很少的编程知识就能使用 PHP 建立一个真正交互的 Web 站点
JBuilder	适合使用其开发出 JSP 网页，适合高级网页制作
记事本	适合高级用户，在记事本中没有任何可视化的操作可直接制作网页，而只能在记事本中编写各种 HTML 代码、CSS 代码、JS 代码和各种动态脚本，方能制作出网页

(四) 网页制作中所需要的其他工具

要做好一个网站，除了掌握上述任意一种网页制作工具之外，还要有良好的美术设计功底，并要掌握一些其他语言和软件，如 HTML、JSP、Photoshop、Flash 等。

五、实验步骤和内容

本项实验主要介绍 FrontPage 2003 设计制作静态网页的方法和凡科自助建站模板设计制作网页的方法。

(一) 使用 FrontPage 2003 设计制作静态网页

静态网页是网站建设初期常采用的一种形式。静态网页的访问者只能被动地浏览网站建设者提供的网页内容，不能实现和用户之间的交互。网页的内容一般不会发生变化，除非网页设计者修改了网页的内容。

1. Web 站点的建立

(1) 打开 FrontPage，点击“文件”菜单，选择“新建”。在 FrontPage 右侧新出现的“新建网站”菜单项中选择“由一个网页组成的网站……”，如图 3-1 所示。

图 3-1 Web 站点的新建

(2) 在出现的“网站模板”界面右侧“指定新网站的位置”对话框中输入“D:\Myweb”（也可以指定到其他位置），这代表“Myweb”是站点名，新建的网站所有内容将放到该目录下面。选择“常规”选项卡中的“只有一个网页的网站”。这样，网站的界面将只包含 index. htm 这一个页面，点击“确定”，如图 3-2 所示。

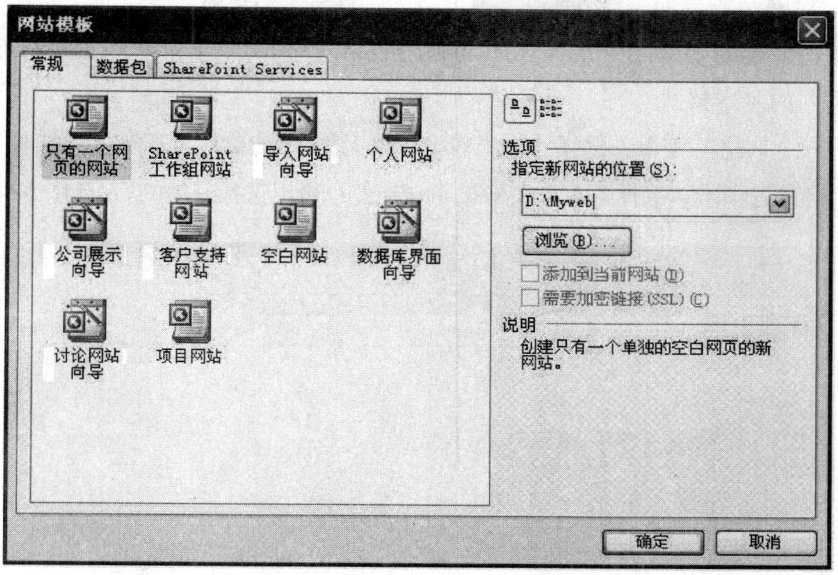

图 3-2　“网站模板”界面

（3）现在已经成功新建了一个由一个网页组成的网站，默认主页为“index. htm”，双击该界面就可以进入编辑状态。如果要新建其他网页，可如图 3-3 所示，在空白位置右键单击选择“新建”下的“空白网页”，再通过重命名输入名称，并保存该网页。依次类推，如有需要，可在该站点中新建许多其他网页，如图 3-3 所示。

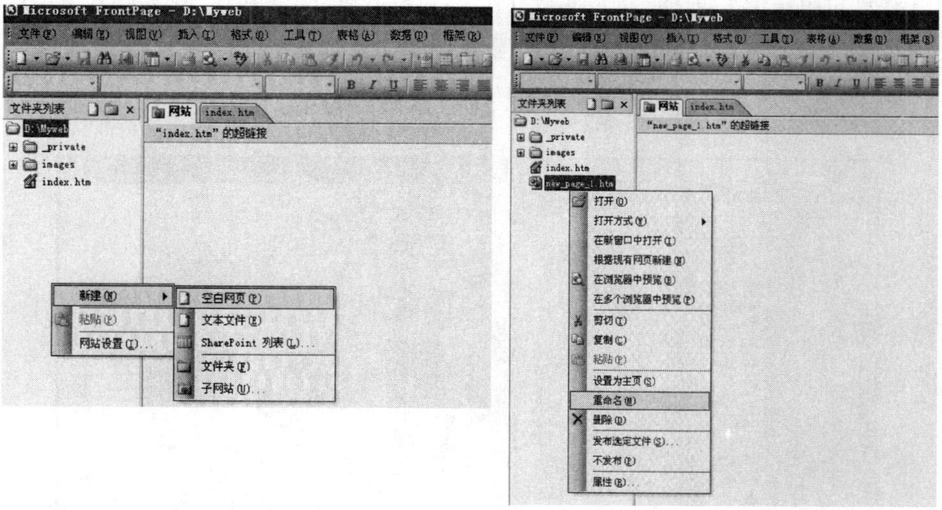

图 3-3　其他网页的新建

2. **组件编辑设计主页** index. htm

（1）对网站的界面进行布局。

①双击新建的“index. htm”网页，利用表格对“index. htm”网页进行布局，采用两行两列的基本格式。

②进入“表格”菜单，选择“布局表格和单元格”菜单项，屏幕右侧出现“布局表格和单元格”选项卡。选择第七个表格布局（当然也可以选择其他的），如图 3-4 所示。

图 3-4　选择表格布局界面

③在该界面可继续设置表格的对齐方式。若要设置单元格的对齐方式、背景颜色等，点击屏幕右方的“布局表格和单元格”下面的“单元格格式”即可。

④后期可以根据各种需要进行调整。在设计界面布局的过程中，若要让某单元格内显示的文字顶端默认对齐，可先将光标放入某单元格，右键单击选择“单元格属性”，如图 3-5 所示，需要设置单元格的水平对齐方式为“默认”，垂直对齐方式为“顶端对齐”。

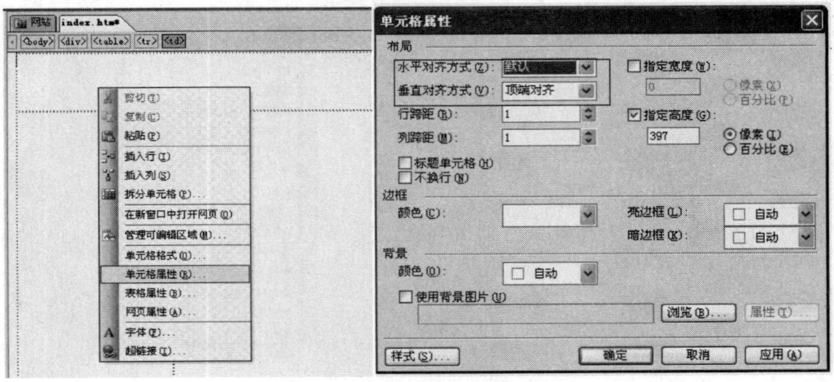

图 3-5　单元格属性设置

（2）设置背景音乐。在某些网站中，用户希望在打开后听到一段声音或者音乐，那么建设者可通过设置背景音乐来实现此功能，这在当前的一些企业或个人网页中使用得比较广泛。

下面将在“index. htm”界面中添加一段音乐。

在网页的设计界面点击右键，选择“网页属性”，弹出网页属性的设置对话框。在“常规”选项卡的“背景音乐”栏点击“浏览”，选择计算机本地的一段音频，然后点击“确定”。通过预览就可以听到所选择的音乐。

有些格式的音乐无法直接在选择文件的对话框中出现，可以先选择到该文件的位置，然后手动输入文件名即可。当然，也可以设置音乐播放循环的次数，如图 3-6 所示。

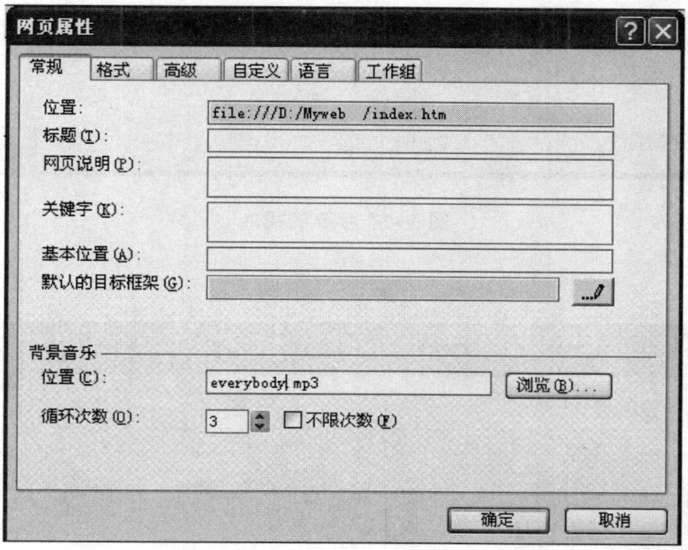

图 3-6 背景音乐设置

（3）设置移动字幕。移动字幕可以让文字在屏幕上滚动，可以在一个较小的区域显示较多的内容，这是网页制作中使用比较广泛的技术。

①将鼠标选中已划分的最上面的一个单元格，点击“插入”菜单，选择“Web组件”，在弹出的对话框中选择组件类型为“动态效果”，效果为“字幕”，点击“完成”，如图 3-7 所示。

②设置字幕属性，输入文本“我的公司”。然后可以继续设置移动方向、表现方式、背景色等，“样式”里面可以设置字体的形式、大小等，设置好后点击“确定”，调整至文字在网页第一行的 1/4 到 3/4 中间飞动，如图 3-8 所示。

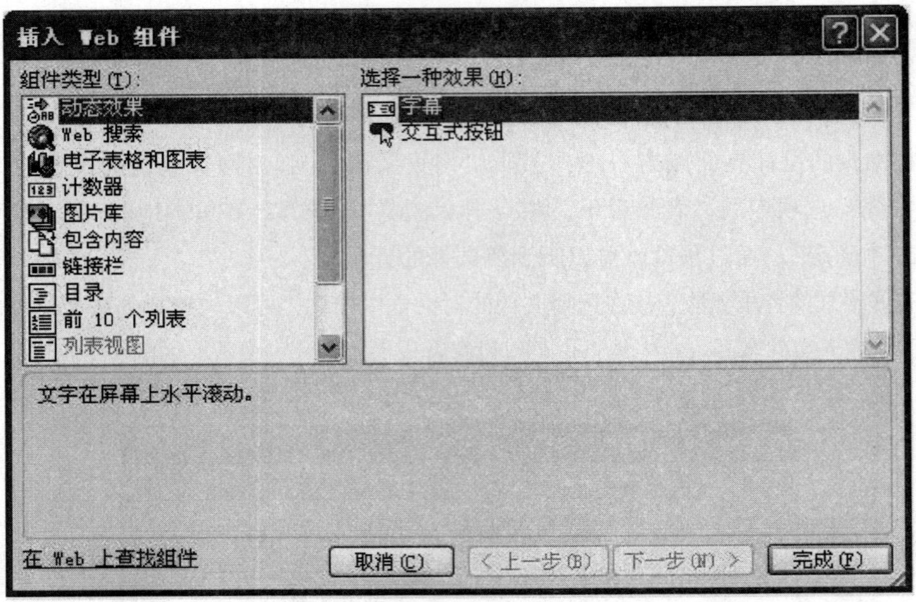

图 3–7　字幕的插入

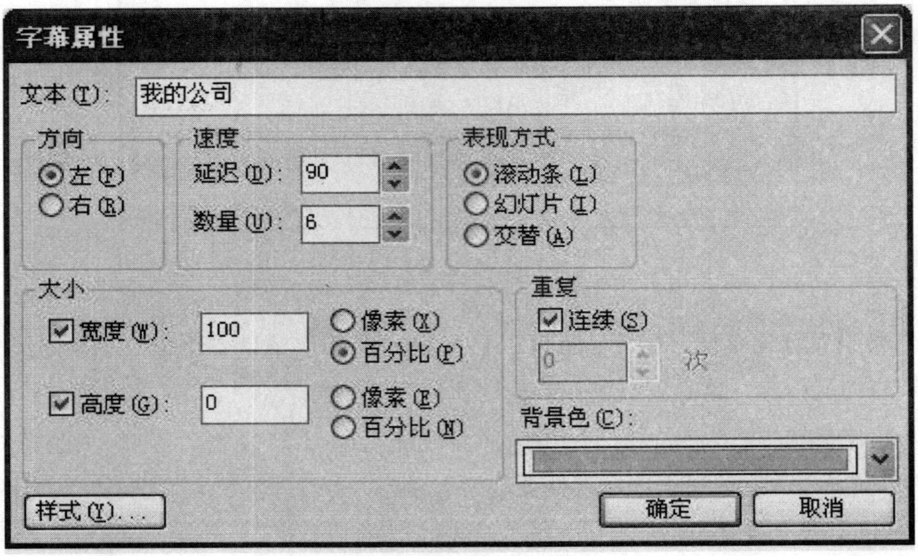

图 3–8　字幕属性的设置

另外还有一种比较快速的方法，即直接在代码中进行输入。

③点击屏幕左下角的“代码”标签，在出现的代码编辑界面插入下面的代码，如图 3-9 所示。

<marquee

behavior = " alternate" direction = " right" width = " 300" height = " 52" >我的公司

</marquee>

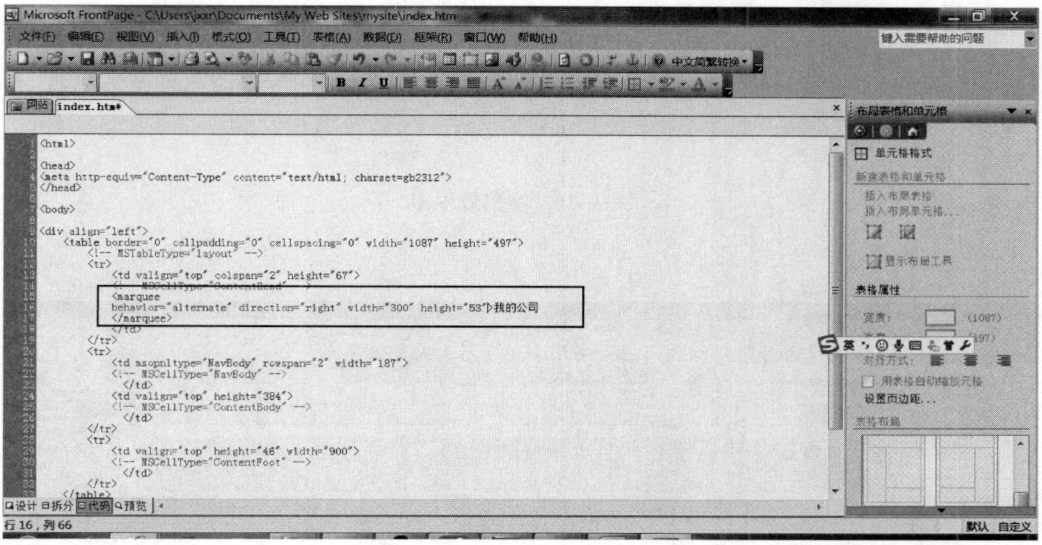
Microsoft FrontPage - C:\Users\jxxr\Documents\My Web Sites\mysite\index.htm
index.htm*
<marquee
behavior="alternate" direction="right" width="300" height="53">我的公司
</marquee>
单元格格式
表格属性
行 16，列 66

图 3-9　编写代码方式插入字幕

④最后点击“预览”标签，可以看到文字飞动起来了，效果如图 3-10 所示。

（4）设置超链接。超链接绝对是一个网站必须用到的内容，从资源的下载到与他人分享链接，都必须用到超链接。分享链接（交换链接）是网络上常用的与他人互相在各自网页上保存对方网站地址的方式，以获取更多的访问量。

下面以 Google 的界面作为链接的目的网页，分别以视频文件和网页的超链接为例进行说明。

①首先在 index. htm 网页的左侧单元格中输入“公司介绍视频下载”与“谷歌搜索”，用于测试视频下载及网站链接，如图 3-11 所示。

图 3-10　字幕效果图

图 3-11　输入超链接文字

②选中“公司介绍视频下载”，右键菜单选择“超链接”，然后在弹出的对话框中选择出提供下载的视频文件后点击“确定”，如图 3-12 所示。

③回到网页的界面，再选中“谷歌搜索”，右键菜单选择“超链接”，在地址一栏输入“http：//www. google. com/”，然后点击“确定”，如图 3-13 所示。

通过预览就可以测试超链接是否生效。点击“公司介绍视频下载”后，会弹出保存文件的对话框，而点击“谷歌搜索”后，会转到谷歌的首页。

（5）使用书签。对于内容比较多的一个网页，书签可以起到快速定位的作用，方便使用者浏览。

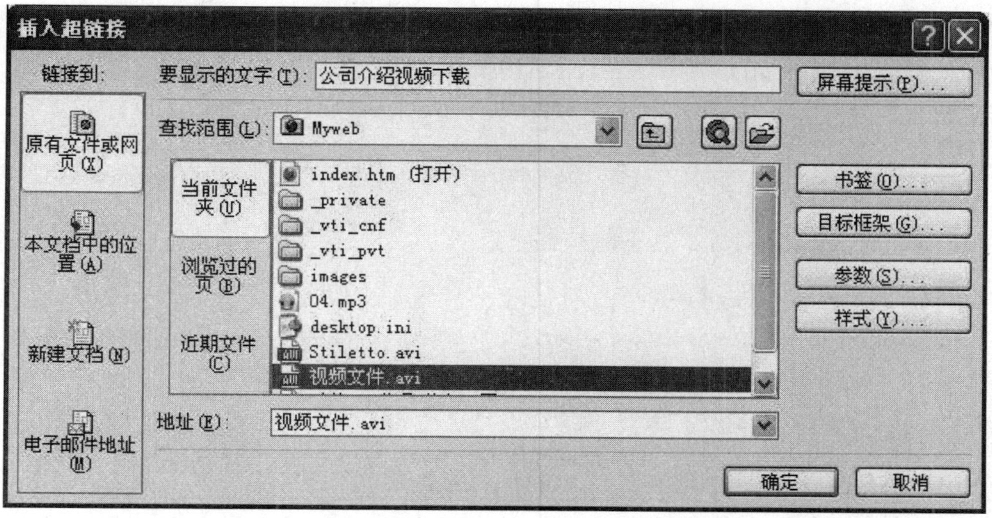

图 3-12 设置视频文件超链接

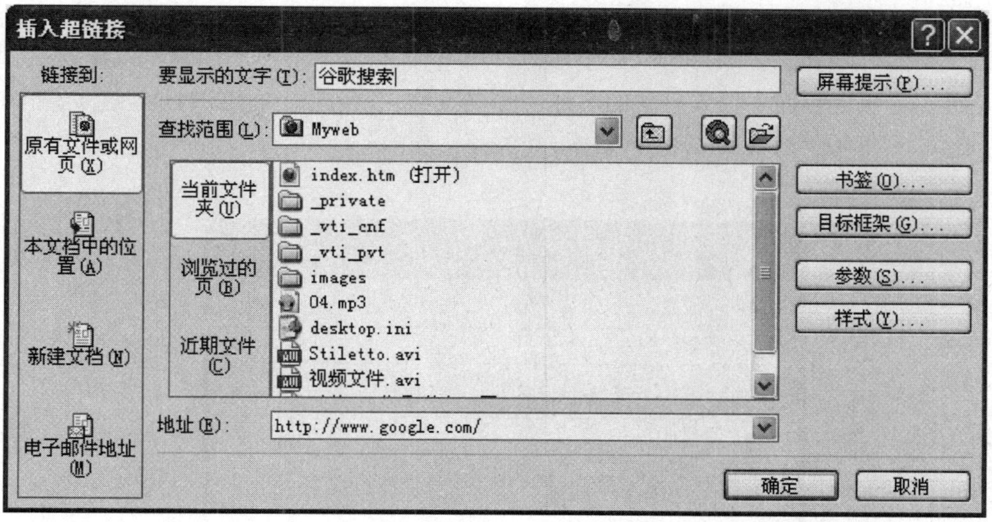

图 3-13 设置网址超链接

①在表格布局中间的单元格使用书签功能。右键单击中间的单元格，在弹出的菜单中选择“拆分单元格”，选择拆分行数为“2”。将第一行缩小为适当的高度，输入三个名为“合作项目”“经典案例”“品牌快讯”的菜单项，然后在拆分的第二行也输入三段相应的内容，如图 3-14 所示。

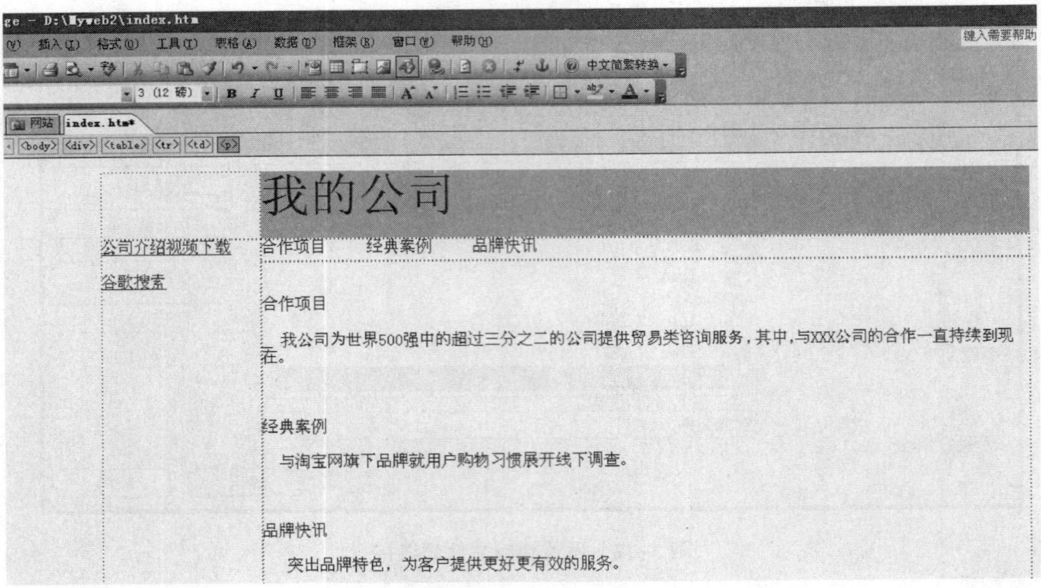

图 3-14　输入书签相关的文字

②将光标移到“经典案例”标题后面，点击菜单的“插入”，选择“书签”，在弹出的书签属性界面中输入书签的名称“经典案例”，点击“确定”后会在标签的地方出现一个小旗。其他两个书签制作方法同此，如图 3-15 所示。

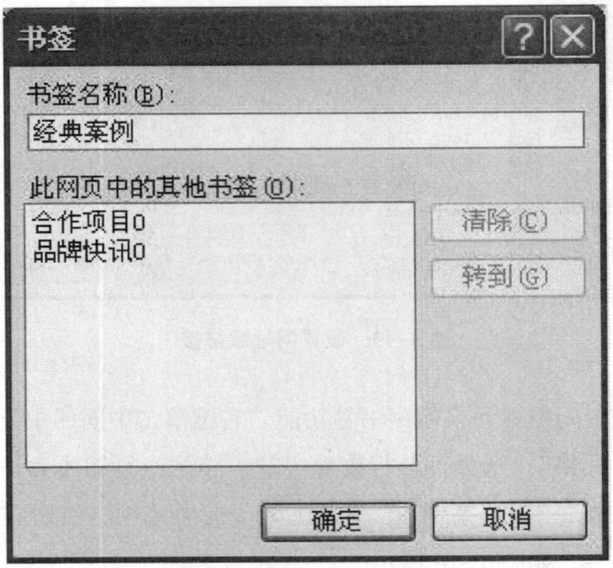

图 3-15　书签制作

③然后将拆分后的第一行单元格中“经典案例”文字选中，右键选择“超链接”，在弹出的对话框中选择“书签”按钮，选择前面制作好的“经典案例”这个书签。确定之后，在浏览该界面时，就可以通过单击“经典案例”按钮直接到达说明地方。“合作项目”和“品牌快讯”文字也可以按照同样方法超链接到对应书签，如图 3-16 所示。

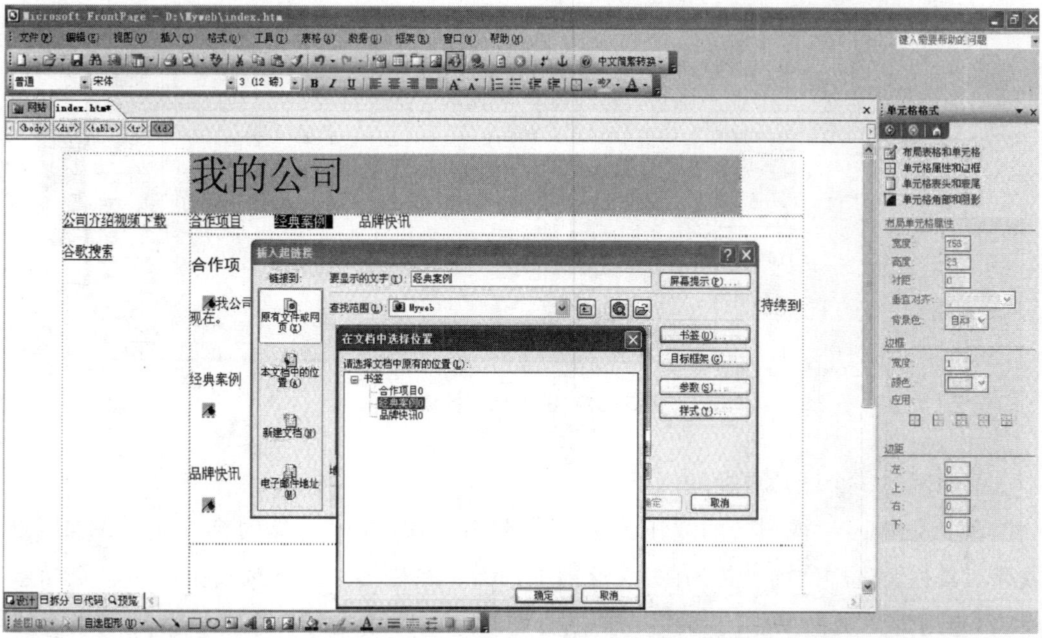

图 3-16　书签应用至超链接

（6）设置图片热点。图片热点就是当点击图片的时候，能够直接指向一个超链接。

下面列举一个通过图片指向对应链接网站的例子。

插入一张图片至 index. htm 界面，右键单击图片，选择“显示图片工具栏”，在图片工具栏中选择长方形热点，鼠标移动到图片上会变成笔的形状，按住左键拖动，让热点覆盖部分图片，松开左键会弹出热点超链接提示，输入对应的网络地址，如图 3-17 所示。这样，一个热点就设置好了。当用户将鼠标移动到上面的时候，箭头形状会变成手形，点击则会打开对应的链接网站。

（7）动态 HTML 效果（Dynamic HTML）。动态 HTML 就是在本地已经加载完成网页后，仍然能够根据当前浏览者的操作做出变换的 HTML，比如，鼠标移动时出现的跟随鼠标效果、鼠标经过文件颜色改变等。

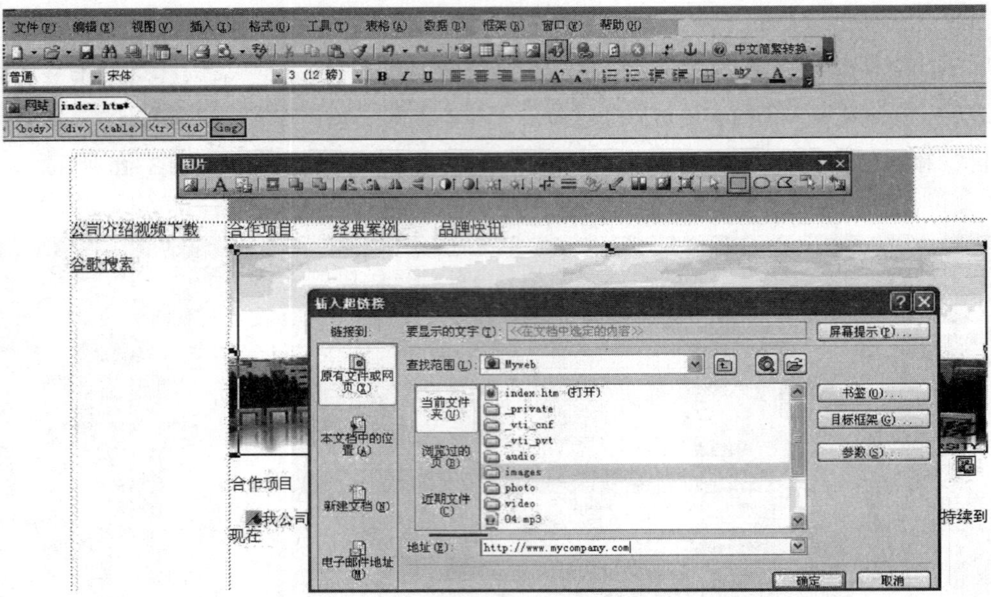

图 3-17　图片热点的添加

下面阐述一个图片更换的例子。

在 FrontPage“视图”的“工具栏”中调出“DHTML”，这时会弹出 DHTML 的效果工具栏，选中之前上传的图片，在 DHTML 工具栏第一个下拉按钮选择“鼠标悬停”，应用为“交换图片”，最后在“选择图片……”中选择一个与原图片大小一致的图片打开，如图 3-18 所示。

图 3-18　DHTML 效果的设置

通过预览可以看到，当鼠标在图片上停留时，该图片立即切换成另外的图片。在网页上也可以插入其他动态语言写成的各种效果特效，从而让网页内容更加丰富。

（8）添加交互式按钮。交互式按钮具有更好的视觉效果，它能够设置按钮在原始、悬停、按下时候的各种属性，比一般按钮更加通用丰富，添加的方式也很简单。可在 index. htm 界面表格布局最左侧的单元格中做几个交互式按钮。

在“插入”菜单中选择“交互式按钮”，在弹出的交换式按钮的对话框中设置提示文本“环球贸易公司”和对应的超链接。在“字体”标签中设置初始字体颜色为黑色，悬停时为红色，按下时为蓝色，如图 3-19 所示。

设置完交互式按钮后可以看到，当鼠标停留在按钮上或者按下的时候，字体的颜色会发生改变。按同样的制作方法，加入“合作伙伴”“竞争产品”“联系方式”等文本的交互式按钮。

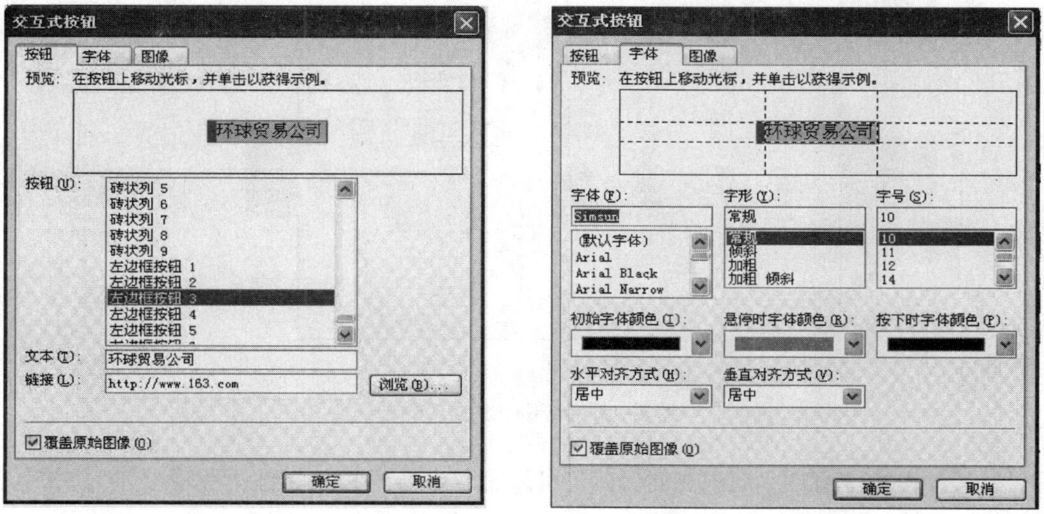

图 3-19 交互式按钮的设置

3. 使用级联样式表

级联样式表（Cascading Style Sheet）简称“CSS”，它定义如何显示 HTML 元素，用于控制 Web 界面的外观。CSS 包含了用来描述要应用到网页或网页元素的样式的定义。主要类型有外部级联样式表、嵌入级联样式表以及内嵌级联样式表。外部级联样式表可以被多个网页引用，可保证网页的整体风格，在网站的建设中使用较多，此类型级联样式表对于更改网站的样式也比较方便，只需要更改外部 CSS 即可，外部级联样式表使用 . css 作为文件扩展名。嵌入级联样式表包含应用到单个网页元素的用户定义样式，这种类型的级联样式表通常在使用网页元素的“属性”对话框上的“样式”按钮添加样式时创建。内嵌级联样式表主要用于修改网页中单个网页元素。下面主要以外部 CSS 和嵌入 CSS 的使用作为例子进行介绍。

（1）外部 CSS 的使用。

①创建外部 CSS 文件。外部 CSS 的使用首先要创建一个 CSS，通过“文件”中“新建”菜单，在右侧的任务窗格“新建网页”中点击“其他网页模板”，选择“样式表”中的样式，点击“确定”即可，网站中将新添加一个以“. css”为后缀名的文件，如图 3-20 所示。

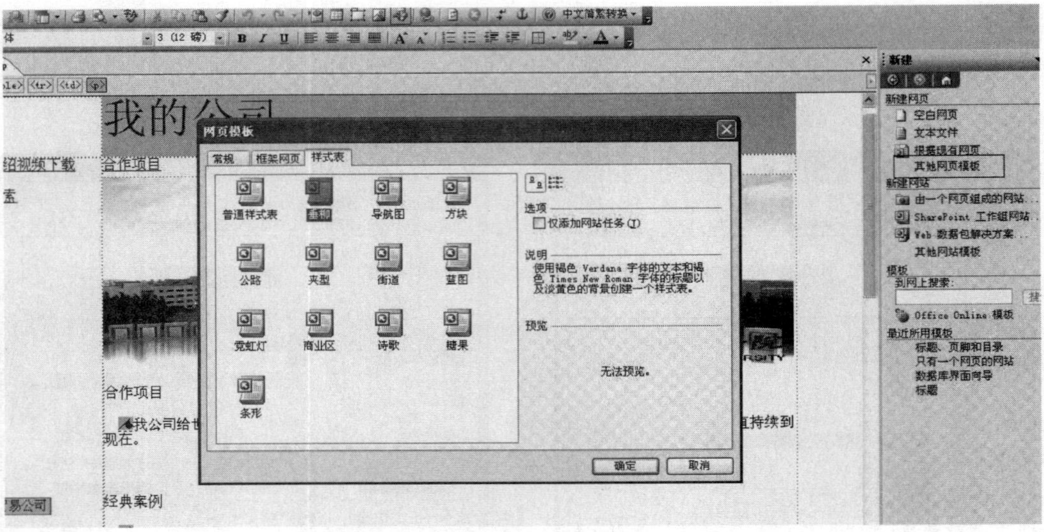

图 3-20 外部 CSS 文件的创建

②编辑 CSS 文件。用户在创建后还可以编辑自己的 CSS 文件，在刚创建的 CSS 文件上，通过单击菜单“格式”中的“样式”选项，在“样式”的弹出对话框中通过选择列表中不同的选项修改自己创建的格式或者网页标准的 HTML 格式。选择“HTML 标记”作为样例，选中“a. link”（超链接的属性），再点击“修改”进行选择，修改该字体大小为 18pt 的斜体进行验证。最后保存为“mytest. css”文件，如图 3-21 所示。

③应用到网页。回到网页的“设计”模式下面，点击“格式”下的“链接样式表”，再点击“添加”，在弹出的对话框中选择刚才编辑的 CSS 文件 mytest. css，即完成应用，如图 3-22 所示。当然，若为了更好看的样式，也可以从外部引用，在他人的样式上做修改。若需要删除样式表，也可以在“链接样式表”对话框中选择删除。

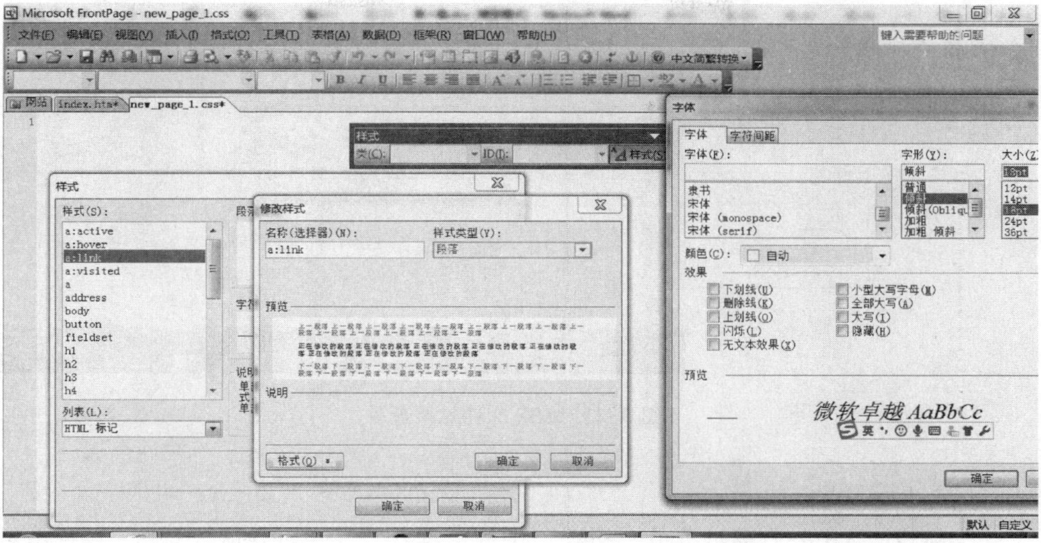

图 3-21　CSS 文件的编辑

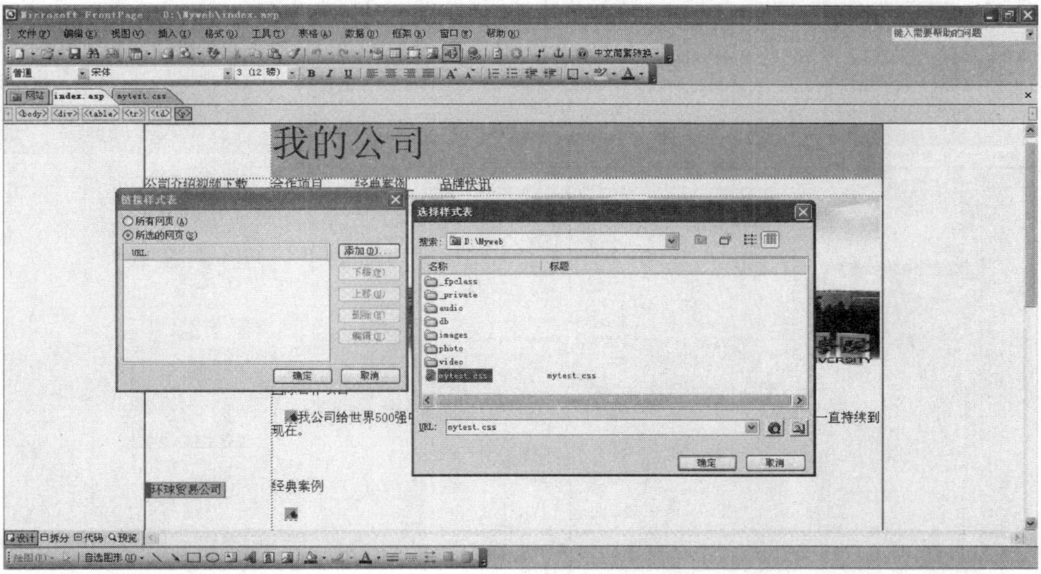

图 3-22　CSS 文件的应用

④查看效果。所有的超链接都是斜体大号字体，如图 3-23 所示。

图 3-23　CSS 文件效果查看

（2）嵌入 CSS。

①新建嵌入 CSS。通过菜单“格式”中的“样式”菜单创建嵌入 CSS。在弹出对话框中点击“新建”创建新的样式。在新样式对话框中将名称命名为“span. internaltest”。修改格式时，打开格式按钮，这里设置字体为加粗且带下划线的字体，并选择添加边框。点击“确定”后保存，如图 3-24 所示。

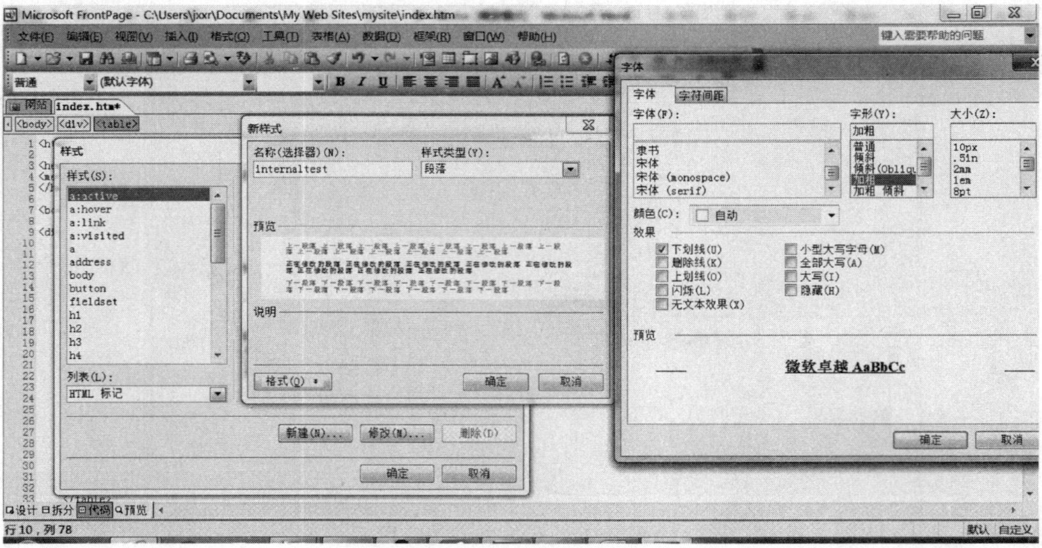

图 3-24　嵌入 CSS 的创建

②应用新的嵌入 CSS。在网页中输入合作项目的介绍，选中该段落，然后在左上

角的“样式”下拉框中选择新创建的“span. internaltest”样式，选中后就可以看到效果，如图 3-25、图 3-26 所示。

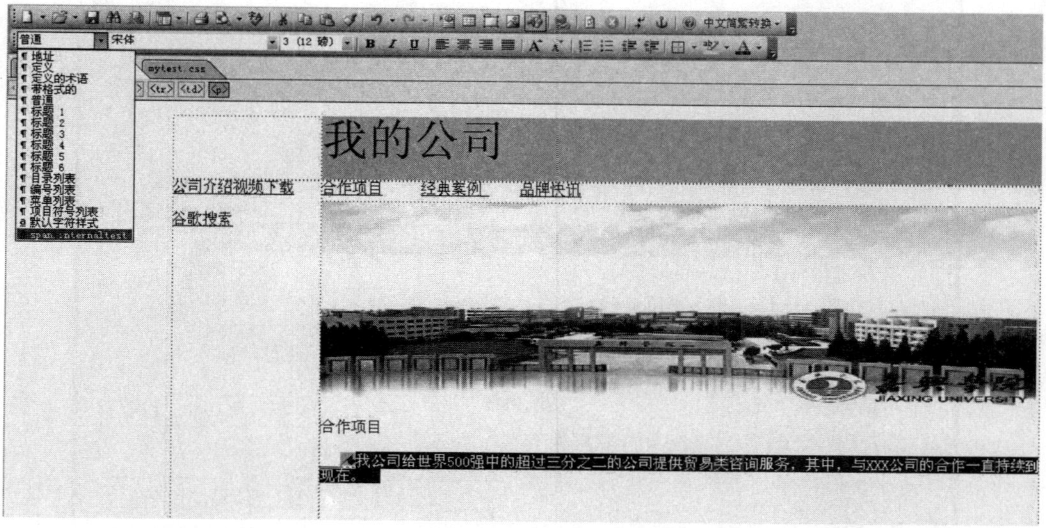
我的公司
公司介绍视频下载
合作项目
经典案例
品牌快讯
谷歌搜索
mytest.css
span.internaltest
合作项目
我公司给世界500强中的超过三分之二的公司提供贸易类咨询服务，其中，与XXX公司的合作一直持续到现在。

图 3-25　嵌入 CSS 的应用

合作项目
我公司给世界500强中的超过三分之二的公司提供贸易类咨询业务，其中，与XXX公司的合作一直持续到现在。

图 3-26　嵌入 CSS 效果查看

4. 网站的发布

（1）安装 IIS 服务器。进入“开始”菜单，选择“设置”中的“控制面板”，通过“添加或删除程序”面板中的“添加删除 Windows 组件”，查看 Internet 信息服务（IIS）是否被选中，若没有被选中，则需要将其选中后进行安装，如图 3-27 所示。（安装过程本书不进行介绍）

（2）虚拟目录的设置。

①进入“开始”菜单，选择“设置”中的“控制面板”，在“管理工具”面板中选择“Internet 信息服务”。如果默认网站右侧标注的是停止状态时，需要右键单击“默认网站”，选择“启动”，如图 3-28 所示。

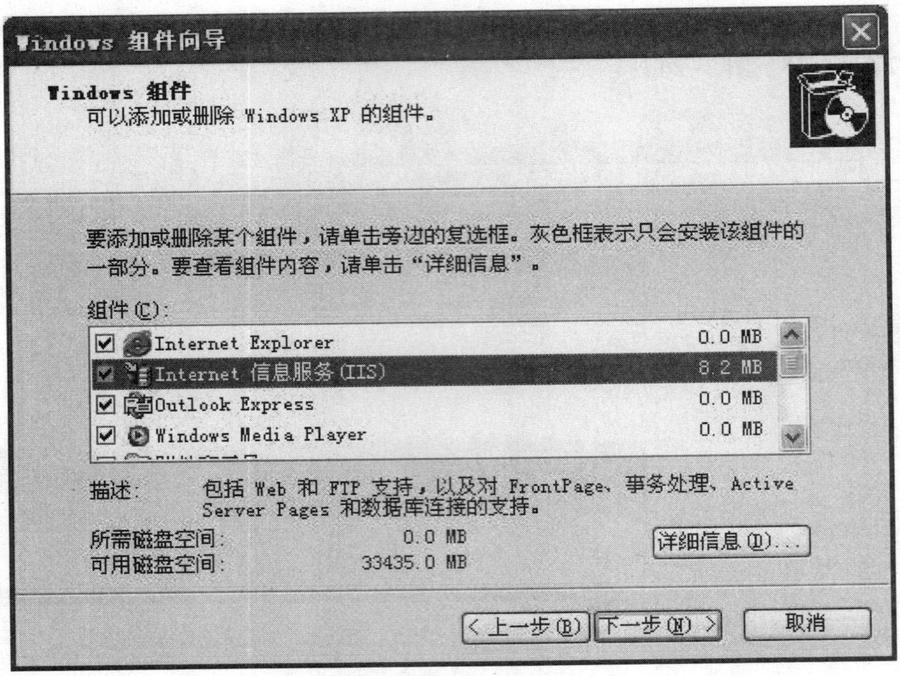

图 3-27 IIS 的安装

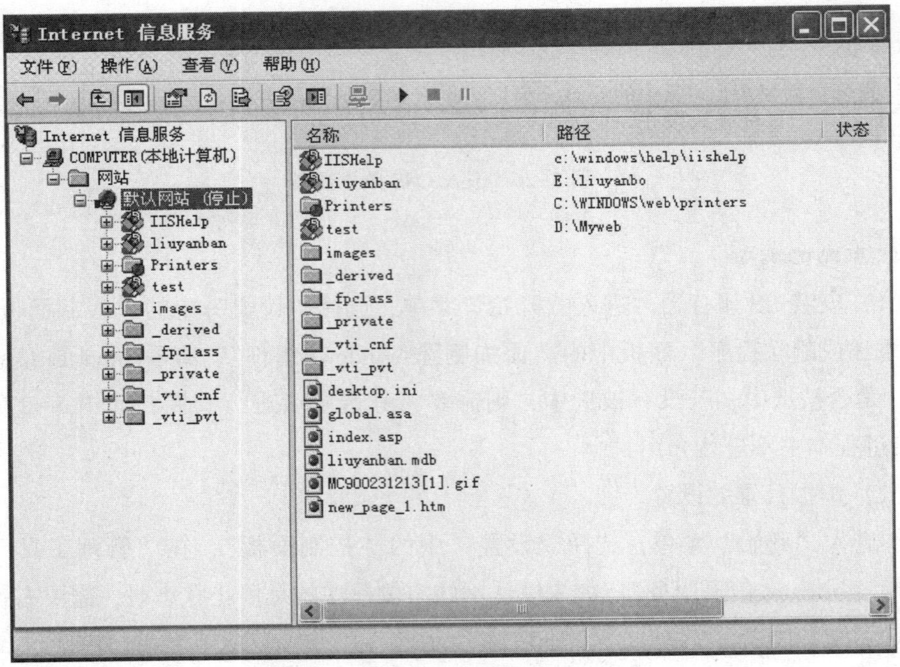

图 3-28 IIS 默认网站的启动

②右键单击“默认网站”，在弹出菜单中选择“新建”下的“虚拟目录”，在目录别名中输入“test”，在目录中输入创建网站的目录“D:\Myweb”，其他全部为默认，再点击“下一步”直至最后完成，如图 3-29 所示。

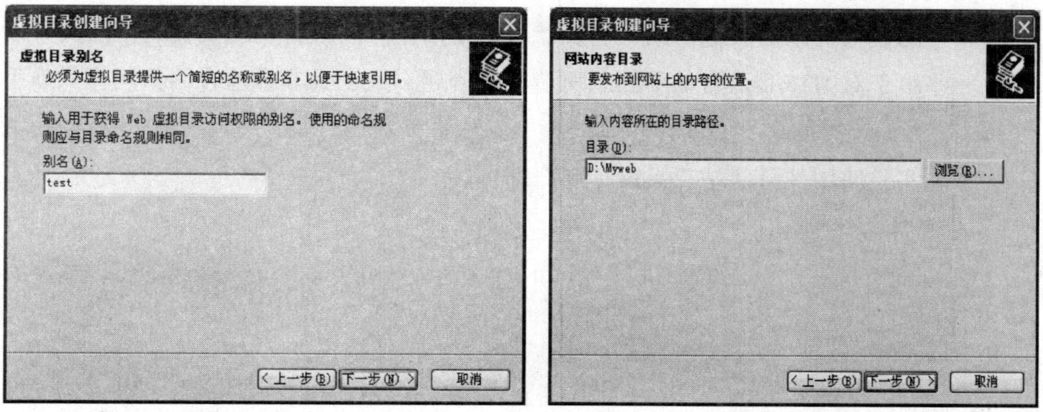

图 3-29　设置虚拟目录

③右键单击“默认网站”，选择“属性”命令，在弹出的“默认网站属性”对话框的“主目录”标签中，可以看到默认网站的主目录是 C:\inetpub\wwwroot，用户也可以根据自己的需要设置主目录，即修改本地路径即可。在“文档”标签中，用户可以自己添加或调整网站中默认文档的文件名，如图 3-30 所示。

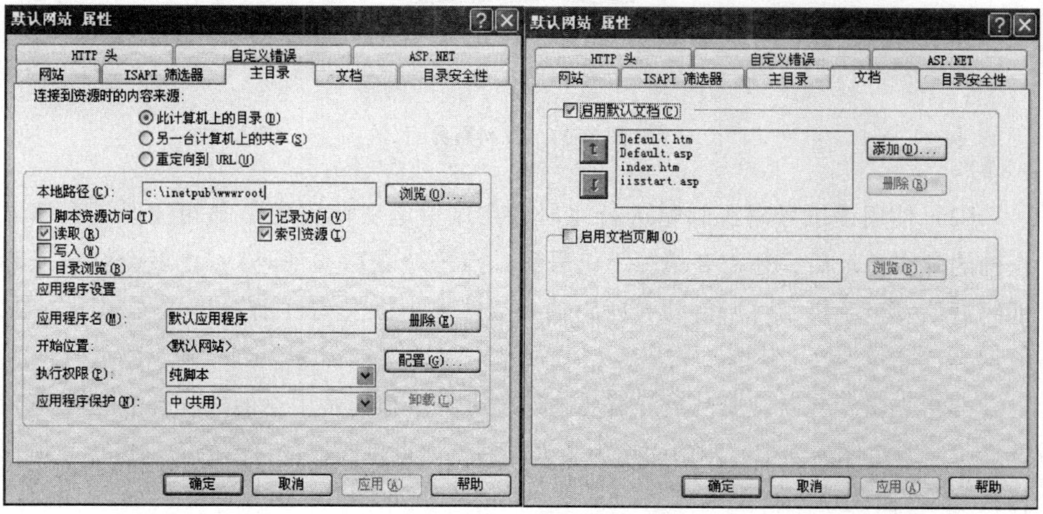

图 3-30　主目录及文档的设置

现在可以在浏览器中输入 http://localhost/test/ 查看自己的网站了。

(二) 使用自助建站工具设计制作网页

使用自助建站工具设计制作网页可以极大地节省制作的时间与成本，其所提供的多种多样的模板可以极大地帮助人们设计与制作网页。同时，利用模板制作网页可以避免一些由于对 HTML 语言的不熟悉所造成的问题，此工具非常适合网页制作的新手使用。

本项实验使用凡科建站工具设计制作网页。

1. 注册账号

(1) 百度搜索凡科网或直接输入 http://jz. fkw. com/reg. html，如图 3-31 所示。

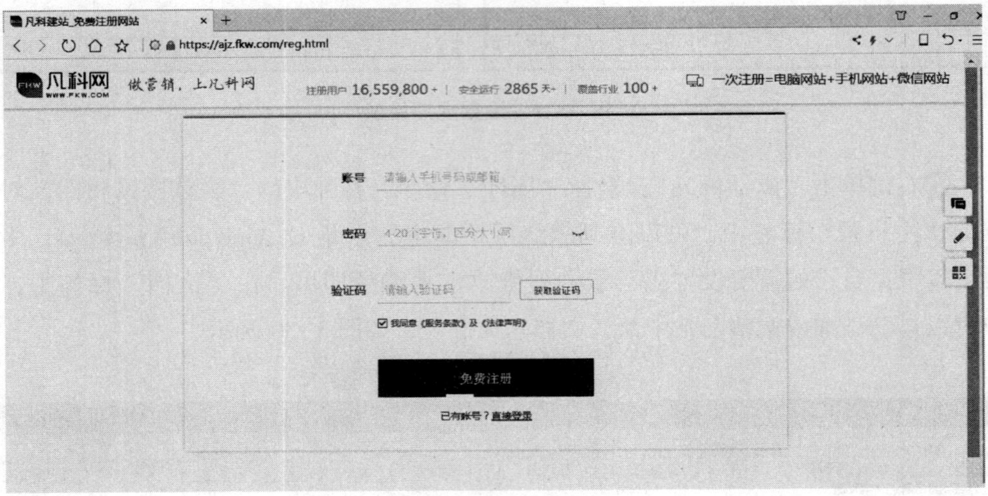

图 3-31　凡科网界面

(2) 使用手机号码或邮箱进行注册，在这里笔者使用的是邮箱注册。在填入正确的邮箱地址后，还需要填写手机号码，点击“获取验证码”，之后会有一条验证码短信发至手机，将所得的验证码输入后，点击“免费注册”即可，如图 3-32 所示。

(3) 点击“免费注册”后，需要进行注册主体和网站用途的选择（在这里笔者选择了注册主体为学生，网站用途为个人网站，你也可以根据自己的需求进行其他选择），如图 3-33 所示。

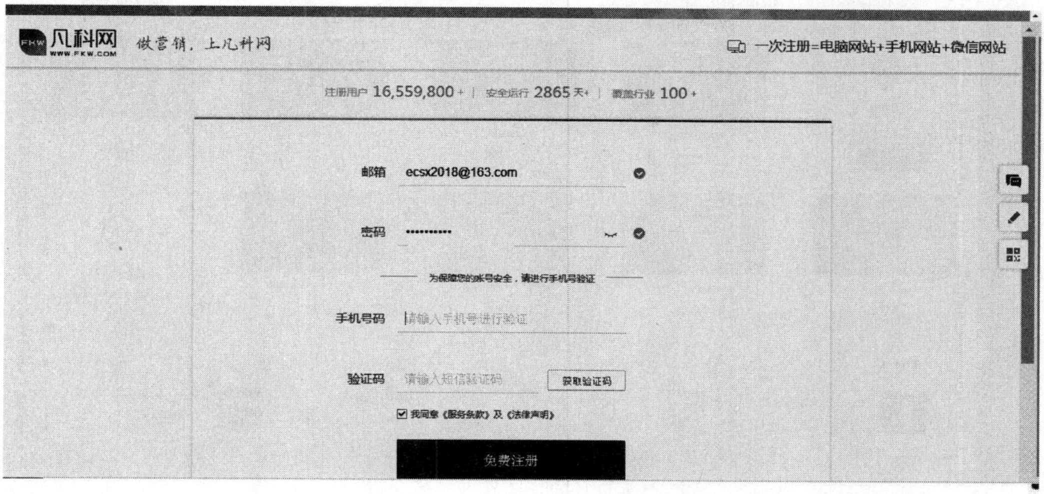

图 3-32　用户注册界面

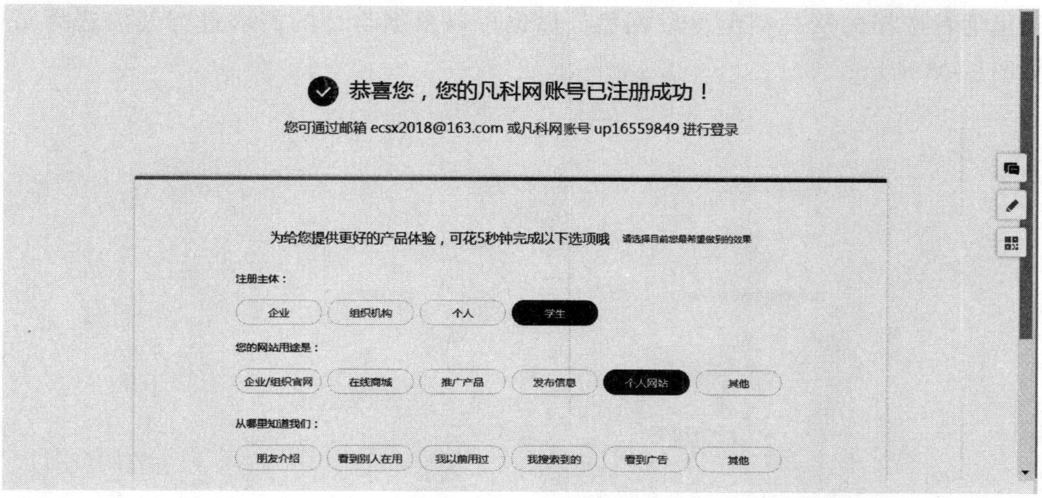

图 3-33　完善资料界面

2. **网站创建**

（1）点击“已完成，进入凡科建站”登录凡科管理后台，在“凡科建站”一栏中点击“前往管理”，如图 3-34 所示。

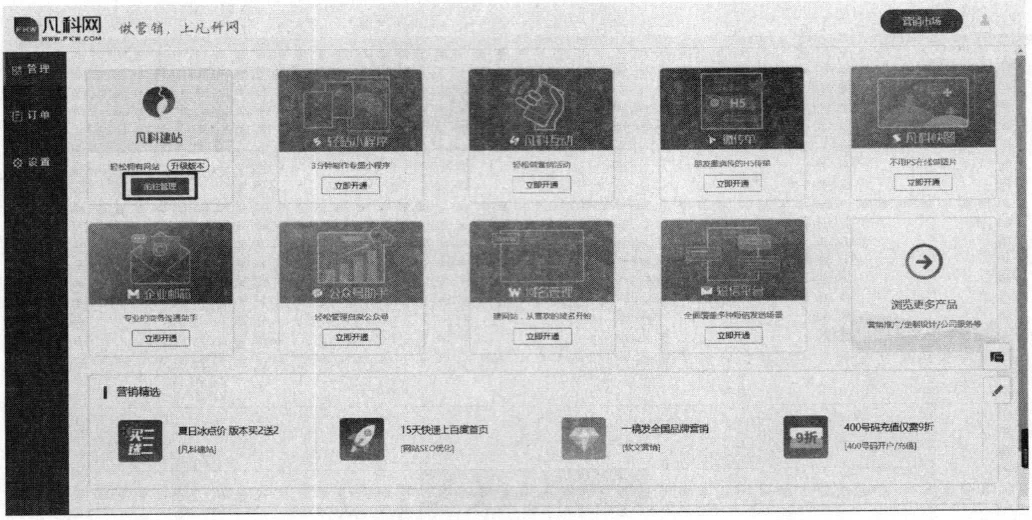

图 3-34　凡科管理后台界面

（2）在这里可以随意地设置你的网站名称，并且选择你要搭建的网站类型（在这里笔者选择的网站类型为官网型，你也可以根据自己的需求进行其他选择），如图 3-35 所示。

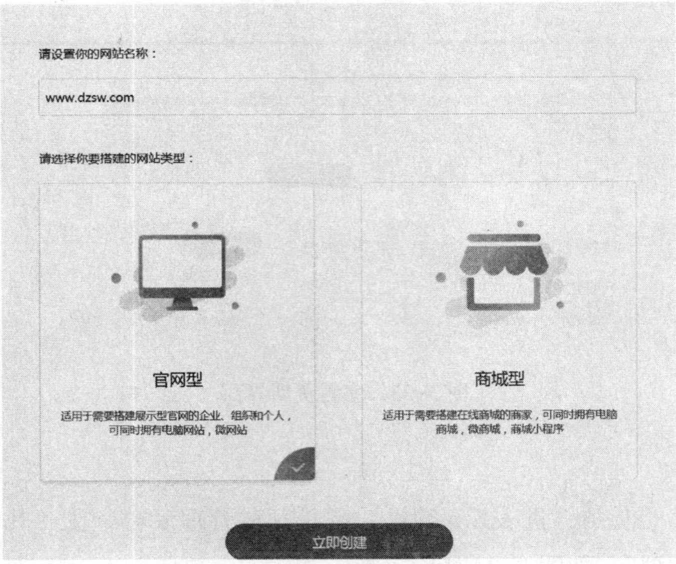

图 3-35　设置网站类型界面

（3）点击“立即创建”后，网页会提示你网站创建成功，接下来点击“进入电脑网站”来进行网站设计，如图 3-36 所示。

图 3-36　网站创捷成功界面

3. **网站设计**

（1）初始的网站会是如图 3-37 所示的一个空白网站。

图 3-37　初始网站界面

（2）你可以通过左上角的“极速建站”来套用模板，如图 3-38、图 3-39 所示。

（3）你也可以根据自己的需求，通过对“模块、样式、设置、百度优化”等进行自主设计，如图 3-40 所示。

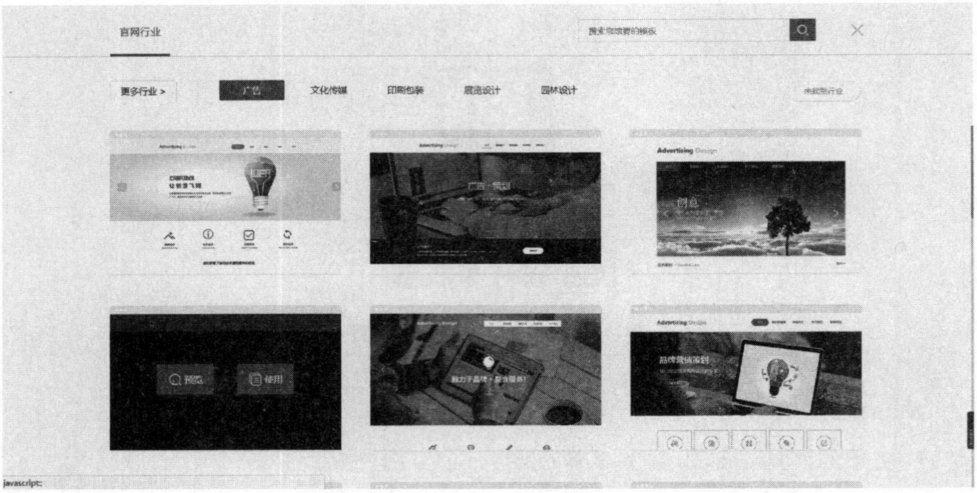

图 3-38 “极速建站”界面

图 3-39 套用模板界面

图 3-40　自主设置界面

（4）编辑完成后点击右上角的“保存”，如图 3-41 所示。

图 3-41　“保存”界面

（5）最后在网址栏输入之前注册的域名即可打开制作完成的网站。

六、实验总结

本项实验对网页的基础知识进行了简单介绍，并对各种网页制作工具进行了详细的说明和比较。通过实现静态网页的设计，可以较好地掌握制作网页的基本方法，例如，应用网页的组件进行网页编辑、通过级联样式表改变网页的外观等。另外，制作网页的工具还可以和数据库工具结合起来使用，从而达到动态查看数据的效果。

实验四　网络工具的使用

一、实验名称和性质

所属课程	电子商务综合实训
实验名称	网络工具的使用
实验学时	2
实验性质	□验证 ☑综合 □设计
必做/选做	☑必做 □选做

二、实验目的

（1）掌握邮件客户端软件的使用。

（2）掌握社交软件的使用。

（3）熟悉办公软件的使用。

三、实验环境

装有 Win 7/Win 10 的计算机、能连接网络的移动端、能连接 Internet 的网络环境、邮件客户端软件 Foxmail 6.5、社交软件微信、办公软件钉钉。

四、知识准备

随着信息技术的快速发展和日益普及，计算机网络已成为人们获取信息、交流信息和发送信息的重要渠道，网络的应用已深入到社会的各个领域，对人们的生活、工作等各方面产生了深远的影响。为指导学生通过网络进行信息的交互，本项实验将介绍几种常用网络应用软件（见表 4-1），内容包括邮件客户端软件、社交软件和办公软件，并详细描述各种软件的用途和使用技巧。

表 4-1 常见网络应用软件

类型	举例
浏览器	Google Chrome 浏览器、360 安全浏览器、Firefox 火狐浏览器、世界之窗等
下载工具	迅雷、磁力下载工具 uTorrent、网际快车（FlashGet）、eMule 等
网络硬盘	百度网盘、腾讯微云、360 云盘等
电子邮件	Microsoft Office Outlook、Foxmail、网易闪电邮等
系统安全	360 安全卫士、腾讯电脑管家、百度卫士、金山卫士等
办公软件	钉钉、飞鸽传书、腾讯通 RTX 等
即时通信	腾讯 TIM、微信、YY 语音、IS 游戏语音、QT 语音等

（一）电子邮件服务器

在邮件客户端软件中设置电子邮件账户时，将提示用户选择账户所使用的电子邮件服务器的类型。常见的电子邮件服务器类型有以下五种。

（1）Microsoft Exchange Server。它是一个消息与协作系统，可以被用来构架应用于企业、学校的邮件系统或免费邮件系统。访问 Exchange Server 电子邮件账户时，邮件会被保存在电子邮件服务器上，直到被删除。

（2）POP3（Post Office Protocol 3，邮局协议 3）。它是互联网中的主要电子邮件账户类型。如使用 POP3 电子邮件账户，电子邮件将下载到用户的计算机，然后通常会被从邮件服务器中删除。POP3 账户的主要缺点是难以在多台计算机上保存和查看邮件。

（3）IMAP（Internet Mail Access Protocol，Internet 消息访问协议）。它可以让用户访问邮件服务器上的邮件文件夹，无须将邮件下载到计算机即可存储并处理它。用户可以使用不同计算机阅读邮件，可以查看电子邮件标题，并了解发件人和主题，然后选择仅下载那些希望阅读的邮件。IMAP 通常用于商业电子邮件账户。

（4）HTTP（Hyper Text Transfer Protocol，超文本传输协议）。它是用于通过互联网访问网页的协议。如果用户选择 HTTP，还必须单击“HTTP 服务器提供商”列表中的提供商，然后在“服务器 URL”框中输入服务器的位置。访问 HTTP 电子邮件账户（如 MSN Hotmail）时，邮件被保存在电子邮件服务器上，直到被删除。

（5）SMTP（Simple Mail Transfer Protocol，简单邮件传输协议）。它负责将电子邮件发送到互联网上。SMTP 服务器处理传出的电子邮件，与 POP3 或 IMAP 传入电子邮件服务器一起使用。

（二）腾讯 TIM

腾讯 TIM 是一款专注于团队办公协作的跨平台沟通工具，提供了云文件、在线文档、邮件、日程、收藏，以及轻聊、多端同步等多种实用的办公功能。其中，TIM最吸引人的是“在线文档编辑”功能。目前市场上有不少支持这一功能的软件，比如石墨、Quip，乃至GSuits或者是Office 365。但是在“社交”或者“沟通”方面恐怕在国内没有什么软件可以和腾讯抗衡。这也许就是TIM特别的优势所在：通过传统QQ的社交关系链切入办公场景，获取不一样的产品体验。

在TIM正式版中，“在线文档”是协同办公的重要功能，编辑完成后支持多人同时在线编辑Word文档和Excel表格，编辑过程随时保存，还可分享给其他好友，并支持Web网页查看文档导出。同时，用户无须购买正版Office软件就能体验在线编辑文档，在有效提高用户办公效率的同时，还降低了用户办公成本。

五、实验步骤和内容

（一）邮件客户端软件

邮件客户端软件的作用是收发电子邮件。用户将邮件客户端软件安装到电脑上，第一次使用时，需要对软件进行设置。安装设置完成后，用户每次打开邮件客户端软件即可以收发邮件，而不再需要登录提供邮箱服务的网站。与网页在线收发处理邮件方式相比，邮件客户端软件可以更高效稳定地收发处理邮件，并且可以同时对多个邮件账户进行收发管理。

常用的邮件客户端软件有许多种等，下面简单介绍Foxmail软件的使用方法。

1. 安装Foxmail

（1）双击Foxmail安装文件，进入Foxmail安装向导，如图4-1所示。点击“下一步”，同意“软件许可协议”。

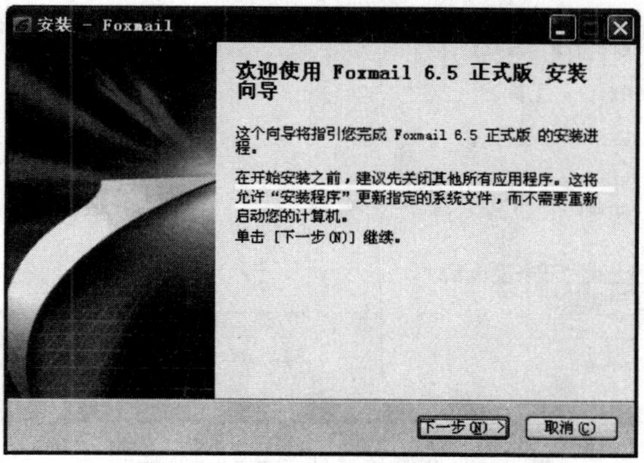
安装 - Foxmail
欢迎使用 Foxmail 6.5 正式版 安装向导
这个向导将指引您完成 Foxmail 6.5 正式版 的安装进程。
在开始安装之前，建议先关闭其他所有应用程序。这将允许“安装程序”更新指定的系统文件，而不需要重新启动您的计算机。
单击 [下一步(N)] 继续。
下一步(N) >
取消(C)

图4-1 Foxmail安装向导界面

（2）选定安装位置，如图 4-2 所示。

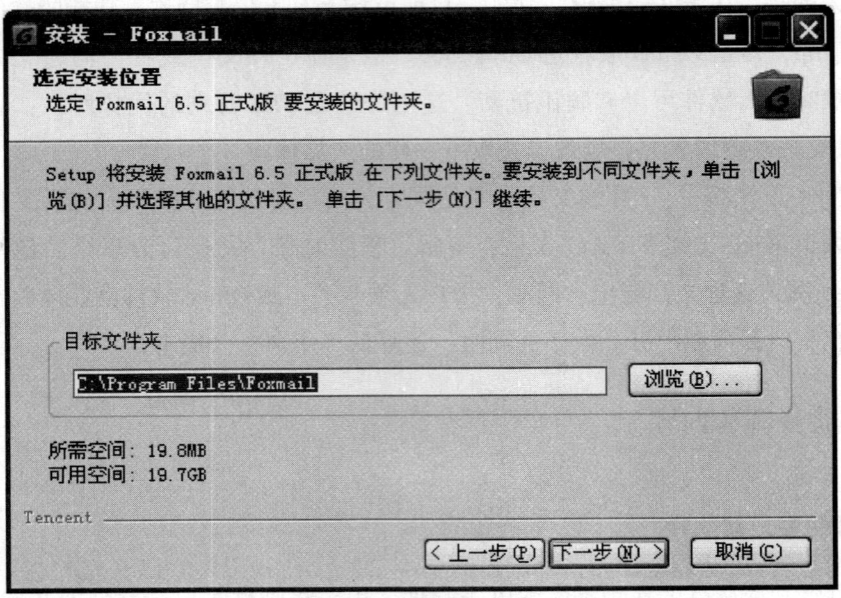

图 4-2 “选定安装位置”对话框界面

（3）选择“开始菜单”文件夹，如图 4-3 所示。输入 Foxmail 所在文件夹的名称，一般默认为“Foxmail”，该文件夹名称将被显示在“开始”菜单中，然后点击“安装”。

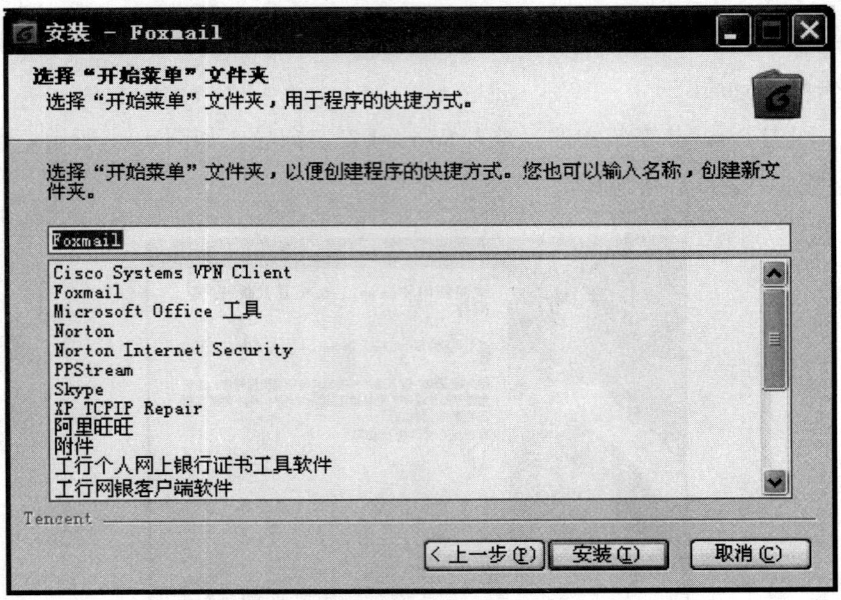

图 4-3 选择“开始菜单”文件夹界面

（4）安装完成，如图 4-4 所示。

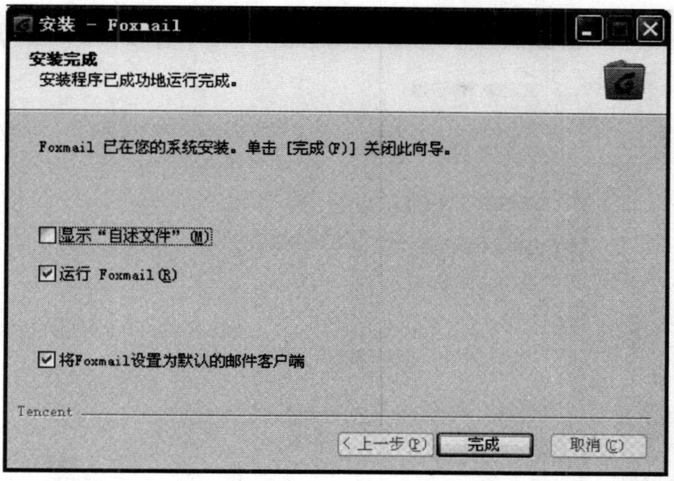

图 4-4 “安装完成”对话框界面

提示：

📖 图 4-4 中，“将 Foxmail 设置为默认的邮件客户端”的意思是，将 Foxmail 设置为系统默认的邮件程序。这样，当点击网页上有关 E-mail 的链接，会自动弹出 Foxmail的撰写邮件窗口。

（5）首次使用 Foxmail 时，需要建立新的用户账户，如图 4-5 所示。填写账号信息后，点击“下一步”。

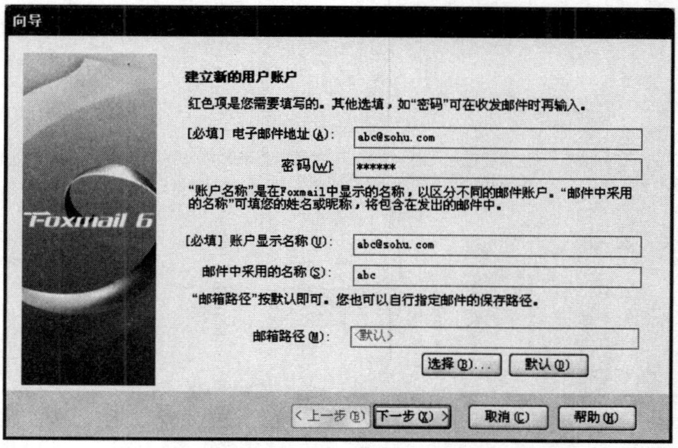

图 4-5 “建立新的用户账户”对话框界面

（6）填写邮箱服务器地址，如图 4-6 所示。填写完成后，点击“下一步”。

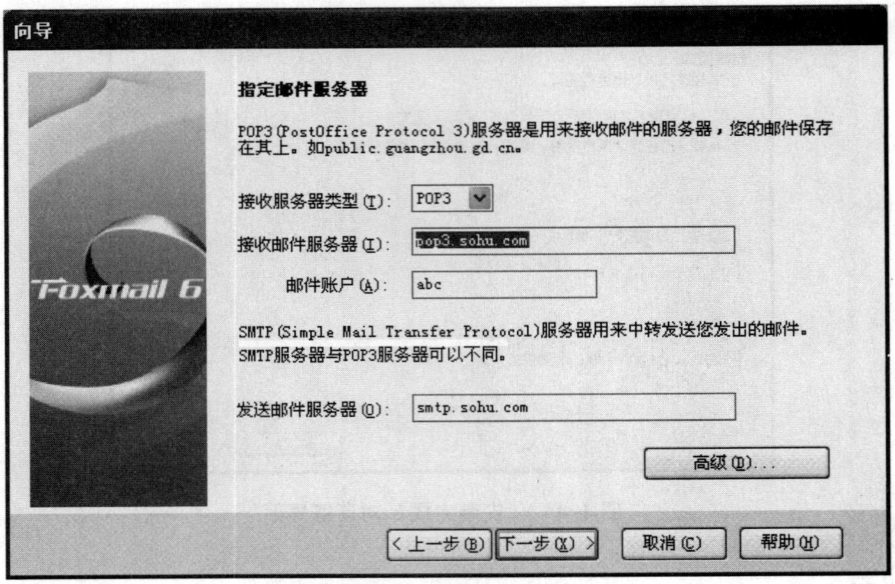

图 4-6 “指定邮件服务器”对话框界面

（7）点击“完成”按钮，设置完成，如图 4-7 所示。至此，Foxmail 安装并设置新用户账户完成。

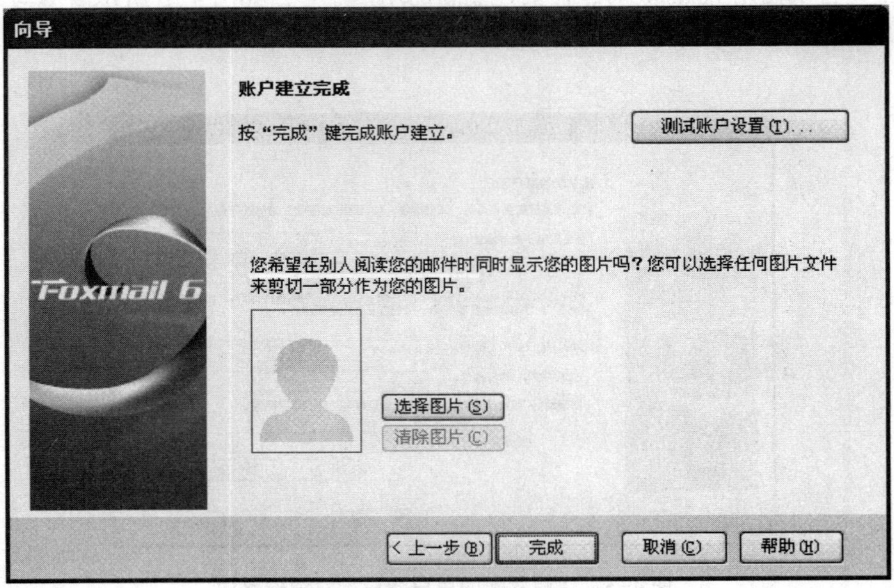

图 4-7 “账户建立完成”对话框界面

2. 启动 Foxmail

点击“开始”菜单→“程序”→“Foxmail”，启动 Foxmail 程序。

3. 新建 Foxmail 电子邮件账户

在 Foxmail 安装完成后第一次运行时，系统会自动启动向导程序，引导用户添加第一个邮件账户。如果希望新建一个邮箱账户，可点击“邮箱”→“新建邮箱账户”，如图 4-8 所示。在弹出的对话框中填写新邮箱账户信息，如图 4-5 所示。

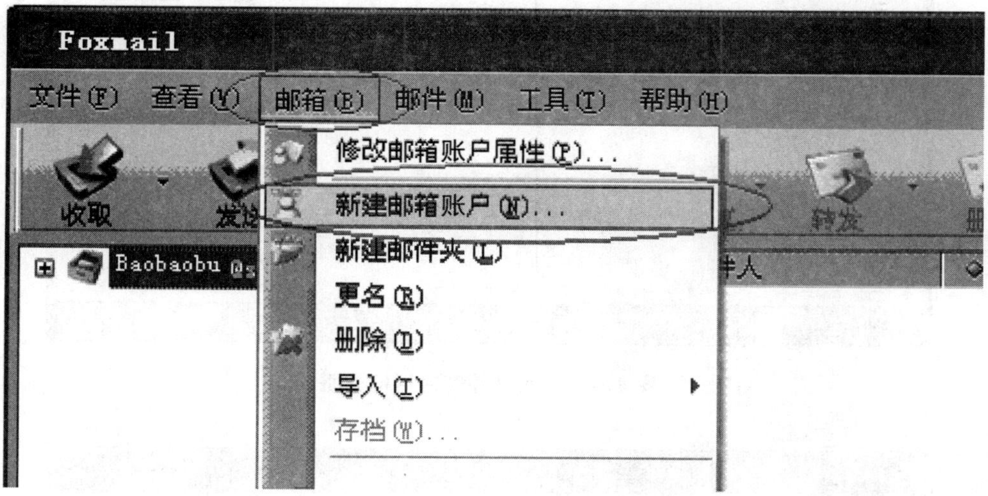

图 4-8　新建邮件账户界面

4. 创建和发送新邮件

单击工具栏中的“新建”按钮，打开写邮件窗口，如图 4-9 所示。邮件撰写完成后，点击工具栏中的“发送”按钮即可。

5. 创建和发送会议请求

如图 4-10 所示，在 Foxmail 6.5 中，可以很方便地撰写会议请求，邀请其他收件人参加会议。Foxmail 6.5 会议请求兼容 Outlook 的会议请求，因此对方使用的是 Outlook的话，也可以相互进行邀请和答复，步骤如下：

在工具栏中，点击“撰写”→“新建会议请求”，这时就会出现会议具体内容的设置选项，可以设置会议举行的地点、开始时间、结束时间及提醒时间设置，并且支持设置周期性会议。

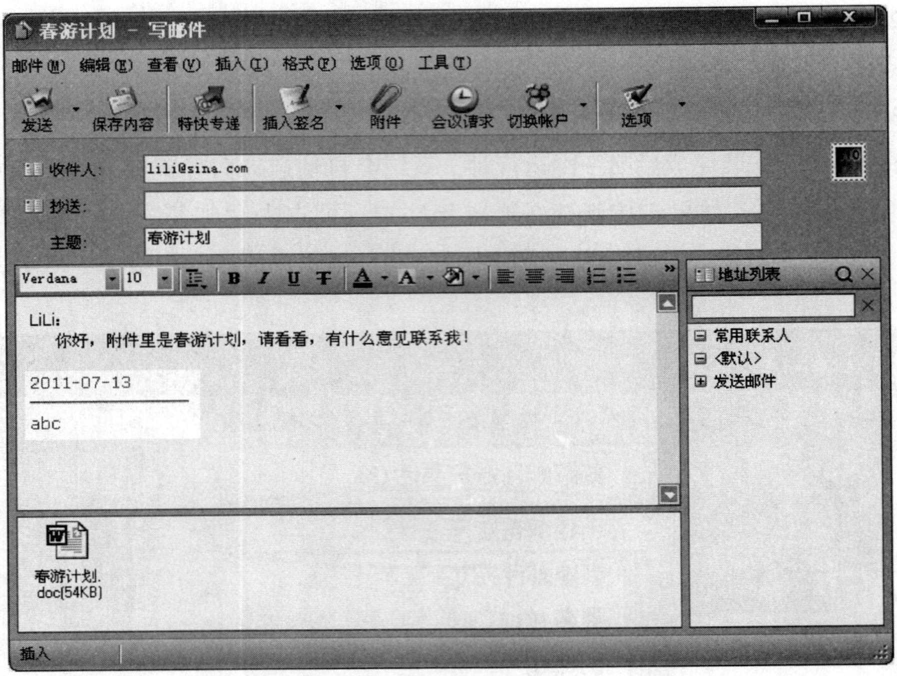

图 4-9 “写邮件”对话框界面

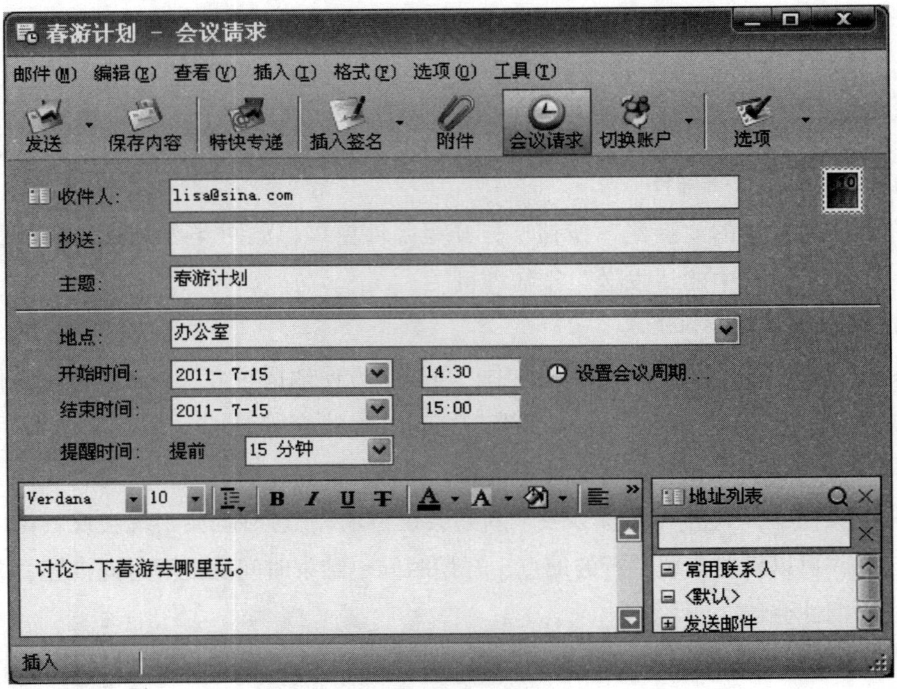

图 4-10 “会议请求”对话框界面

6. 接收邮件

邮件账号设置完成后，单击工具栏中的“收取”，系统会自动将用户的所有邮件从服务器中接收下来，如图 4-11 所示。

将刚接收的邮件放在“收件箱”文件夹里，打开收件箱，选中任意一封邮件，屏幕下方将显示邮件的内容。阅读邮件后，可直接进行回复或者转发邮件。

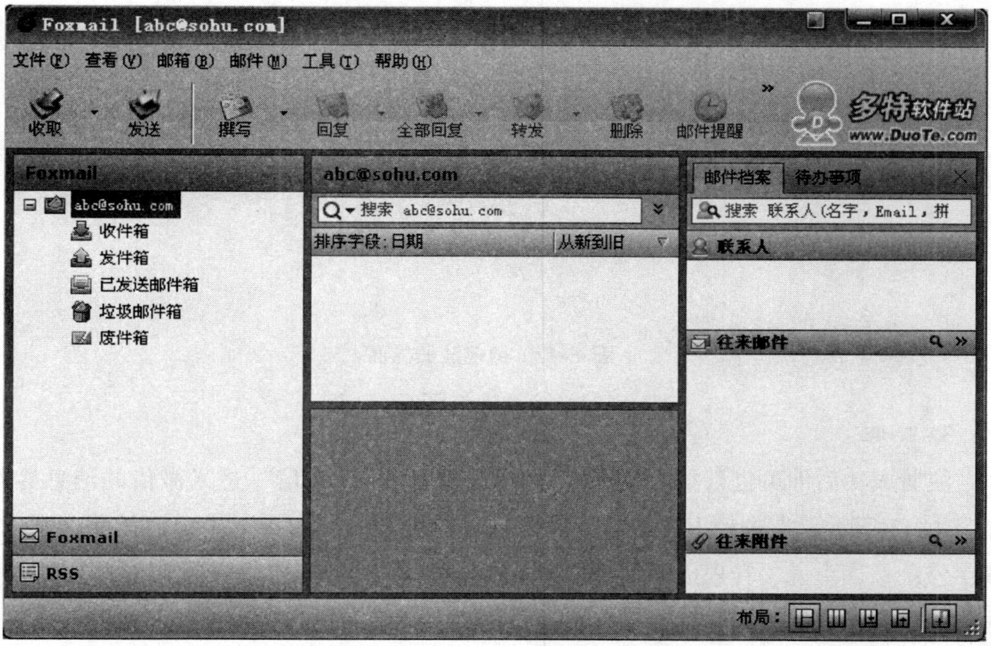

图 4-11 接收邮件对话框界面

(二) 社交软件

微信是一个为智能终端提供即时通信服务的免费应用软件，支持跨通信运营商、跨操作系统平台通过网络快速免费发送（需消耗少量网络流量）语音、短信、视频、图片和文字，同时也可以使用通过流媒体共享的内容资料和基于位置的社交插件“摇一摇”“漂流瓶”“朋友圈”“公众平台”“语音记事本”等服务插件。

1. 下载安装微信

在应用商店下载并安装微信。

2. 首次登录需进行注册

注册界面如图 4-12 所示。填写相应信息后，按提示完成注册。

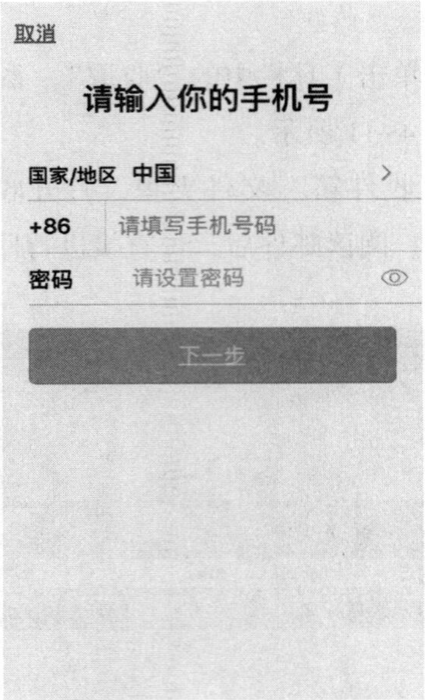

图 4-12 微信注册界面

3. 登录

注册成功后即可进行登录，点击下方导航栏中的“微信”进入微信的消息界面，如图 4-13 所示。点击最上方的搜索框可以进行搜索，搜索指定内容包括朋友圈、文章、公众号、小说、音乐以及表情；点击右上角的加号可以进行发起群聊、添加朋友、扫一扫、收付款操作。在消息界面点击相应的消息即可进入聊天界面。

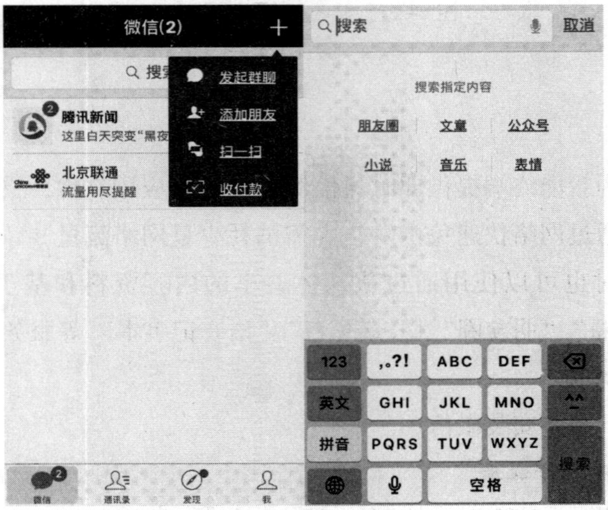

图 4-13 微信消息界面

4. 通讯录

点击下方导航栏中的“通讯录”，该界面内容主要包括联系人、群聊以及公众号等各项操作，如图 4-14 所示。用户可以点击“新的朋友”添加朋友，或者接收其他人的好友请求；用户保存到通讯录里的群都可以在“群聊”中找到；用户也可以为通讯录的好友标记标签，更好地将朋友进行分类；用户关注的公众号也可以点击“公众号”后按名称或拼音首字母进行查找。

图 4-14 微信通讯录界面

5. 发现

点击下方导航栏中的“发现”，进入“发现”界面，如图 4-15 所示。发现界面的功能主要有朋友圈、扫一扫、摇一摇、看一看、搜一搜、附近的人、漂流瓶、购物、游戏。用户可根据需要在设置中添加或移除相应的功能。

图 4-15　微信“发现”界面

6. 我

点击下方导航栏中的“我”，进入个人信息界面，如图 4-16 所示。在个人信息界面中，主要有钱包、收藏、相册、卡包、表情、设置功能。

图 4-16　微信“我”界面

（1）点击“头像”与“昵称”一行，可进入基本信息设置界面，如图 4-17 所示。用户在此界面中可以更改信息与查看二维码名片。用户也可通过向好友展示二维码名片快速添加好友。

图 4-17 “个人信息”界面

（2）点击“钱包”，即可进入“钱包”界面，如图 4-18 所示。钱包界面中包含了一系列与资金相关的功能，其基本功能主要包括收付款、零钱以及银行卡。在此基础上，用户也可以通过微信钱包享受其他腾讯服务，包括信用卡还款、微粒贷借钱、手机充值、理财通、生活缴费、Q 币充值、城市服务、腾讯公益、保险服务等。除此之外，微信还提供了一部分第三方服务，包括火车票机票、滴滴出行、京东优选、美团外卖、电影演出赛事、吃喝玩乐、酒店、摩拜单车、蘑菇街女装等。微信钱包服务的多样化为微信用户的衣食住行提供了极大的便利。

（3）用户在使用微信的过程中收藏的内容都可以在“收藏”中找到。当收藏内容较多时，可进行内容的搜索，或是通过微信收藏的自动分类（图片与视频、链接、文件、音乐、聊天记录、语音、笔记、位置）进行筛选查找，如图 4-19 所示。

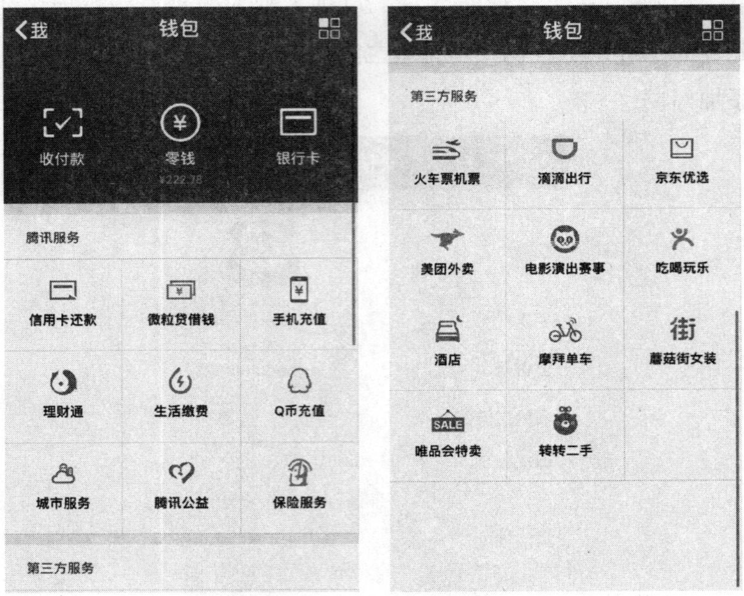

图 4-18 “钱包”界面

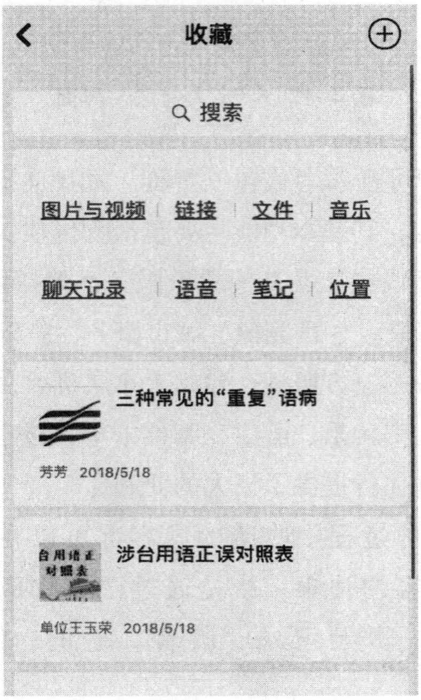

图 4-19 “我的收藏”界面

（4）相册中保存了用户在朋友圈发布的所有内容。

（5）卡包的主要功能是帮助用户管理虚拟卡券，可以聚合传统实际已有的优惠券、电影票、会员卡、登机牌等信息。这些信息集成于微信内，使用十分便捷。

（6）微信设置中有许多十分有用的功能。本项实验主要介绍设置→通用中的发现页管理和辅助功能。

①如图 4-20 所示，在发现页管理中用户可以根据需要打开或关闭相应的功能。关闭某些功能后仅会隐藏“发现”中该功能的入口，不会清空历史数据。

②辅助功能有 QQ 邮箱提醒、腾讯新闻、群发助手，以及微信运动。用户可以点击相应功能，使其停用或启用，如图 4-21 所示。

图 4-20　“发现页管理”界面

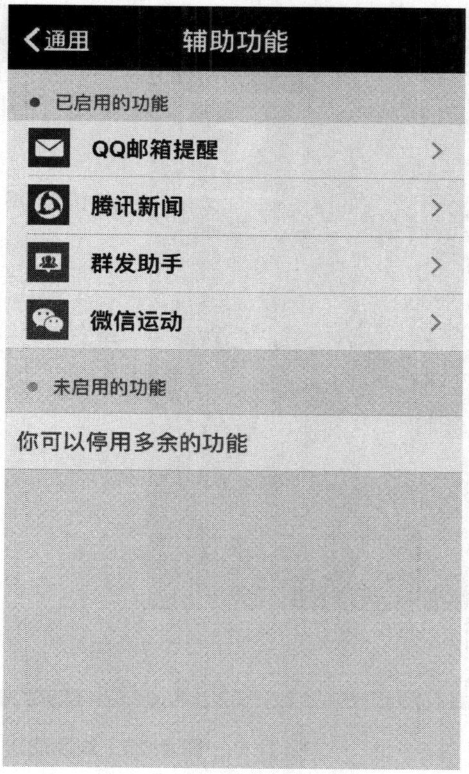

图 4-21　“辅助功能”界面

（三）办公软件

钉钉是一个可以免费沟通和协同的多端平台，提供 PC 版、Web 版和手机版，支持手机和电脑间的文件互传。钉钉的核心功能包括企业沟通功能、视频电话会议(高清稳定的画面，随时随地高效沟通，支持3~5人同时加入)、商务电话功能、DING功能、消息已读未读、团队组建功能、澡堂模式、企业通讯录、企业群、企业(团队)办公协同功能、C-SmartWork、C-OA、C-mail、C-Space，等等。钉钉因中国企业而生，可以帮助中国企业通过系统化的解决方案(微应用)，全方位提升中国企业沟通和协同效率。

1. 安装钉钉办公软件

(1) 双击“钉钉安装”文件，启动安装向导，如图4-22所示，点击“下一步”。

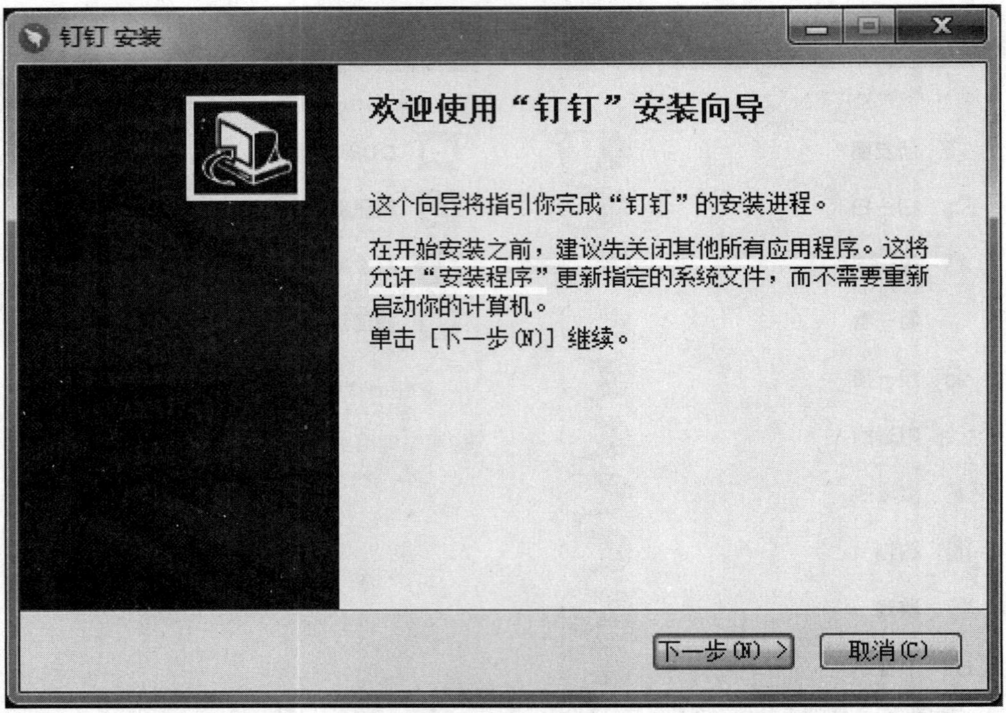
钉钉 安装
欢迎使用“钉钉”安装向导
这个向导将指引你完成“钉钉”的安装进程。
在开始安装之前，建议先关闭其他所有应用程序。这将允许“安装程序”更新指定的系统文件，而不需要重新启动你的计算机。
单击 [下一步(N)] 继续。
下一步(N) >
取消(C)

图4-22 欢迎使用“钉钉”安装向导界面

(2) 点击“浏览”，选择钉钉安装位置，点击“下一步”，如图4-23所示。

(3) 安装成功，如图4-24所示。

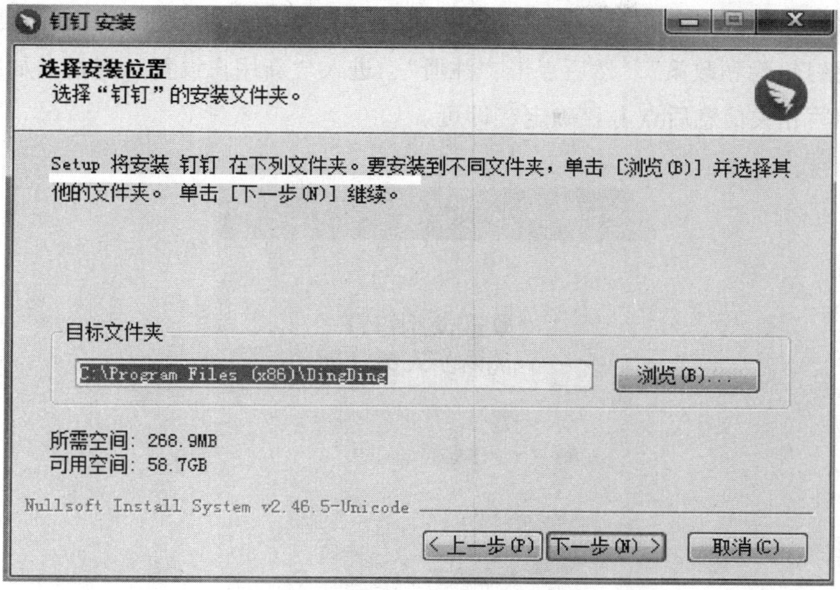

图 4-23　选择安装位置对话框界面

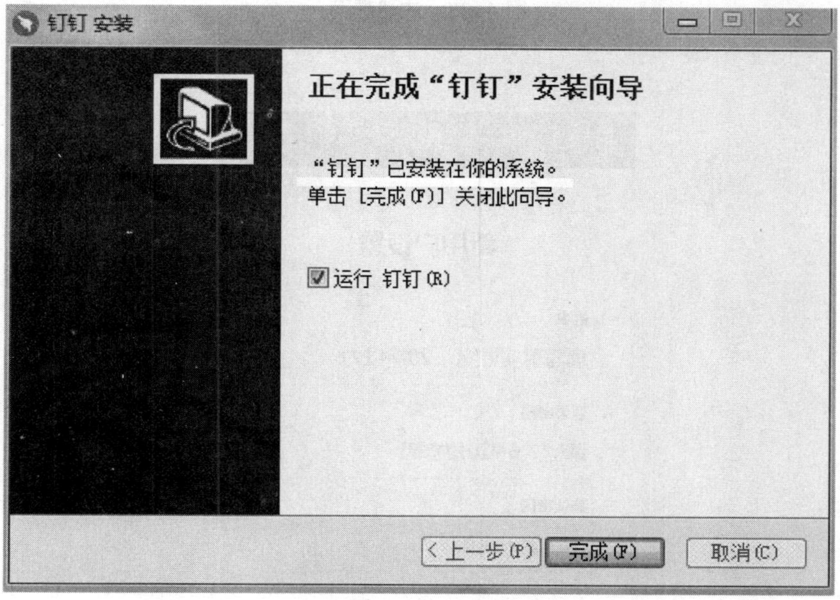

图 4-24　完成安装对话框界面

2. 注册钉钉

首次使用钉钉需要进行注册，如图 4-25 所示。输入手机号后获取验证码，并勾选“同意钉钉隐私政策”。然后点击“注册”，进入“新用户设置”界面，如图 4-26 所示。填写相关信息后点击“确定”即可。

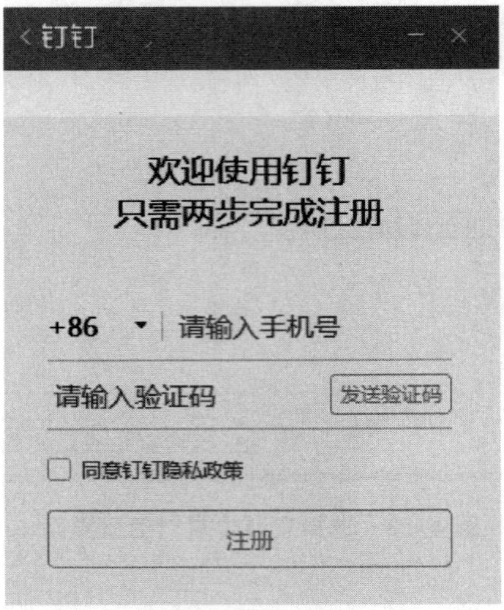

图 4-25　注册界面

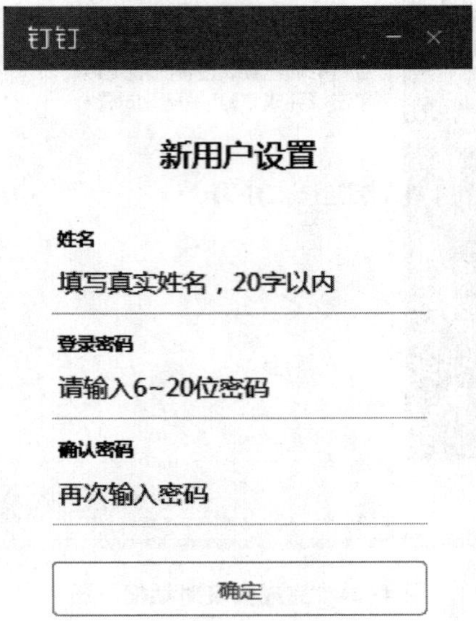

图 4-26　“新用户设置”界面

3. 钉钉的企业群功能

（1）钉钉成功登录后的界面如图 4-27 所示。左侧导航栏依次为：消息、DING 功能、通讯录、电话、钉盘、工作和钉邮。

图 4-27　登录后界面

（2）创建团队。

①点击界面中的“创建团队”，弹出“钉钉企业注册”界面，如图 4-28 所示，填写相关信息进行企业注册。点击“下一步”，完善相关信息。

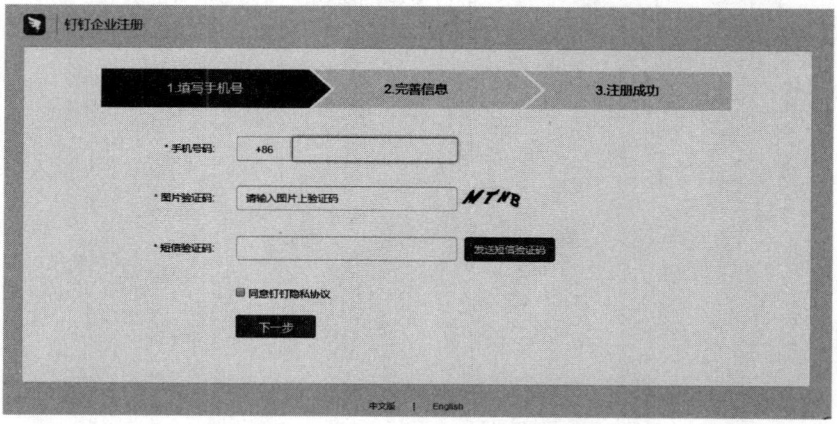

图 4-28　“钉钉企业注册”界面

②企业注册成功，如图 4-29 所示。

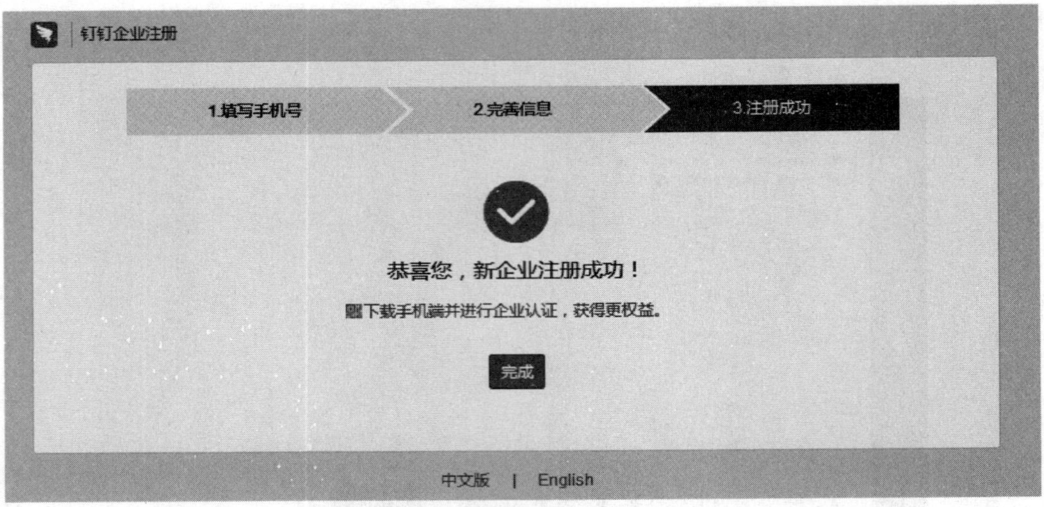

图 4-29　企业注册成功提示界面

（3）企业注册成功后，会自动加入到企业群。如图 4-30 所示，企业的员工可以在群内进行文字交流、发送文件等，并拥有一个工作通知的对话框，如图 4-31 所示。

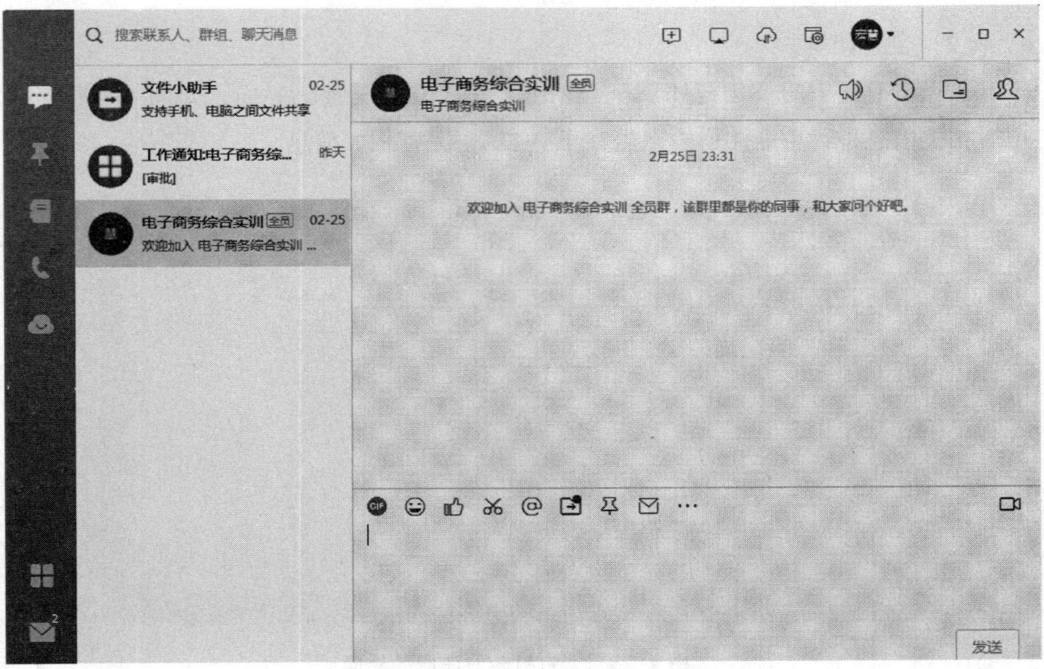

图 4-30　企业群对话框界面

图 4-31　工作通知对话框界面

4. 钉钉的企业沟通功能

（1）点击导航栏中的“工作”，进入“钉钉工作台”。通过钉钉工作台，可以进行考勤打卡，发布或查看日志、公告，审批各类事项，填写报表以及进行或预约视频会议，如图 4-32 所示。

图 4-32　“钉钉工作台”界面

（2）点击“考勤打卡”，进入“考勤打卡”界面，如图 4-33 所示。

图 4-33 “考勤打卡”界面

（3）点击“进入考勤后台”，弹出考勤后台界面，如图 4-34 所示，在此页面可以通过考勤后台查看考勤记录，也可以此页面进行快速管理排班。

图 4-34 考勤后台界面

（4）点击“审批”，进入“审批”界面，如图 4-35 所示。审批类型主要分为出勤休假、人事、财务、行政以及其他。

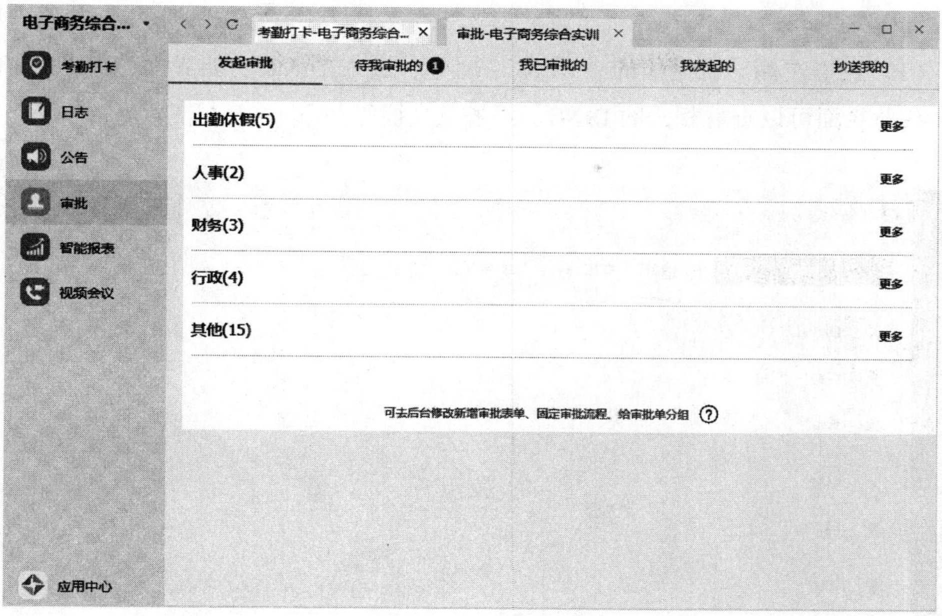

图 4-35　“审批”界面

（5）点击“待我审批的”，进入相应标签页。点击需要审批的表单，弹出表单，如图 4-36 所示，在此界面可以对表单进行同意、拒绝、转交和评论的处理，最后完成审批。

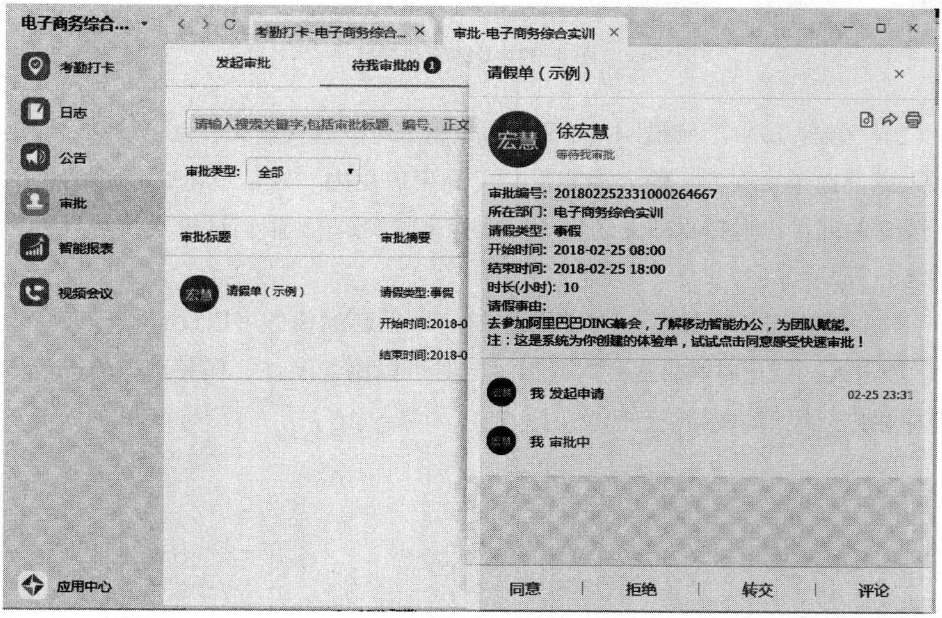

图 4-36　表单审批界面

5. DING 功能

（1）点击左侧导航栏中的“DING”图标，进入 DING 功能界面，如图 4-37 所示，在此界面可以查看相关的 DING、任务及会议等。

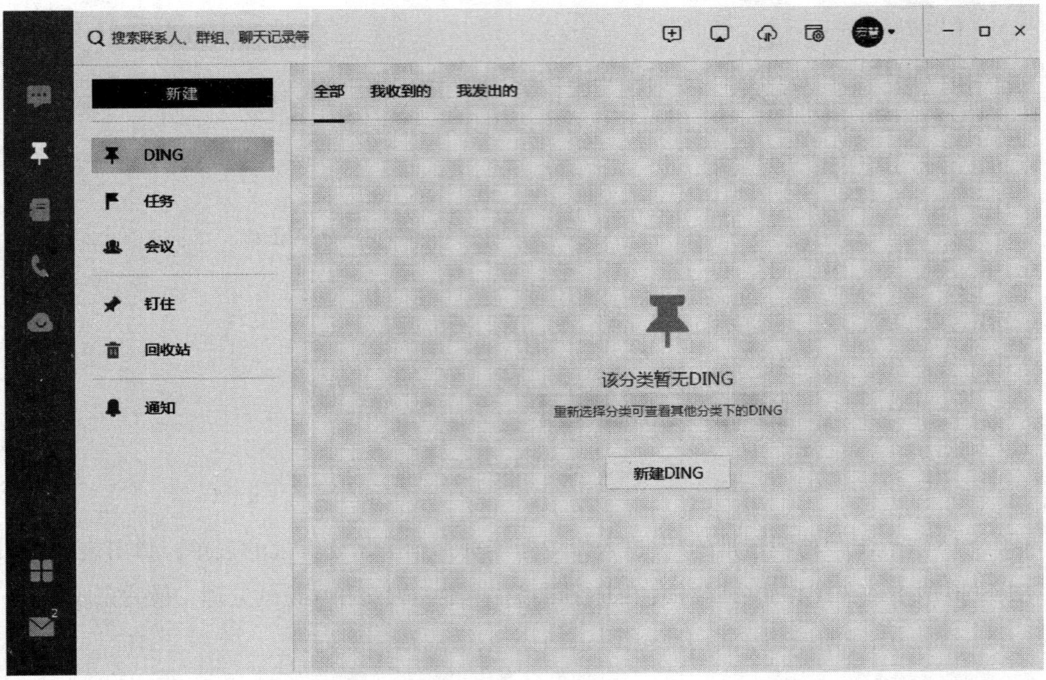

图 4-37　DING 功能界面

（2）“新建 DING”如图 4-38 所示。发送人可以直接输入，也可以从右侧已有的联系人或群选择接收人。输入内容后，可利用应用内、短信或电话通知相应的接收人。发送时间可以选择立即发送也可以选择定时发送。“悄悄话模式”可以设置为关闭或者打开。

（3）“新建任务”如图 4-39 所示。钉钉中新建的任务可以设置执行人（人或部门）、抄送人、截止时间、提醒时间等，同时可以添加附件。任务通知的提醒方式同样有应用内、短信、电话三种。

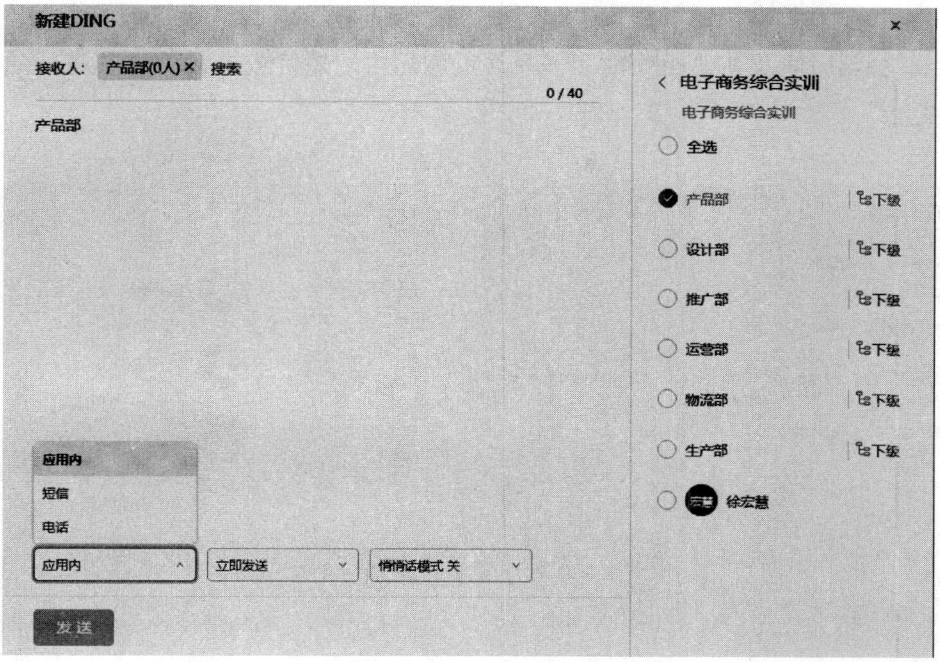

图 4-38 “新建 DING”对话框界面

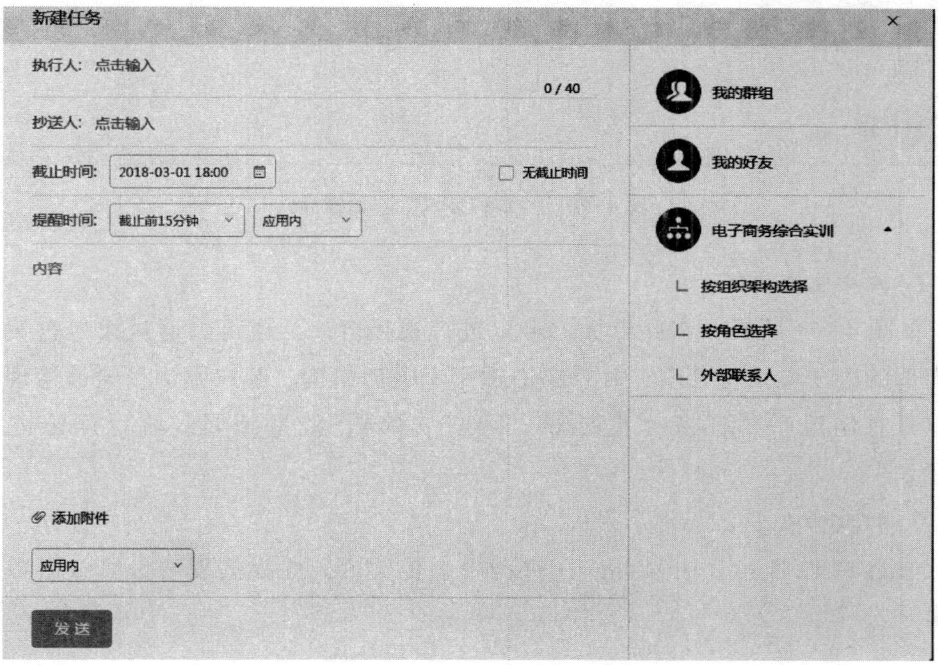

图 4-39 “新建任务”对话框界面

（4）“预约会议”如图4-40所示。在此界面，可以设置会议的参会人、会议地点、会议时间及其他相关内容，并通过应用内、短信或电话的方式进行通知与提醒。

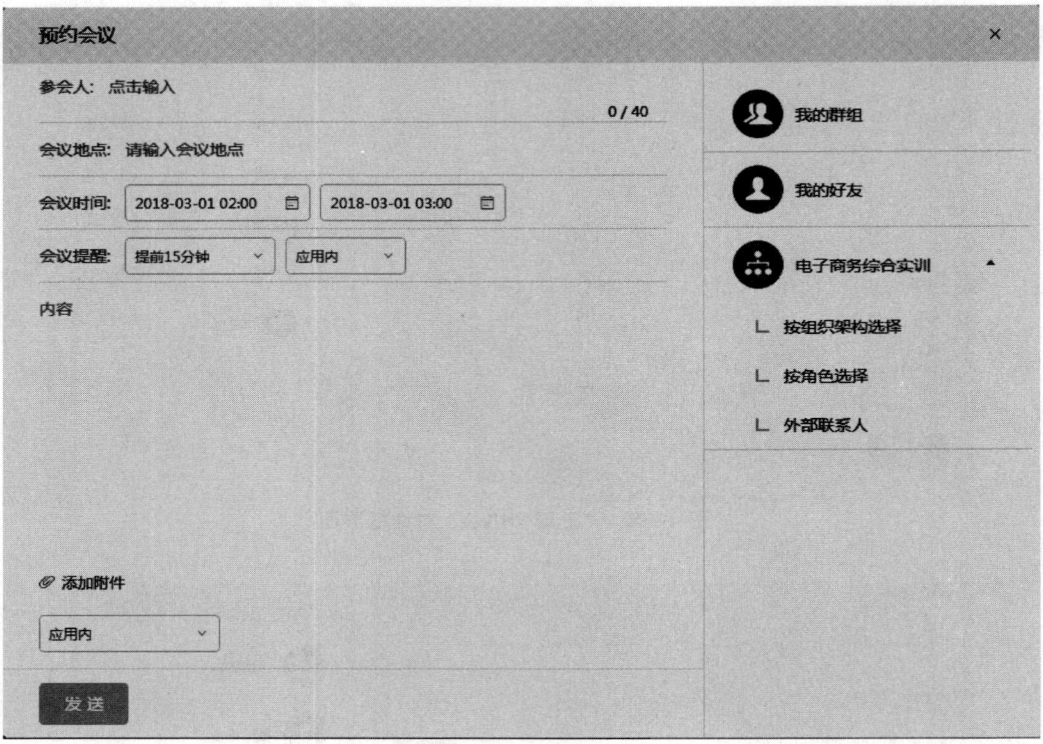

图4-40　“预约会议”对话框界面

6. **商务电话功能**

如图4-41所示，在此界面，可以进行视频会议，也可以通过拨号盘拨打企业内部的办公电话。其中，外呼中心适用于电话销售、客户回访、渠道管理等场景，具有创建呼叫任务（批量导入呼叫名单）、批量呼叫、填写拜访记录等功能。

7. **钉盘功能**

如图4-42所示，用户可以在钉盘中上传文件，并根据需要设置权限或外链分享。

图 4-41　商务电话功能界面

图 4-42　钉盘功能界面

8. **钉邮**

如图 4-43 所示，通过钉邮可以接受钉邮及其他邮箱的邮件。除此之外，钉邮还具有跟进事项、邮箱文件夹、日历（日程）、通讯录等功能。

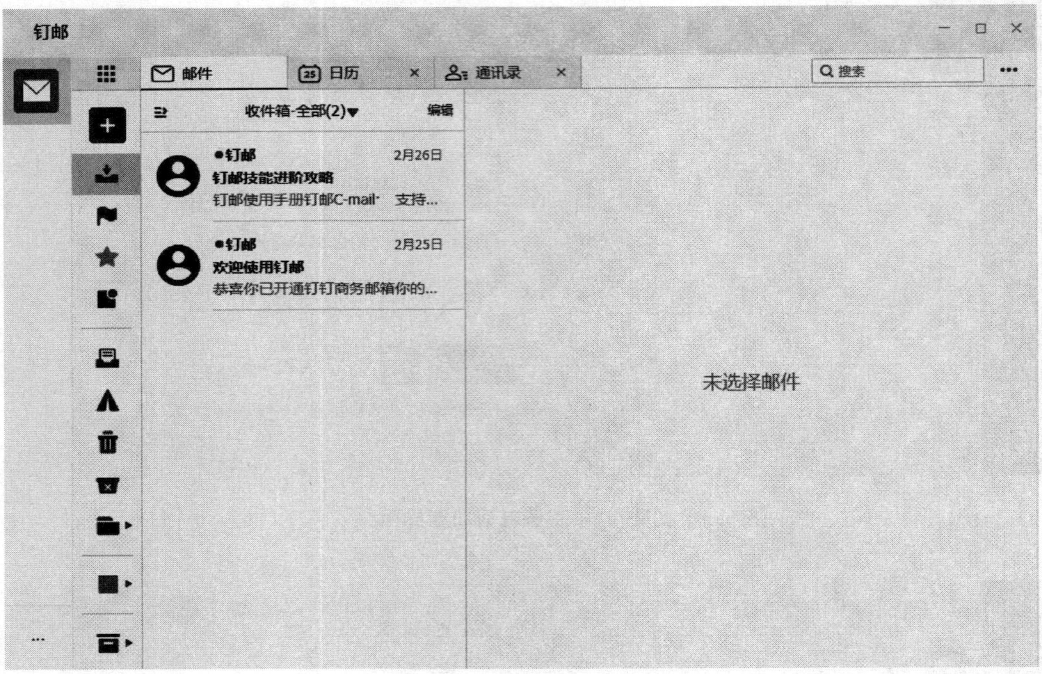

图 4-43　钉邮界面

六、实验总结

本项实验阐述了各种常见网络工具的用途及分类，重点阐述了电子邮件服务器各种协议以及腾讯 TIM 相关软件等的知识。本项实验也对 Foxmail、微信、钉钉的功能、安装及使用进行了翔实的操作说明。

第二篇

系统模拟篇

实验一　B2C 模拟

一、实验名称和性质

所属课程	电子商务综合实训
实验名称	B2C 模拟
实验学时	4
实验性质	□验证 ☑综合 □设计
必做/选做	☑必做 □选做

二、实验目的

（1）了解商业流通企业是如何在网络环境中运作的，以及流通企业如何整合其资源来适应电子商务时代的要求。

（2）通过电子商务实验室，模拟企业与消费者之间通过互联网进行商务活动的实际操作。

（3）了解网上商店业务流程。

三、实验环境

一台安装了 ECPv3. 0 电子商务系统平台的服务器、局域网环境及 PC 机若干台。

四、知识准备

模拟商户在网上开店及销售流程，并模拟消费者在网上采购的过程。

商户通过后台的管理功能将产品发布到前台后，消费者就通过前台电子商城购物网站订购商品。商家后台管理流程如图 1-1 所示。

商家后台管理模块是提供给商户管理商店的“进销存”功能模块，其中包括商店管理、商品管理、期初数据、采购管理、库存管理、销售管理、客户管理、应收款明细、应付款明细、我的资料等。

消费者前台采购流程如图 1-2 所示。前台购物网站的功能包括会员注册、搜索商品、个人资料、购物车、订单查询等。模拟开店需准备网上商店及个人消费者的一些基本资料以及网上商店的LOGO、BANNER 图片等数据。

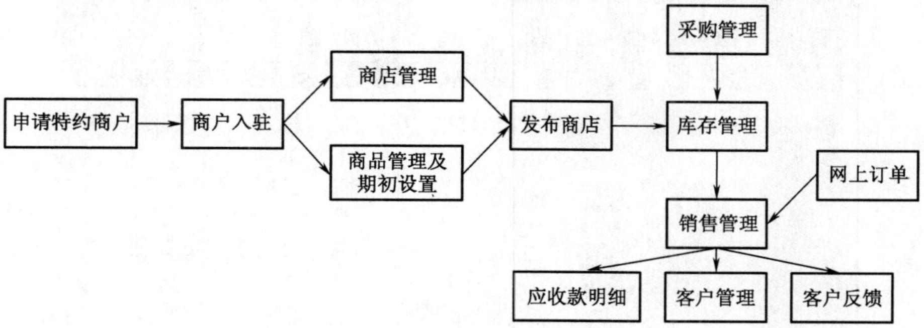

图 1-1　商家后台管理流程

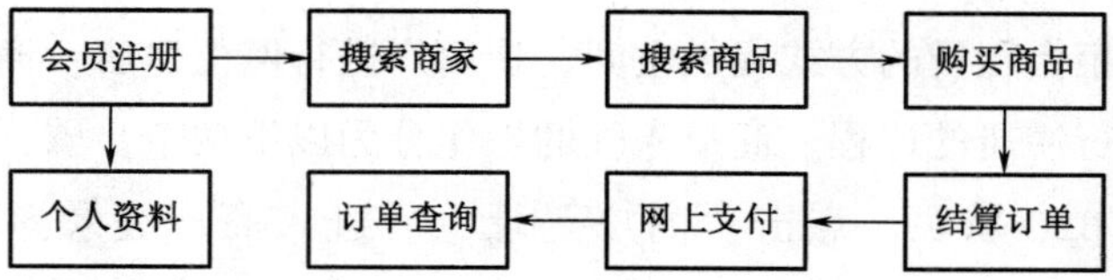

图 1-2　消费者前台采购流程

五、实验步骤和内容

(一) B2C 商户网上开店

商户是进驻电子商城、建立网上商店、为消费者提供网上购物服务的人。在消费者进行网上购物之前，商户须申请 B2C 特约商户，然后才能申请入驻电子商城，开设网上商店，初始化网上商店。商户在电子商城开设网上商店的流程如图 1-3 所示。

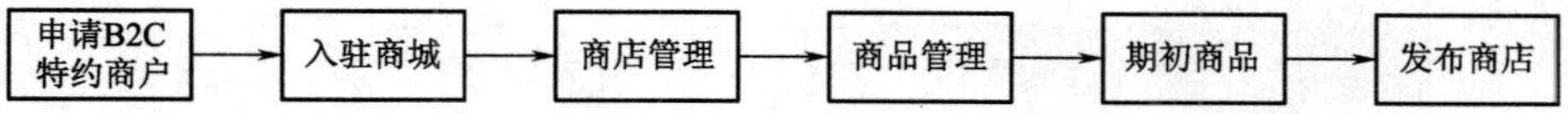

图 1-3　B2C 商店开设流程

1. **申请 B2C 特约商户网上银行**

申请 B2C 特约商户在电子银行模块的网上商城中进行操作，B2C 特约商户网上银行为网上商店提供银行账号开户、存款等服务。这里模拟在 B2C 的网上交易中使用电子支付功能。B2C 特约商户网上银行申请如图 1-4 所示。

图 1-4 “B2C 特约商户申请表”界面

2. **商户入驻电子商城**

电子商城以柜台租赁的方式提供空间，让商户进行网上建店。商户入驻的过程就是在电子商城进行注册的过程。商户入驻的操作分为以下两个步骤：

首先，进入 B2C 首页，点击“商户登录”后进入商户登录界面；其次，点击“商户入驻”按钮，进入商户基本信息填写界面，如图 1-5 所示。在填写基本信息后，点击“下一步”，完成入驻。

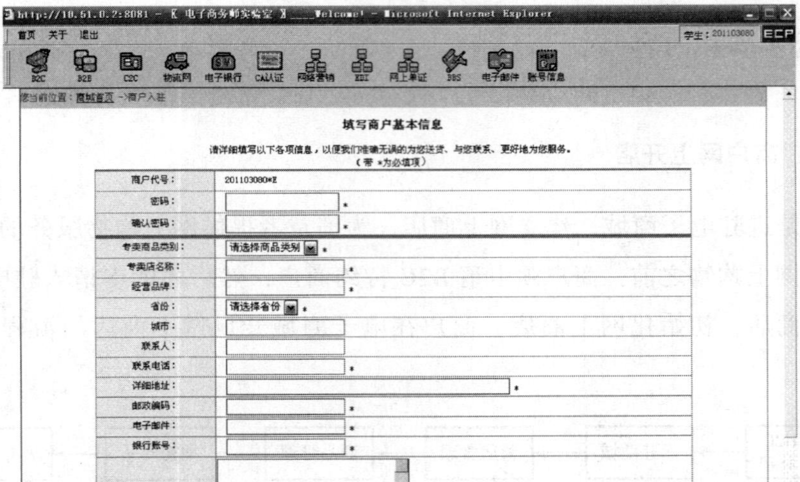

图 1-5 “填写商户基本信息”界面

3. 商店管理

商店管理需设置商户的付款方式、送货方式、售后服务说明等，在“B2C 后台管理——商店管理”中操作，点击首页/商户登录/商店管理。

商店管理模块，主要由网店模板、网店 LOGO、网店 BANNER、配送说明、支付说明、文字广告、按钮广告、发布到搜索引擎等模块组成，如图 1-6 所示。

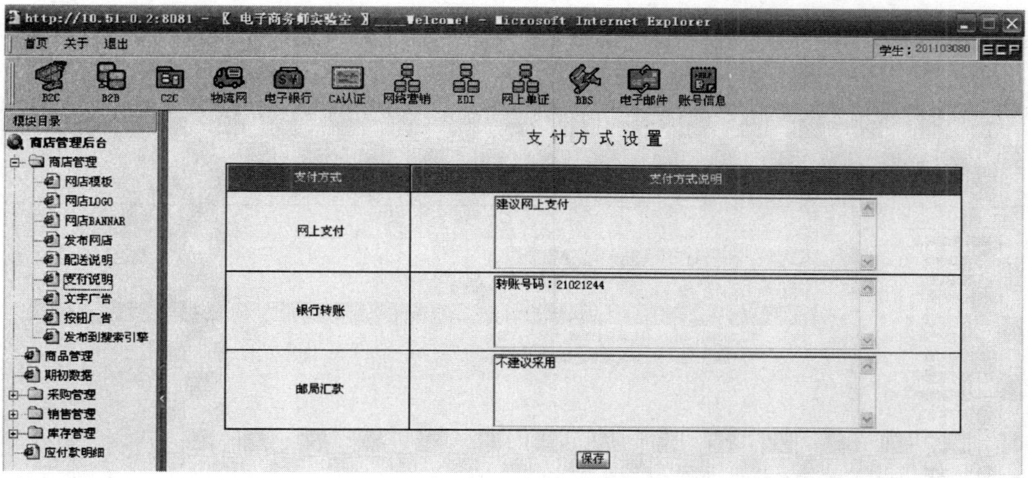

图 1-6　B2C 商店管理模块界面

（1）网店模板：系统提供四种网上开店的模板供选择，选择后点击“确定”即可。

（2）网店 LOGO：设置网店的 LOGO 图标，进入后点击上传图片的“浏览”，选择到所需 LOGO 图片后点击“确定”。

（3）网店 BANNER：同选择 LOGO 操作一样，选择到所需 BANNER 图片后点击“确定”。

（4）配送说明：说明各种配送的方法。点击进入后，对送货方式、费用、时间、说明均可进行填写；填写后点击“保存”便完成了配送说明的填写。

（5）支付说明：说明各种支付的方法。点击进入后，对“发送给客户的信息”均可以填写；填写后点击“保存”便完成了支付说明的填写。

（6）文字广告：设置网店的文字广告。点击进入后，可以新增、修改或删除文字广告；点击新增按钮，进入新增文字广告界面，填写广告标题及广告内容后点击“确定”即可。

（7）按钮广告：设置网店的按钮广告，点击进入后，可以新增、修改或删除按钮广告；点击新增按钮，进入新增按钮广告界面，填写广告标题、广告备注及上传图片后点击“确定”即可。

（8）发布到搜索引擎：将网店发布到搜索引擎进行营销，点击进入后，填写网站名称、搜索关键词及网站描述，然后点击“发布”即可。

4. **商品管理**

商户入驻电子商城后，电子商城就为商户开辟了一个专柜，供商户进行商品管理，如图 1-7 所示。

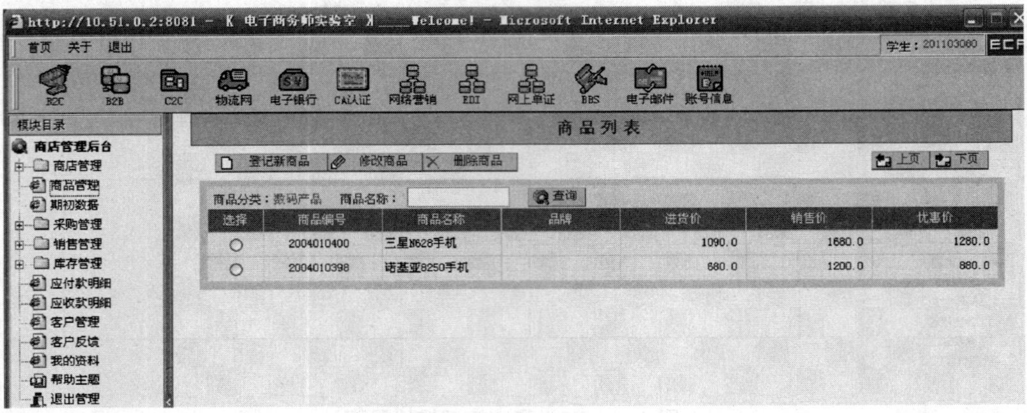

图 1-7　商品管理界面

（1）登记新商品：用于添加和发布商品信息，在“B2C 后台管理——商品管理”中进行操作。

①点击“登记新商品”，进入商品添加界面。

②填写登记内容后点击“确认”，新商品待网店发布后自动发布到 B2C 界面，完成新商品的添加。

（2）修改商品：用于修改已发布商品的基本信息，包括商品介绍和价格调整。

①在商品列表中选择要修改的商品，然后点击“修改商品”。

②在“商品修改”界面更新商品信息，然后点击“确认”，保存更新后的商品信息。

（3）删除商品：用于删除已发布的商品。

在商品列表中选择要删除的商品，点击“删除商品”按钮，即可删除商品。

5. **期初商品**

登记新添加的商品数量，进入库存，在“B2C 后台管理——期初商品”中进行操作。期初商品即商户在第一次营业前，把当前商品的数量登记入库存，即初始化库存。

点击“期初数据”，显示如图 1-8 所示。

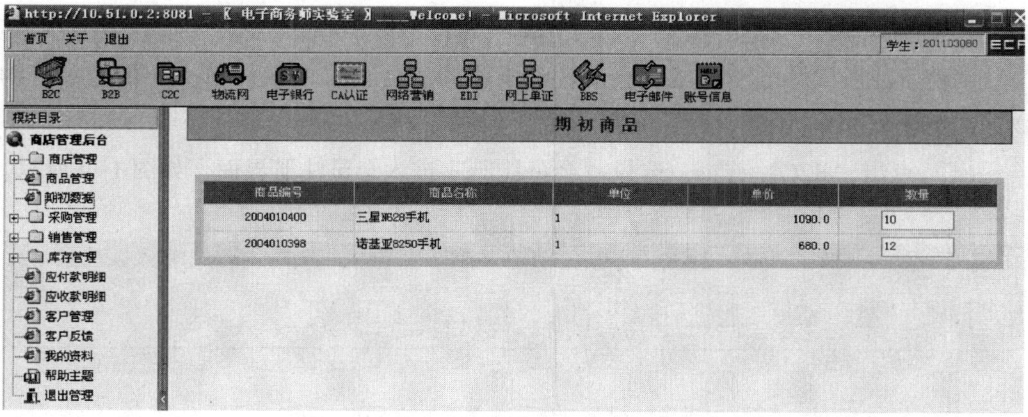

图 1-8 期初商品设置界面

期初商品的设置流程如下。

（1）在商品列表中输入商品数量，然后点击“保存”按钮，保存修改。

（2）输入并保存所有商品的数量后，点击“记账”按钮，系统将自动将商品的数量登记入库存中。期初商品登记完成。

提示：

📖 期初商品只需要操作一次。操作期初商品时，需要先保存商品期初数量，然后进行期初记账。这样操作的目的在于能多次输入商品期初数量，然后进行一次期初记账。

6. **发布商店**

按照建店的流程一步步操作（包括网店模板、LOGO、BANNER、配送说明、支付说明、广告等），就可将网站发布到前台显示。在商店管理中发布网店，对发布的网站也可取消发布，这样它就不在前台商品列表中显示。发布成功后，从前台点击进入该网站查看。

（二）B2C 消费者前台购物

商户通过后台的管理功能将产品发布到前台后，消费者就可以通过前台电子商城购物网站订购商品。前台购物网站的功能包括会员注册、搜索商品、我的资料、购物车、查询订单等。

提示：

📖 消费者购物前，需要到电子银行的个人网上银行开设账户，这样就可以通过电子支付结算账单了。

1. **会员注册**

消费者注册成为电子商城的会员。电子商城的会员可以在任何一个柜台进行购物。注册流程如下。

（1）点击“B2C”首页，选择“会员注册”进入会员注册界面，如图 1-9 所示。

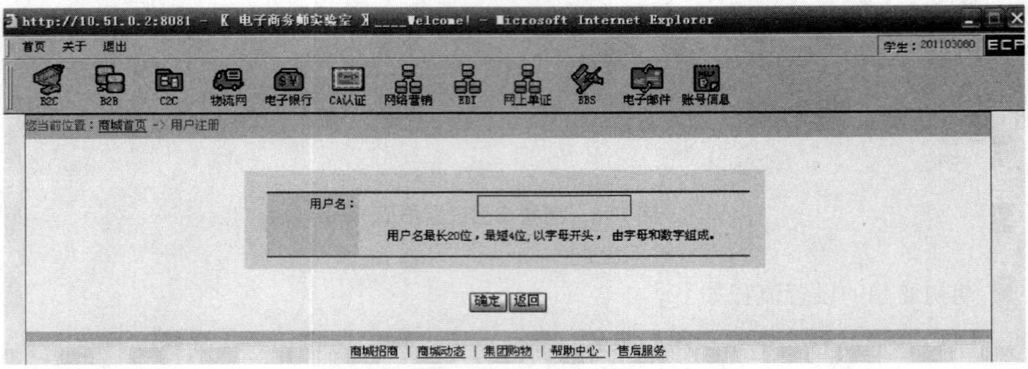

图 1-9　B2C 前台用户注册界面

（2）填写用户名，然后点击“下一步”，进入用户基本信息界面。

（3）填写用户基本信息，带“*”号的为必填项，填写后点击“下一步”，完成注册。

2. **搜索商家**

搜索商家时，消费者可以在 B2C 商城首页根据商家名称进行搜索。前台购物网站如图 1-10 所示。

3. **搜索商品**

搜索商品时，消费者可以根据商品分类和名称进行搜索。

4. **购买商品**

消费者从销售柜台中选购商品，放入购物车，如图 1-11 所示。

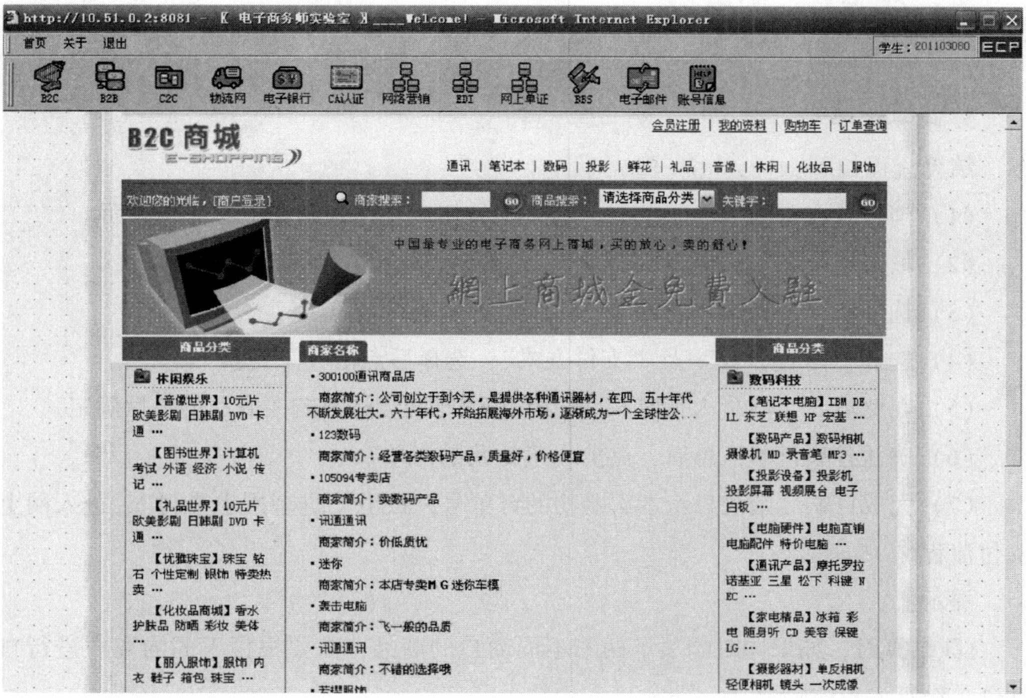

图 1-10 B2C 前台购物网站界面

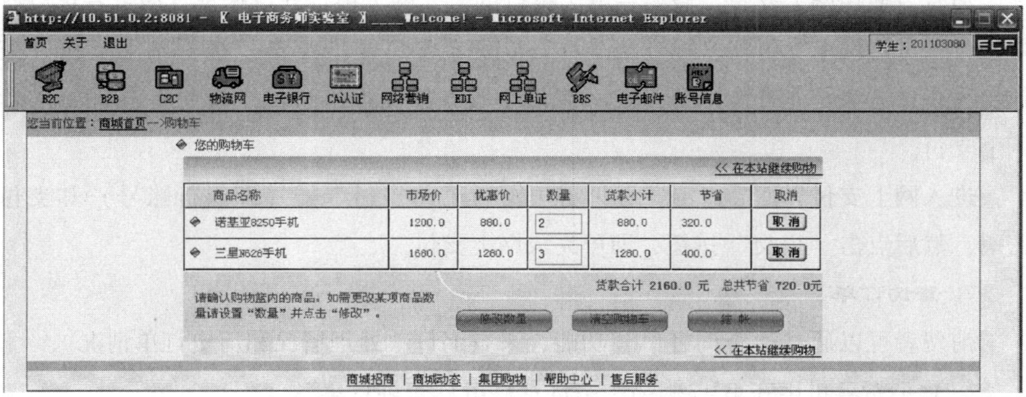

图 1-11 消费者选购商品并加入购物车界面

（1）如果要继续购物，则点击购物车界面（见图 1-11）右上方的“在本站继续购物”链接。

（2）如果要修改商品数量，则填入数量，然后点击“修改数量”按钮。

（3）如果要删除购物车的商品，则点击“取消”按钮。

（4）如果要清空购物车的所有商品，则点击“清空购物车”按钮。

（5）确定购物后，点击“结账”按钮，进入结算中心。

5. 结算订单

结算流程如下。

（1）消费者在购物车界面点击“结账”按钮后，进入结算中心登录界面。

（2）填写“会员名”及“密码”后，点击“进入结算中心”。

（3）选择所要进行结算的订单，而后点击“进行结算”。

（4）选择“送货方式”及“支付方式”，选择后点击“下一步”。

（5）在此填入“收货人信息”，点击“下一步”，进入购买商品的最后确定。

（6）确认各项订单信息后，点击“确认我的订单”。

（7）完成订购后系统显示本次购物的订单号，点击“进行网上支付”，进入网上支付流程。

提示：

🕮 结算时，如果同时购买了两家不同商户的商品，需要根据不同的商户进行自动分单结算。

6. 网上支付

消费者使用网上支付，需要在电子银行的个人网上银行开设账户。消费者可以有两种方式进行网上支付：一种方法是在订购完成后，立即点击“进行网上支付”按钮；另一种方法是先查询订单，然后在订单明细界面点击“网上支付”按钮，进行网上支付。

进入网上支付界面后，消费者只需填写自己的支付卡号（即银行账号）和支付密码，然后点击“提交”按钮，即可完成网上支付。

7. 查询订单

消费者可以通过“查询订单”功能，来查询订单处理情况和历史订单情况。

（1）消费者可以在B2C购物网站首页点击“查询订单”。

（2）输入已注册的“用户名”及“密码”后提交，进入订单查询界面。

（3）根据交易时间及订单号进行查询，并对未进行网上支付的交易进行网上支付。

（4）消费者可以根据实际情况，对支付模式、配送模式和收货地址相同的订单进行合并申请，商店管理员确认后，将支付模式、配送模式和收货地址相同的订单合并成一份订单。

8. 我的资料

消费者在“我的资料”处可以修改自己的注册信息。在 B2C 购物网站首页点击“我的资料”链接；然后在用户登录界面输入用户名和密码，点击“提交”，进入用户资料修改界面；资料修改完成后，点击“提交”按钮，完成资料修改。

（三）采购管理

采购管理用于采购商品，并把采购的商品登记入库。采购管理的功能包括采购订单、采购入库、单据结算和单据查询。

采购流程为：B2C 商户在缺货的情况下进行采购时，先进入采购订单模块下订单，再对订单进行入库处理，然后对订单进行结算，完成采购流程。

点击首页/商户登录/采购管理。

1. 采购订单

B2C 商户在库存不足时提交采购订单，购入充足的商品以保障 B2C 交易的正常进行。

（1）新单。

①进入“新单”的“增加商品”。

②添加需采购的商品后，点击“确定”。

③进入“新建采购订单”界面，在此填写交货方式、结算方式、商品数量等各项相关信息后，点击“保存新单”便完成操作，如图 1-12 所示。

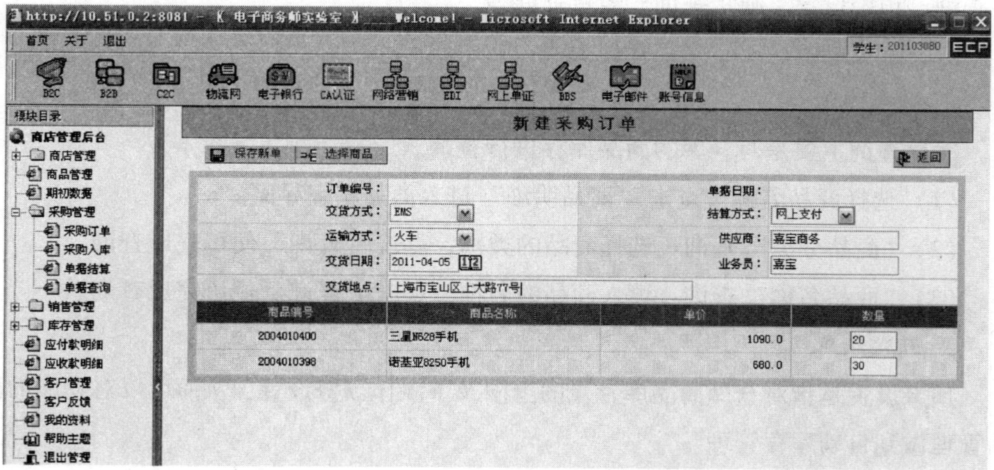

图 1-12 “新建采购订单”界面

（2）明细。选择所要查看的单据，点击“明细”进入，在里面可以修改单据的基本内容，修改后点击“确定”即可。

（3）删除。选择所要删除的单据，点击“删除”即可。

2. 采购入库

采购入库主要是对B2C商户采购的商品进行入库管理。

（1）选择商品采购单，点击“明细”进入“采购订单”界面。

（2）点击“结算”，然后点击“采购入库”即可。

3. 单据结算

单据结算是指B2C商户对商品采购的单据进行结算。

（1）选择商品采购单，点击“明细”进入“采购订单”界面。

（2）点击“结算”，完成此订单的结算。

4. 单据查询

单据查询是指B2C商户对采购订单的查询。

（1）单据号查询：填入要查询的单据号，点击“查询”。

（2）供应商查询：填入要查询的供应商名称，点击“查询”。

（3）单据日期查询：选择要查询的单据生成日期，点击“查询”。

（四）库存管理

在库存管理模块中，B2C商户可以对仓库中的商品进行管理，该模块主要包括库存查询、预警设置、缺货查询、溢货查询等。

点击首页/商户登录/库存管理。

1. 库存查询

库存查询主要是对仓库的商品库存进行查询。

（1）选择商品名称，点击“商品明细”进入商品明细界面。

（2）“商品分类”查询：选择商品的类别，点击“查询”便可完成查询。

（3）“商品名称”查询：填入商品的名称，点击“查询”便可完成查询。

2. 预警设置

预警设置是指对仓库商品库存量的上限及下限作预警设置，从而可以对仓库的商品管理做到自动库存管理。

（1）选择要设置的商品，点击“预警设置”，进入设置界面。

（2）设置商品库存量的上限及下限。

（3）点击“确定”，完成对商品库存量的预警设置，如图 1-13 所示。

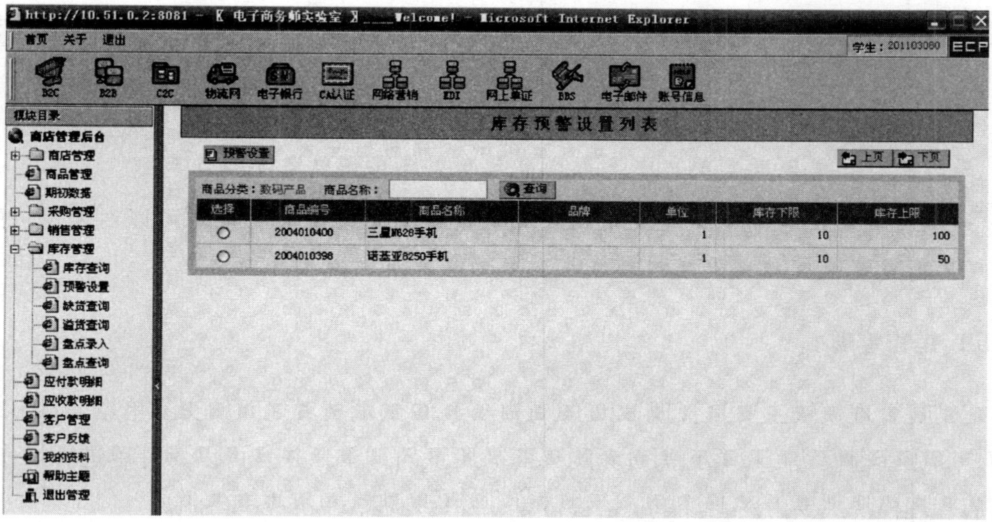

图 1-13 “库存预警设置列表”界面

3. 缺货查询

缺货查询是指对已缺商品进行查询。

（1）“商品分类”查询：选择商品的类别，点击“查询”便可完成查询。

（2）“商品名称”查询：填入商品的名称，点击“查询”便可完成查询。

4. 溢货查询

溢货查询是指对已超出饱和的商品进行查询。

（1）选择商品名称，点击“商品明细”进入商品明细界面。

（2）“商品分类”查询：选择商品的类别，点击“查询”便可完成查询。

（3）“商品名称”查询：填入商品的名称，点击“查询”便可完成查询。

5. 盘点录入

盘点录入是指对现有库存商品进行数量的清点，主要是指实际商品库存数量与账面数量的核对。

（1）点击“盘点录入”，进入盘点录入界面。

（2）输入仓库商品实际盘点的数量、盘点人，选择盘点日期（提示：盘点日期不能大于当前日期），点击“生成盘点表”。

（3）检查输入的商品实盘数，点击“调整库存”，则完成盘点录入操作，此时库存数量调整为盘点数。

6. **盘点查询**

盘点查询是指对盘点记录进行的查询。用户可以选择不同的时间查询盘点记录，也可以选择具体的盘点记录查询明细。

7. **应付款明细**

应付款明细主要是B2C商户在采购库存商品时的付款明细。

8. **应收款明细**

应收款明细主要是针对B2C的消费者的订单作收款管理，从中可以对未发货的订单进行发货。

（五）销售管理

销售管理模块主要是管理B2C的商户与B2C的消费者之间的交易单据，从B2C商户商店管理模块可以看到消费者购买商品所下的订单，并且可以对订单进行操作。商店管理模块主要由网上订单、销售订单、发货处理、单据查询等组成。

销售流程为：B2C消费者在前台购物下订单，B2C商户在网上订单模块接受订单，然后对订单状态为“待处理”的订单进行处理，确认后，订单成为销售单。B2C商户在银行中确认B2C消费者已经付款，在销售订单模块中进行“结算”确认。经过结算确认的订单就可以到发货处理中进行发货，完成与B2C消费者的交易，如图1-14所示。

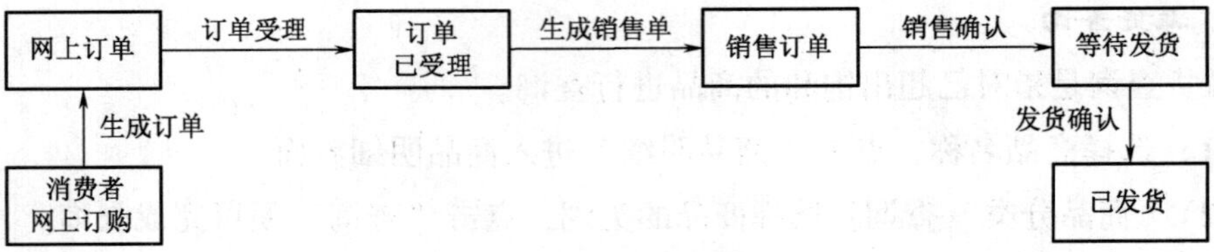

图1-14　B2C商户销售流程

点击首页/商户登录/销售管理。

1. **网上订单**

B2C消费者所下的订单在网上订单模块进行处理，如图1-15所示，从中可以看到消费者的采购情况及基本信息。在B2C商户货源不足的情况下，可以及时地对商品“生成采购单”，在“受理”此订单后，订单便进入“销售订单”中。

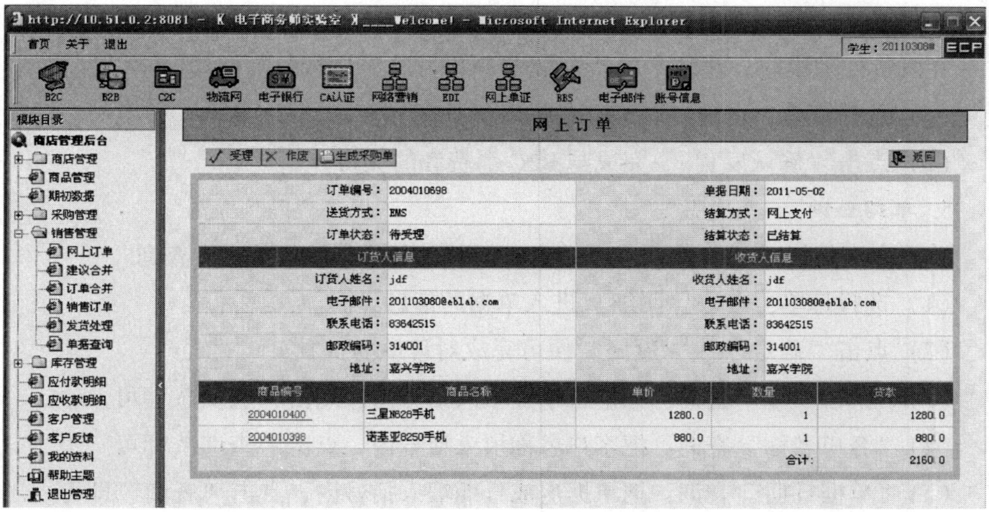

图 1-15　网上订单受理界面

（1）进入单据明细，如果库存不足则点击“生成采购单”进行采购补充库存，进入“采购订单”界面。

（2）如不接受该订单，则点击“作废”；如接受该订单，则点击“受理”，随后便生成销售订单。

2. 建议合并

若 B2C 消费者在商品采购中连续购买商品，下了两份或两份以上的订单，支付模式和配送模式选择相同的订单并且每张单据的交易状态都属于未发货，作为商品或者网店的管理者可以通过后台管理将这些订单合并成一份订单，从而节约管理成本。

（1）商店管理员在“建议合并”中查看符合订单合并条件的订单，选择合适条件的订单，点击“建议合并”，向消费者发送订单合并建议。

（2）消费者在 B2C 首页订单查询中反馈订单合并意见。

（3）如果消费者同意，商店管理员在订单合并中对消费者同意的合并订单进行确认，形成一份订单，同时旧的订单被删除。

3. 销售订单

在销售订单模块中，B2C 商户对 B2C 消费者的采购订单进行“结算”及“确认”。

（1）选择订单后，点击“明细”进入结算界面。

（2）点击“结算”，完成对订单的结算。

（3）再次进入此单据明细，点击“确定”后交易才算完成，订单转入“发货处理”。

4. 发货处理

在发货处理模块，对已“确认”的“销售订单”进行发货处理。

（1）选择订单，点击“明细”进入发货处理界面。

（2）点击“确认发货”，完成与B2C消费者的交易。

5. 单据查询

单据查询是指对B2C商户与消费者之间的各种状态的订单进行查询。

（1）选择订单，点击“明细”进入单据的信息界面。

（2）点击“确定”或“返回”便可完成对订单的查看。

（3）“销售单号”查询：把销售单号填入括号内，点击“查询”即可。

（4）“客户名称”查询：把客户名称填入括号内，点击“查询”即可。

（5）“单据日期”查询：把单据生成日期填入括号内，点击“查询”即可。

（六）客户管理

点击首页/商户登录/客户管理。

（1）在客户管理模块可以看到客户（B2C消费者）的基本信息明细，并且B2C商户也可以查看与客户的交易历史。

（2）客户明细：选择要查看的客户明细，点击“客户明细”按钮就可以查看客户的信息。

（3）查看交易历史：选择要查看的客户，点击“查看交易历史”按钮，可以查看客户的交易历史。

（4）我的资料：点击首页/商户登录/我的资料，在本模块可以查看本商户的注册信息。

六、实验总结

在本项实验中，学生从申请入驻开设商店、网上模拟购物，到后台进销存管理，可以在一个完整的全真模拟环境中进行B2C商务的实际操作，从而了解网上商店的业务流程及其后台的运营、维护、管理等活动。B2C包括消费者和商户两种角色，学生可以模拟这两种身份进行B2C电子商务活动。

实验二　B2B 电子合同

一、实验名称和性质

所属课程	电子商务综合实训
实验名称	B2B 电子合同
实验学时	2
实验性质	□验证 ☑综合 □设计
必做/选做	☑必做 □选做

二、实验目的

（1）认识企业相互之间的交易平台，熟悉 B2B 交易平台的操作；理解 B2B 电子商务是企业与企业之间通过互联网进行的商务活动。

（2）通过电子商务实验室，模拟供应商与采购商之间通过互联网进行商务洽谈活动的实际操作过程。

（3）通过 B2B 网络洽谈，掌握企业网上入驻的主要流程和管理内容；熟悉并了解采购商和供应商之间网上洽谈，以及最终签订电子合同的过程。

三、实验环境

一台安装了 ECPv3.0 电子商务系统平台的服务器、局域网环境及 PC 机若干台。

四、知识准备

以供应商、采购商两种身份模拟 B2B 的电子合同签订过程，具体内容包括供应商产品发布，采购商购买产品并生成询价单，双方就商品的价格、质量、验收方式、售后服务等方面细节进行洽谈，双方同意后进行电子合同的签订。本项实验需准备企业网上银行、采购商和供应商会员的一些基本资料以及商品信息、图片等数据。实验流程如图 2-1 所示。

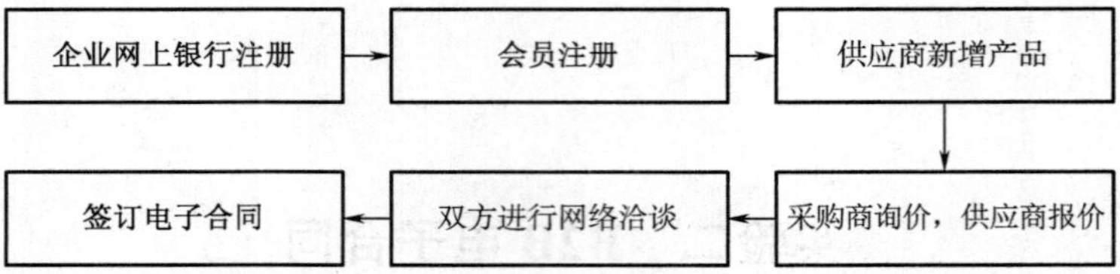

图 2-1　实验流程

五、实验步骤和内容

（一）企业网上银行注册

企业网上银行为企业提供银行账号开户、存款等服务。本项实验需要为供应商和采购商分别注册企业网上银行。

1. 注册

企业网上银行注册流程如图 2-2 所示。

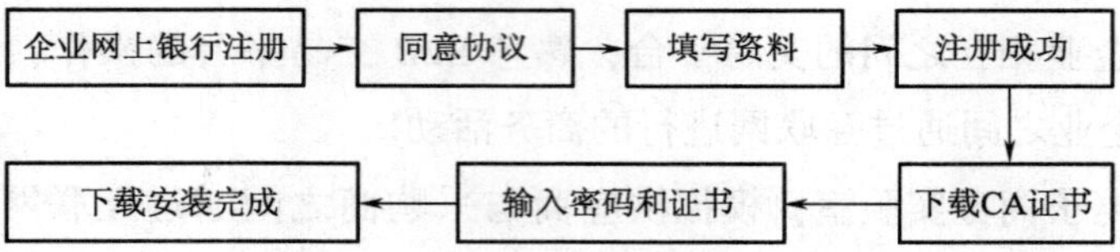

图 2-2　企业网上银行注册流程

（1）进入“电子银行”首页，如图 2-3 所示。点击“企业网上银行注册”，阅读协议并点击“同意”。

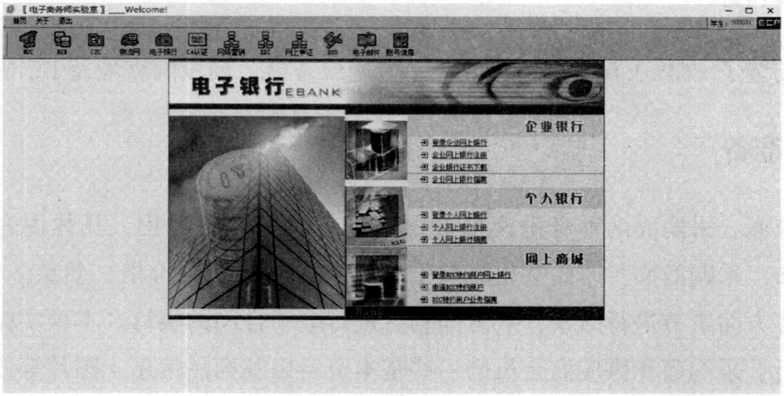

图 2-3　“电子银行”首页界面（一）

（2）点击“确定”，进入“企业客户注册申请表”界面。填写注册信息，带有“＊＊”标志的为必填的项目，不带“＊＊”标志的为选填的项目，如图 2-4 所示。

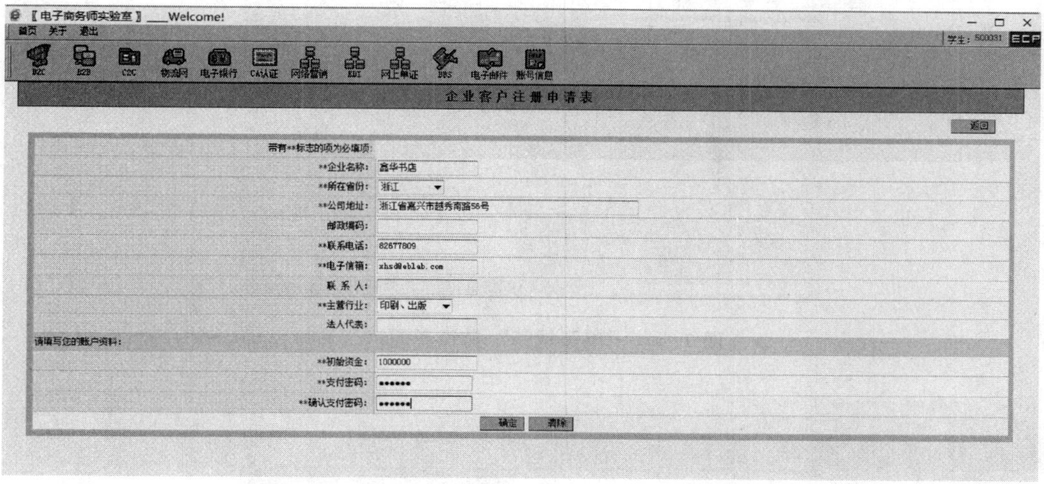

图 2-4　“企业客户注册申请表”界面

（3）信息填写后点击“确定”，系统自动完成 CA 证书的申请，出现“注册成功”账号申请结果反馈的界面，给出银行账号（用户名）、登录密码、银行 CA 证书号和证书下载密码（同时将银行 CA 证书号和证书下载密码发送电子邮件到注册时填写的邮箱内），如图 2-5 所示。

图 2-5　“账号申请结果反馈”界面

（4）进入“电子银行”的首页，如图 2-6 所示，点击“企业银行证书下载”。

（5）输入 CA 证书编号和下载密码，如图 2-7 所示，点击“确定”。

（6）出现“证书下载”界面，如图 2-8 所示，点击“下载数字证书”。

（7）出现“文件下载—安全警告”窗口，如图 2-9 所示，点击“保存”，证书下载成功。至此，完成注册过程。

图 2-6　“电子银行”首页界面（二）

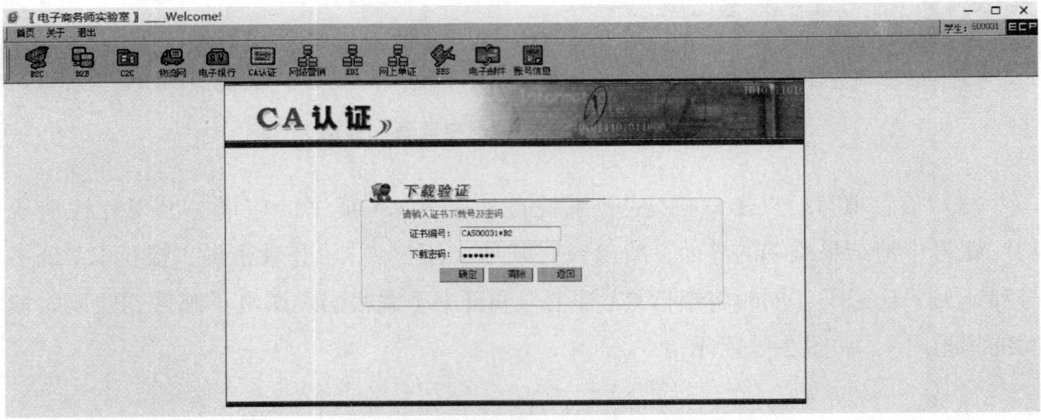

图 2-7　“下载验证”界面

图 2-8　“证书下载”界面

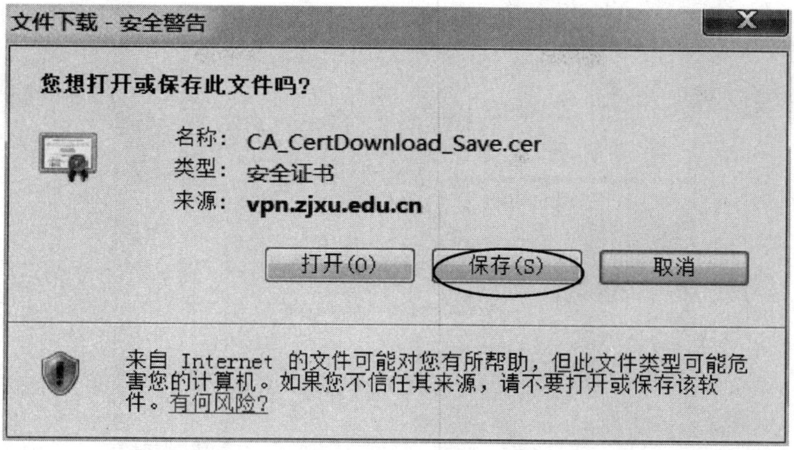

图 2-9　“文件下载—安全警告”窗口界面

2. 登录

（1）进入“电子银行”首页，如图 2-10 所示，点击“登录企业网上银行”。

图 2-10　“电子银行”首页界面（三）

（2）系统显示“电子身份认证”网页对话框，如图 2-11 所示。企业选择合适的身份，银行通过身份认证（即选中相应的证书后点击“确定”）。

（3）银行通过验证后，出现“网上银行登录”界面，系统已默认填入客户编号和密码，如图 2-12 所示，企业点击“确定”即可登录银行。

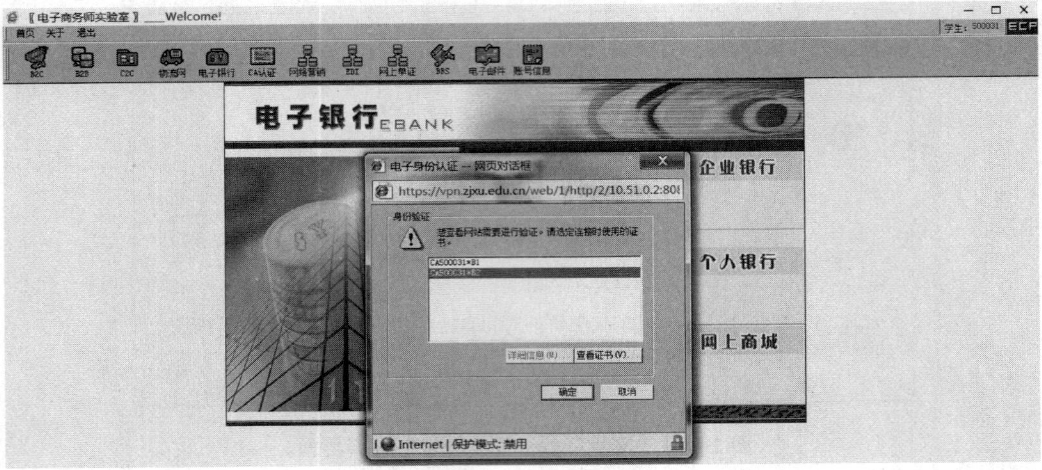

图 2-11 “电子身份认证”网页对话框界面

图 2-12 “网上银行登录”界面

（4）此时可进行各种查询服务，如我的账户、存款业务、转账业务和账务查询，如图 2-13 所示。

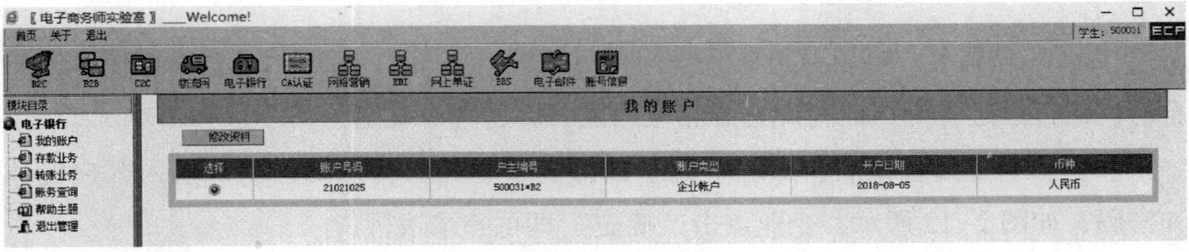

图 2-13 “成功登录的网上银行”界面

①我的账户：可查看和修改本账户。具体操作为：选择账户号码，点击“修改资料”即可查看和修改“我的账户”中的资料，如图 2-14 所示。

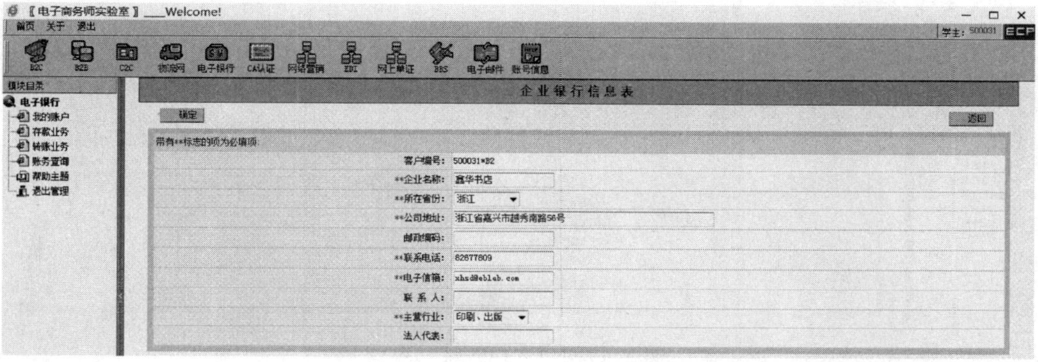

图 2-14 “企业银行信息表”界面

②存款业务：为账户添加存款。具体操作为：点击电子银行/存款业务，填写存入金额和支付密码，如图 2-15 所示，点击“确定”；出现“存款成功”信息提示界面，如图 2-16 所示。

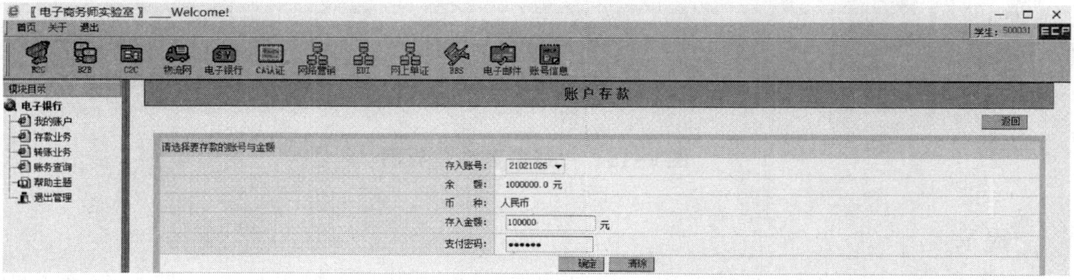

图 2-15 “账户存款”界面

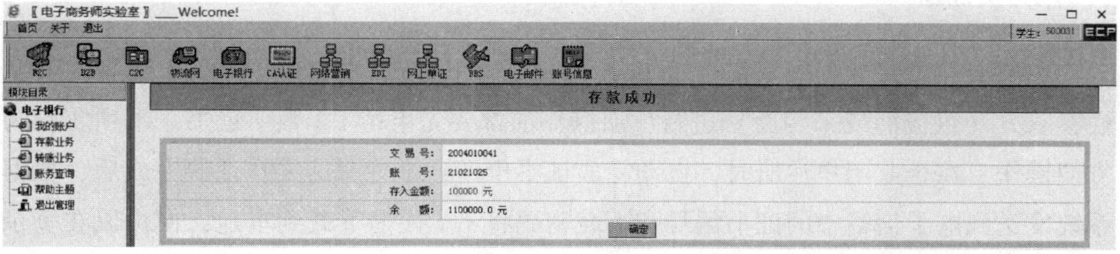

图 2-16 “存款成功”界面

③转账业务：为储户提供转账功能。具体操作为：点击电子银行/转账业务，出现“账户转账”界面，如图 2-17 所示，填写转出金额和转入账号，点击“确定”即可完成转账业务。

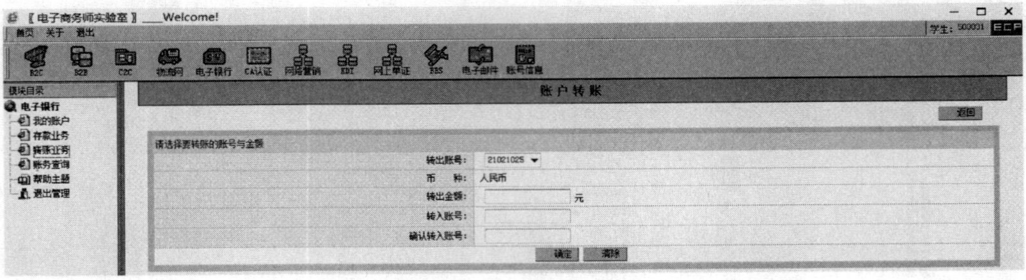

图 2-17　“账户转账”界面

④账务查询：可查看用户账户的信息，包括余额查询、交易明细查询、转账业务查询、电子支付查询，如图 2-18 所示。

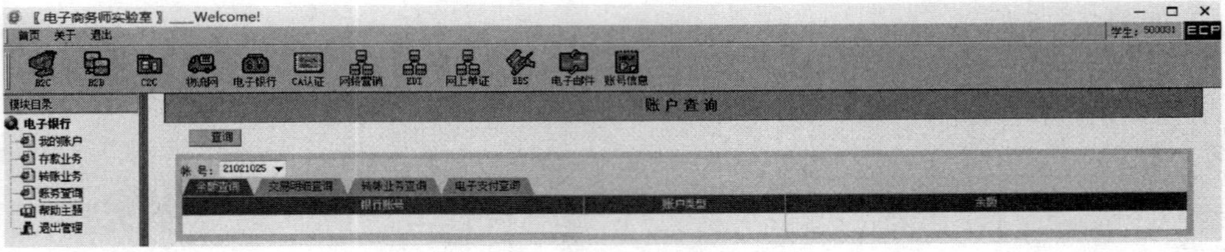

图 2-18　“账务查询”界面

提示：

🕮 此时，采购商企业网上银行注册完成。供应商企业网上银行注册流程与采购商注册流程相同。

(二) 会员注册

本项实验需要分别完成供应商和采购商双方的注册。为了电子商务交易的安全性，双方（供应商或采购商）进行注册操作前都要先申请 CA 数字证书。本项实验为方便操作，在企业用户注册时，自动完成证书申请；学生只需要在注册完成后，根据系统发送到电子信箱中的证书编号和下载密码将 CA 证书下载到本地，便可以在登录供应商或采购商时成功地通过身份验证。

1. 会员注册流程

会员注册流程如下。

(1) 客户点击 B2B 首页，进入 B2B 交易中心，如图 2-19 所示。

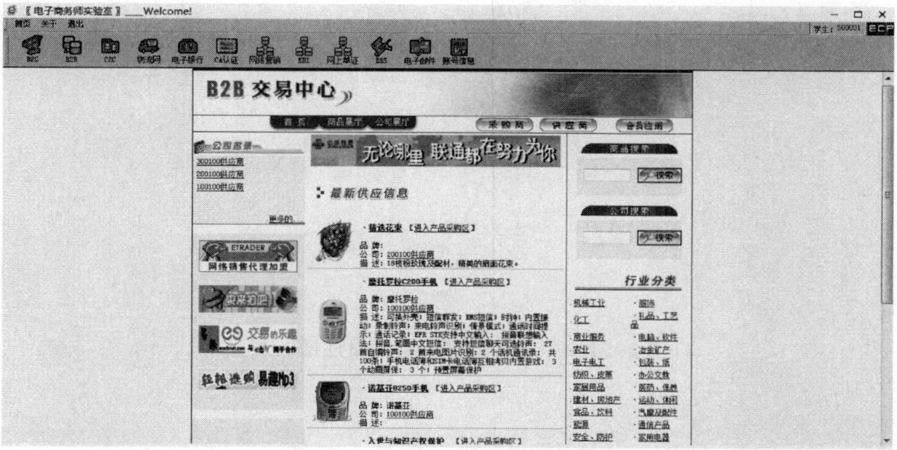

图 2-19 “B2B 交易中心”界面

(2) 点击“会员注册”，进入“电子身份验证”界面，如图 2-20 所示，点击“注册会员”，登录电子交易平台会员注册界面。

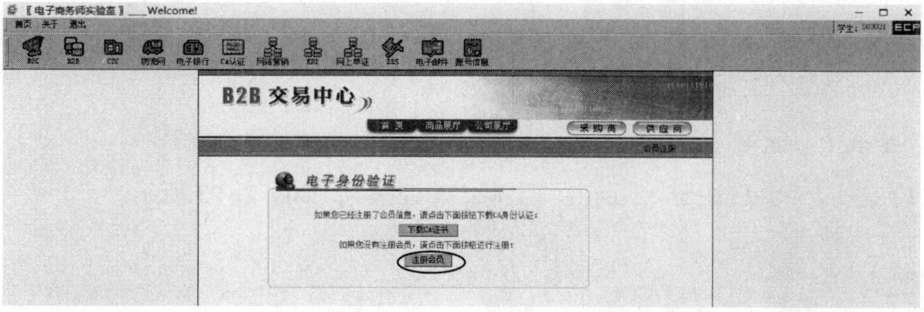

图 2-20 “电子身份验证”界面

(3) 出现“电子交易平台会员注册”界面，客户填写注册资料（其中银行账号的信息可以从账号信息中取得），如图 2-21 所示。

(4) 点击“确定”后，出现“会员注册成功”信息提示界面，注册流程结束。系统给出会员名、登录密码、企业 CA 证书号和证书下载密码，如图 2-22 所示，同时将企业 CA 证书号和证书下载密码发送至电子信箱。

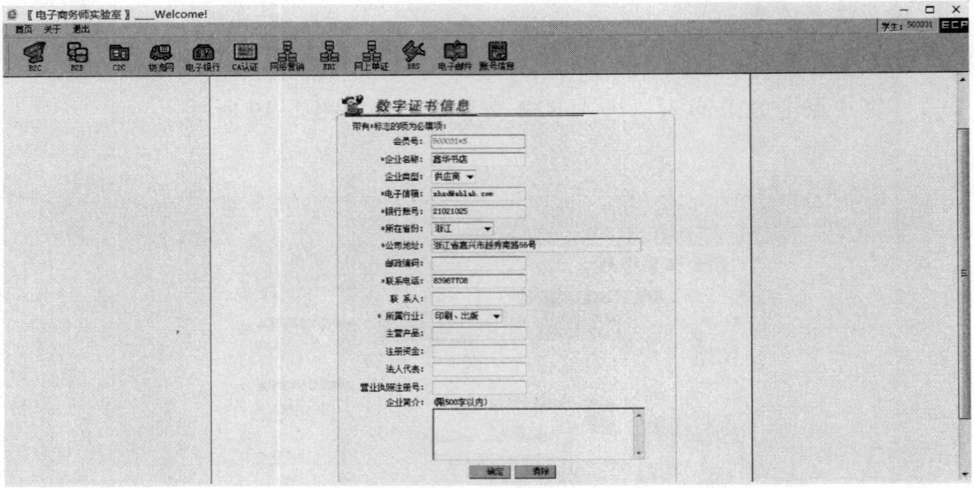

图 2-21 “电子交易平台会员注册”界面

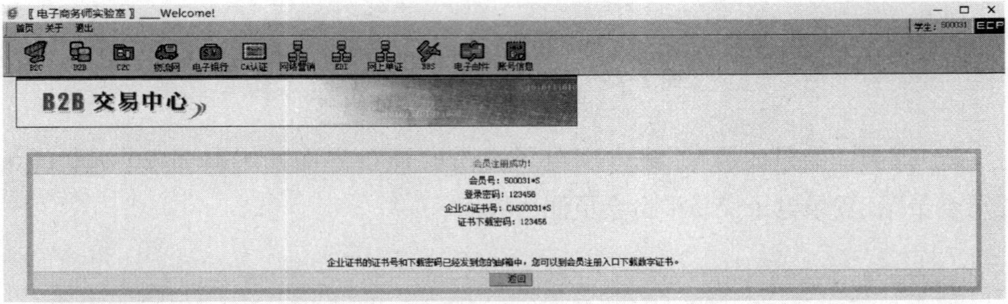

图 2-22 “会员注册成功”信息提示界面

2. 下载 CA 证书

(1) 进入“会员注册”，点击“下载 CA 证书”，如图 2-23 所示。

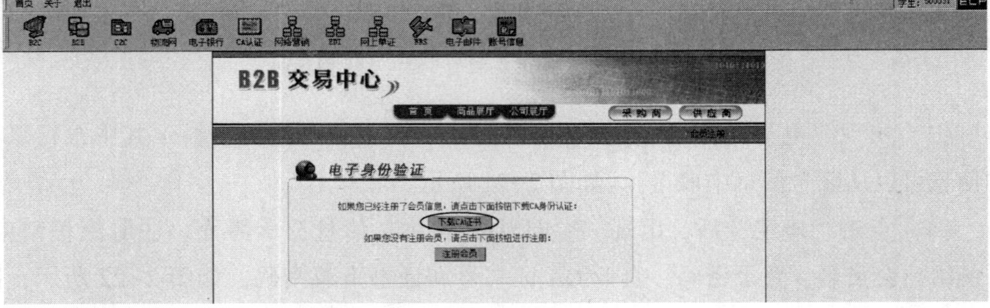

图 2-23 “电子身份验证”界面

（2）输入 CA 证书编号和下载密码，完成 AC 证书的下载。

提示：

🕮 此时供应商注册完成。回到 B2B 交易中心，对采购商进行注册。采购商的会员注册过程与供应商的会员注册过程相同。

🕮 供应商（或采购商）的 CA 证书下载过程与企业网上银行的 CA 证书下载过程相似，具体步骤可参照企业网上银行的 CA 证书下载过程。

🕮 在“CA 认证”模块可进行各种 CA 证书的下载，但为了避免证书的混淆及证书下载的遗漏，最好在各个模块下相应位置进行 CA 证书的下载。

（三）供应商新增产品

1. 供应商后台登录

（1）回到“B2B 交易中心”界面，点击“供应商”，出现“电子身份认证—网页对话框”，如图 2-24 所示。

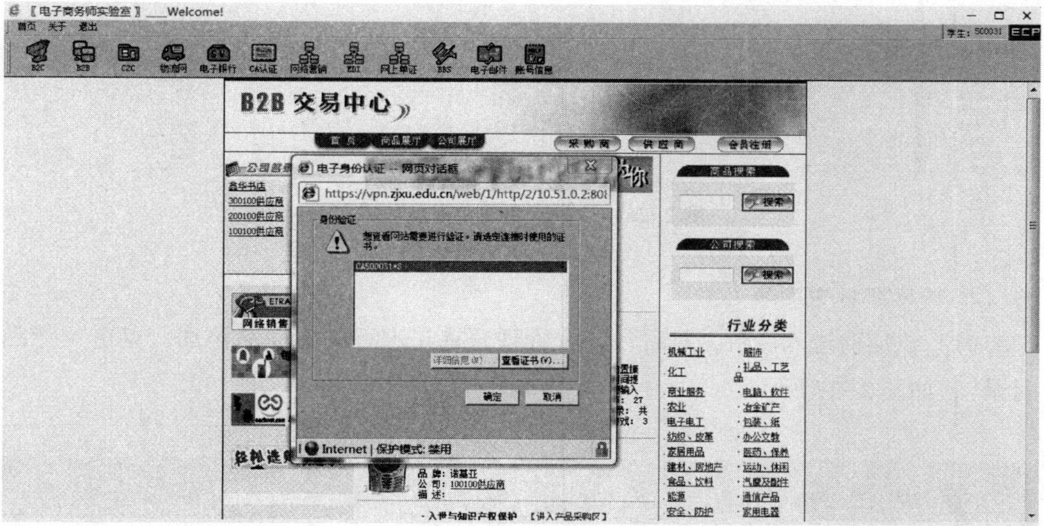

图 2-24 “电子身份认证”网页对话框界面

（2）选择证书，点击“确定”，进入“供应商登录”界面，系统已默认自动输入账户和密码，如图 2-25 所示。

（3）点击“确定”，进入“供应商后台管理”界面，如图 2-26 所示。

图 2-25 “供应商登录”界面

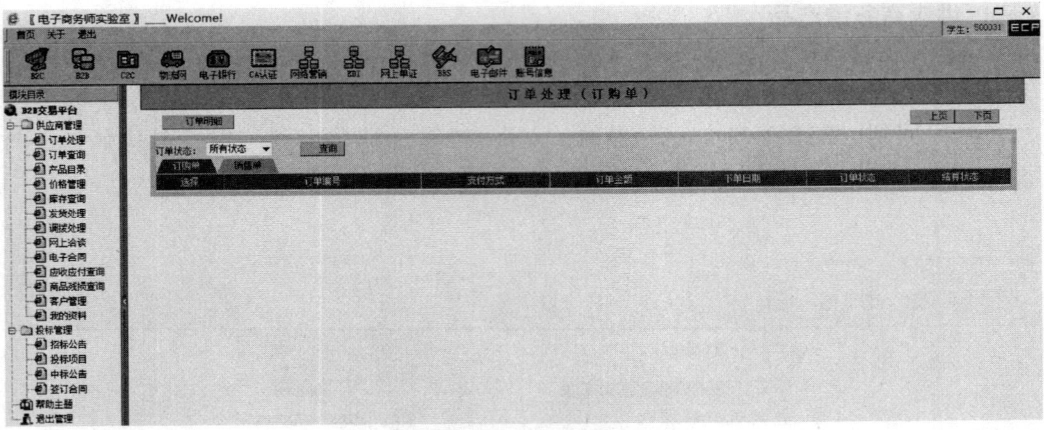

图 2-26 “供应商后台管理”界面

2. **供应商新增产品**

(1) 供应商进入后台，对后台进行管理。首先进行的是商品添加，点击“产品目录”，如图 2-27 所示。

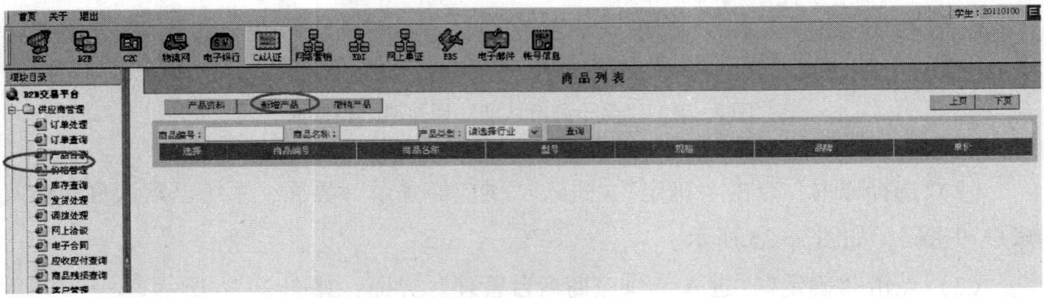

图 2-27 产品目录“商品列表”界面

（2）点击“新增产品”，出现“添加商品信息”界面，填写信息，带有“＊＊”标志的为必填项目，不带有“＊＊”标志的为选填项目，如图 2-28 所示。

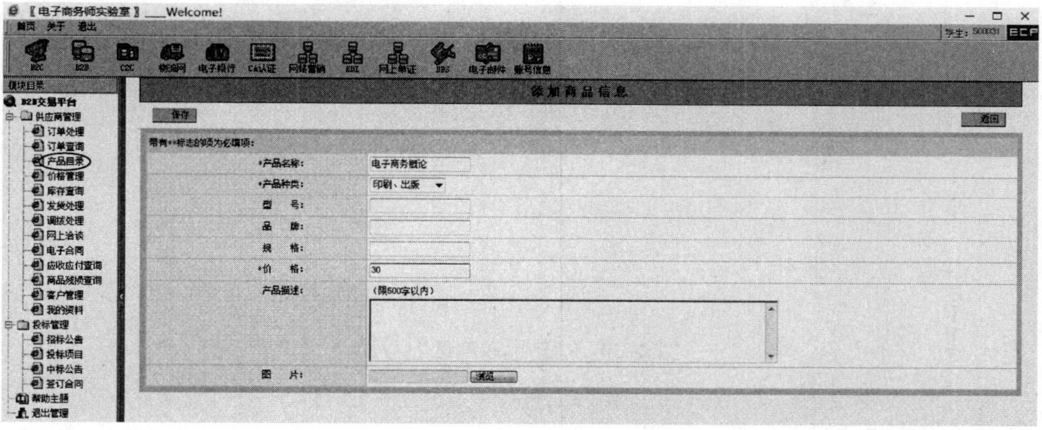

图 2-28　“添加商品信息”界面

（3）填写信息后点击“保存”，可以看到商品列表中出现了成功添加的商品，如图 2-29 所示。

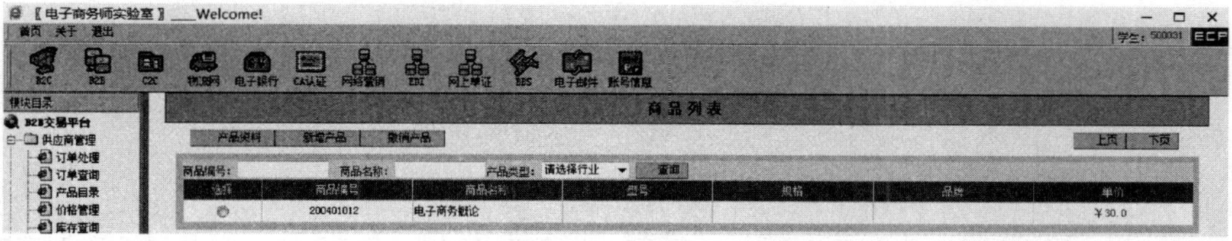

图 2-29　“商品列表”界面

（四）采购商选购

登录采购商后，选择供应商的商品，允许采购者查看、更改、删除当前所购买的商品，同时生成询价单。

（1）进入商品采购区，如图 2-30 所示，点击以供应商身份发布的商品，放入购物车。

（2）进入“购物车”，此时有四种选择，即“生成订货单”“生成询价单”“重新计价”“删除”，如图 2-31 所示。

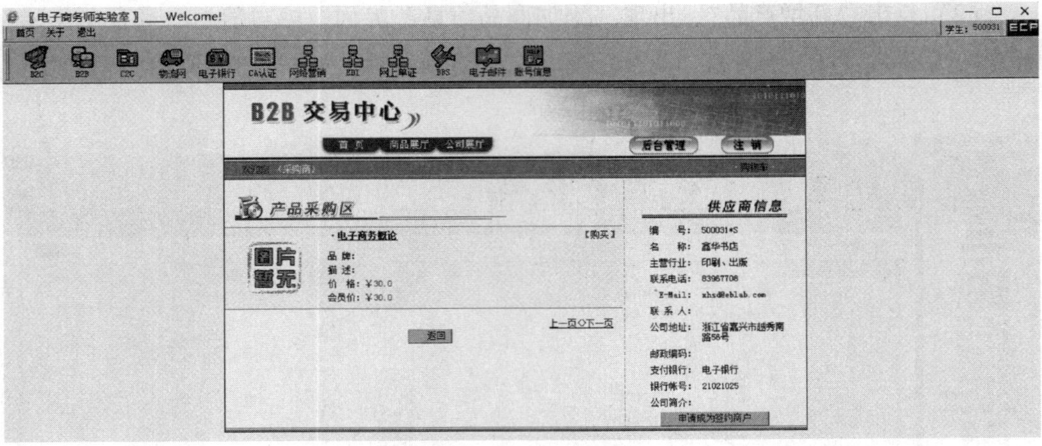

图 2-30　“产品采购区”界面

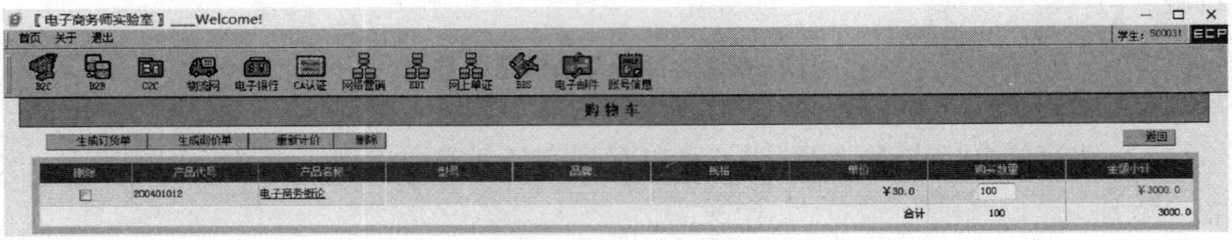

图 2-31　“购物车”界面

①生成询价单：确定所要询价的商品，点击“生成询价单”；进入“询价单”界面，如图 2-32 所示，填写询价内容，点击“生成询价单”。

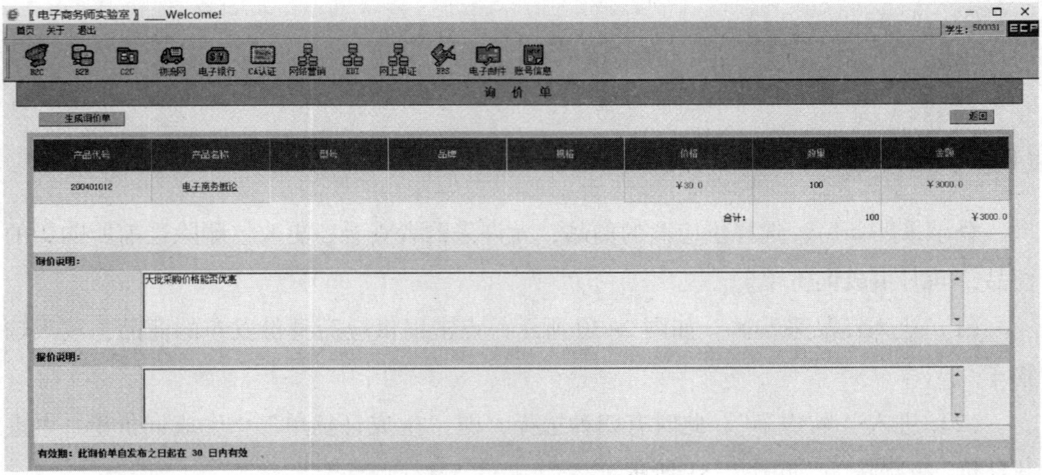

图 2-32　“询价单”界面

②重新计价：填写单据中的“购买数量”，点击“重新计价”即可。

③删除：选择要删除的单据，点击“删除”即可。

（五）采购商和供应商进行网络洽谈

采购商和供应商进入首页，采购商和供应商进行身份验证；采购商和供应商进入后台管理，进行网上洽谈。通过网上洽谈，双方可以商定交易价格，签订电子合同。

洽谈流程如下。

（1）采购商在购物车中生成询价单，如图 2-33 所示，询价单状态为“询价”。

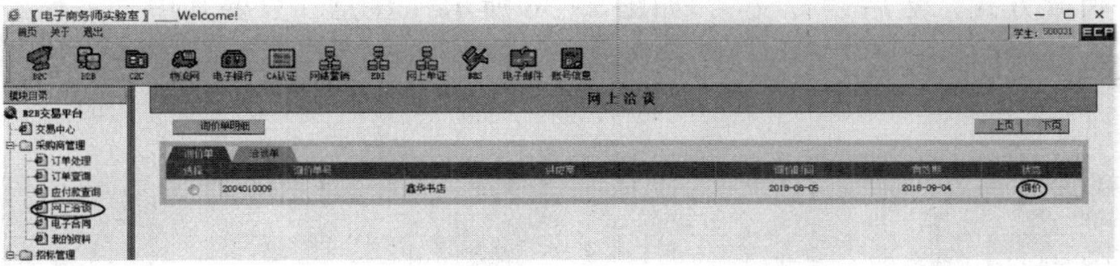

图 2-33　采购商“网上洽谈”界面

（2）供应商进入网上洽谈，如图 2-34 所示，选择单据状态为“询价”的询价单。

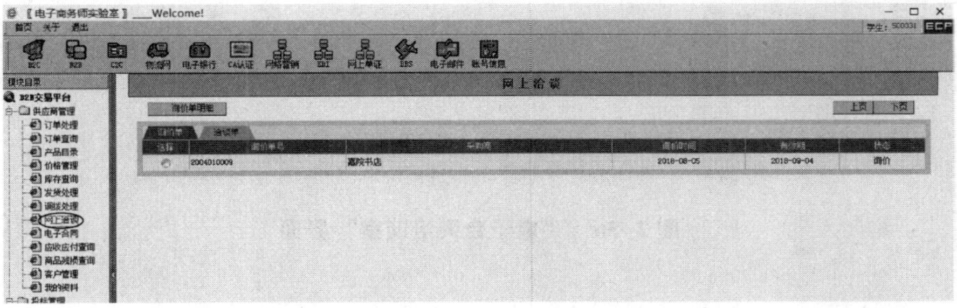

图 2-34　供应商“网上洽谈”界面

（3）供应商根据情况报出合理的价格，点击“提交报价”，“询价单”状态变为“报价”，如图 2-35 所示。

图 2-35　供应商“网上洽谈”界面

（4）采购商进入网上洽谈，点击询价单状态为“报价”的订单，点击“生成洽谈单”。

（5）洽谈单生成，采购商选择“双方不同意”的洽谈单，点击“洽谈单明细”按钮，进入洽谈单界面。

（6）采购商进入网上洽谈，点击“洽谈单”，选择需要洽谈的单据，在电子合同洽谈室里与相应的供应商进行洽谈，填写洽谈内容，然后点击“提交”。

（7）供应商进入网上洽谈，点击“洽谈单”，选择相应的洽谈单据，在电子合同洽谈室里与相应的采购商进行洽谈，填写洽谈内容，确定质量要求、检验方法、交货地点、付款方式，然后“提交”，如图 2-36 所示（注意，只要其中一方已经同意，合同内容就不能更改）。

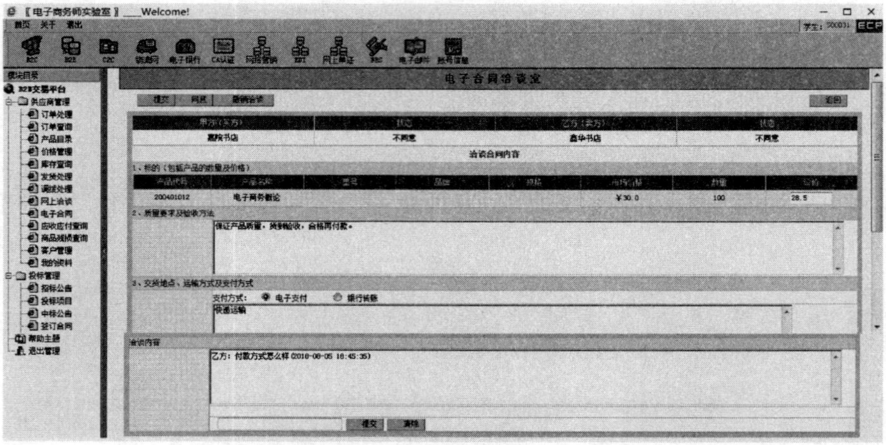

图 2-36　“电子合同洽谈室”界面

（8）洽谈完成后，双方达成一致，由其中任何一方在合同上填写洽谈内容，填写后点击“提交”按钮。一方对合同上的洽谈内容若表示同意，则点击“同意”按钮，洽谈状态显示一方同意；另一方若对洽谈内容点击“同意”按钮，此时洽谈合同状态显示“双方同意”。

（9）完成洽谈过程，生成待签订的“电子合同”。

①询价单：选择单据，点击“询价单明细”，填入询问事宜，“确认”询价单，等待对方报价。

②洽谈单：选择单据，点击“洽谈单明细”，在洽谈界面有两种操作：一是洽谈；二是提交电子合同。

③洽谈：在填写框中填写与供应商的洽谈内容，填写后点击“提交”完成。

（六）签订电子合同

洽谈完成后，可以进行电子合同的签订。

1. **采购商签订合同**

（1）进入“采购商后台管理”界面，点击采购商管理文件夹下的“电子合同”，此时可看到甲方合同签订状态为“没签订”，如图 2-37 所示。

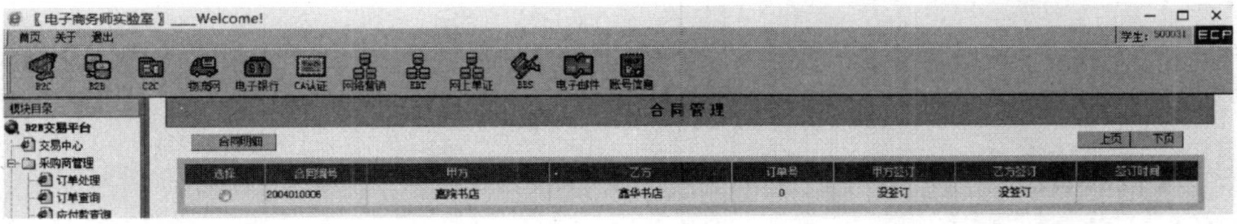

图 2-37 “合同管理”界面

（2）选中合同，点击“合同明细”，如图 2-38 所示。

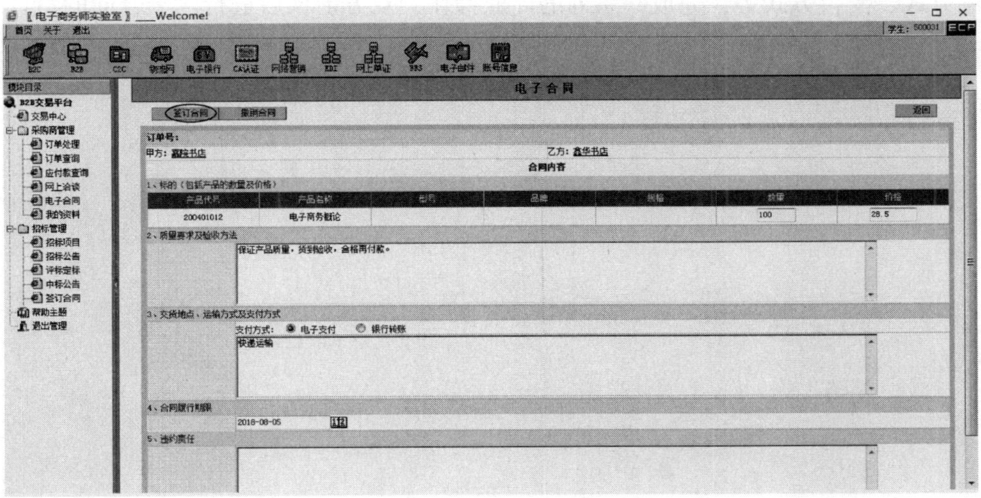

图 2-38 “电子合同明细”界面

（3）点击“签订合同”，出现“当前合同已经签订”操作反馈合同签订结果界面。

采购商签订合同后，供应商再签订合同。

2. 供应商签订合同

供应商签订合同的步骤与采购商相似。供应商签订合同后，合同管理界面中甲方签订和乙方签订的状态为合同生效，如图 2-39 所示。

图 2-39 “合同管理”界面

六、实验总结

在本项实验中，学生可分别模拟采购商和供应商，先申请开通企业网上银行，进而完成供应商企业用户和采购商企业用户的注册、供应商后台的产品管理；随后，采购商选购供应商的商品并在网上与供应商进行洽谈，可洽谈商品的价格、质量鉴定、物流方式、支付方式等，完成一系列的商业操作，双方洽谈后进行电子合同的签订。

实验三　B2B 电子交易

一、实验名称和性质

所属课程	电子商务综合实训
实验名称	B2B 电子交易
实验学时	4
实验性质	□验证 ☑综合 □设计
必做/选做	☑必做 □选做

二、实验目的

（1）认识企业相互之间的交易平台，熟悉 B2B 交易平台的操作，理解 B2B 电子商务是企业与企业之间通过互联网进行的商务活动。

（2）通过电子商务实验室模拟供应商与采购商之间通过互联网进行商务洽谈活动的实际操作过程。

（3）通过 B2B 网络洽谈，掌握企业电子交易的主要流程和管理内容，熟悉并了解采购商、供应商和物流商之间网上交易，以及完成整个交易的过程。

三、实验环境

一台安装了 ECPv3.0 电子商务系统平台的服务器、局域网环境及 PC 机若干台。

四、知识准备

本项实验将分别模拟供应商、采购商和物流商三者身份。模拟采购商采购供应商的商品，模拟物流商进行商品配送，也可以在前期签订电子合同的基础上，进一步完成产品销售，并最终完成物流配送、完成应收应付账款。

本项实验在前期签订电子合同的基础上进行模拟，模拟企业先完成物流商注册，并与供应商签订服务协议，成为供应商的特约物流服务商。供应商与物流商之间完成货物配送等服务，由物流商根据电子合同要求为采购商送货。物流商通过一整套物流配送业务，将货物送达采购商，完成货物的转移。最后，模拟的三方企业都将进行资金清算，包括采购商的应付款结算，供应商的应收款、应付款结算，物流商的应收款结算等。本项实验需具备物流商、物流车辆、仓库等基本条件。实验流程如图 3-1 所示。

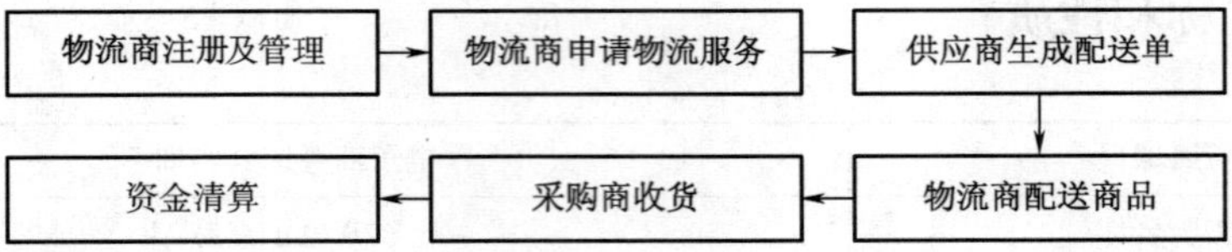

图 3-1　实验流程

五、实验步骤和内容

（一）物流商注册及管理

物流商注册及管理操作流程如图 3-2 所示。

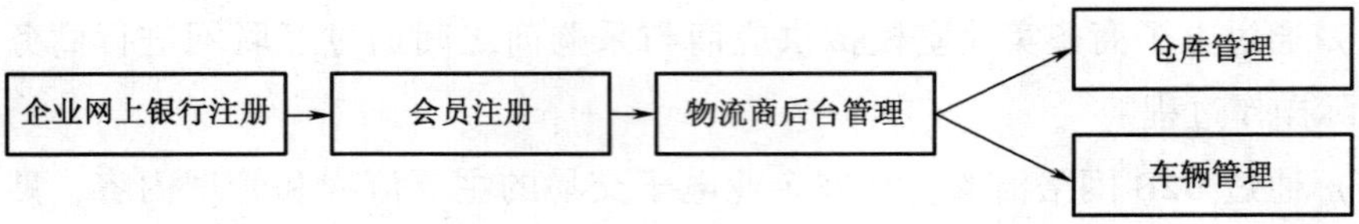

图 3-2　物流商注册及管理操作流程

1. **企业网上银行注册**

本项实验需要分别为采购商、供应商和物流商注册企业网上银行，具体操作可参照本篇“实验二 B2B 电子合同”中的企业网上银行注册流程。若已注册足够多的企业网上银行账号，此步骤可省略。

2. **会员注册**

（1）选择系统首页的“物流网”进入物流商界面，点击“会员注册”按钮，进入“物流商会员注册”界面，如图 3-3 所示。

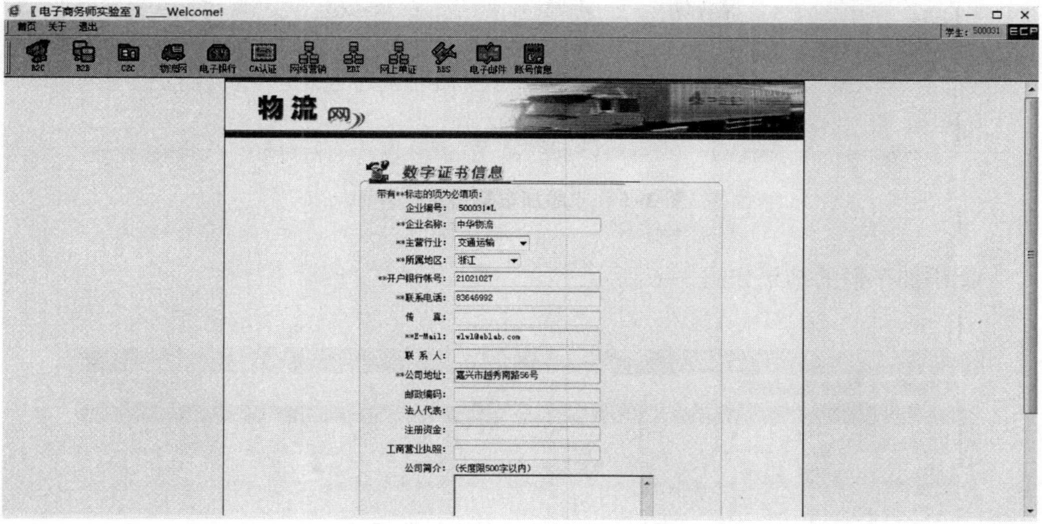

图 3-3 “物流商会员注册”界面

（2）点击“确定”后出现注册成功界面。

（3）企业会员注册成功后要进行 CA 认证，即下载系统所分配的 CA 证书。具体操作可参照本篇“实验二 B2B 电子合同”中的 CA 证书下载步骤。

3. **物流商后台管理**

物流商后台管理分为仓库管理和车辆管理。

（1）仓库管理。选择“仓库管理”，增加三个仓库，如图 3-4 所示。

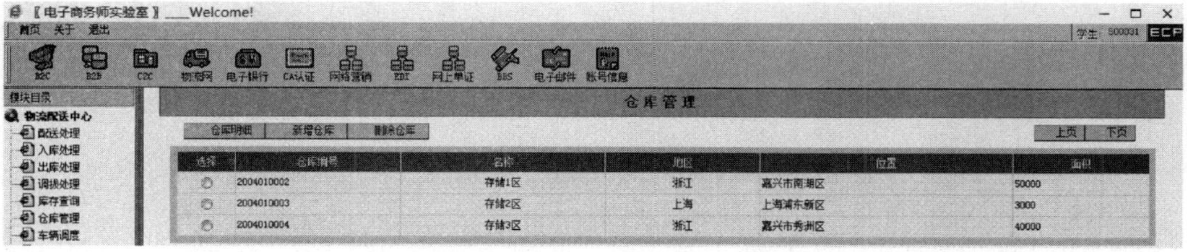

图 3-4 “仓库管理”界面

（2）车辆管理。

①选择“车辆管理”，增加三台运输车，并配备驾驶员，如图 3-5 所示。

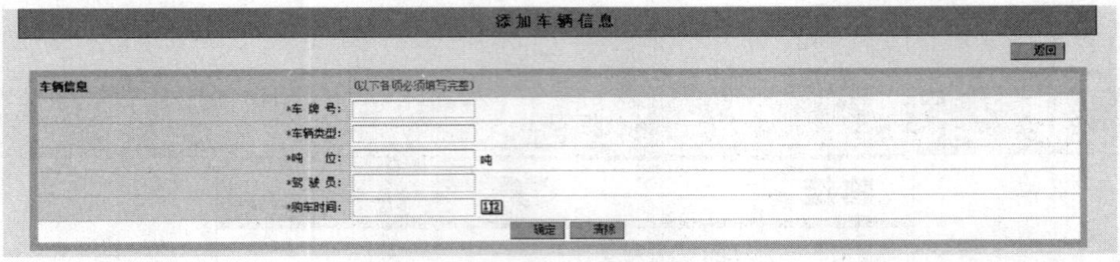

图 3-5 “添加车辆信息”界面

②添加车辆的结果如图 3-6 所示。

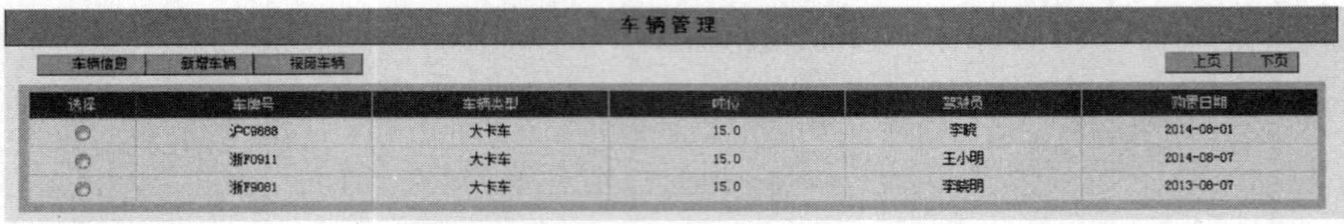

图 3-6 “车辆管理”界面

(二) 物流商申请物流服务

供应商后台新增产品后，可以申请物流服务，新增产品具体操作可参照本篇“实验二 B2B 电子合同”中的供应商新增产品的步骤。

(1) 供应商在物流网浏览物流商信息，寻找已经注册的物流商，并向物流商提出申请物流服务。如图 3-7 所示，供应商选择“中华第一物流公司”为自己的物流服务商。

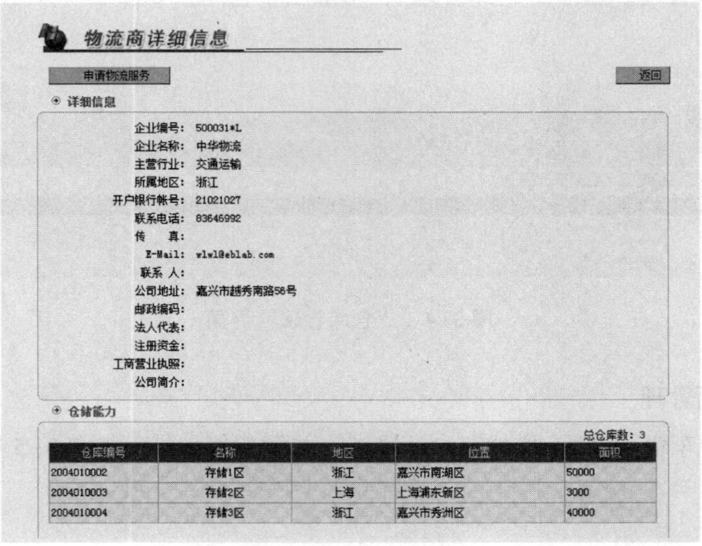

图 3-7 “物流商详细信息”界面

（2）在“许可协议界面”点击“同意”。

（3）物流商在后台点击客户管理/客户明细/审批，即可查看供应商的客户信息，选择接收对方服务申请，出现申请成功界面。

（三）供应商生成配送单

供应商在后台管理中必须把销售单生成配送单，物流商才能根据要求送货。在本项模拟实验中，要求先对所配送的商品进行发货处理，供应商需要把货物先发给物流商，物流商完成入库后，供应商才能对需发货的商品生成配送单。

1. 发货处理

（1）在发货处理中，选择“生成发货单”，如图 3-8 所示。

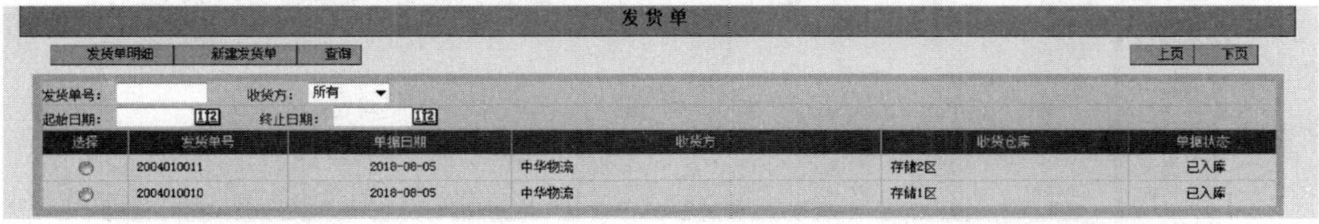

图 3-8 “生成发货单”界面

（2）选择发货商品，并填写发货数量，如图 3-9 所示。

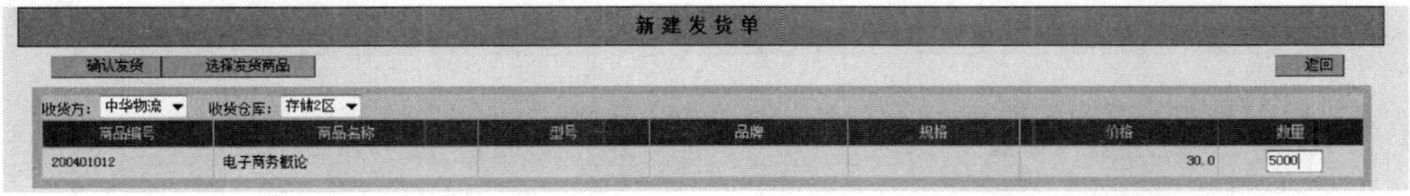

图 3-9 “选择发货商品”界面

（3）点击“确认发货”后提示操作成功，如图 3-10 所示。

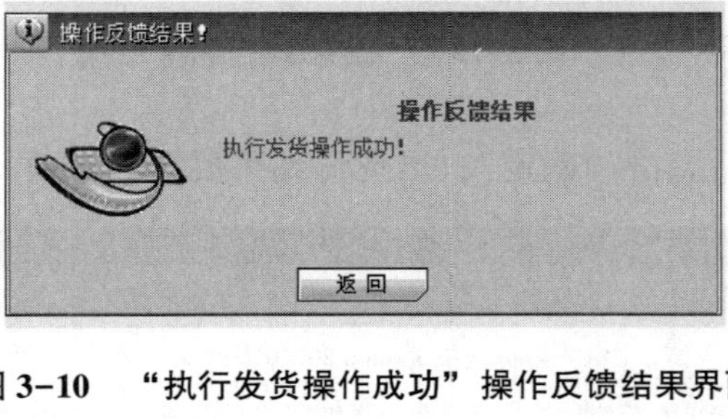

图 3-10 “执行发货操作成功”操作反馈结果界面

2. 入库处理

登录物流网，选择“入库处理”，确认入库，如图 3-11 所示。

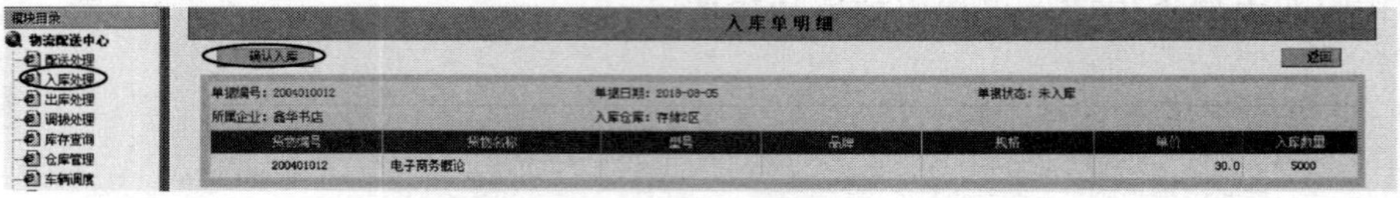

图 3-11 “入库单明细”界面

3. 配送处理

（1）在供应商后台进行“订单处理”，把 2004010026 号订单生成配送单，如图 3-12 所示。

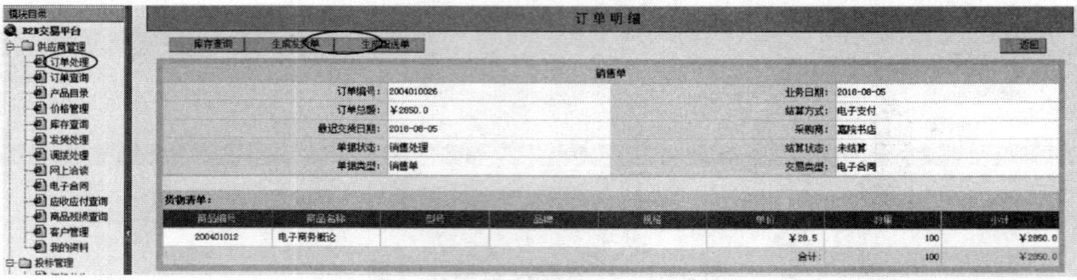

图 3-12 “订单明细”界面

（2）填写配送单详细要求以及配送地址（即采购商的地址），如图 3-13 所示。

图 3-13 “配送单”界面

（3）填写配送单后点击“确定”，出现“结果反馈”界面，如图 3-14 所示。

图 3-14 “结果反馈”界面

（四）物流商配送商品

物流商进入后台管理模块，可以对物流公司进行仓库建设、车辆建设、运输人员建设以及物流配送等管理，并随时通过这个平台与供应商保持业务联系，顺利完成商品实物转移活动。

进入物流商管理后台，如图 3-15 所示。

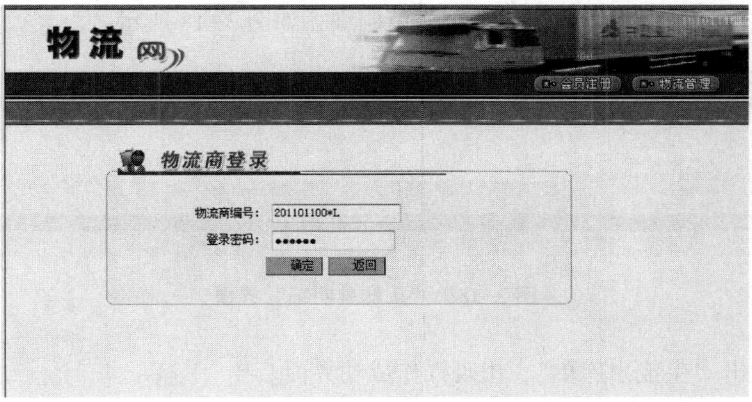

图 3-15　“物流商登录”界面

物流商后台管理界面如图 3-16 所示。在这个界面，物流商可以进行配送处理、入库处理、出库处理、调拨处理、库存查询、仓库管理、车辆调度、车辆运营状况、车辆管理、货物残损处理、单据查询、应收款查询、客户管理等。

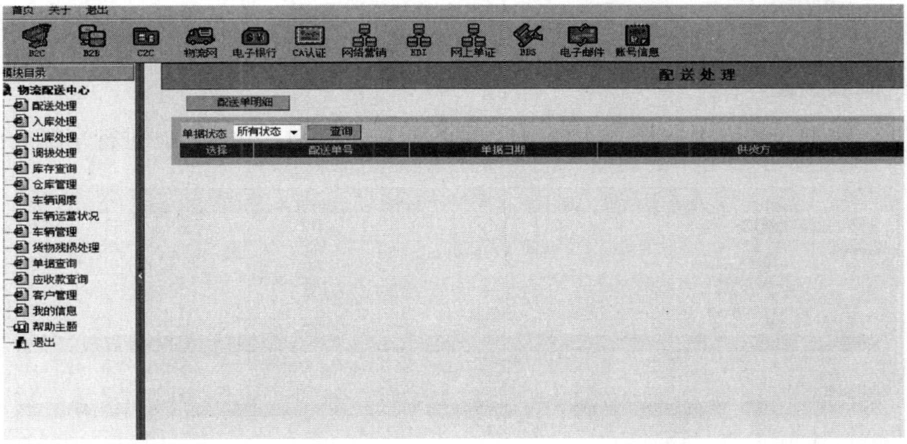

图 3-16　物流商后台管理界面

1. 配送处理

配送流程如图 3-17 所示。

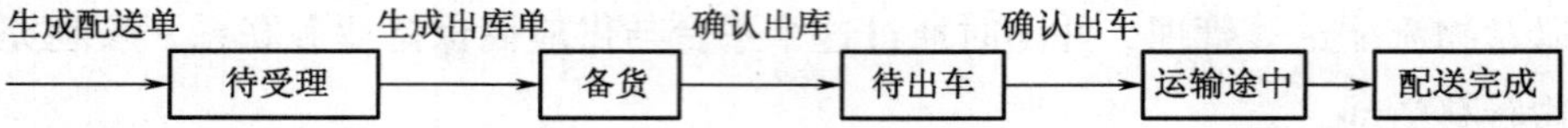

图 3-17　配送流程

（1）在配送处理中，打开需要配送单明细，如图 3-18 所示。

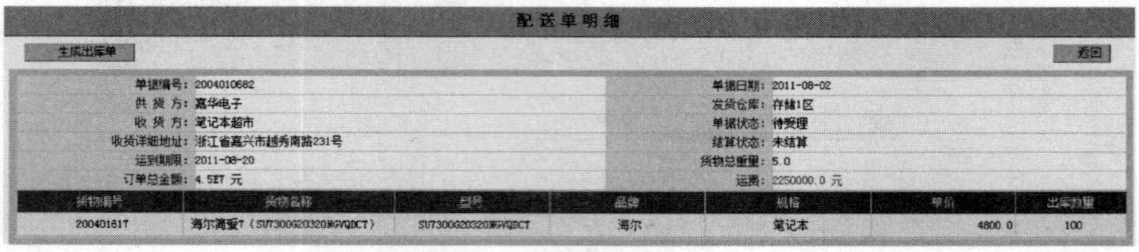

图 3-18　“配送单明细”界面

（2）点击“生成出库单”，出现操作成功界面。

2. 出库处理

在出库处理中，选择“出库单明细”，如图 3-19 所示，并点击“确定出库”。

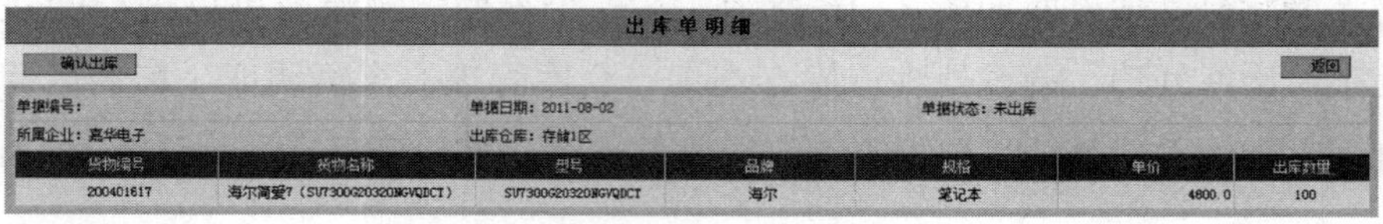

图 3-19　“出库单明细”界面

3. 车辆调度

（1）在车辆调度中选择“车辆调度单明细”，如图 3-20 所示，进行车辆分配。

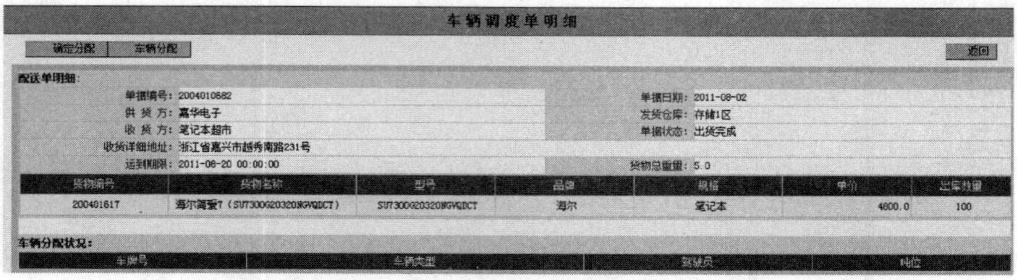

图 3-20　“车辆调度单明细”界面

（2）选择车辆，进入“车辆分配”，如图 3-21 所示。

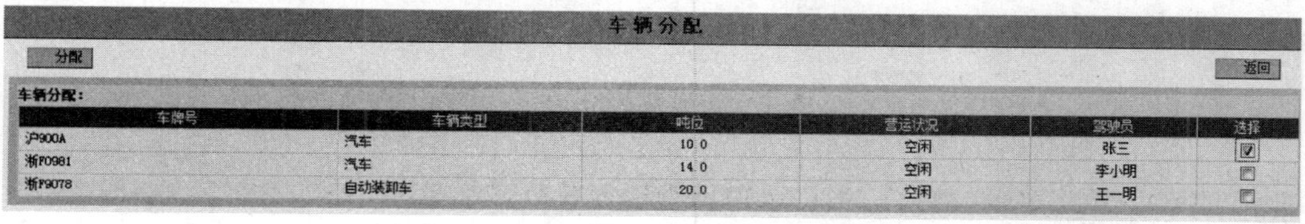

图 3-21 “车辆分配”界面

（3）点击分配后出现“车辆调度单明细”界面，如图 3-22 所示，点击“确认分配”。

图 3-22 “车辆调度单明细”界面

4. 送货完成

重新回到“配送处理”，打开“配送单明细”界面，如图 3-23 所示，点击“送货完成”。

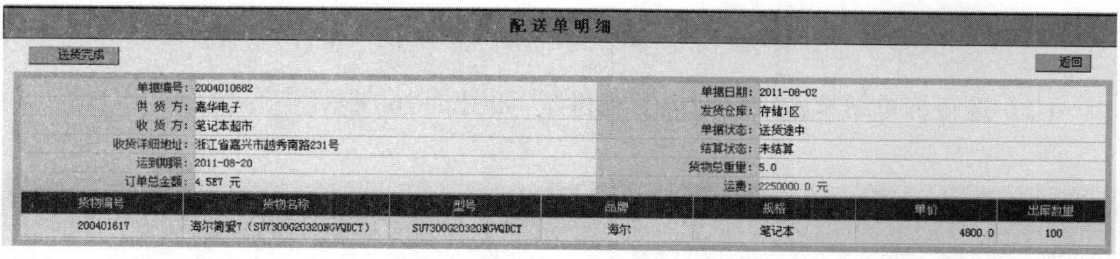

图 3-23 “配送单明细”界面

5. 采购商收货

采购商登录后台，打开“订单明细”界面，如图 3-24 所示，点击“收货确认”。

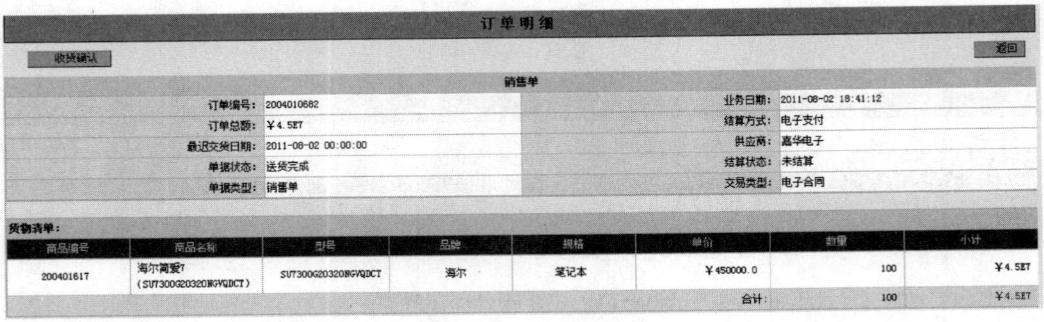

图 3-24 “订单明细”界面

(五) 资金清算

1. **采购商应付款结算**

(1) 登录采购商后台，进入“应付款查询”，打开“订单明细”界面，如图 3-25 所示。

图 3-25 “订单明细”界面

(2) 进行订单结算，完成“电子支付”，如图 3-26 所示。

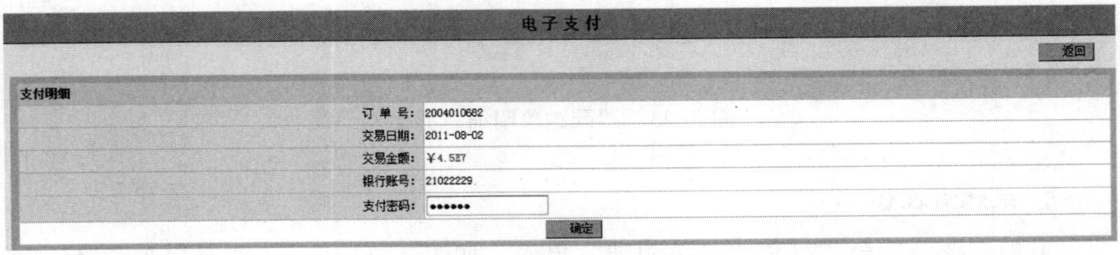

图 3-26 “电子支付”界面

（3）点击“确定”后出现支付成功界面，如图 3-27 所示。

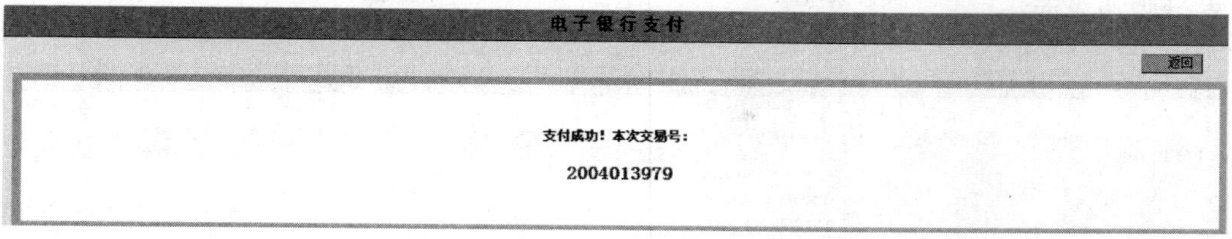

图 3-27 “支付成功”界面

2. 供应商应收应付款结算

（1）登录供应商后台管理，点击“应收应付查询”，在应收款一栏中，可以看到款项已经收到，如图 3-28 所示。

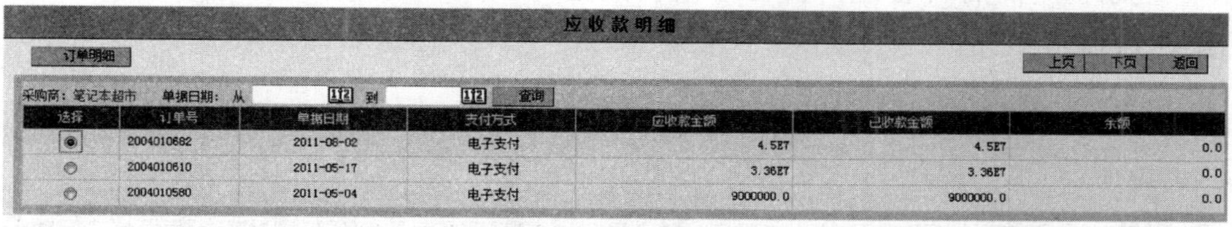

图 3-28 “应收款明细”界面

（2）应付款一栏中显示尚有款项未付，如图 3-29 所示。

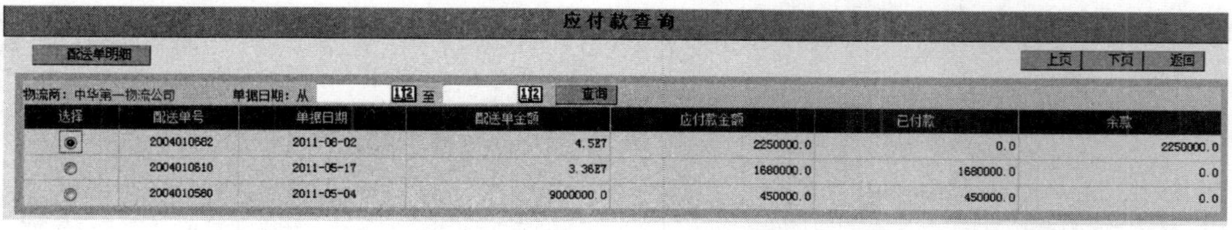

图 3-29 “应付款查询”界面

（3）选中未付款的订单，点击“配送单明细”，如图 3-30 所示，进行应付款结算。

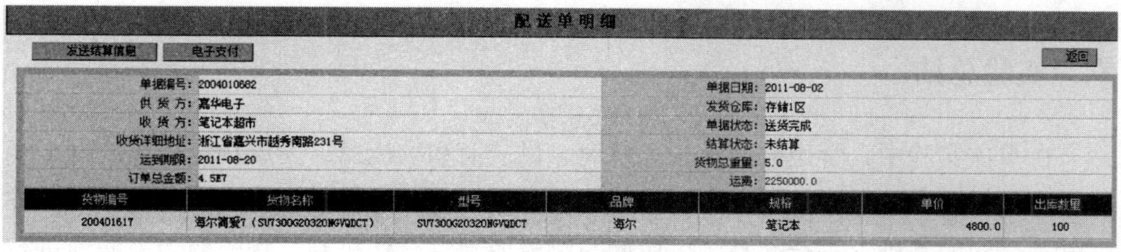

图 3-30 “配送单明细”界面

（4）选择“电子支付”，填写支付密码，如图 3-31 所示，点击“确定”后出现支付成功界面。

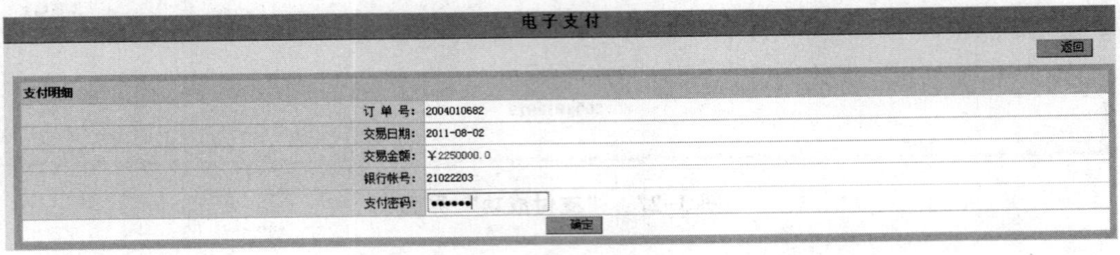

图 3-31 “电子支付”界面

3. **物流商应收款结算**

登录物流商后台管理，查看“应收款查询”和“配送单明细”，如图 3-32、图 3-33 所示。

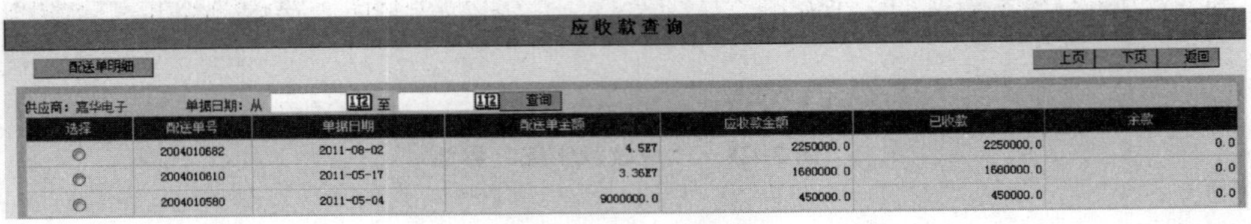

图 3-32 “应收款查询”界面

图 3-33 “配送单明细”界面

六、实验总结

在本项实验中，学生分别模拟采购商、供应商和物流商，完成物流企业的网上银行注册和会员注册并进行物流车辆管理、仓库管理等后台管理，在采购商与供应商签订电子合同的基础上进行交易。供应商与物流商建立合作机制，物流商为采购商进行商品配送并完成各种资金结算等一系列 B2B 模拟环境中的电子交易操作。

实验四　B2B 招投标

一、实验名称和性质

所属课程	电子商务综合实训
实验名称	B2B 招投标
实验学时	2
实验性质	□验证 ☑综合 □设计
必做/选做	☑必做 □选做

二、实验目的

（1）理解 B2B 电子商务是企业与企业之间通过互联网进行的商务活动。

（2）认识企业相互之间的交易服务平台，熟悉 B2B 交易平台的操作。

（3）熟悉并了解采购商和供应商之间招投标以及最终签订电子合同的过程。

三、实验环境

一台安装了 ECPv3.0 电子商务系统平台的服务器、局域网环境及 PC 机若干台。

四、知识准备

2000 年 1 月 1 日起施行的《中华人民共和国招标投标法》规定，在中华人民共和国境内进行下列工程建设项目，包括项目的勘察、设计、施工、监理以及与工程建设有关的重要设备、材料等的采购，必须进行招标：

（1）大型基础设施、公用事业等关系社会公共利益、公众安全的项目；

（2）全部或者部分使用国有资金投资或者国家融资的项目；

（3）使用国际组织或者外国政府贷款、援助资金的项目。

招标分为公开招标和邀请招标。

公开招标，是指招标人以招标公告的方式邀请不特定的法人或者其他组织投标。

邀请招标，是指招标人以投标邀请书的方式邀请特定的法人或者其他组织投标。

本项实验以供应商、采购商两种身份模拟 B2B 的招投标过程。采购商在后台可以设置公开招标，按照系统预先设计的招标书的格式进行招标书的发布；供应商可以查看采购商发出的招标书，填写完成投标书后，提交投标书进行竞标，成功中标后，双方签订电子合同。本项实验需准备采购商招标书、供应商投标书、电子合同等基本资料。实验流程如图 4-1 所示。

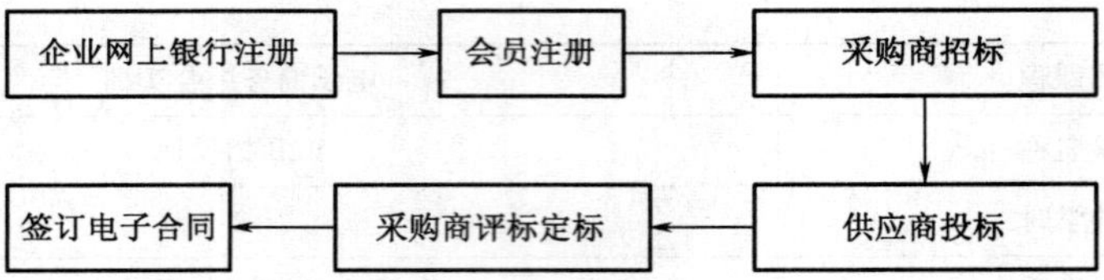

图 4-1　实验流程

五、实验步骤和内容

（一）企业网上银行注册

本项实验需要分别为采购商和供应商注册企业网上银行，具体操作可参照本篇“实验二 B2B 电子合同”中的企业网上银行注册流程。若已注册足够多的企业网上银行账户，此步骤可以省略。

（二）会员注册

本项实验需要注册采购商和供应商两个会员，具体操作可参照本篇“实验二 B2B 电子合同”中的会员注册流程。若采购商和供应商已注册为会员，此步骤可以省略。

（三）供应商新增产品

供应商新增产品的具体操作可参照本篇“实验二 B2B 电子合同”中的供应商新增产品流程。若已经以供应商身份新增产品，此步骤可以省略。

（四）采购商与供应商签约

采购商要进行采购，则要先与供应商建立合作关系，建立合作关系的过程如下。

1. **采购商申请成为签约商户**

（1）回到“B2B 交易中心”界面，此时若界面为“供应商”界面，点击“注销”，进入“采购商”界面。在公司搜索栏输入已经注册的供应商名称，如图 4-2 所示。

图 4-2 “B2B 交易中心”界面

（2）点击“搜索”，找到已经注册的供应商，如图 4-3 所示。

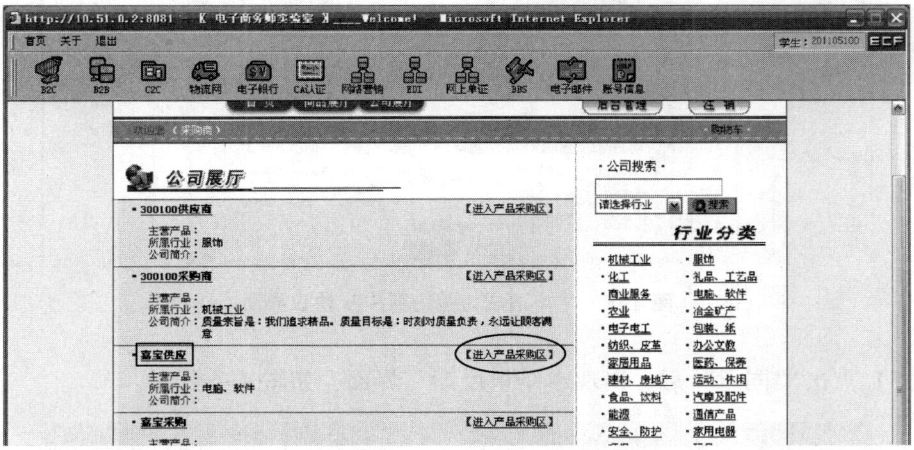

图 4-3 “公司搜索”结果界面

（3）点击进入“产品采购区”，如图 4-4 所示。

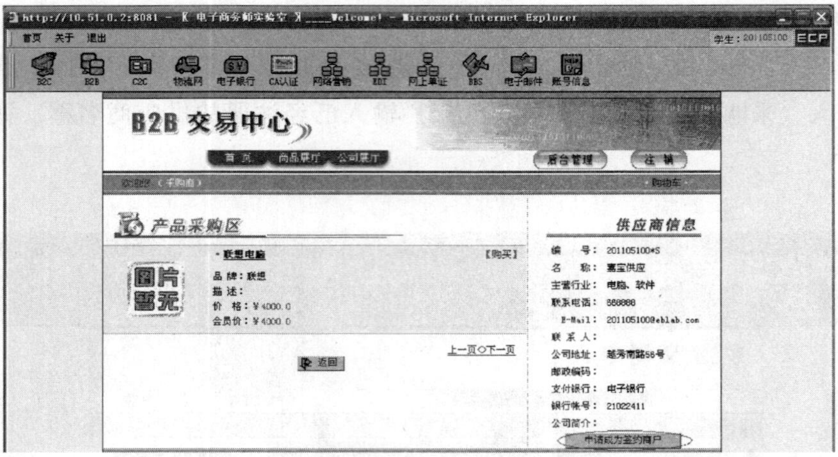

B2B 交易中心
产品采购区
供应商信息
联想电脑
品 牌：联想
描 述：
价 格：¥4000.0
会员价：¥4000.0
【购买】
上一页○下一页
返回
编 号：201105100*S
名 称：嘉宝供应
主营行业：电脑、软件
联系电话：888888
E-Mail：201105100@eblab.com
联 系 人：
公司地址：越秀南路56号
邮政编码：
支付银行：电子银行
银行帐号：21022411
公司简介：
申请成为签约商户

图 4-4 “产品采购区”界面

（4）点击“申请成为签约商户”，如图 4-5 所示。

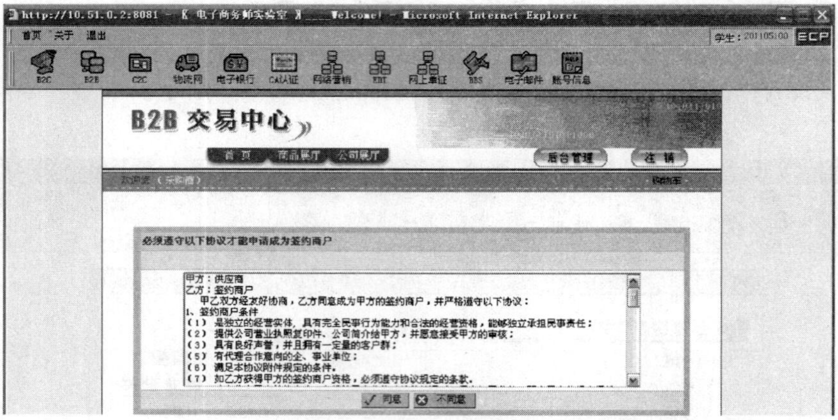

B2B 交易中心
必须遵守以下协议才能申请成为签约商户
甲方：供应商
乙方：签约商户
甲乙双方经友好协商，乙方同意成为甲方的签约商户，并严格遵守以下协议：
1、签约商户条件
（1）是独立的经营实体，具有完全民事行为能力和合法的经营资格，能够独立承担民事责任；
（2）提供公司营业执照复印件、公司简介给甲方，并愿意接受甲方的审核；
（3）具有良好声誉，并且拥有一定量的客户群；
（5）有代理合作意向的企、事业单位；
（6）满足本协议附件规定的条件。
（7）如乙方获得甲方的签约商户资格，必须遵守协议规定的条款。
同意
不同意

图 4-5 “申请成为签约商户”协议界面

（5）点击“同意”后，出现“结果反馈”界面，如图 4-6 所示。

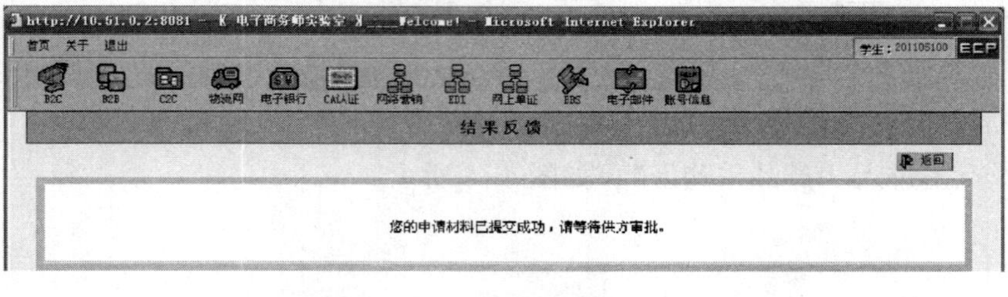

结果反馈
返回
您的申请材料已提交成功，请等待供方审批。

图 4-6 “结果反馈”界面

此时，采购商需要等待供应商同意申请。

2. 供应商后台同意签约

（1）回到“B2B 交易中心”界面，此时若界面为“采购商”界面，点击“注销”，进入“供应商后台管理”界面。点击“客户管理”，如图 4-7 所示，此时签约状态为“等待签约”。

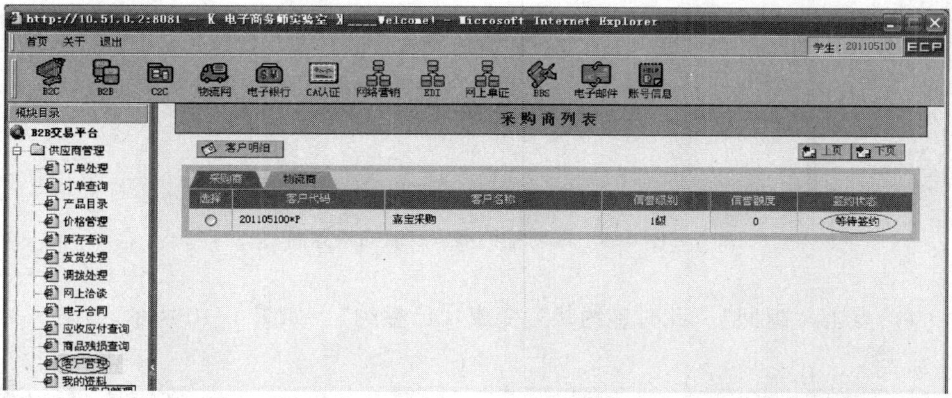

图 4-7　“采购商列表”界面

（2）选中采购商列表中的条目，点击“客户明细”，出现“采购商信息”界面，如图 4-8 所示。

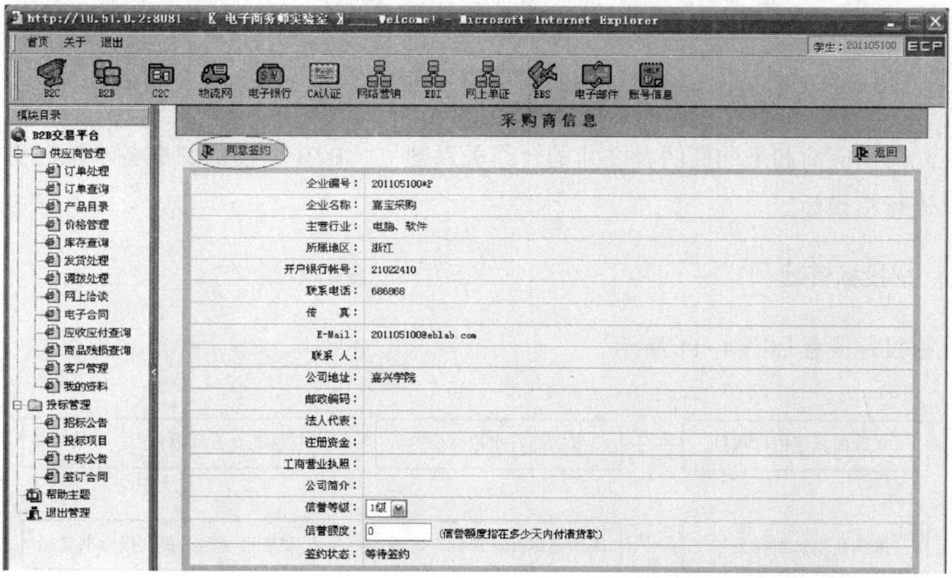

图 4-8　“采购商信息”界面

（3）点击“同意签约”，出现“该采购商已成为签约商户”操作反馈结果界面，如图 4-9 所示。

图 4-9 成功签约操作反馈结果界面

（4）点击“返回”，此时签约状态变成“已签约”，如图 4-10 所示。

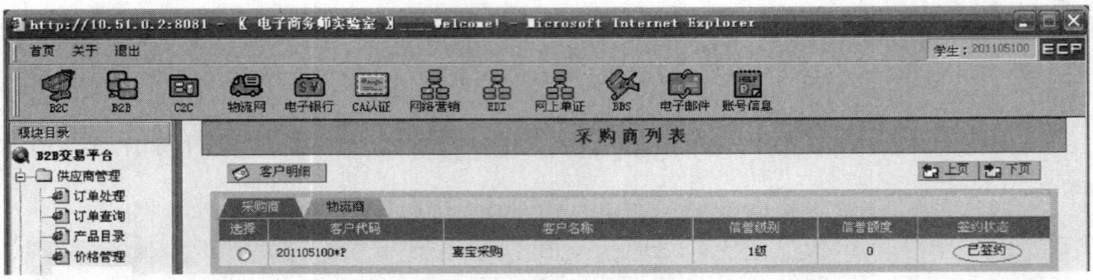

图 4-10 “采购商列表”界面

此时供应商和采购商两者之间的合作关系建立。B2B 招投标的准备步骤已完成，可以进行招投标。

（五）招投标管理

招投标流程如图 4-11 所示。

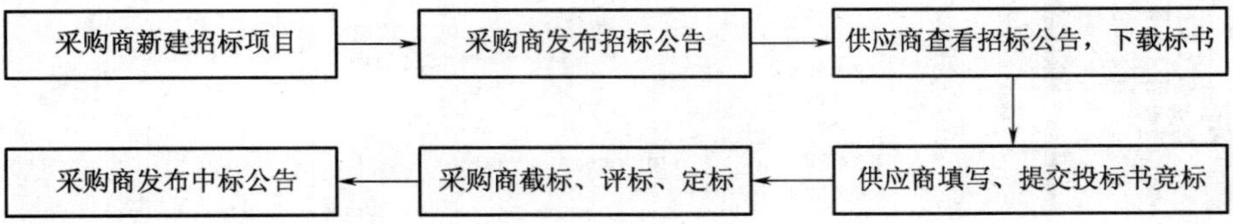

图 4-11 招投标流程

招投标过程如下。

1. **采购商招标**

(1) 回到“B2B 交易中心”首页，点击“采购商”，进入“采购商后台管理”界面，如图 4-12 所示。

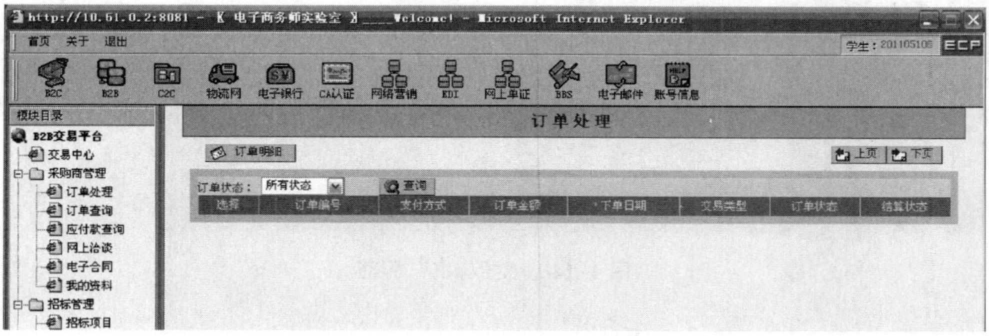

图 4-12 “采购商后台管理”界面

(2) 在招标管理文件夹的子目录中点击“招标项目”，如图 4-13 所示。

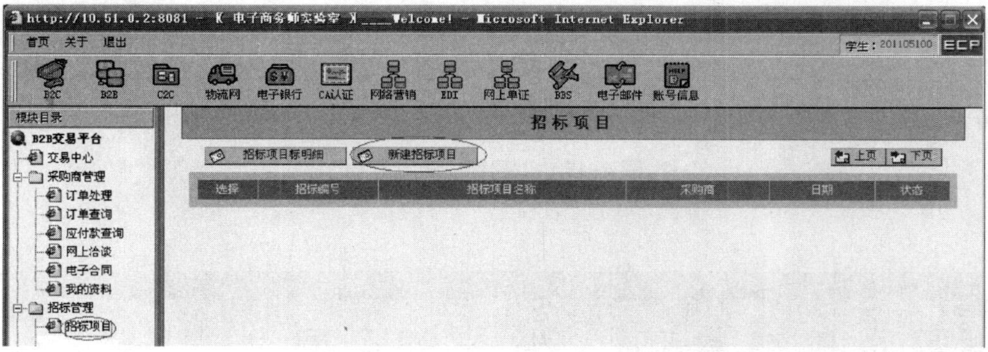

图 4-13 “招标项目”界面

(3) 点击“新建招标项目”，出现“招标书”界面，填写项目名称、招标内容，选择发标日期、截标日期和开标日期，如图 4-14 所示。

(4) 信息填写后点击“下一步”，出现“招标须知”界面，填写内容，如图 4-15 所示。

(5) 招标须知的内容填写后点击“下一步”，出现“招标采购货物表”界面，如图 4-16 所示。

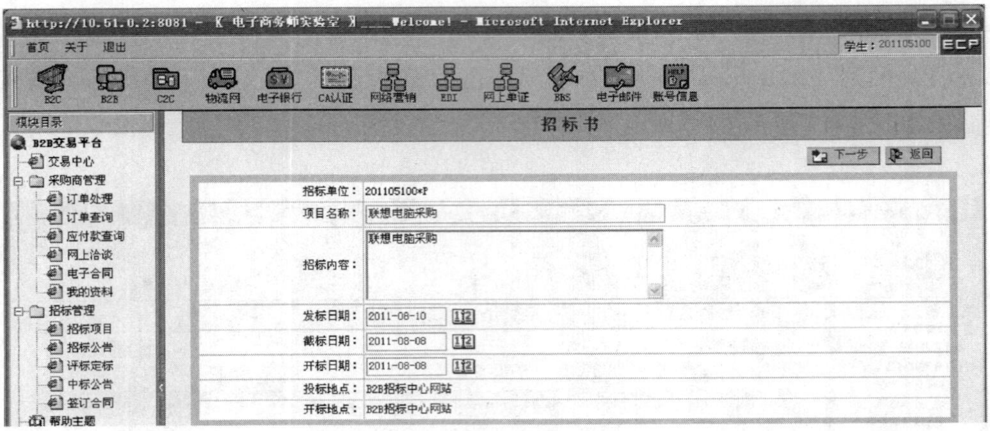

图 4-14 “招标书”界面

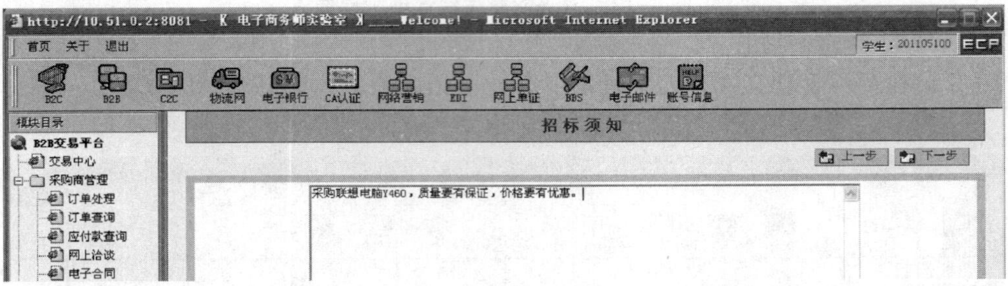

图 4-15 “招标须知”界面

图 4-16 “招标采购货物表”界面

（6）点击“新增货物”，出现“添加货物信息”界面，填写信息，包括货物名称及描述、参考型号规格及描述、单位以及数量，如图 4-17 所示。

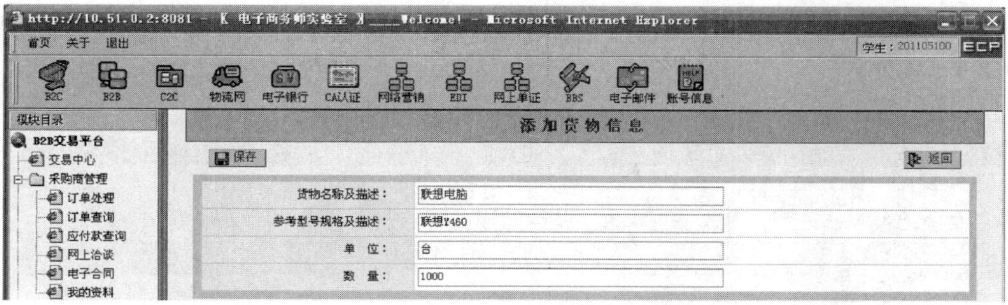

图 4-17 “添加货物信息”界面

（7）货物信息填写后点击“保存”，出现“保存成功”操作反馈结果界面，如图 4-18 所示。

图 4-18 “保存成功”操作反馈结果界面

（8）点击“返回”，在“招标采购货物表”界面可以看到刚刚成功新增的货物，如图 4-19 所示。

图 4-19 “招标采购货物表”界面

（9）选中货物，点击“下一步”，出现“招标合同”界面，填写信息，包括质量要求及验收方法，交货地点、运输方式及支付方式，合同履行期限和违约责任，如图 4-20 所示。

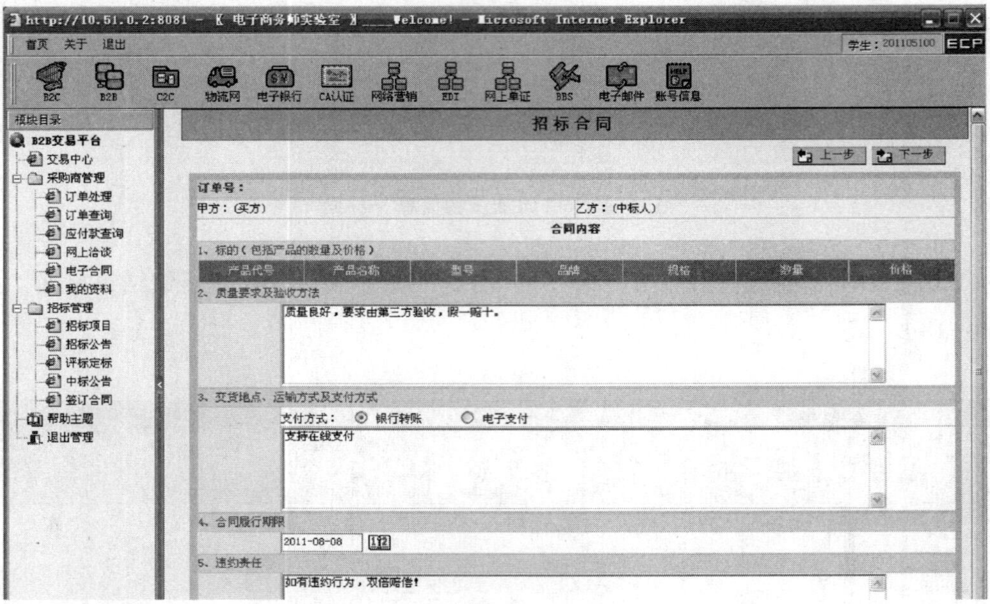

图 4-20 “招标合同”界面

（10）招标合同内容填写后点击“下一步”，出现“招标公告”界面，填写信息，包括项目名称和招标公告内容，选择公布日期和截标日期，如图 4-21 所示。

图 4-21 “招标公告”界面

（11）招标公告内容填写后点击“发布公告”，出现“发布成功”操作反馈结果界面，如图 4-22 所示。

图 4-22 “发布成功”操作反馈结果界面

此时，采购商完成招标，供应商要进行投标。

2. 供应商投标

（1）回到“供应商管理后台”界面，点击“招标公告”，如图 4-23 所示。

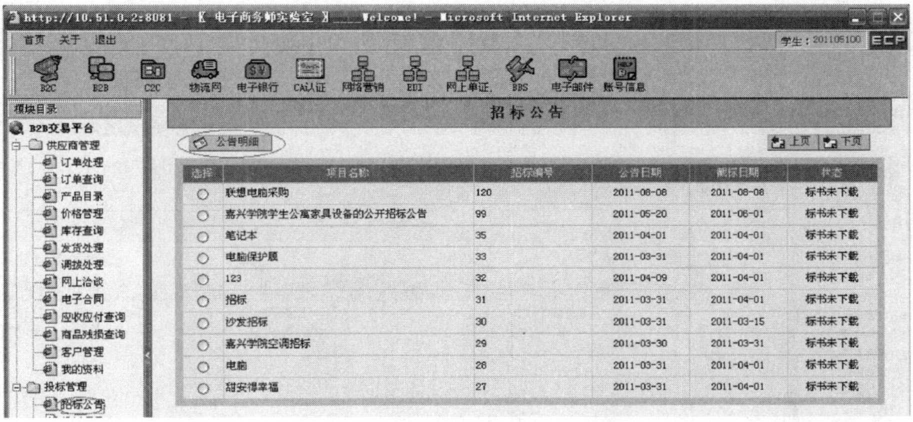

图 4-23 “招标公告”界面

（2）选中项目后，点击“公告明细”，如图 4-24 所示。

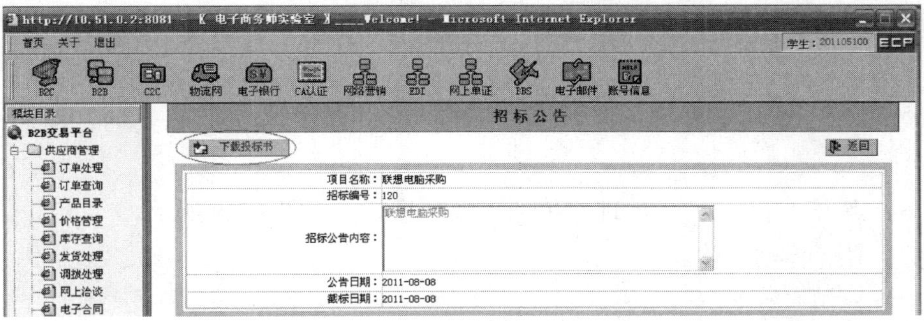

图 4-24 招标公告明细界面

（3）点击“下载投标书”，出现“投标书下载成功”操作反馈结果界面，如图 4-25 所示。

图 4-25 “投标书下载成功”操作反馈结果界面

（4）点击“投标项目”，看到已下载的投标书，如图 4-26 所示。

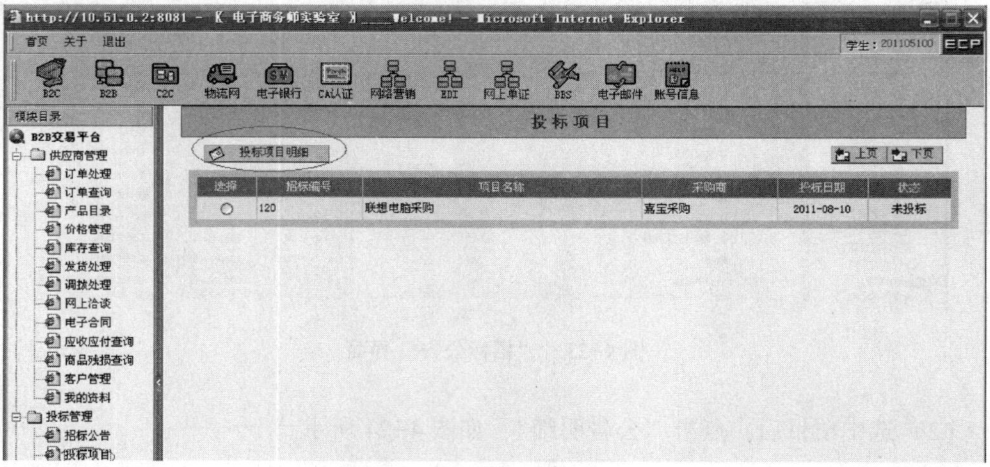

图 4-26 “投标项目”界面

（5）选中标书，点击“投标项目明细”，出现“招标书”界面，如图 4-27 所示。

（6）点击“下一页”，出现“招标须知”界面，如图 4-28 所示。

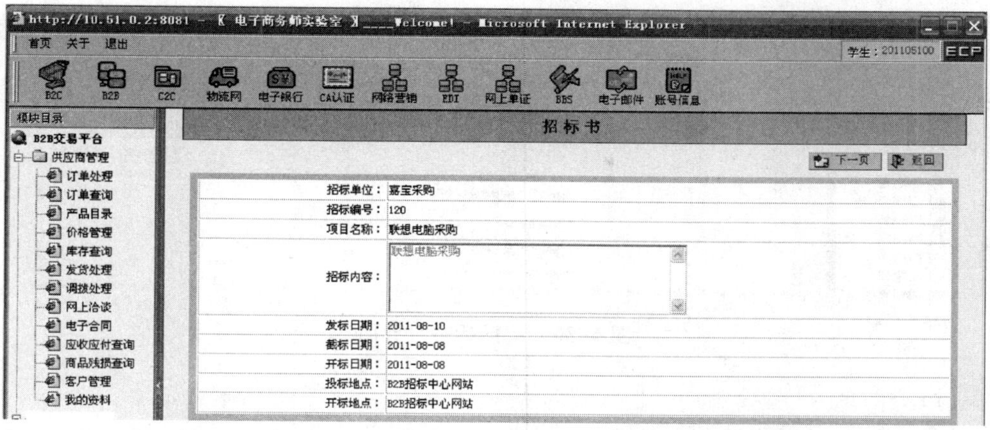

图 4-27 “招标书”界面

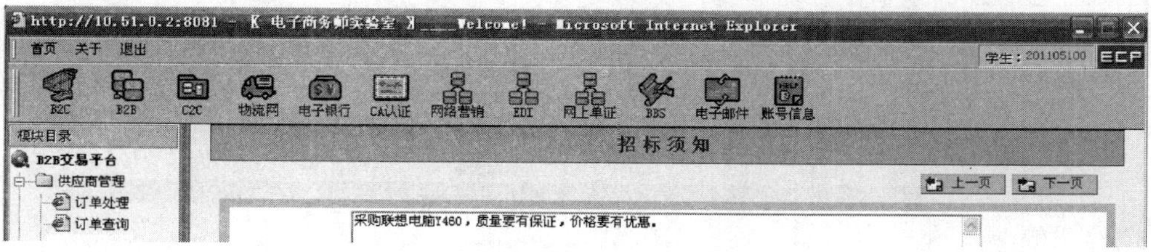

图 4-28 “招标须知”界面

（7）查看后，点击“下一页”，出现“招标采购货物表”界面，如图 4-29 所示。

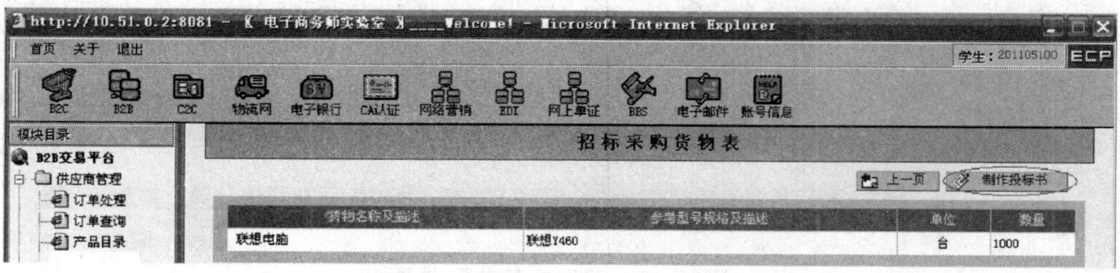

图 4-29 “招标采购货物表”界面

（8）点击“制作投标书”，出现“投标书”界面，如图 4-30 所示。

（9）点击“下一页”，出现“竞标报价表”界面，如图 4-31 所示。

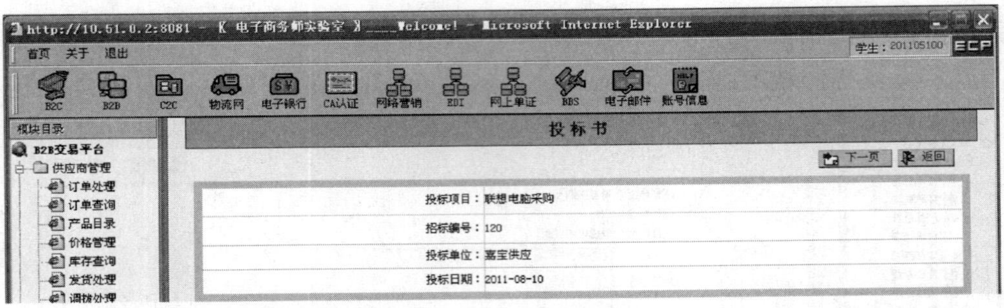

图 4-30 “投标书”界面

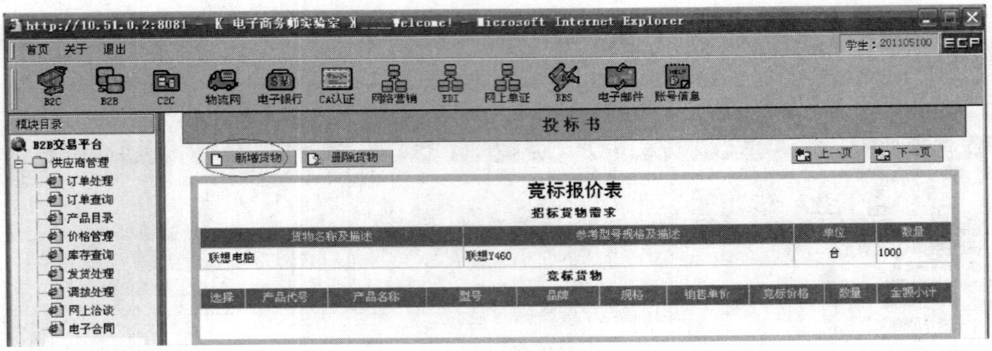

图 4-31 “竞标报价表”界面

（10）点击“新增货物”，出现“选择货物”界面，填写竞标价格以及数量，如图 4-32 所示。

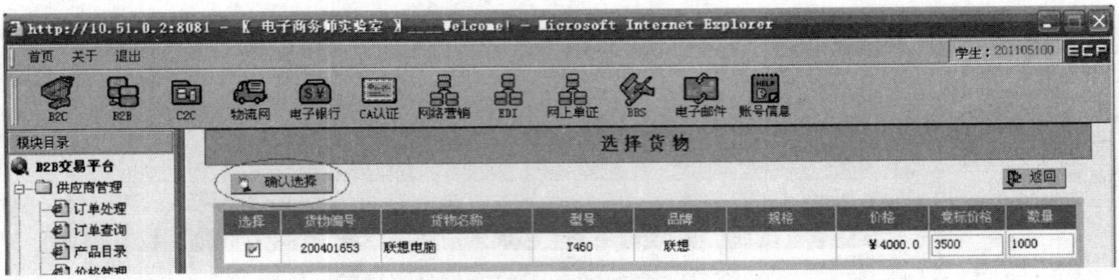

图 4-32 “选择货物”界面

（11）点击“确认选择”，出现“选择货物成功”操作反馈结果界面，如图 4-33 所示。

（12）点击“返回”，“竞标报价表”中的竞标货物显示了刚刚新增的货物，如图 4-34 所示。

图 4-33 “选择货物成功”操作反馈结果界面

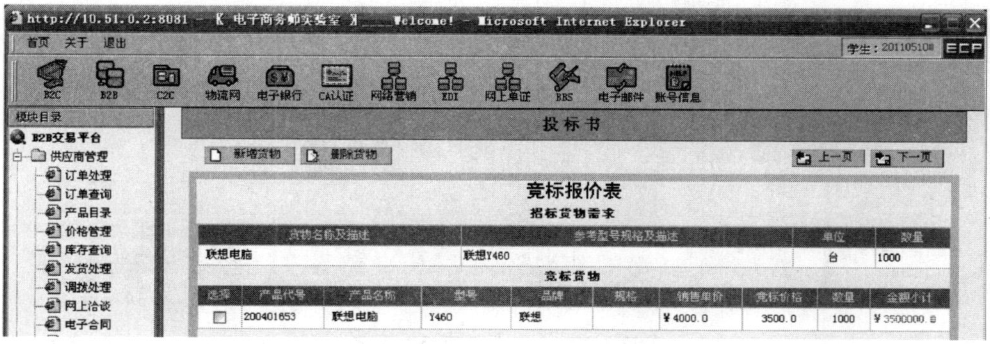

图 4-34 “竞标报价表”界面

（13）选中“投标书”，点击“下一页”，出现“售后服务承诺书”界面，填写售后服务承诺书的内容，如图 4-35 所示。

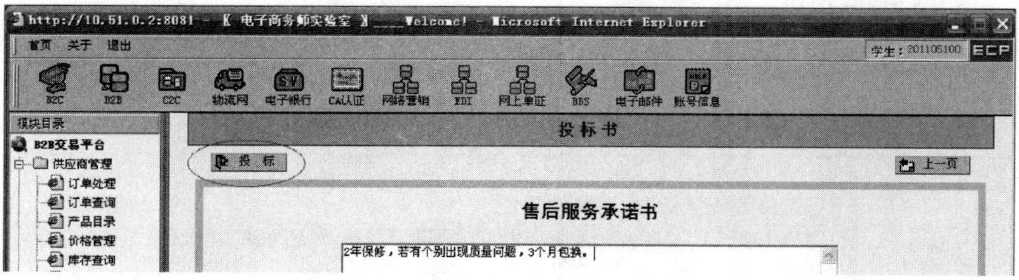

图 4-35 “售后服务承诺书”界面

（14）点击“投标”，出现“投标成功”操作反馈结果界面，如图 4-36 所示。

图 4-36 “投标成功”操作反馈结果界面

（15）点击“返回”，可看到“投标项目”中的项目状态变为“已投标”，如图 4-37 所示。

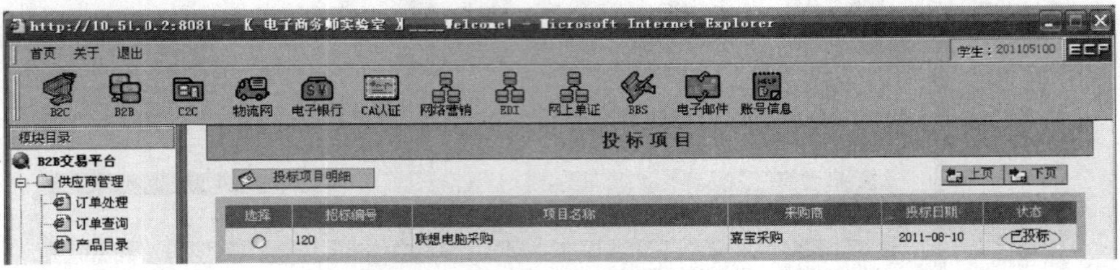

图 4-37 “投标项目”界面

此时，供应商完成投标，采购商要进行评标定标。

3. **采购商评标**

（1）在评标之前，先要截止投标。回到采购商后台管理界面，点击“招标项目”，如图 4-38 所示。

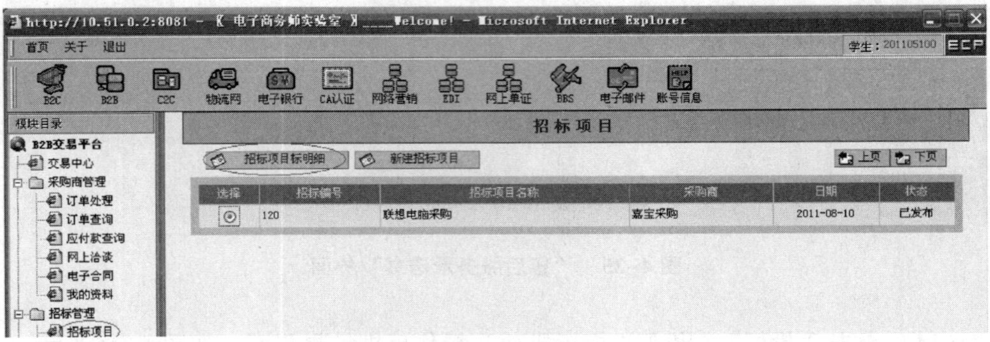

图 4-38 “招标项目”界面

（2）选中招标书，点击招标项目明细，出现“招标书”界面，如图 4-39 所示。

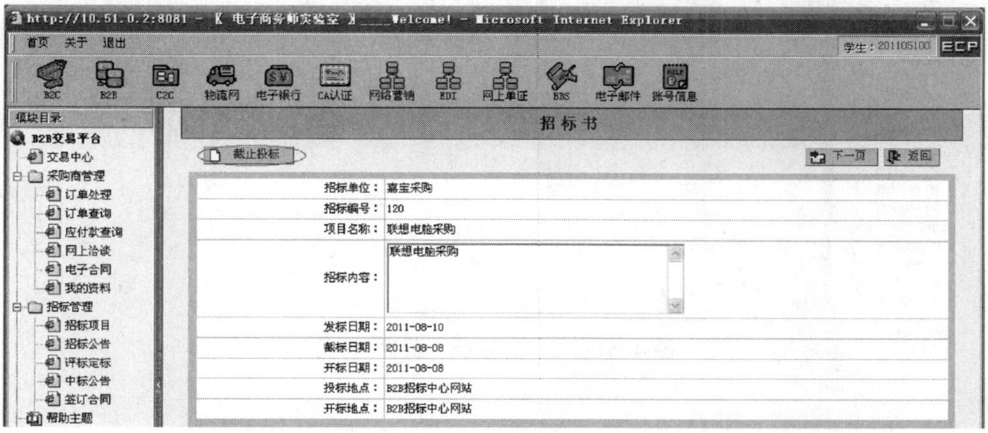

图 4-39 “招标书”界面

（3）点击“截止投标”，出现“本次招标项目投标截止”操作反馈结果界面，如图 4-40 所示。

图 4-40 “投标截止”操作反馈结果界面

（4）招标截止以后，采购商进行评标，点击招标管理文件夹下的“评标定标”，如图 4-41 所示。

（5）选择投标书，点击“评标定标”，填写评标分数，包括价格分、商务分和技术分，如图 4-42 所示。

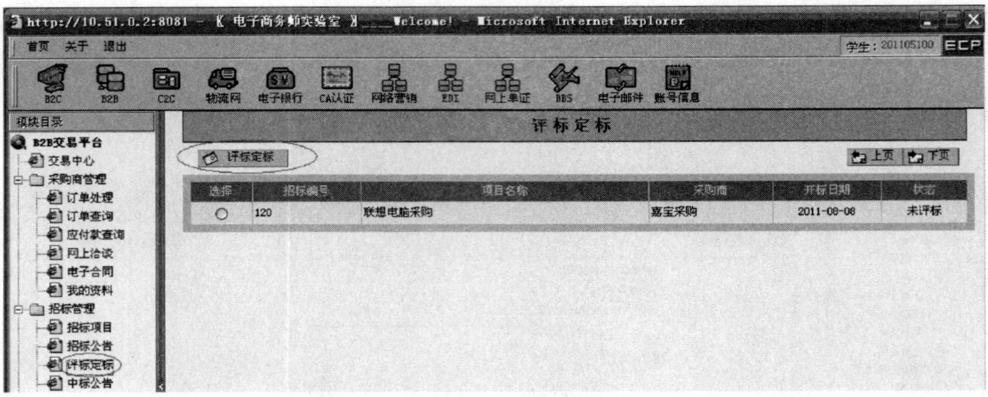

图 4-41 “评标定标”界面（一）

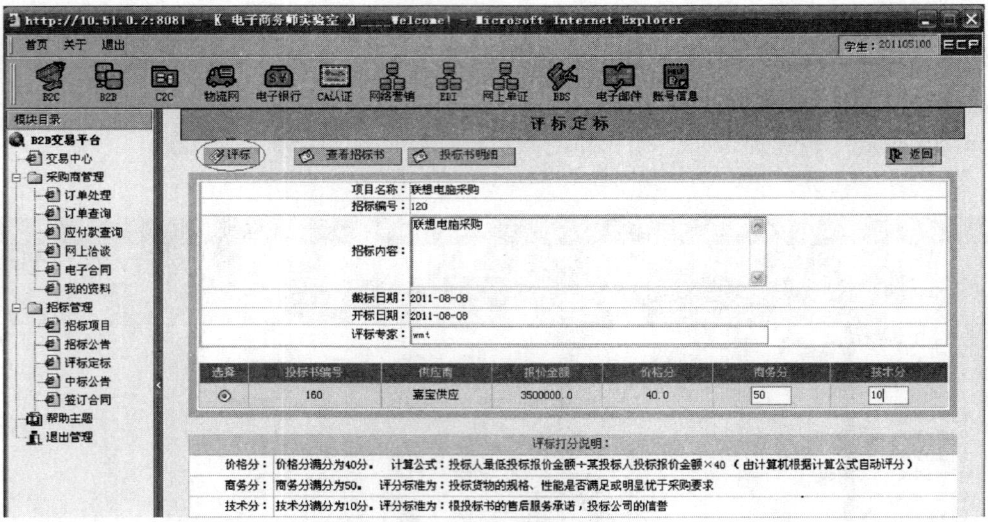

图 4-42 “评标定标”界面（二）

提示：

🕮 如果招标项目中有他人的投标书，为了让自己注册的供应商投标书中标，在评标时就应为自己注册的供应商打较高的分数，这样自己注册的供应商的投标书就能中标。

（6）点击“评标”，出现“评标成功”操作反馈结果界面，如图 4-43 所示。

（7）点击“返回”，出现“中标公告”界面，此时投标书的中标状态变成“已中标”，如图 4-44 所示。

图 4-43　“评标成功”操作反馈结果界面

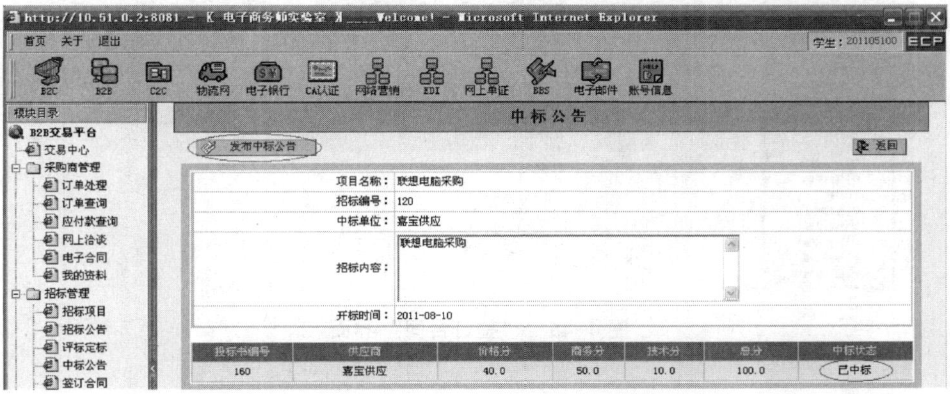

图 4-44　“中标公告”界面

（8）点击“发布中标公告”，出现“发布中标公告成功”操作反馈结果界面，如图 4-45 所示。

图 4-45　“发布中标公告成功”操作反馈结果界面

供应商可在"中标公告"中查看是否中标。此时，自己注册的供应商制作的投标书中标。

(六) 签订电子合同

采购商招标，供应商投标、中标后，双方可以进行电子合同的签订。

1. 采购商签订合同

(1) 进入"采购商后台管理"界面，点击招标管理文件夹下的"签订合同"，此时可看到甲方合同签订状态为"未签订"，如图 4-46 所示。

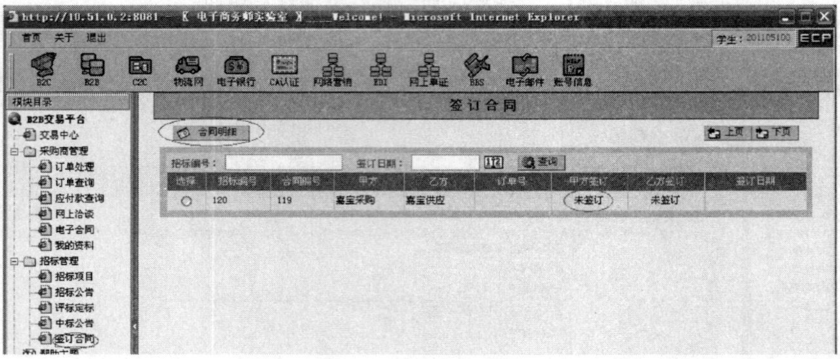

图 4-46 "签订合同"界面

(2) 选中合同，点击"合同明细"，如图 4-47 所示。

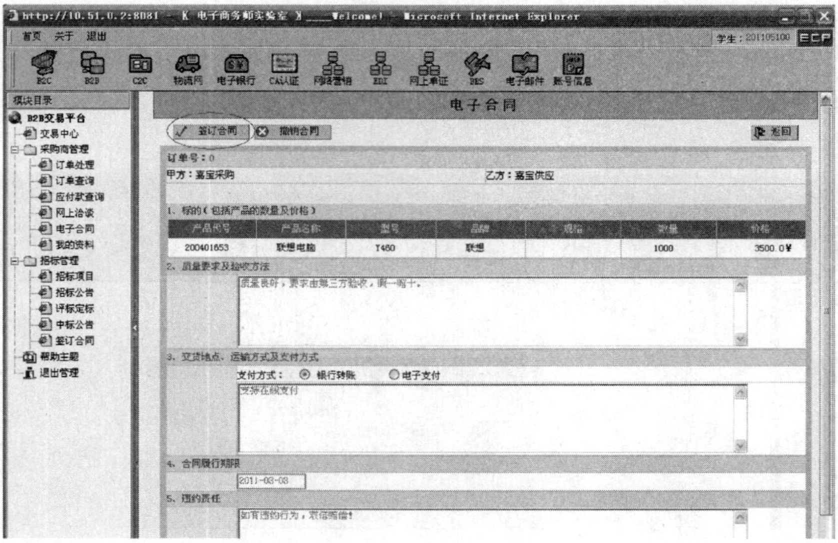

图 4-47 "电子合同"界面

（3）点击“签订合同”，出现“电子合同签订成功”操作反馈结果界面，如图 4-48所示。

图 4-48　“电子合同签订成功”操作反馈结果界面

（4）点击“返回”，在“签订合同”界面可看到此时甲方合同签订状态变成“已签订”，如图 4-49 所示。

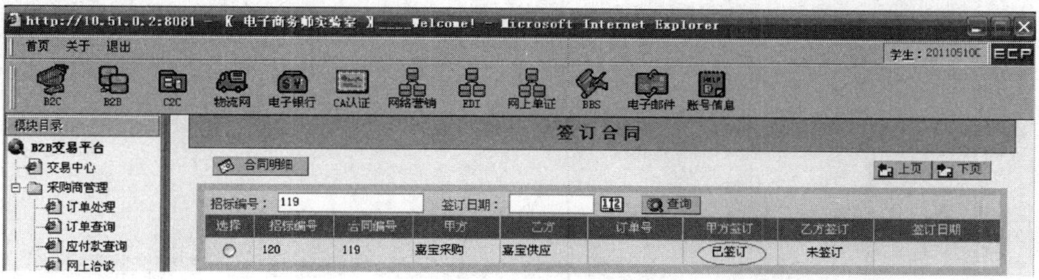

图 4-49　“签订合同”界面

此时，采购商完成合同签订，供应商开始签订合同。

2. 供应商签订合同

（1）回到“供应商后台管理”界面，点击投标管理文件夹下的“签订合同”，此时乙方合同签订状态为“未签订”，如图 4-50 所示。

（2）选中合同，点击“合同明细”，如图 4-51 所示。

（3）点击“签订合同”，出现“电子合同签订成功”操作反馈结果界面，如图 4-52 所示。

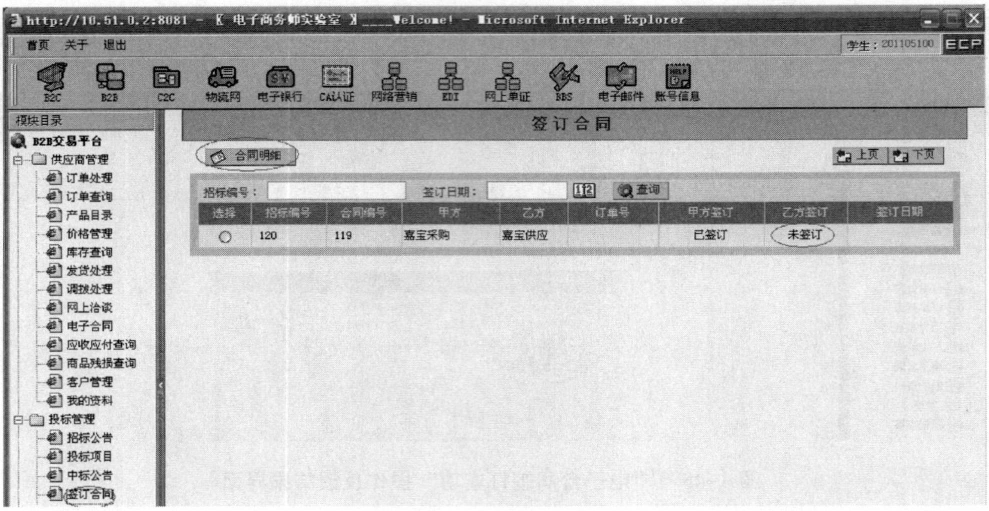

图 4-50 “签订合同”界面

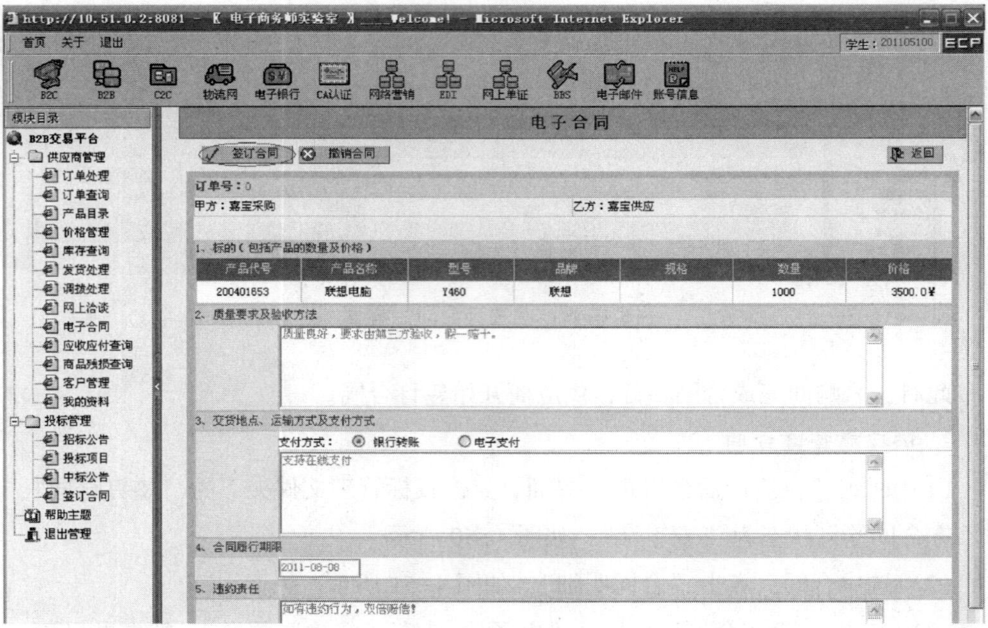

图 4-51 “电子合同”界面

图 4-52　“电子合同签订成功”操作反馈结果界面

（4）点击“返回”，在“签订合同”界面中可以看到此时乙方合同签订状态变为“已签订”，如图 4-53 所示。至此，完成合同签订。

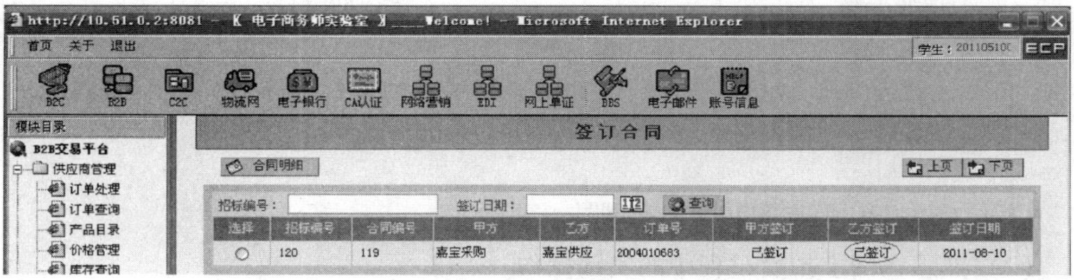

图 4-53　“签订合同”界面

六、实验总结

在本项实验中，学生以供应商、采购商两种身份模拟 B2B 的招投标过程。采购商根据所需商品在后台设置公开招标，按照系统预先设计的招标书的格式进行招标书的发布；供应商可以在招标公告栏中下载并查看采购商发出的招标书，填写相关内容后提交投标书进行竞标。待投标结束，采购商进行截标并组织专家对投标书进行评标，评标结束后发布中标公告；供应商可在中标公告中查看是否中标。成功中标后，双方签订电子合同。

实验五　C2C 模拟

一、实验名称和性质

所属课程	电子商务综合实训
实验名称	C2C 模拟
实验学时	2
实验性质	□验证 ☑综合 □设计
必做/选做	☑必做 □选做

二、实验目的

（1）了解 C2C 模式的网上拍卖网站。

（2）熟悉在网上拍卖过程中的实践操作。

（3）深刻了解 C2C 模式电子商务的内涵和本质以及这种模式的前台业务流程及后台管理。

三、实验环境

一台安装了 ECPv3.0 电子商务系统平台的服务器、局域网环境及 PC 机若干台。

四、知识准备

C2C 电子商务是在消费者与消费者之间进行的商务模式，它通过互联网为消费者提供进行相互交易的环境——网上拍卖、在线竞价。具体的内容有拍品搜索、物品拍卖、竞价购买、拍品发布、拍品管理等。本项实验需准备拍卖商品基本资料。实验流程如图 5-1 所示。

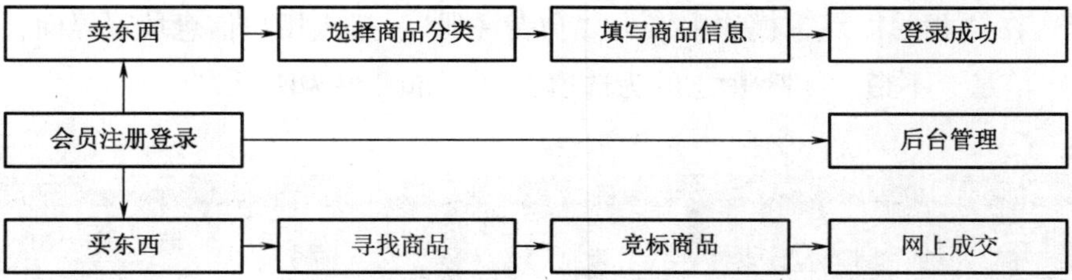

图 5-1 实验流程

五、实验步骤和内容

（一）流程说明

学生可以在本模块拍卖与竞拍。

1. **拍卖**

填写身份后，就可以根据分类登记新商品进行拍卖。

2. **竞拍**

根据商品分类找到合适的商品，出价竞拍，价高者得。

（二）注册会员

买家和卖家在竞拍商品前，需要先注册成为得易 C2C 网站的会员。注册会员时，买卖双方需要提供真实身份认证。

（1）在“C2C”首页点击进入“我的得易”模块，如图 5-2 所示。

图 5-2 “我的得易”模块界面

（2）在“我的得易”模块中点击“免费注册”，进入用户信息填写界面，按要求填写用户信息，不带“＊”标志的为选填项目，如图 5-3 所示。

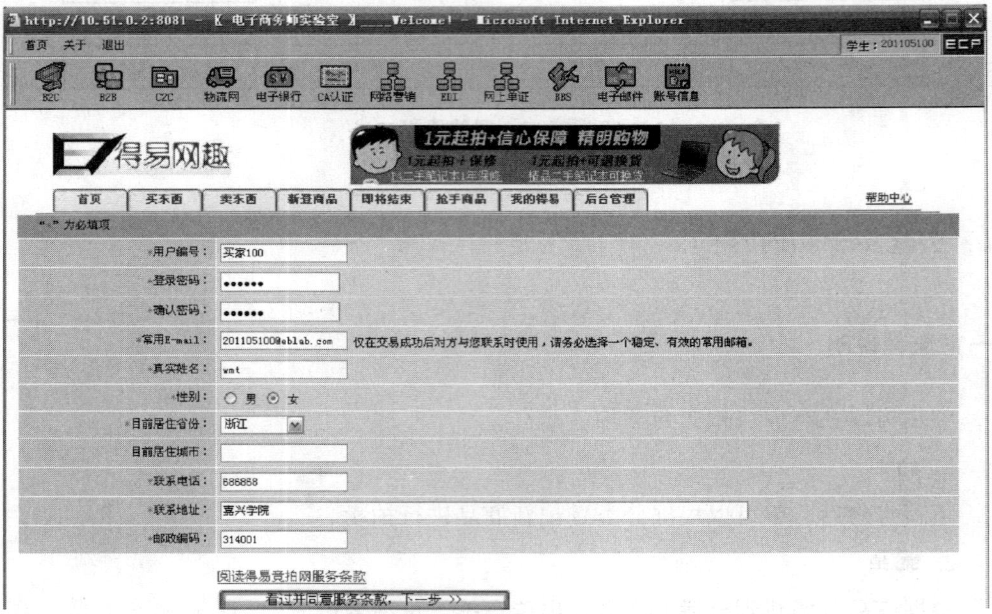

图 5-3　用户信息填写界面

（3）按要求填写用户信息后，点击“看过并同意服务条款，下一步”，出现“注册成功”信息提示界面，如图 5-4 所示，申请完毕。

图 5-4　“注册成功”信息提示界面

提示：

🕮 此处需要注册一个买家用户，卖家用户的注册过程与买家用户的注册步骤相同。

(三) 搜索商品

用户可以搜索到自己所需要的商品，主要包括分类、关键字（商品名称）两种搜索方式。

1. 分类

选择用户要搜索的商品类型，点击“搜索”即可完成。

2. 关键字

填入用户所要搜索的商品名称，点击“搜索”即可完成。

(四) 卖东西

只要注册成为 C2C 的会员，卖家就可以在此发布自己的商品，并且可以收到买家的反馈信息，并给予回复。

登录过程如下。

（1）成功注册后，在“C2C”首页点击进入“卖东西”界面，如图 5-5 所示。

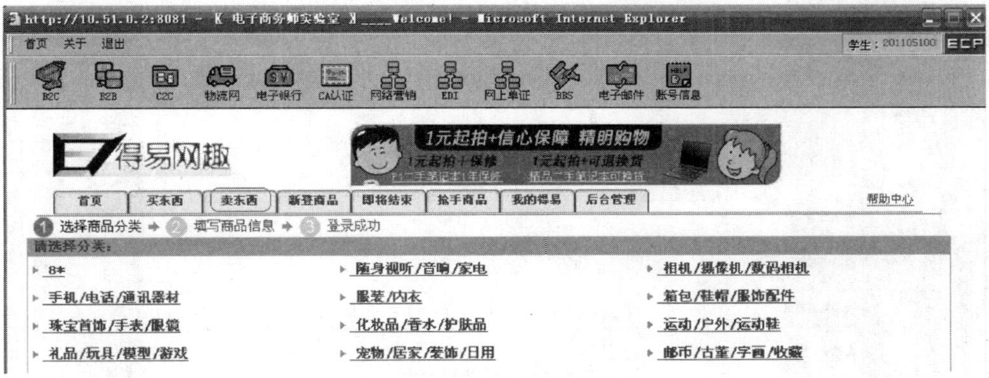

图 5-5 “卖东西”界面

（2）选择商品分类后出现用户登录界面，输入已注册的卖家用户名及密码，如图 5-6 所示。

（3）点击“确定”，登录成功。成功登录后，出现商品信息填写界面。填写商品信息包括商品名称、描述、数量、所在地、新旧程度，设定价格（起始价、底价），选择商品在线时间，上传商品图片、附加支付、送货及保修等信息可以选填，如图 5-7 所示。

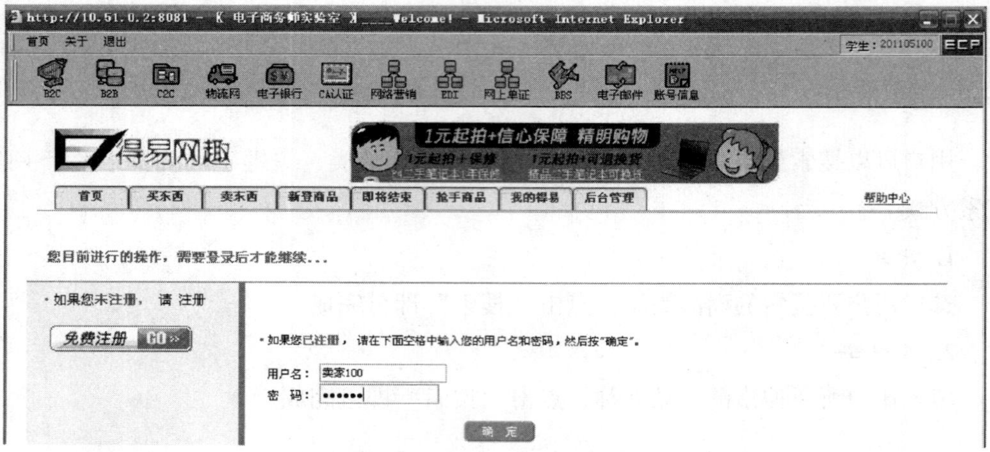

图 5–6 “用户登录”界面

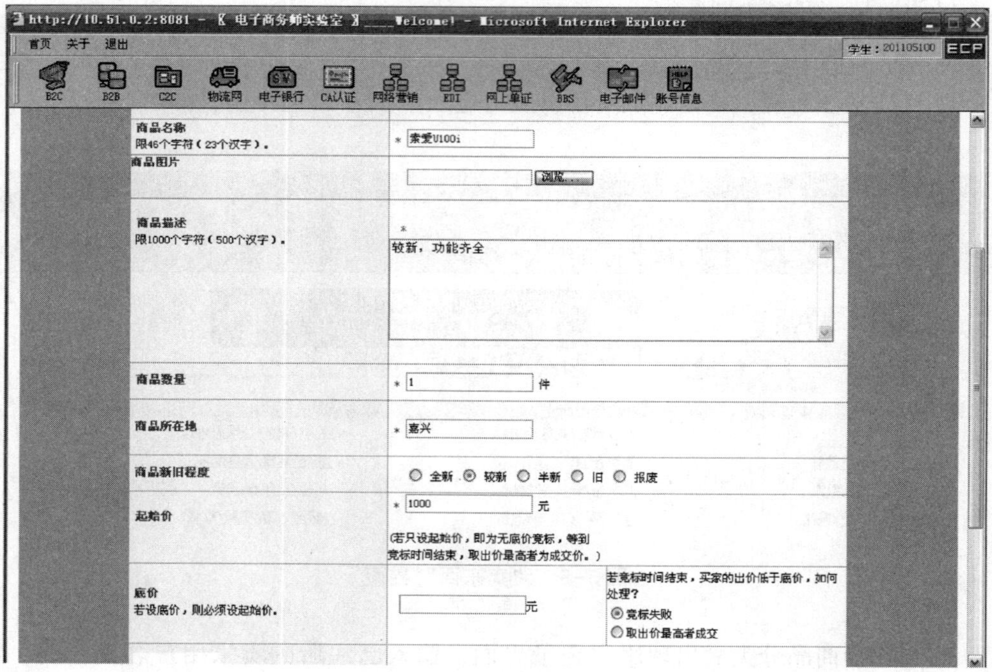

图 5–7 商品信息填写界面

提示：

🕮 在 C2C 模块中，系统时间 5 分钟等于在线时间一天。

（4）商品信息填写完成、检查无误后点击“下一步”，出现“您的商品已登录成功”的信息提示界面，如图 5-8 所示。

图 5-8 “您的商品已登录成功”信息提示界面

（五）买东西

消费者可以在此购买自己喜欢的商品，在此过程中可以与其他消费者竞买商品，也可以与供应者进行交易交流。

1. 寻找商品

寻找商品有以下两种方式。

（1）搜索：在任何界面的搜索框里，输入要查询的若干与商品有关的关键字，即可得到所有相关商品的列表。

（2）商品分类：在首页的商品分类结构或者“买东西”界面的商品分类中，一层一层地往下找。如图 5-9 所示。

图 5-9 “商品分类”界面

2. 竞标商品

在“C2C”首页可以看到以卖家身份发布的商品，如图 5-10 所示。点击商品的“详细信息”按钮，即可进入该商品的买卖界面；或者点击“C2C”首页→“买东西”模块→“手机/电话/通讯器材”商品分类，就可以看到以卖家身份发布的商品，如图 5-11 所示。点击商品的名称，也可以进入该商品的买卖界面，如图 5-12 所示。

买卖界面包括以下模块。

（1）商品描述。这是对该商品的交易情况及基本商品信息的简介。

（2）竞价过程。

①点击“竞标过程”进入出价界面，在出价框内填入比原始价格高的价格，如图 5-13 所示。

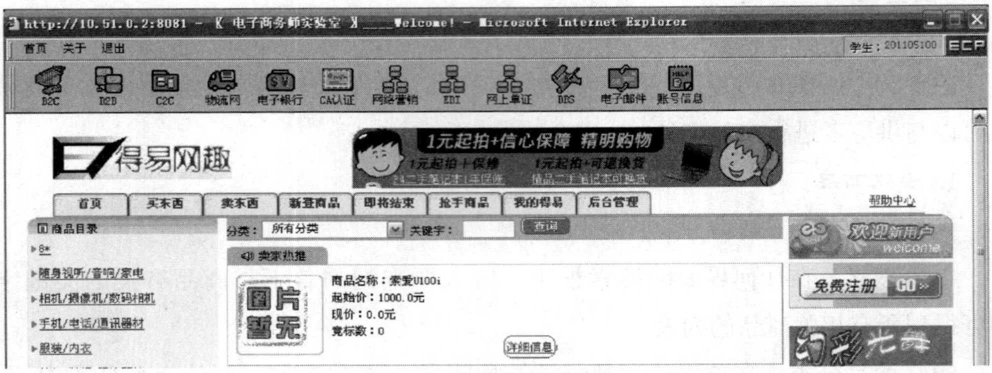

图 5-10　卖家热推商品界面

图 5-11　“手机/电话/通讯器材”分类下的商品界面

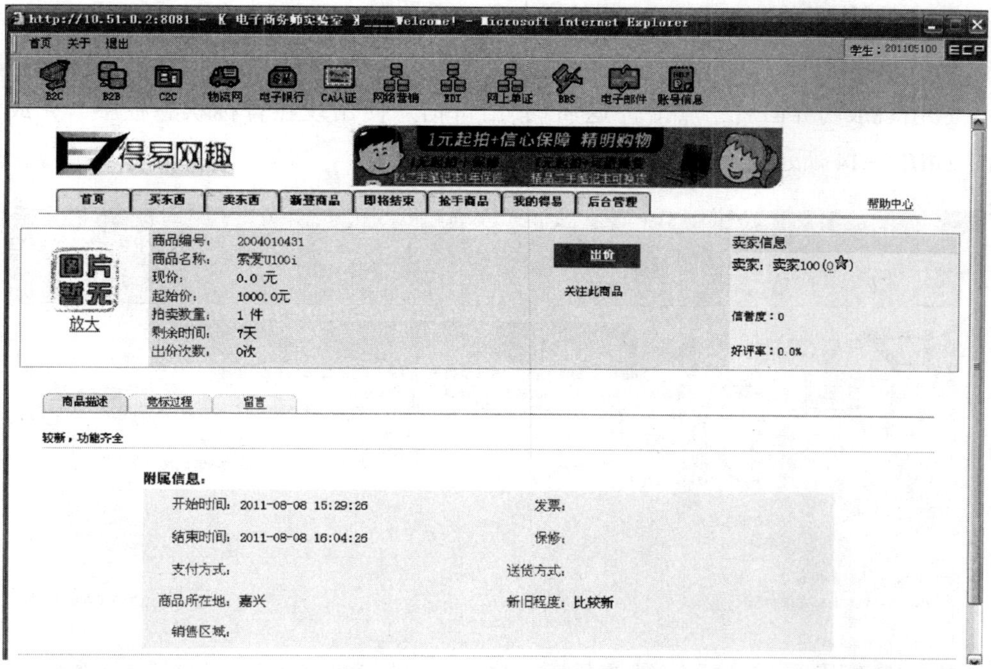

图 5-12　商品的买卖界面

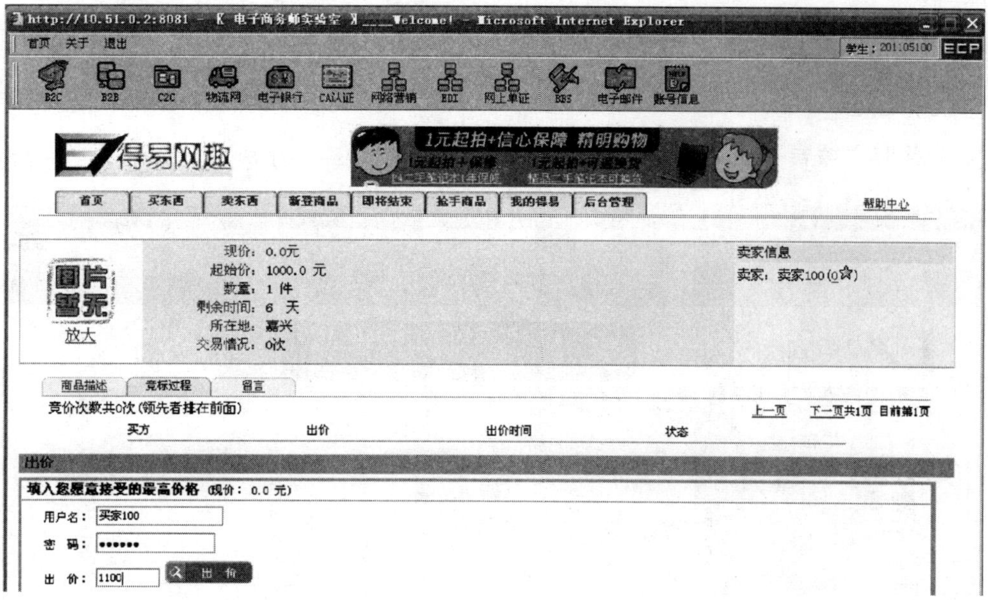

图 5-13　“竞标过程”的出价界面（一）

②正确输入用户名、密码和出价后点击“出价”。

③在确定界面，如果肯定出价便点击“确定”，否定则点击“取消出价”。

④出现成功界面后，点击“返回”，出价信息便出现在竞标状态栏中，完成出价，如图 5-14 所示。

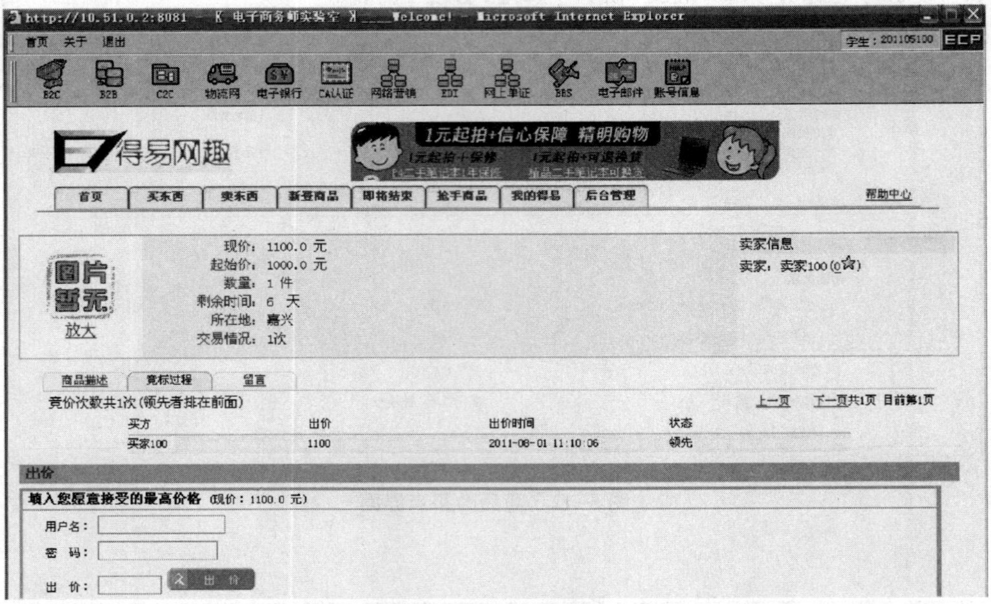

图 5-14 “竞标过程”的出价界面（二）

（3）留言。

①点击“留言”进入留言选择栏，如图 5-15 所示。

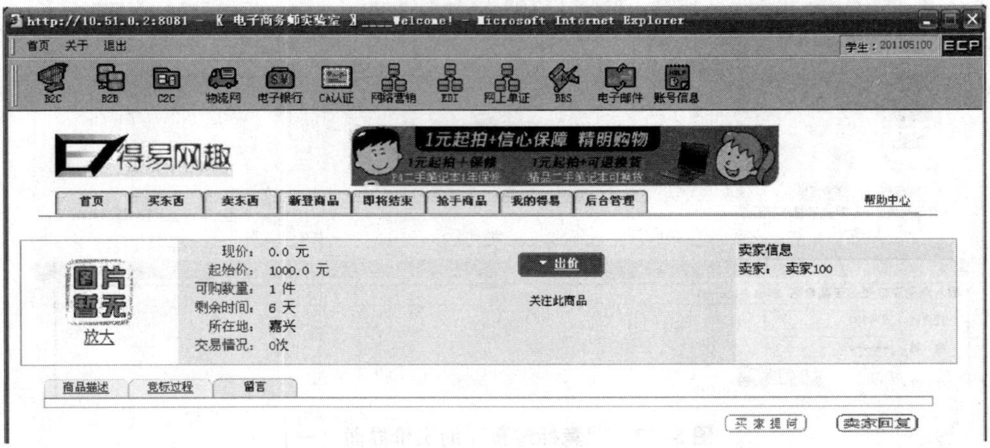

图 5-15 留言选择栏界面

②选择与自己身份相符的状态按钮（此时是买家），点击“买家提问”。

③在提问框中填入想要向卖家提出的问题，点击“提交”，如图 5-16 所示。

图 5-16 问题填写界面

④返回留言界面，信息出现在留言框中，如图 5-17 所示。

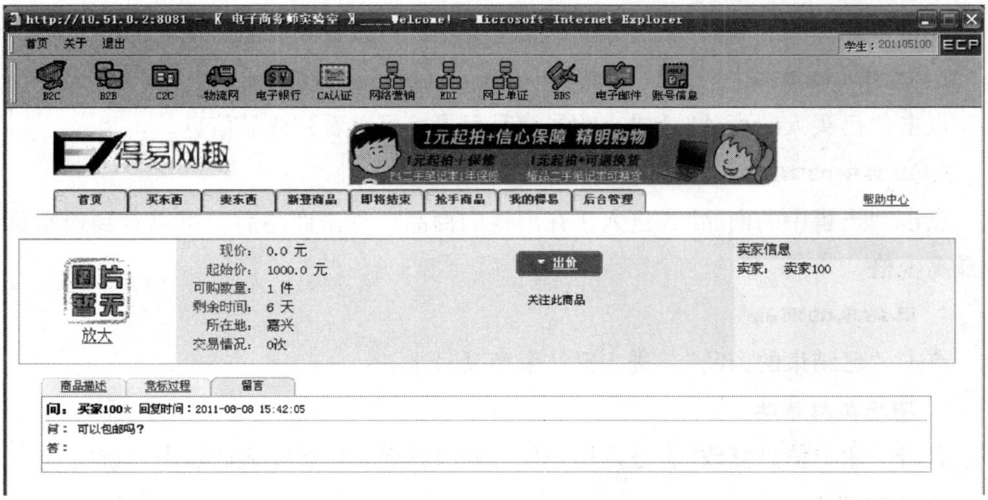

图 5-17 “留言”界面

3. **网上成交**

（1）只设起始价，即无底价竞标卖法，起始价就等于底价，有买家竞标即可成交。

（2）起始价+底价，即有底价竞标卖法，底价设置应大于或等于起始价，当竞标结束、有买家出价达到底价时即告竞标成功。竞标成功的买家按购买数量、出价高低依次与卖家在网上成交，价高者得到所需数量的商品。

（六）新登商品

新登商品是用户当天在系统上新登录出售的商品列表。

（七）抢手商品

抢手商品是所有竞标次数超过 5 的热门商品列表。

（八）即将结束

即将结束是当天达到竞拍期限的商品列表。

（九）我的得易

我的得易模块可以让用户知道 C2C 的所有买卖操作信息，主要包括作为买家的竞标中的商品、已买入的商品；作为卖家的出售中的商品、已结束的商品；用户设置（由用户信息修改、注销用户等构成）。

1. 竞标中的商品

点击“竞标中的商品”，进入商品信息介绍，可以看到商品的现在价格。

2. 已买入的商品

点击“已买入的商品”，进入购买商品目录，可以看到商品信息。

3. 出售中的商品

点击“出售中的商品”，进入正在出售的商品，点击商品后，可以看到最新竞价的最高价格。

4. 已结束的商品

点击“已结束的商品”，进入已结束商品目录。

5. 用户信息修改

点击“用户信息修改”，进入用户信息修改界面，修改完成后点击“确定”。

6. 注销用户

点击“注销用户”，进入“确定”界面，点击“确定”后，用户名被删除，无法再使用该用户名进行登录。

（十）用户信誉评比

买家对卖家进行信誉评比，可以更好地促使双方交易成功。买家在选购商品时可以查看到卖家的信誉评比信息。买家竞标商品成功后，登录“我的得易”，查看“已买入商品”明细，点击“给卖家评价”就可以对卖家进行信誉评比。

提示：

🕮 不论买卖双方交易过多少次，每个用户只能为另一个用户进行一次信誉评比。

（十一）后台管理

C2C 后台管理主要是为网站管理者提供网站运营的各种管理功能，包括系统日志、会员管理、组群设置、拍卖目录设置、拍卖商品管理等。

1. 系统日志

系统日志可以为管理员提供查看用户登录网站日志的功能，目的是让管理员更好地监控网站运行情况，如图 5-18 所示。

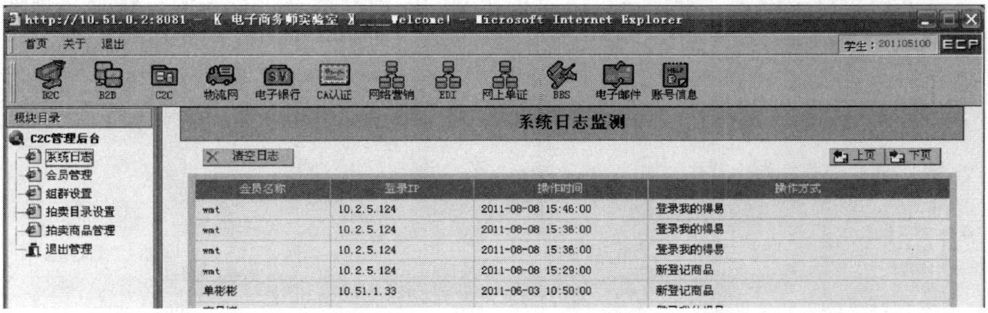

图 5-18　“系统日志监测”界面

2. 会员管理

通过会员管理，管理者可以查看会员信息，并对会员进行组群设置分配，如图 5-19 所示。

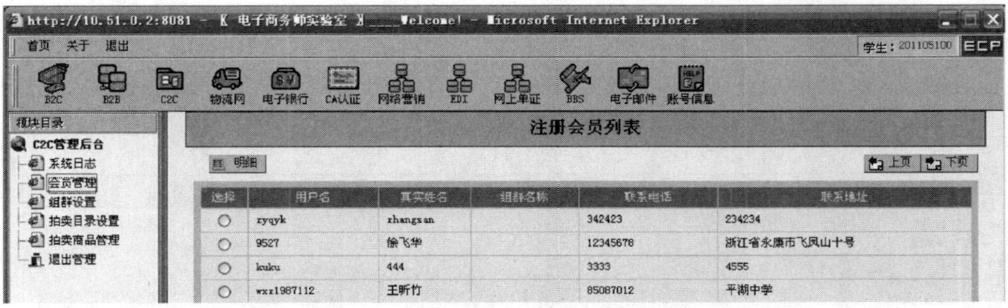

图 5-19　“注册会员列表”界面

3. **组群设置**

通过组群设置，即可对会员进行组群分类，以方便管理员对众多会员进行批量维护，如图 5-20 所示。

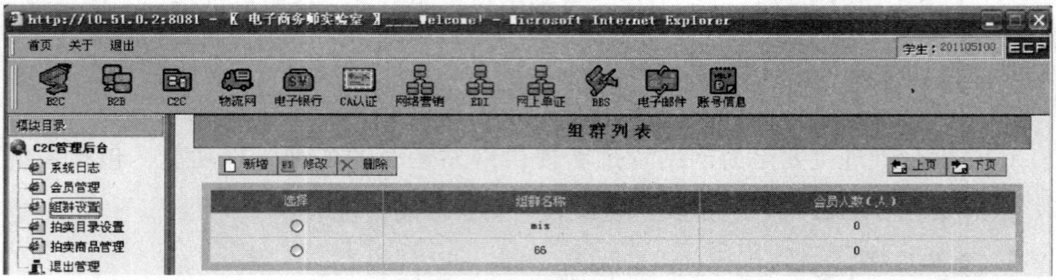

图 5-20 “组群列表”界面

4. **拍卖目录设置**

通过拍卖目录设置，管理员可以对拍卖网站的商品目录进行新增、修改、删除等维护工作，如图 5-21 所示。

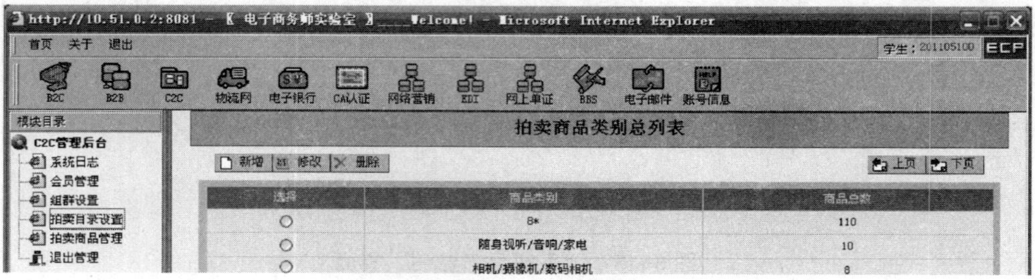

图 5-21 “拍卖商品类别总列表”界面

提示：

🕮 如果某个商品目录已经启用，则该目录不能作删除处理。

5. **拍卖商品管理**

通过拍卖商品管理，可以对拍卖的商品进行注销等维护操作，如图 5-22 所示。

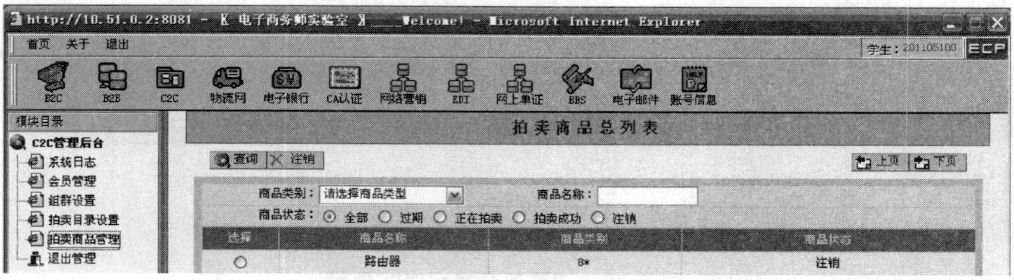

图 5-22 “拍卖商品总列表”界面

六、实验总结

本项实验是模拟买家和卖家身份进行拍卖和竞拍的过程。首先，学生要以买家和卖家的身份注册成为 C2C 会员；注册成功后，卖家可以在“卖东西”模块中发布商品，买家可以在“买东西”模块中寻找到以卖家身份发布的商品，并进行出价竞拍。

实验六　网络营销

一、实验名称和性质

所属课程	电子商务综合实训
实验名称	网络营销
实验学时	2
实验性质	□验证 ☑综合 □设计
必做/选做	☑必做 □选做

二、实验目的

（1）了解网络营销的概念和特点。

（2）学习并熟悉网络营销的各种服务，如商业信息、商业新闻、分类广告、电子杂志、调查问卷、新闻组、网站建设、域名主机、搜索引擎等。

（3）熟悉网络营销主要的业务流程及其后台管理活动。

三、实验环境

一台安装了 ECPv3.0 电子商务系统平台的服务器、局域网环境及 PC 机若干台。

四、知识准备

网络营销以互联网为媒介，以新的方式、方法和理念实施营销活动，更有效促成个人和组织交易活动的实现。网络营销信息交流自由、开放和平等，而且信息交流费用非常低廉，信息交流渠道既直接又高效。通过对网络营销的操作，可以熟悉网络营销主要的业务流程及其后台管理活动。

本项实验的网络营销活动是模拟一家网络营销公司的日常运作过程，因为公司以赢利为第一目的，所以该公司提供的所有服务几乎都要收费。本项实验需准备商业信息、商业新闻、分类广告、电子杂志、调查问卷、新闻组、网站建设、域名主机、搜索引擎等基本资料。实验流程如图 6-1 所示。

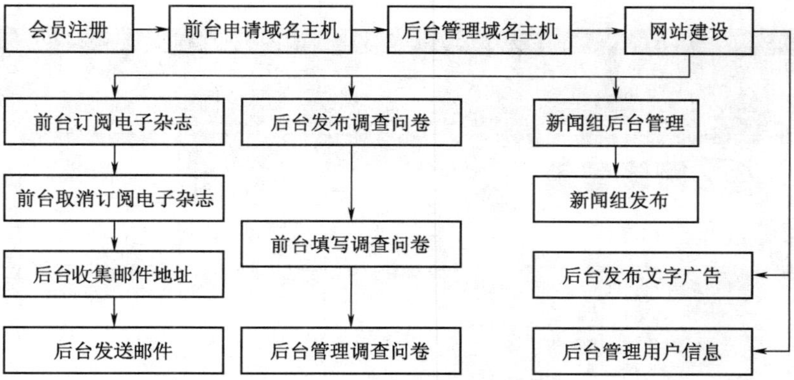

图 6-1 实验流程

五、实验步骤和内容

(一) 网络营销注册

网络营销公司采取会员制服务管理，会员注册成功后，申请网络营销公司提供的服务就不用再次填写大量重复的信息，只需填写该服务必需的信息即可。

注册流程如下。

(1) 点击网络营销首页，选择注册，如图 6-2 所示。

图 6-2 会员未注册的“网络营销”首页

（2）进入“会员注册”界面，填写注册信息，不带有“＊＊”标志的项目可选填，如图 6-3 所示。

图 6-3 “会员注册”界面

（3）点击“确定”完成注册，出现“注册结果”界面，如图 6-4 所示。

图 6-4 会员“注册结果”界面

（4）点击“返回”，系统自动回到“网络营销”首页，会员登录的账号及密码已自动填入，如图 6-5 所示。

图 6-5　会员已注册的“网络营销”首页

（二）网站建设

在“网络营销”首页点击“网站建设”，出现如图 6-6 所示界面。

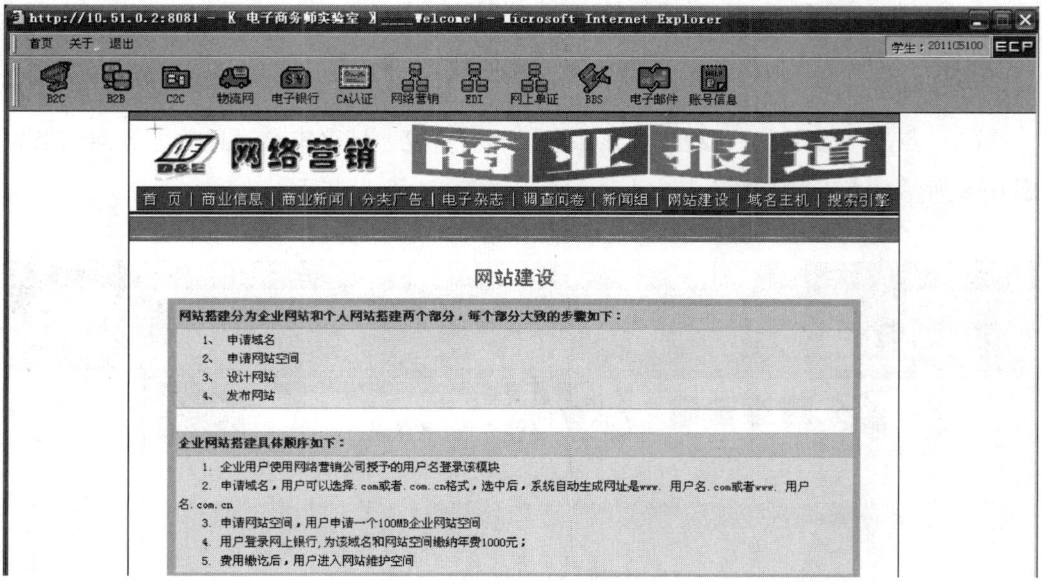

图 6-6　“网站建设”界面

(三) 域名主机

用户在前台申请域名主机，网络营销商在后台管理域名主机。

1. **前台申请域名主机**

(1) 网站建设首先要申请域名，点击“域名主机”，如图 6-7 所示，填写网站域名。

图 6-7　“域名主机”界面

(2) 点击“注册”，系统审核该域名是否有重复，域名审核通过后，查询结果如图 6-8 所示，点击“继续”。

图 6-8　域名“查询结果”界面

（3）设定域名管理账号密码，系统已自动输入用户名和密码，如图 6-9 所示。

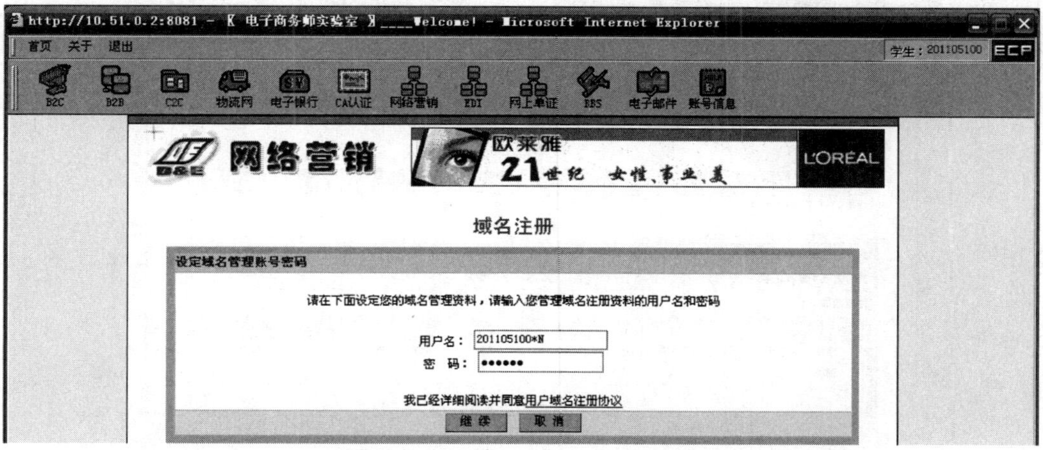

图 6-9　“设定域名管理账号密码”界面

（4）阅读“用户域名注册协议”，点击“同意”后再点击“继续”。

（5）选择“域名使用时间”，如图 6-10 所示，然后再点击“继续”。

图 6-10　“域名使用时间”选择界面

（6）系统给出域名注册信息，如图 6-11 所示，完成注册。

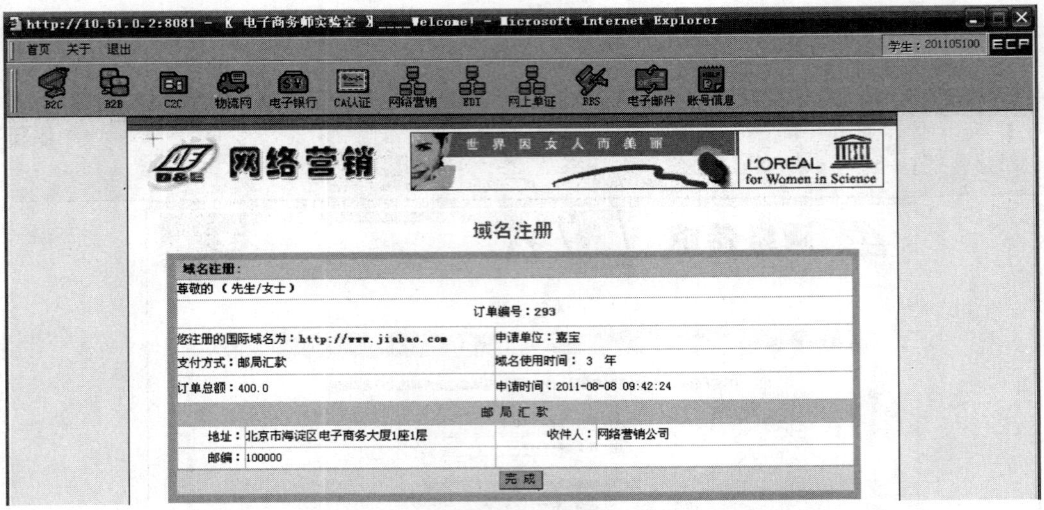

图 6-11 “域名注册”信息界面

（7）点击“完成”后自动回到“网络营销”首页。

2. 后台管理域名主机

（1）在“网络营销”首页进行会员登录，如图 6-12 所示。

图 6-12 “网络营销”首页

（2）会员登录后会自动出现“域名管理”界面，如图 6-13 所示，选择需要修改的域名，点击“域名信息”。

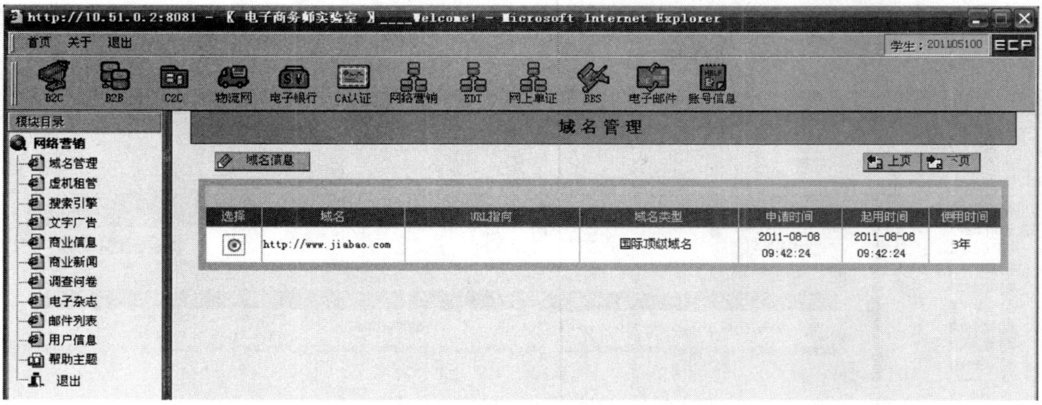

图 6-13　“域名管理”界面

（3）填写 URL 指向，如图 6-14 所示，点击“修改”。

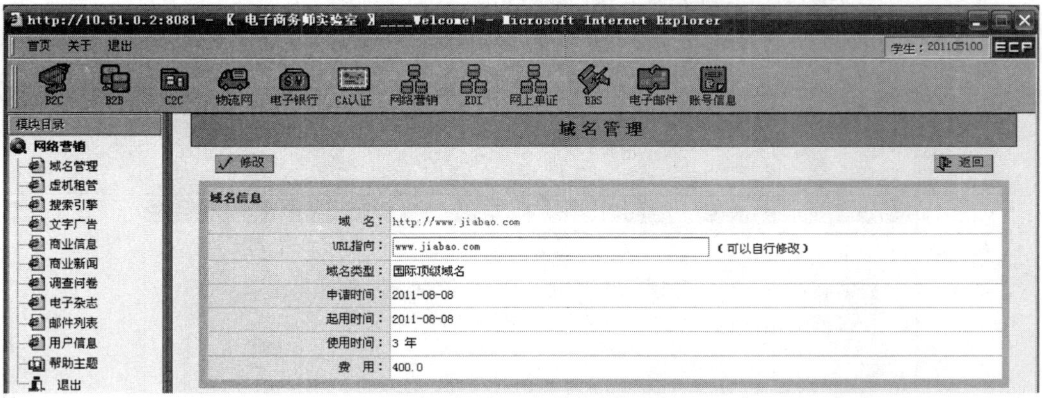

图 6-14　域名信息修改界面

（4）出现“修改成功”操作反馈结果界面，如图 6-15 所示，点击“返回”。

图 6-15　“修改成功”操作反馈结果界面

（5）回到“域名管理”界面首页，可看到URL指向已经改变，如图6-16所示。

图6-16 “域名管理”首页

3. **虚拟主机租用（前台）**

（1）在“网络营销”首页，点击“域名主机”，查看虚拟主机租用，如图6-17所示，选择适合自己的方式。

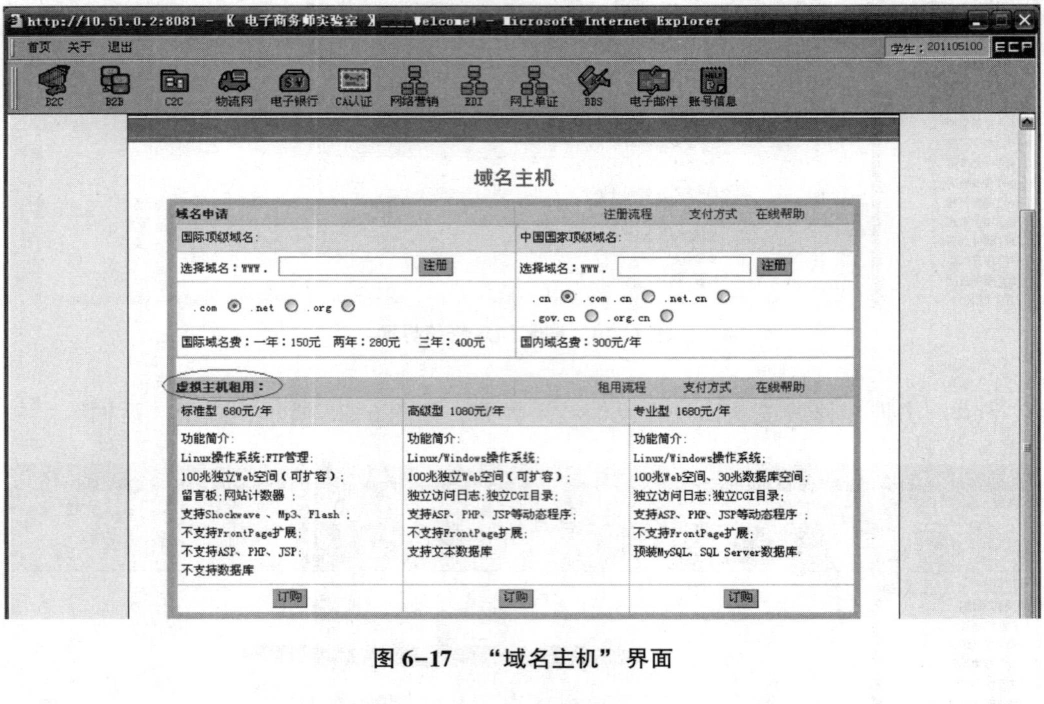

图6-17 “域名主机”界面

（2）点击“订购”，查看虚拟主机租用信息，如图6-18所示，点击“继续”。

（3）设定虚拟主机管理账号密码，系统已自动填入用户名和密码，如图6-19所示。

虚拟主机租用

虚拟主机

您选择租用的是专业型虚拟主机，下面列表是它的基本情况和功能的介绍，请确认：

	内容	标准型	高级型	专业型
基本情况	操作系统	------	Windows2000 Linux	Windows2000 Linux
	价格	680元/1年	1080元/1年	1680元/1年
	Web空间	100M	100M	100M
	增加空间容量	400元/100M/年	400元/100M/年	400元/100M/年
虚拟主机功能	FTP文件上传	有	有	有
	网络安全保护	有	有	有
	数据备份	有	有	有
	用户留言板	有	有	有
	网站计数器	有	有	有
	Java Class	有	有	有
	FrontPage扩展	不支持	不支持	不支持
	Shockwave、Mp3、Flash	有	有	有
	独立访问日志	无	有	有
	独立CGI目录	无	Linux支持	Linux支持
	ASP、PHP、JSP支持	无	Win2000支持ASP、JSP Linux支持PHP、JSP	Win2000支持ASP、JSP Linux支持PHP、JSP

图 6-18 “虚拟主机租用”信息界面

图 6-19 “设定虚拟主机管理账号密码”界面

（4）阅读“虚拟主机租用协议”，点击“同意”后再点击“继续”。

（5）选择虚拟主机租用时间，如图 6-20 所示，然后再点击“继续”。

（6）系统给出“虚拟主机租用”的信息界面，如图 6-21 所示，完成虚拟主机租用。

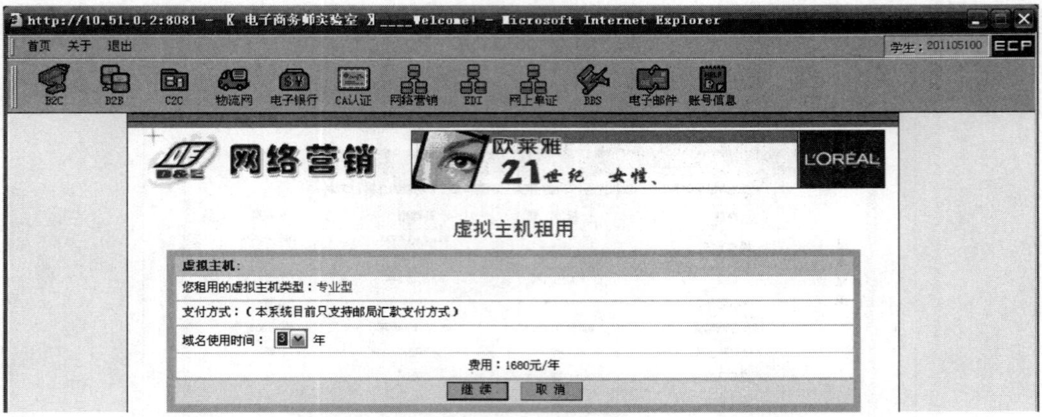

图 6-20 “虚拟主机租用”时间选择界面

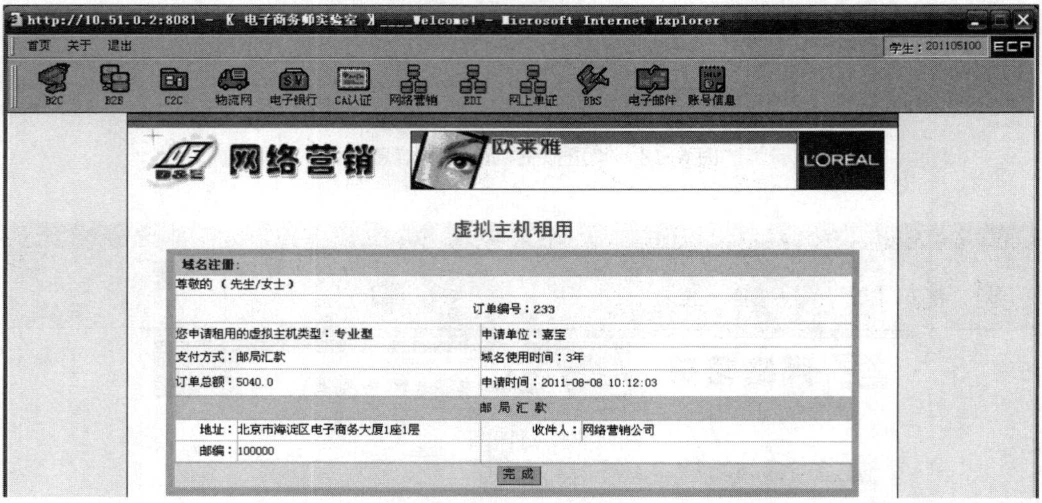

图 6-21 “虚拟主机租用”信息界面

（7）点击“完成”后回到“网络营销”首页。

4. **虚拟主机租用（后台）**

（1）在网络营销首页，进行会员登录。

（2）点击“虚机租管”模块，进入“虚机租管”界面，如图 6-22 所示。

（3）进入“虚机租管”界面后，选择需要查看的项目，点击“虚机信息”进行查看，如图 6-23 所示。

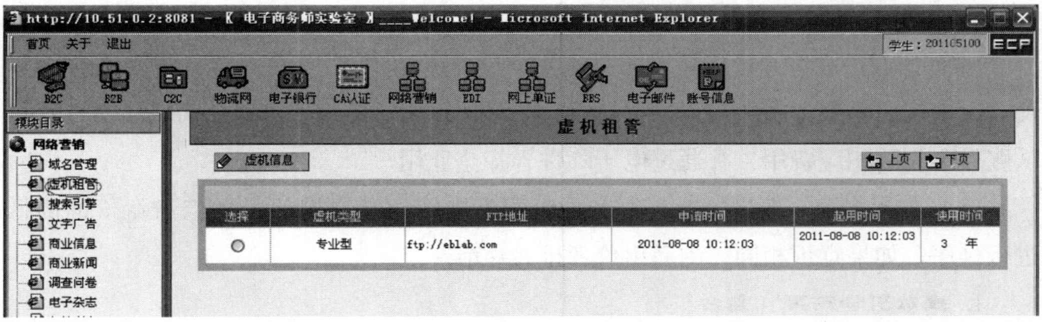

图 6-22　“虚机租管”界面

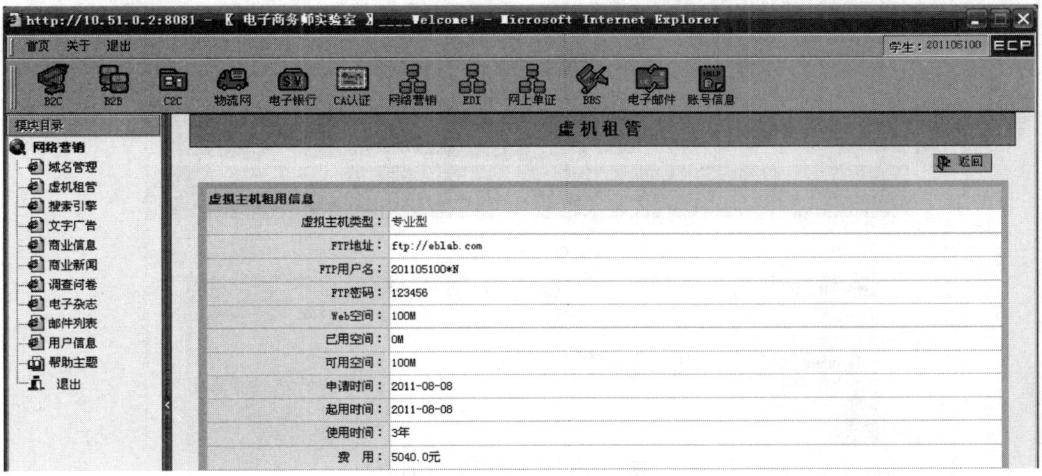

图 6-23　“虚拟主机租用信息”界面

（四）搜索引擎

搜索引擎模块除了提供普通的关键字查询以外，还提供关键字排名服务。

单个关键字查询：用户提交单个关键字，按照“所有”“网站”“新闻”“商品”“广告”五个类别搜索。

关键字排名服务如下。

（1）搜索引擎用户在搜索引擎里输入一个关键字，通常得到很多搜索结果，这些搜索结果的排名有先后之分，这就是搜索引擎排名。

（2）关键字排名最低服务费为 300 元，多付不限。企业用户缴纳服务费后，可以自己编辑关键字，并且编写该关键字的说明文字、要链接的网址以及潜在客户单次点击该关键字链接所需费用，其基本费用是 0.30 元。每个用户所能提交的关键字数量没有限制。

（3）当有潜在客户通过关键字排名点击访问企业用户的网站后，收费系统会累加这次费用，当服务费减去累加费用后小于单次点击该关键字链接所需费用时，不再从账号中扣除相应费用，并通过电子邮件告知企业用户。

（4）如果多家企业同时竞买一个关键字，则搜索结果按照每次点击竞价的高低进行排序。如果竞价相同，则后出价者排名靠前。

1. **搜索引擎购买（前台）**

（1）点击搜索引擎界面，如图 6-24 所示，点击“购买”。

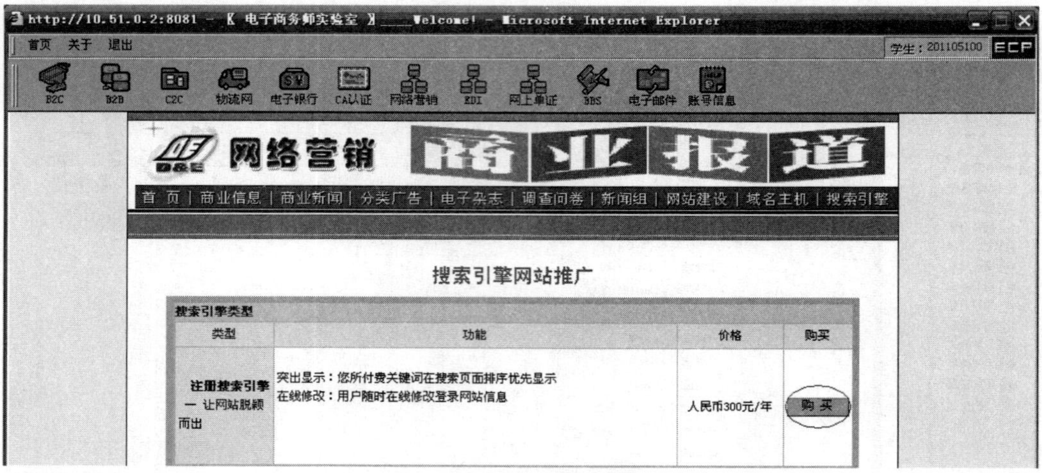

图 6-24　搜索引擎界面

（2）阅读《搜索引擎服务协议》，点击“同意”。

（3）设定网站推广管理账号密码，系统已自动填入用户名与密码，如图 6-25 所示，点击“继续”。

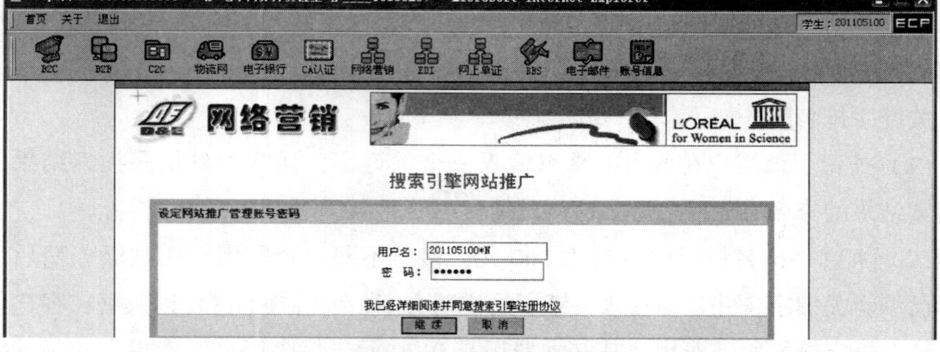

图 6-25　“设定网站推广管理账号密码”界面

（4）填写搜索引擎网站资料，选择使用年限，如图 6-26 所示，点击“继续”。

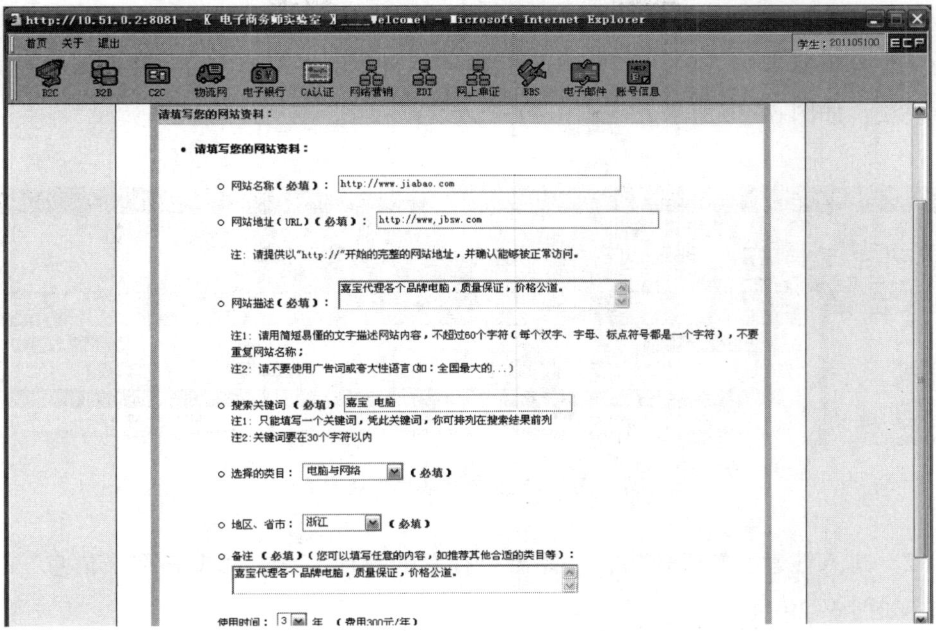

图 6-26　搜索引擎网站资料填写界面

（5）系统给出搜索引擎网站推广的信息界面，如图 6-27 所示，完成搜索引擎的购买。

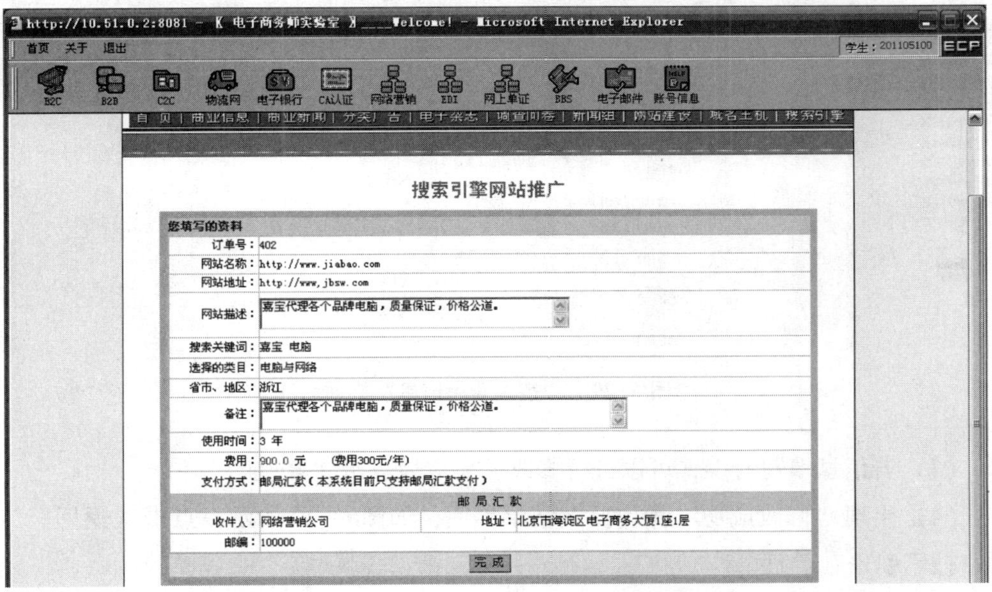

图 6-27　搜索引擎网站推广信息界面

（6）点击“完成”，系统自动回到“网络营销”首页。

2. **搜索引擎购买（后台）**

（1）在网络营销首页，点击“会员登录”，进入网络营销后台，并选择“搜索引擎”模块，如图 6-28 所示。

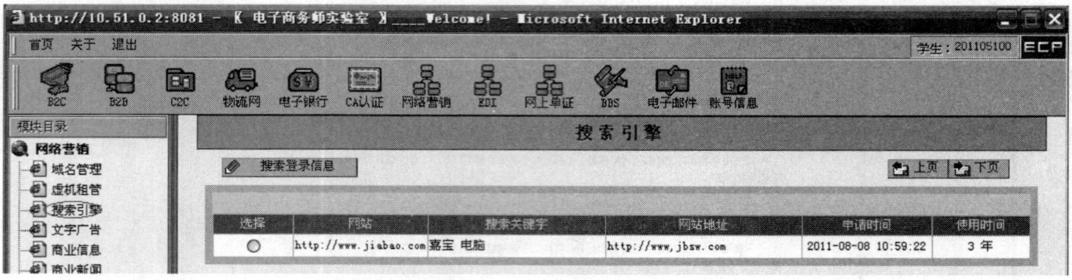

图 6-28 “搜索引擎”模块界面

（2）进入搜索引擎模块后，选择需要查看的项目，点击“搜索登录信息”进行查看，如图 6-29 所示。

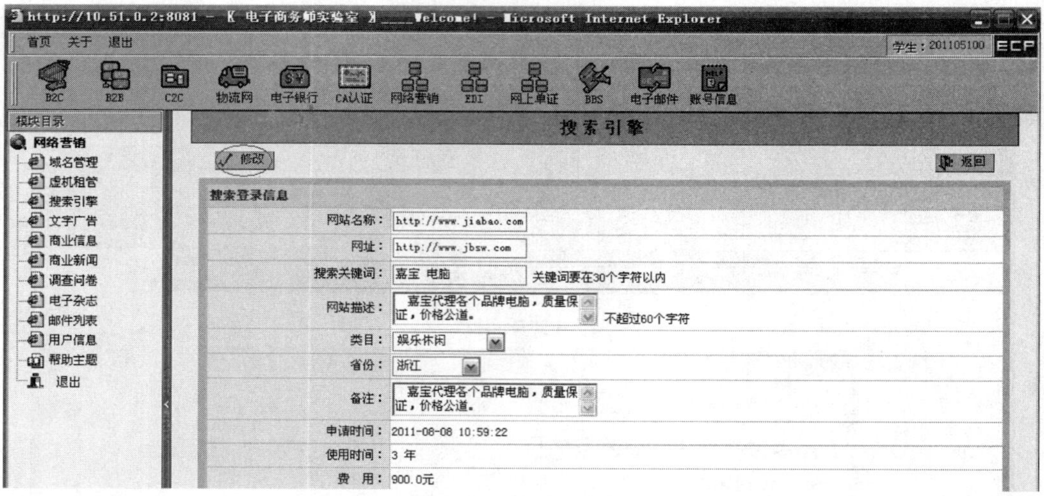

图 6-29 “搜索登录信息”界面

（3）若信息填写有误，可以进行修改，完成后点击“修改”。

（4）出现“修改成功”操作反馈结果界面，如图 6-30 所示，点击“返回”，回到“搜索引擎”界面。

图 6-30　“修改成功”操作反馈结果界面

(五) 文字广告

网络营销公司在本公司网站的分类广告中发布分类文字广告。

发布文字广告的步骤如下。

(1) 在网络营销首页，点击“会员登录”，进入网络营销后台，并选择“文字广告”模块，如图 6-31 所示。

图 6-31　“文字广告”模块界面

(2) 点击“新增”，选择广告分类，填写广告标题、广告内容和网站链接，如图 6-32 所示。

(3) 点击“确定”，出现“添加成功”操作反馈结果界面，如图 6-33 所示。

(4) 点击“返回”，完成文字广告发布，系统自动回到“文字广告”模板界面，可看到刚刚新增的文字广告，如图 6-34 所示。

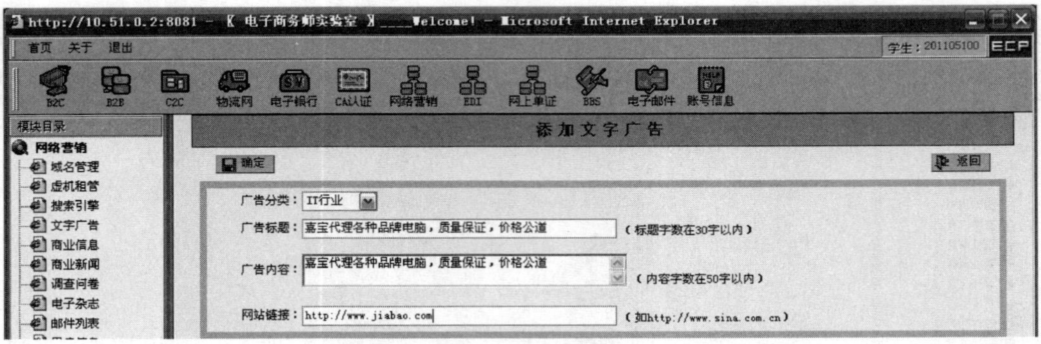

图 6-32 “添加文字广告”界面

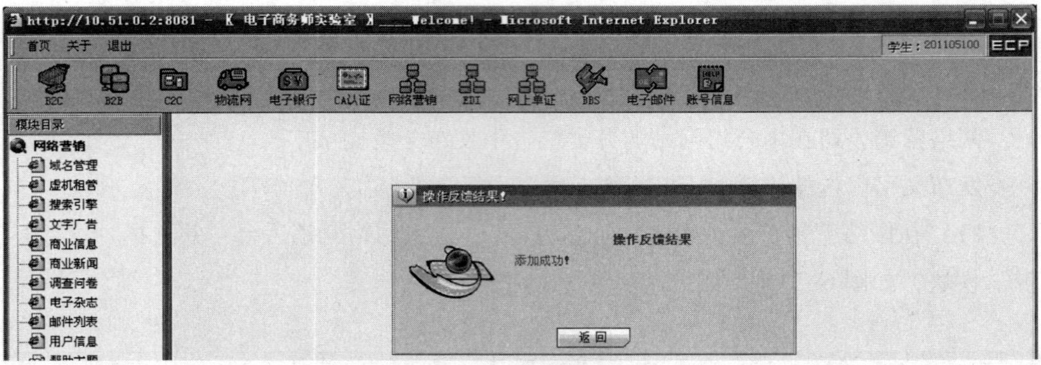

图 6-33 “添加成功”操作反馈结果界面

图 6-34 “文字广告”模板界面

（5）在“网络营销”首页点击“分类广告”，在这里广告发布，可看到刚刚发布的“文字广告”，如图 6-35 所示。

提示：

🕮 商业信息与商业新闻的发布操作步骤可以参照文字广告的发布步骤。

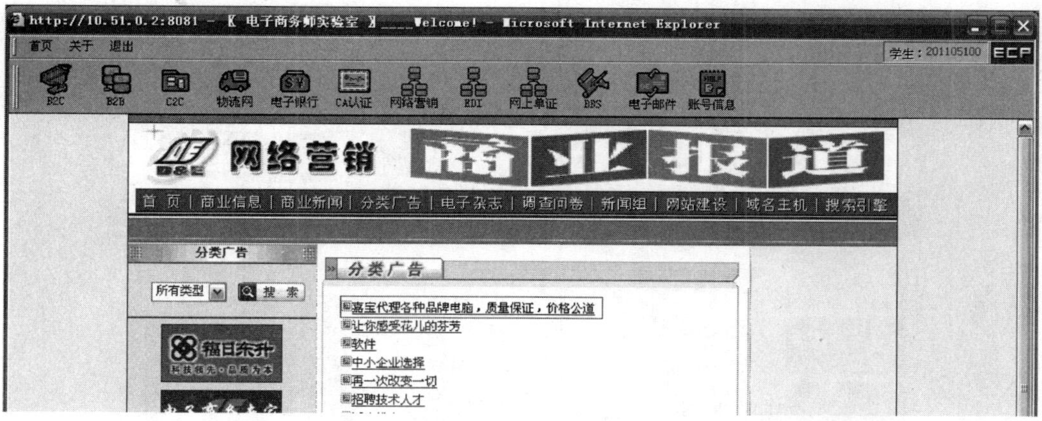

图 6-35　“分类广告”界面

（六）电子杂志

1. 前台订阅电子杂志

订阅电子杂志的过程如下。

（1）在“网络营销”首页点击“电子杂志”，出现如图 6-36 所示的界面。

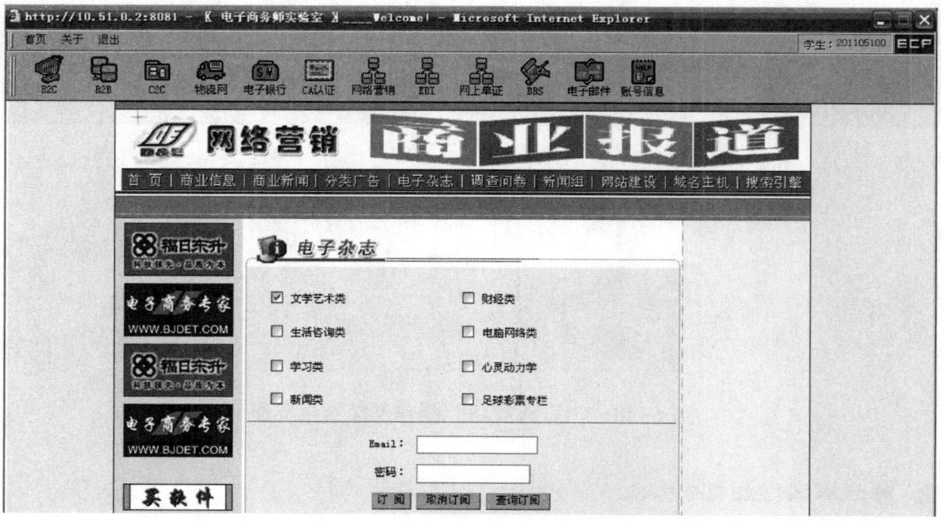

图 6-36　“电子杂志”界面

（2）选择需要订阅的电子杂志类型，填写正确的 E-mail，输入密码，如图 6-37 所示。

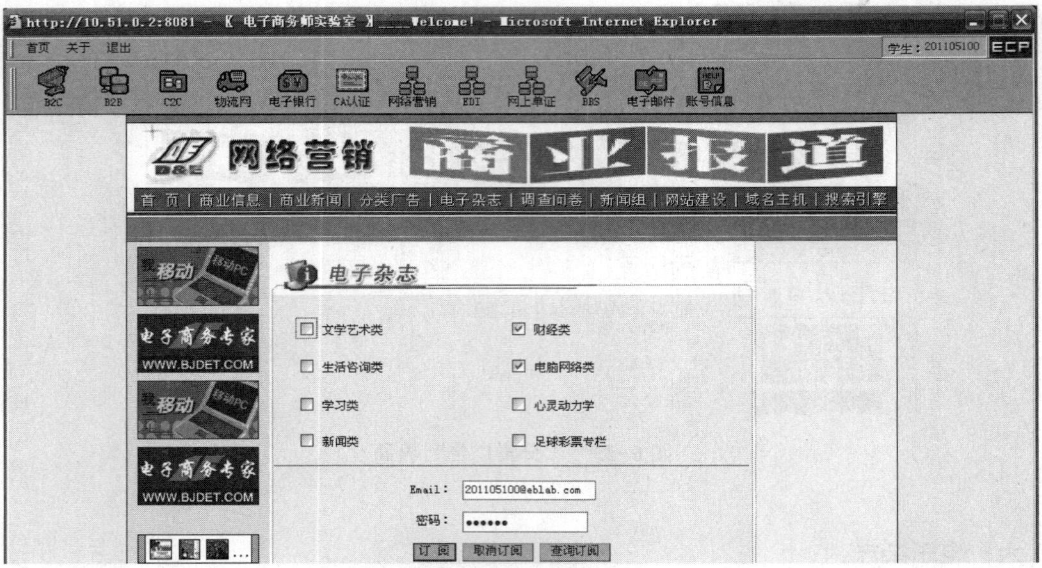

图 6-37　“电子杂志”界面

（3）点击“订阅”，系统显示“订阅成功”操作反馈结果界面，如图 6-38 所示。

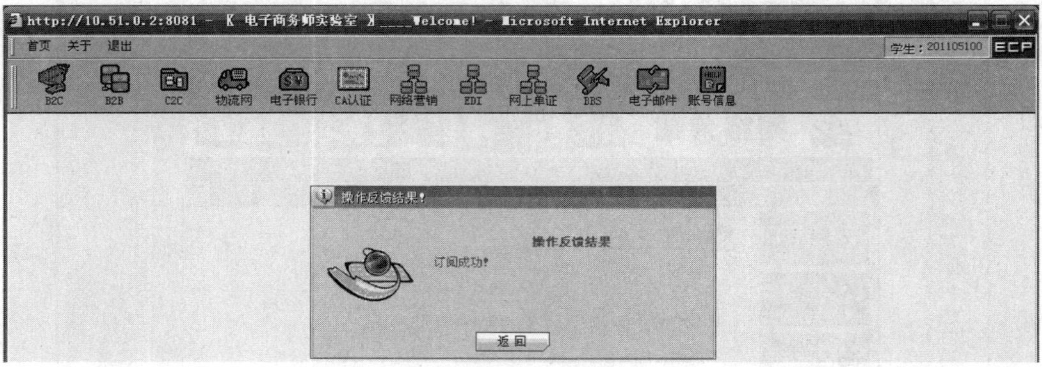

图 6-38　“订阅成功”操作反馈结果界面

2. **前台取消订阅电子杂志**

取消订阅电子杂志的过程如下。

（1）在“网络营销”首页点击“电子杂志”界面，选择需要取消订阅的电子杂志类型，填写正确的 E-mail，输入密码，如图 6-39 所示，点击“取消订阅”。

（2）系统显示“取消订阅成功”操作反馈结果界面，如图 6-40 所示。

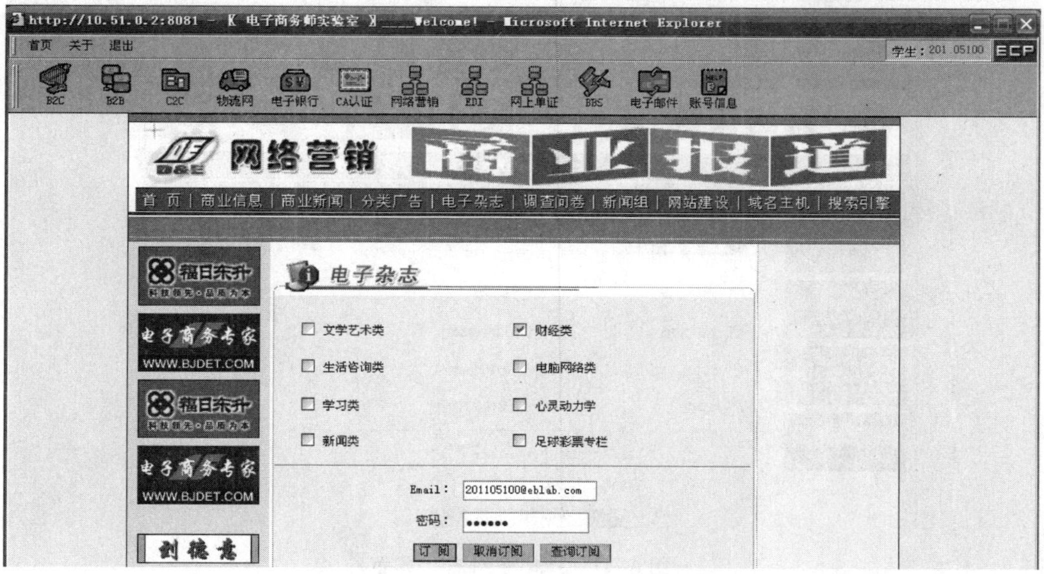

图 6–39　“电子杂志”界面

图 6–40　“取消订阅成功”操作反馈结果界面

3. **查询订阅电子杂志过程**

查询订阅电子杂志过程如下。

（1）在“网络营销”首页点击“电子杂志”界面，填写正确的 E-mail，输入密码，如图 6–41 所示，点击“查询订阅”。

（2）出现已经订阅的电子杂志的类型，如图 6–42 所示。

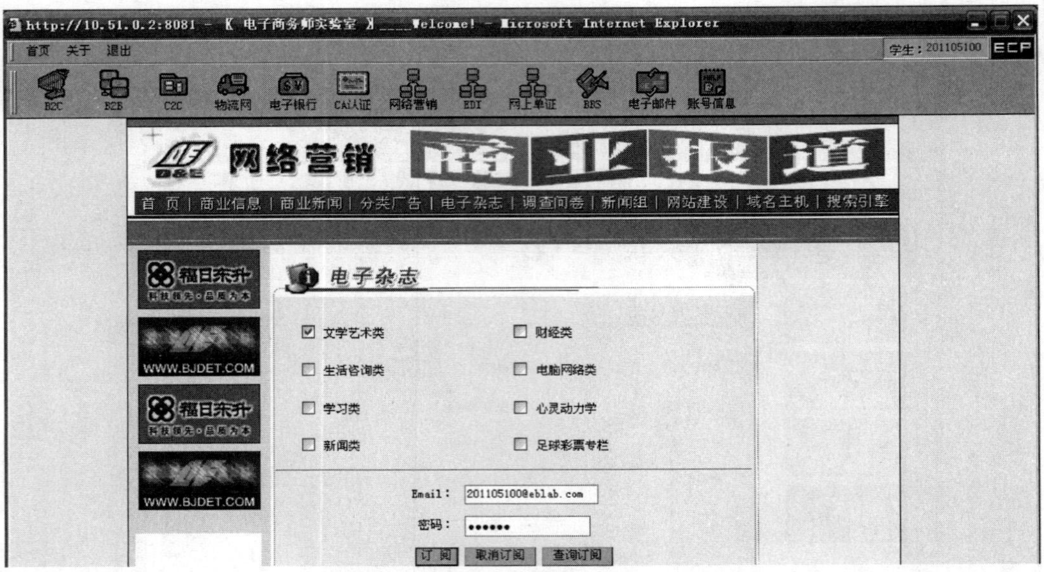

图 6-41 “电子杂志”界面

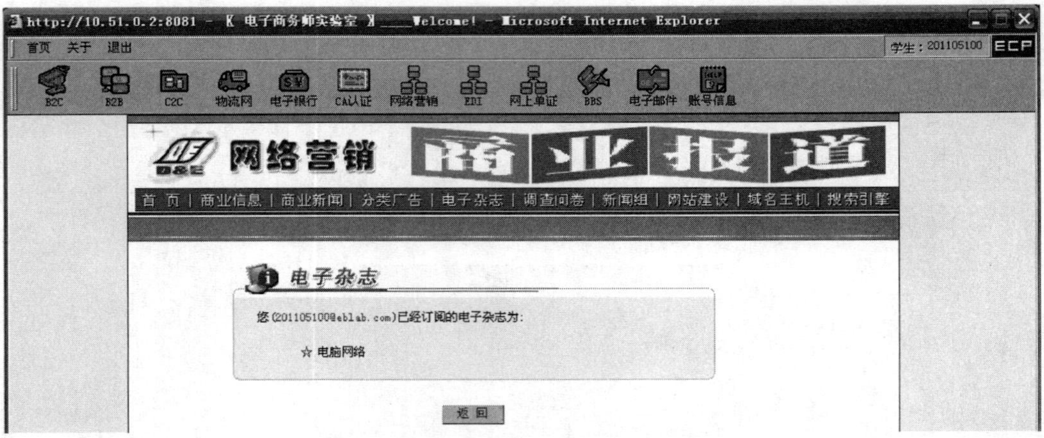

图 6-42 已经订阅的电子杂志界面

4. 新建电子杂志（后台）

新建电子杂志的步骤如下。

（1）在“网络营销”首页填写用户名和密码，登录网络营销后台，进入“电子杂志”模块，如图 6-43 所示。

（2）点击“新建电子杂志”，选择电子杂志类型，填写电子杂志主题和内容，如图 6-44 所示。

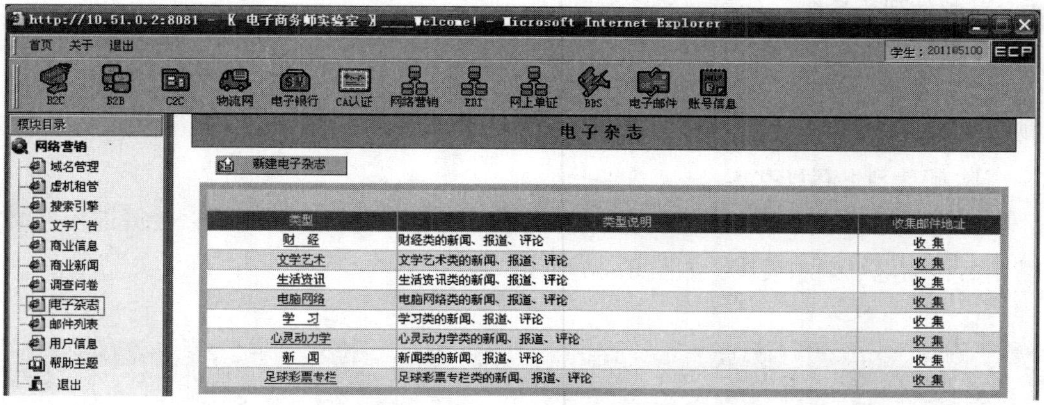

图 6-43 “电子杂志”模块界面

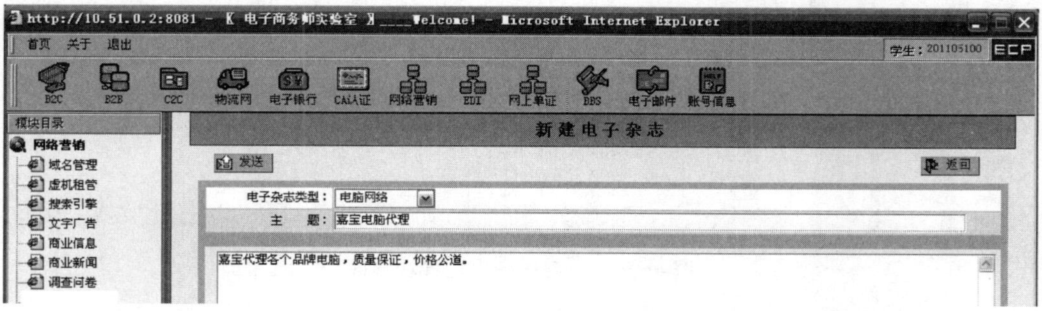

图 6-44 “新建电子杂志”界面

（3）点击“发送”，系统显示“发送成功”操作反馈结果界面，图 6-45 所示，电子杂志邮件发送到订阅者的信箱。

图 6-45 “发送成功”操作反馈结果界面

（七）邮件列表

邮件列表可以实现邮件的批量发送，可以同时向许多拥有电子邮件地址的人发送预备好的信息。

1. 邮件列表获得方式

（1）前台完成电子杂志订阅手续，就可以在后台收集订阅地址；会员进入网络营销后台的电子杂志模块，如图 6-46 所示。

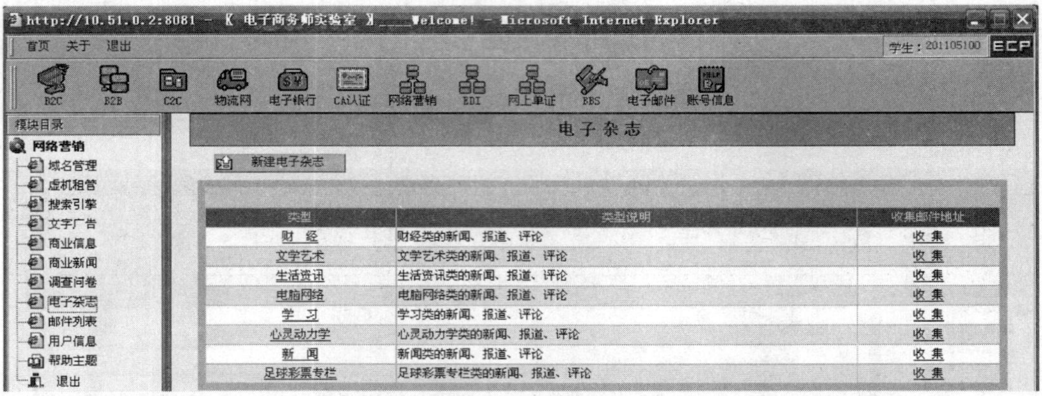

图 6-46 “电子杂志”模块界面

（2）点击“收集”，出现“已把收集到的邮件放到你的邮件列表中”操作反馈结果界面，如图 6-47 所示。

图 6-47 已收集操作反馈结果界面

（3）点击“邮件列表”模块，系统已自动把前台订阅的 E-mail 地址收集到邮件列表中，如图 6-48 所示。

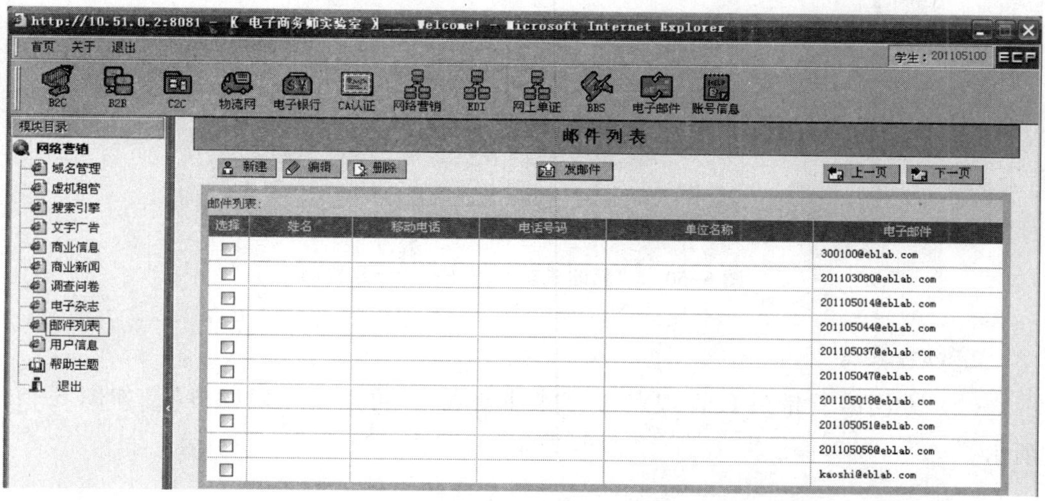

图 6-48　“邮件列表”模块界面

（4）邮件列表本身有增加电子邮件的功能，可以通过手动方式新建增加电子邮件，如图 6-49 所示。

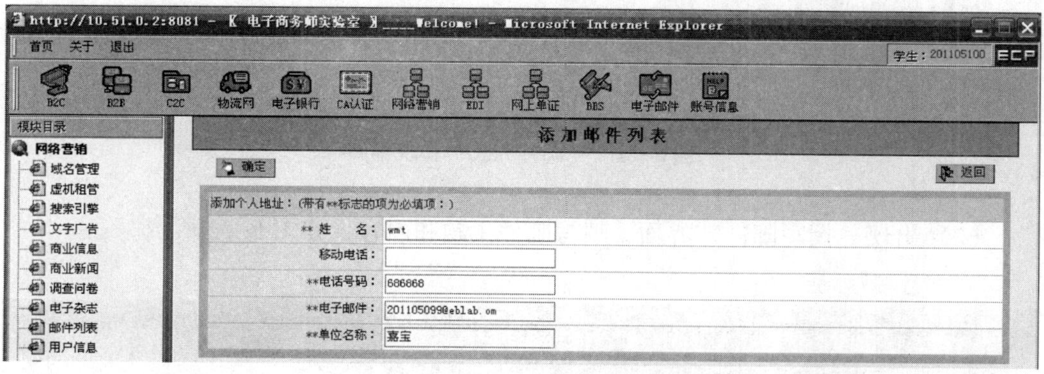

图 6-49　“添加邮件列表”界面

（5）点击“确定”，出现“新建成功”操作反馈结果界面，如图 6-50 所示。

（6）可以在邮件列表中对已有的电子邮件进行编辑和删除。

图 6-50　“新建成功”操作反馈结果界面

2. **邮件发送**

(1) 在网络营销后台管理点击“邮件列表”，再点击“发邮件”，如图 6-51 所示。

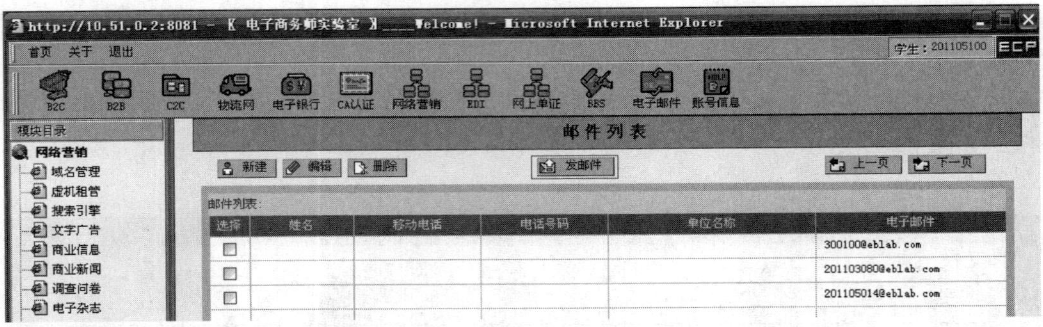

图 6-51　“邮件列表”模块界面

(2) 出现“撰写邮件”界面，填写邮件主题和内容，如图 6-52 所示。

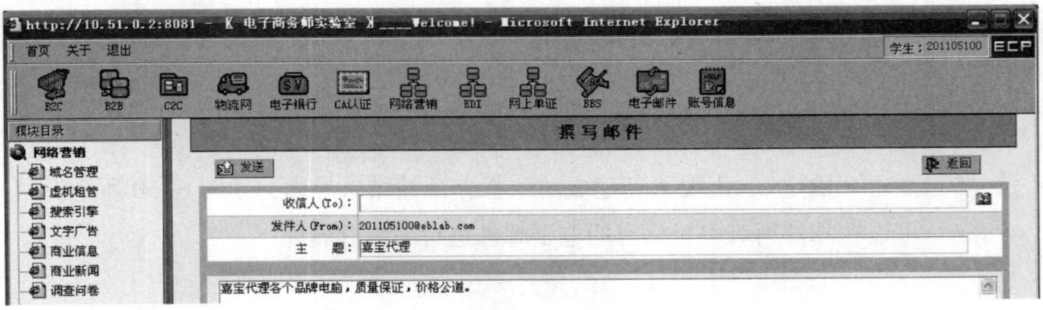

图 6-52　“撰写邮件”界面

（3）点击“收件人地址选择”，选择收件人，如图 6–53 所示，实现邮件群发的功能。

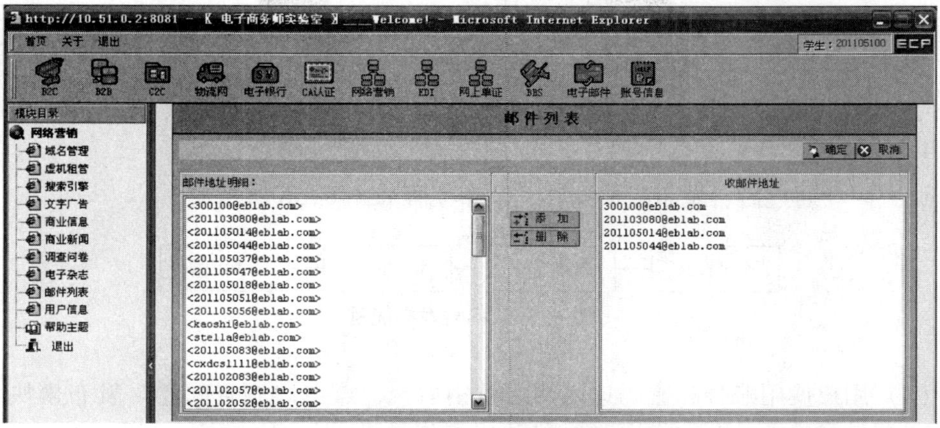

图 6–53　收件人地址选择界面

（4）添加完成后，点击“确定”，回到“撰写邮件”界面，如图 6–54 所示。

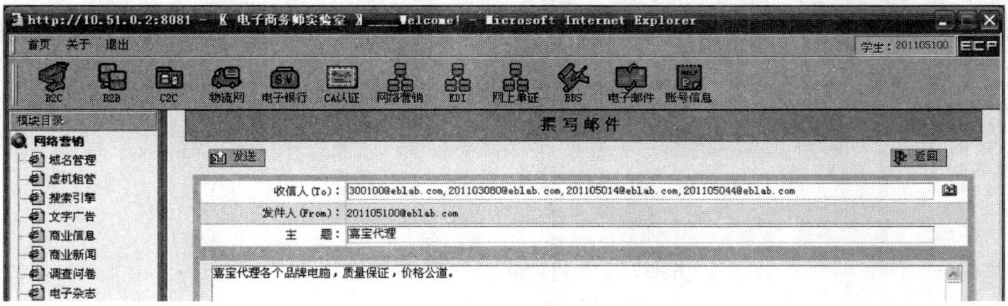

图 6–54　“撰写邮件”界面

（5）检查无误后点击“发送”，系统显示“发送成功”操作反馈结果界面，如图 6–55 所示。

图 6–55　“发送成功”操作反馈结果界面

(八) 调查问卷

调查问卷是指将问卷发布在网上，等待访问者访问时填写问卷，被调查对象通过互联网完成问卷调查。

1. 后台发布调查问卷

调查问卷通过后台发布在线调查，发布流程如图 6-56 所示。

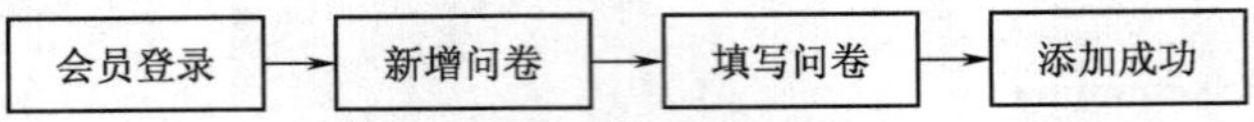

图 6-56　问卷发布流程

（1）用户使用账号和密码进入网络营销后台，点击“调查问卷”发布模块，如图 6-57 所示。

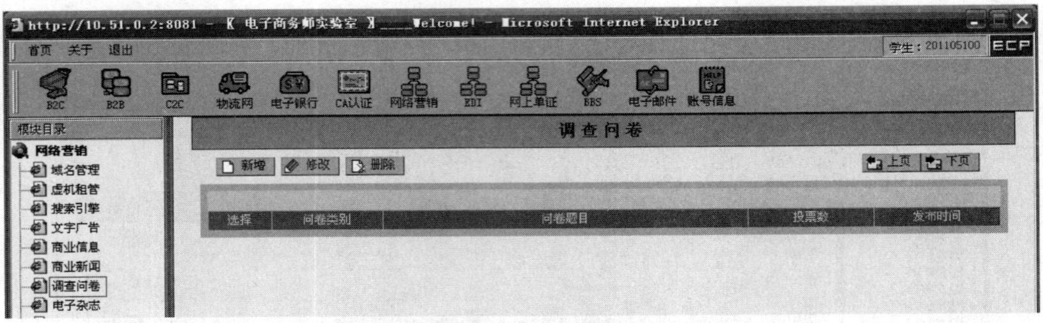

图 6-57　“调查问卷”发布模块界面

（2）用户可以新增、修改、删除调查问卷。

（3）用户点击“新增”，进入“添加调查问卷”界面，撰写问卷标题，选择问卷类型，新增问卷选项，如图 6-58 所示。

图 6-58　“添加调查问卷”界面

（4）编写问卷完成后，点击“确定”，出现“新增成功”操作反馈结果界面，如图 6-59 所示。

图 6-59　“新增成功”操作反馈结果界面

（5）系统自动发布在线调查问卷。

2. 前台填写调查问卷

在“网络营销”首页点击“调查问卷”，可以看到刚刚发布的调查问卷，如图 6-60 所示。

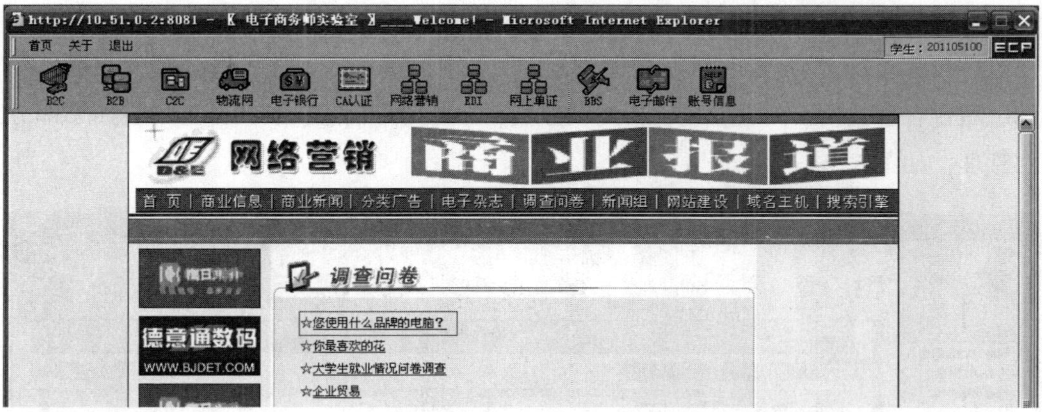

图 6-60　“调查问卷”界面

（九）新闻组

学生可以根据自己的兴趣和爱好选择新闻组，并阅读新闻组中的文章，同时在新闻组中添加自己的评论或问题。同一新闻组中的其他用户能阅读其文章，回复邮件，提出劝告、观点或解答。

新闻组模块包括新闻组后台管理模块和新闻组发布模块，如图 6-61 所示。

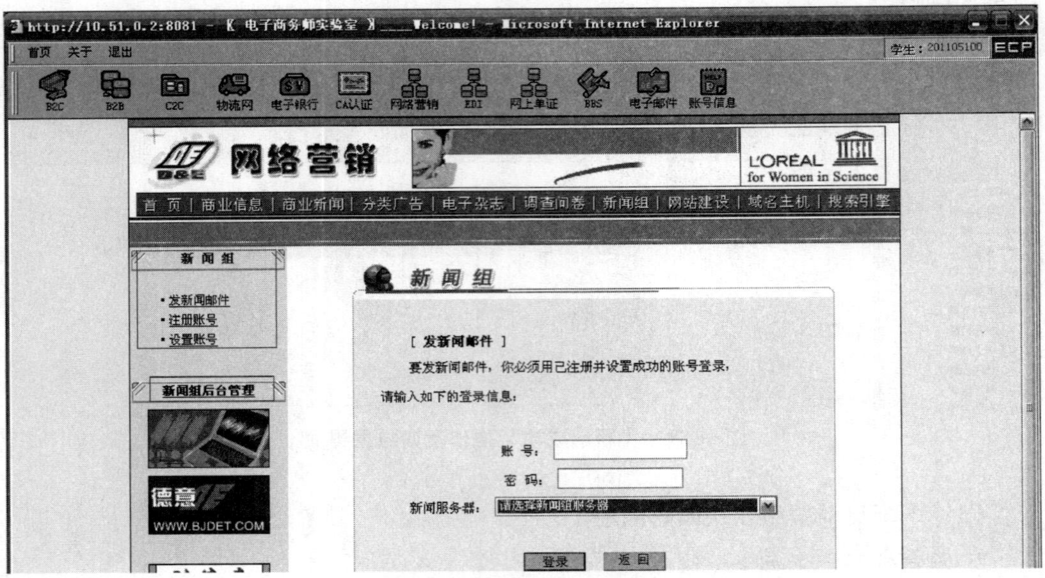

图 6-61 “新闻组”界面

1. **新闻组后台管理**

新闻组后台管理是新闻组管理员针对新闻组进行管理的平台。学生可点击“新闻组后台管理”，填写管理员账号“admin”、密码“admin”进入后台管理界面。新闻组后台管理包括新闻组管理、新闻服务器、注册用户信息、新闻邮件列表四个部分的管理，如图 6-62 所示。

图 6-62 “新闻组管理”界面

（1）新闻组管理：学生可使用管理员的身份进入新闻组后台，在新闻组管理中可以看到所有的新闻组的列表信息，可以添加新的新闻组，也可以删除已有的新闻组，还可以根据查询条件查找相关的新闻组，如图 6-63 所示。

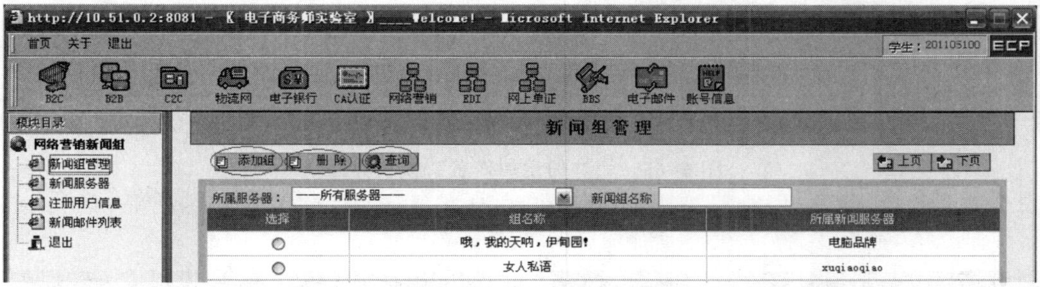

图 6-63　“新闻组管理”模块界面

（2）新闻服务器：学生可使用管理员的身份进入新闻组后台，在新闻服务器管理中可以看到所有的新闻服务器列表信息，可以添加新的新闻服务器，也可以删除已有的新闻服务器，还可以根据查询条件查找相关的新闻服务器，如图 6-64 所示。

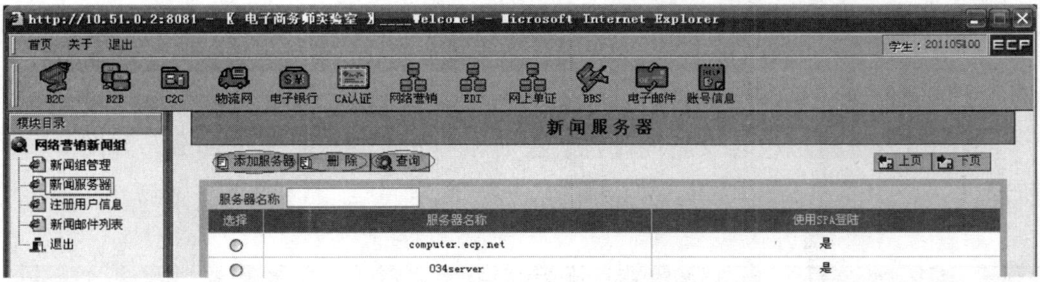

图 6-64　“新闻服务器”模块界面

（3）注册用户信息：在新闻组用户管理中可以看到所有的前台注册用户的列表信息，可以查看用户信息的明细，也可以删除已有的注册用户，还可以根据查询条件查找到相关的注册用户信息，如图 6-65 所示。

（4）新闻邮件列表：学生可使用管理员的身份进入新闻组后台，在新闻组邮件列表中可以看到所有的新闻邮件的列表信息，可以查看新闻邮件的明细，并对不合法的邮件进行删除管理，也可以根据查询条件找到相关的新闻邮件信息，如图 6-66 所示。

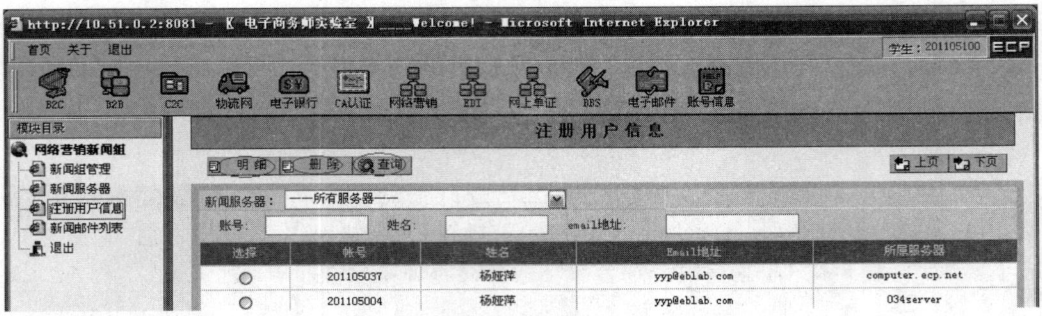

图 6-65 “注册用户信息”模块界面

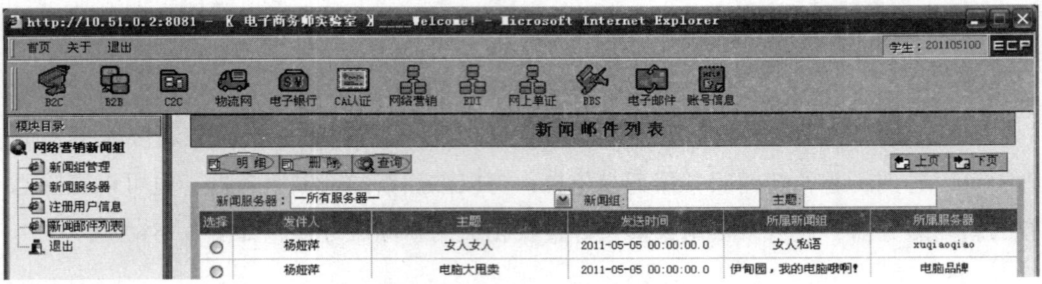

图 6-66 “新闻邮件列表”模块界面

2. **新闻组发布模块**

新闻组发布模块包含发新闻邮件、注册账号、设置账号三个部分，如图 6-67 所示。

图 6-67 新闻组发布模块界面

（1）注册账号。

①点击“注册账号”，出现注册账号信息填写界面后，填写申请登录新闻组的用户账号、真实姓名、密码、E-mail 地址、新闻服务器，如图 6-68 所示。

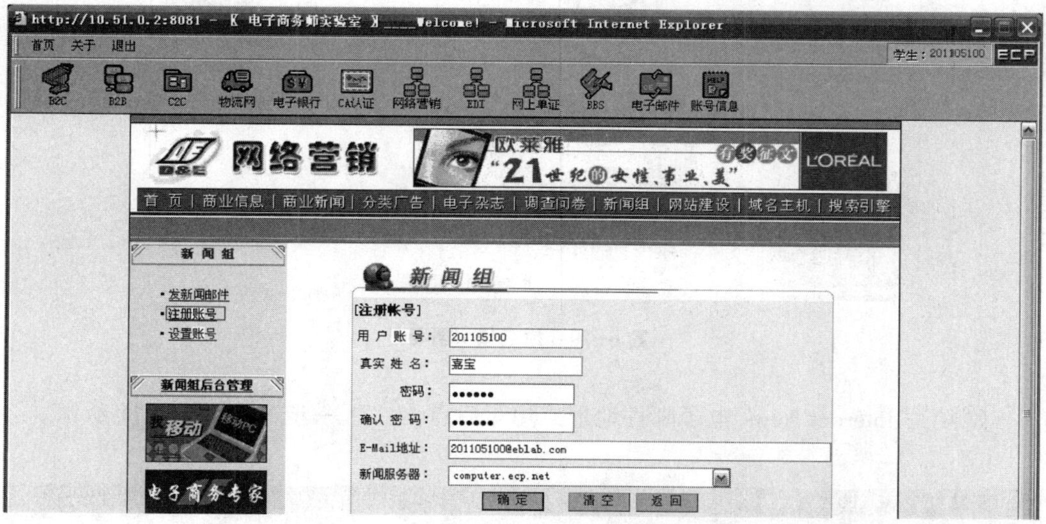

图 6-68　“注册账号”信息填写界面

②注册账号信息填写后，点击“确定”，出现“注册成功”操作反馈结果界面，如图 6-69 所示。

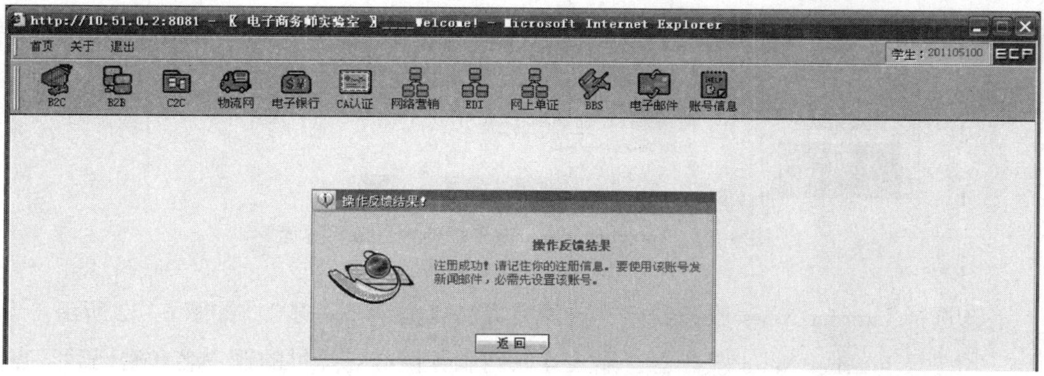

图 6-69　“注册成功”操作反馈结果界面

（2）设置账号。在注册完成之后，还需要对其新闻组的账号进行设置。

①填写要显示的姓名，填写后点击“下一步”，如图 6-70 所示。

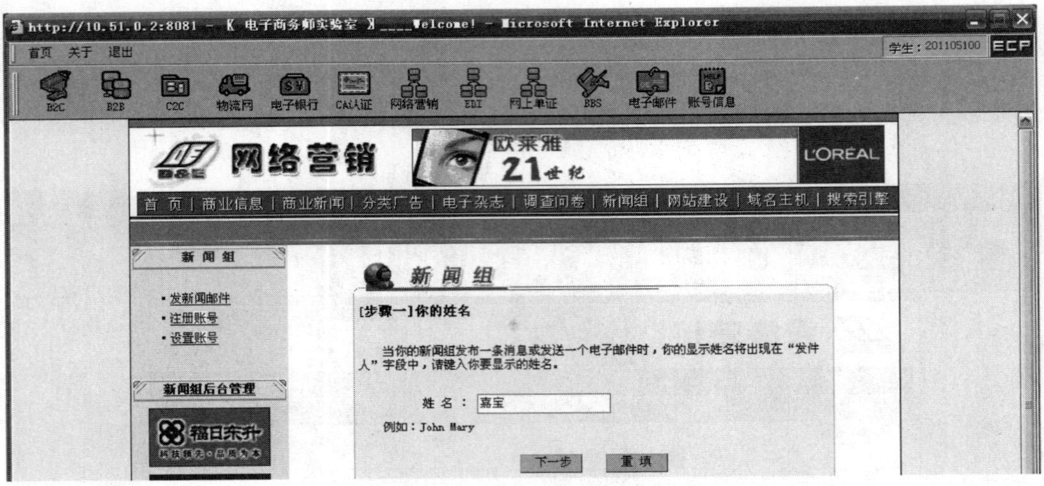

图 6-70 姓名填写界面

②填写 Internet News 电子邮件地址，填写后点击“下一步”，如图 6-71 所示。

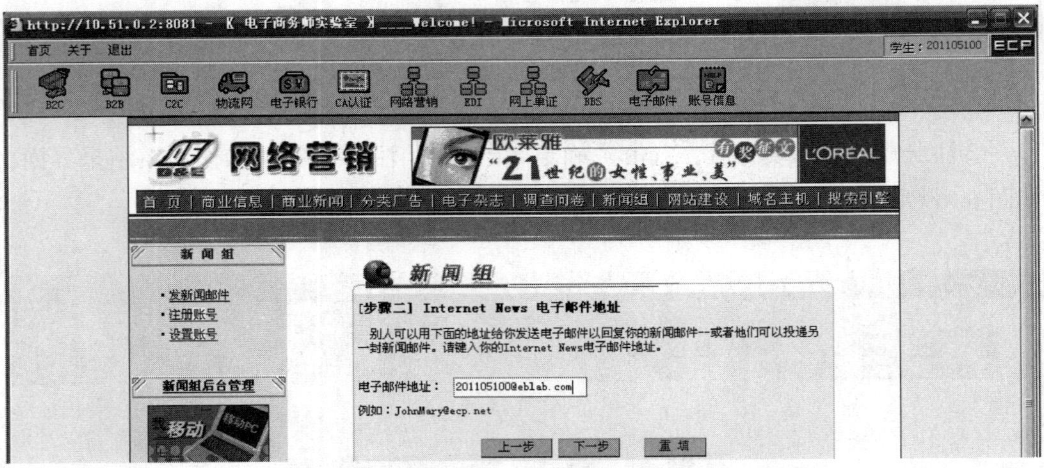

图 6-71 Internet News 电子邮件地址填写界面

③选择 Internet News 服务器名，选择完成后点击“下一步”，如图 6-72 所示。

④登录 Internet News 服务器，输入互联网服务供应商提供的账户名和密码后，点击“下一步”，如图 6-73 所示。

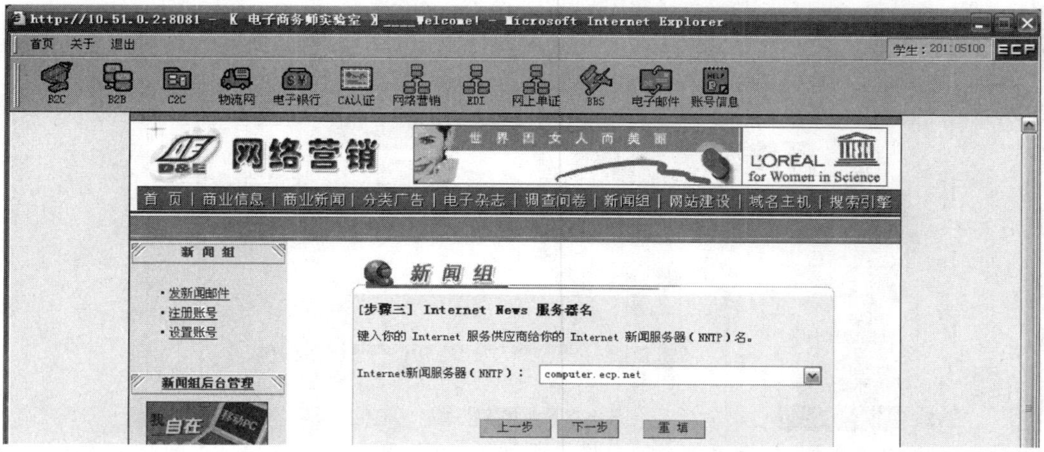

图 6-72　Internet News 服务器名选择界面

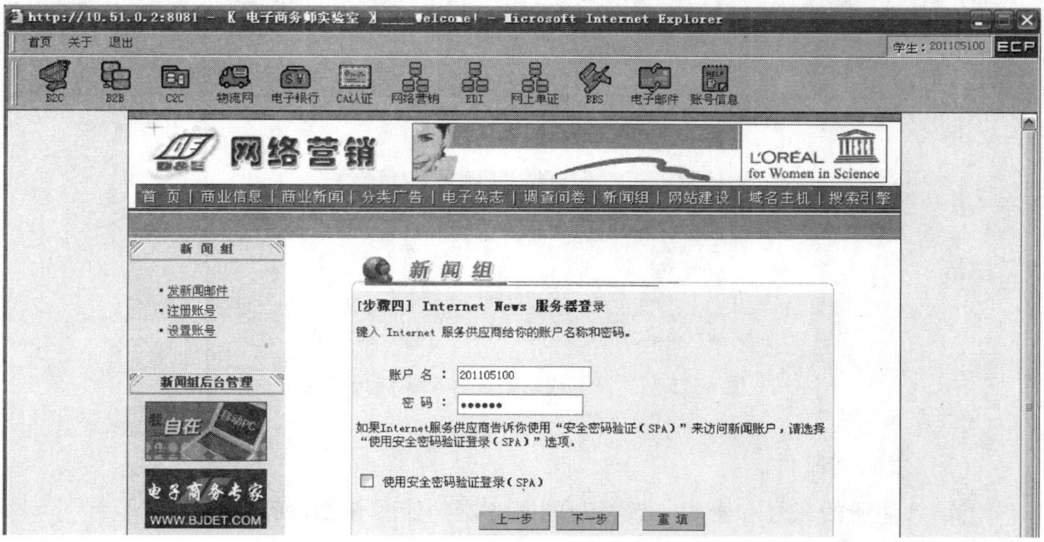

图 6-73　“Internet News 服务器”登录界面

⑤出现“设置完成”界面，表明已经成功地输入了设置账号所需的所有信息，要保存这些信息，需单击“完成”，否则单击“取消”，也可点击“上一步”对前面步骤填写内容进行修改，如图 6-74 所示。

⑥点击“完成”后，出现“设置成功”操作反馈结果界面，如图 6-75 所示。

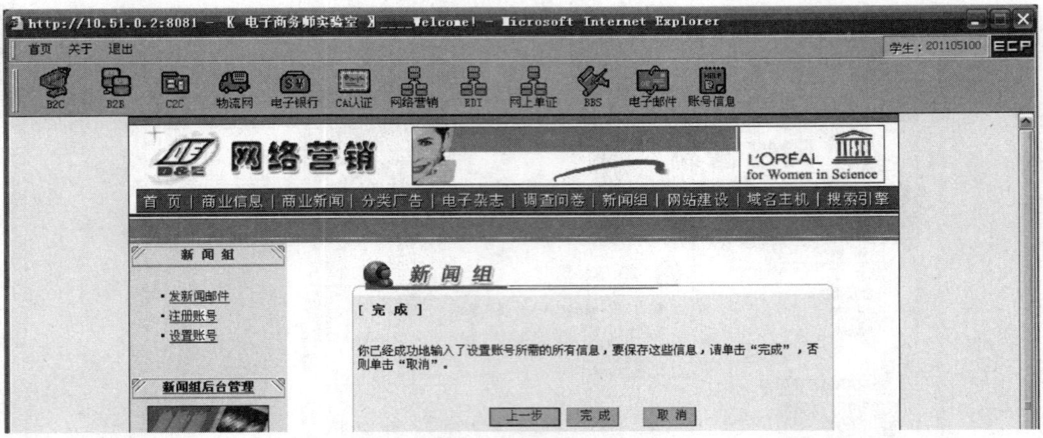

图 6-74　设置完成界面

图 6-75　“设置成功”操作反馈结果界面

（3）发新闻邮件。

①输入注册的账号和密码，选择新闻服务器，如图 6-76 所示。

②点击“登录”进入“新闻邮件列表”界面，如图 6-77 所示。

③点击“发送新闻邮件”，选择“新闻组”填写收件人、主题和内容，如图 6-78 所示。

④点击“发送”后，出现“邮件发送成功”操作反馈结果界面，如图 6-79 所示。

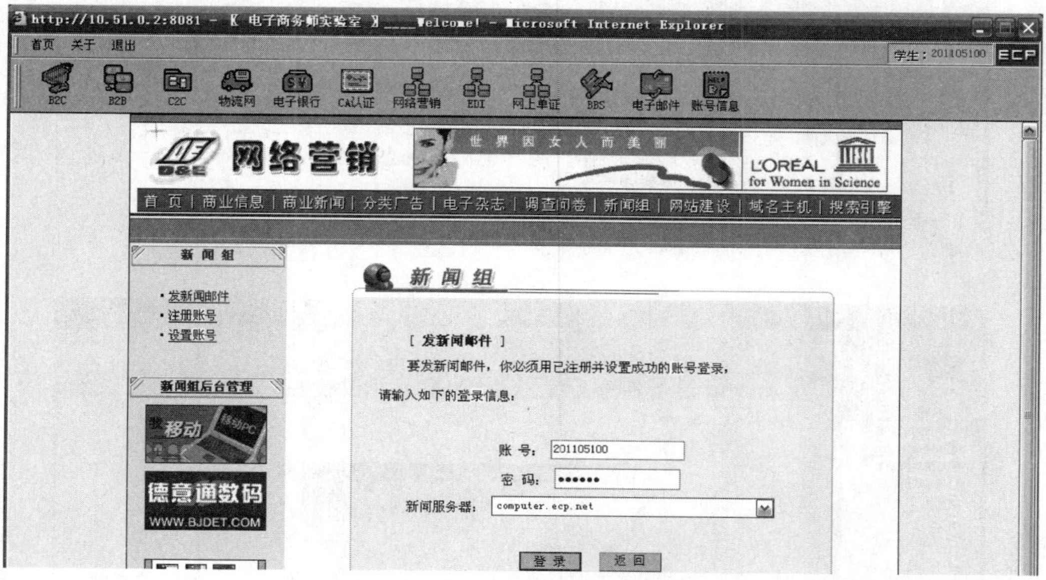

图 6-76 “新闻服务器”登录界面

图 6-77 “新闻邮件列表”界面

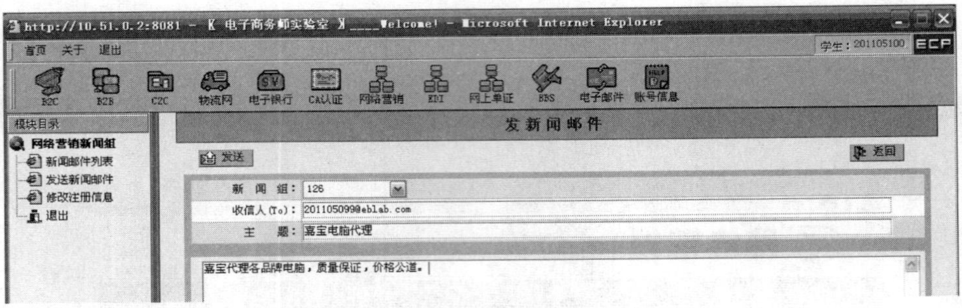

图 6-78 “发新闻邮件”界面

图 6-79 “邮件发送成功”操作反馈结果界面

（十）用户信息

会员进入网络营销后台管理，点击用户信息，可以查看和修改自己的信息，如图 6-80 所示。

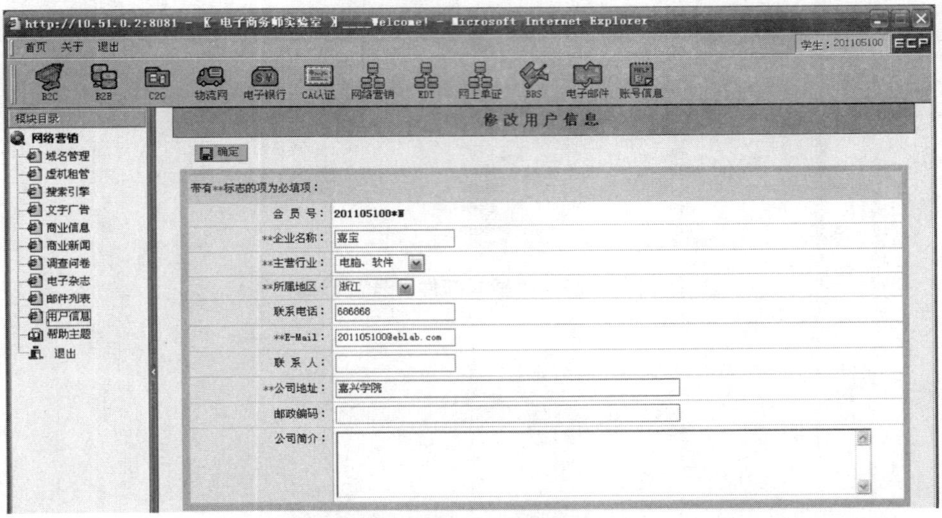

图 6-80 修改“用户信息”模块界面

六、实验总结

本项实验是模拟网络营销公司进行网络营销注册、网站建设、购买域名主机和搜索引擎以及发布一些商业信息、商业新闻、分类广告、电子杂志、调查问卷、新闻组等的操作。通过本项实验，学生可以以互联网为媒介实现营销的目标。

实验七　EDI

一、实验名称和性质

所属课程	电子商务综合实训
实验名称	EDI
实验学时	2
实验性质	☑验证 □综合 □设计
必做/选做	□必做 ☑选做

二、实验目的

（1）了解 EDI 的概念和相关标准。

（2）了解 EDI 的各个模块。

（3）通过电子商务实验室模拟 EDI 的实际操作。

三、实验环境

一台安装了 ECPv3.0 电子商务系统平台的服务器、局域网环境及 PC 机若干台。

四、知识准备

电子商务师实验室的 EDI 模块提供了 EDI 教学园地和 EDI 应用模拟系统。EDI 教学园地主要为学生提供 EDI 相关知识，EDI 应用模拟系统主要提供 EDI 单证填写、生成、发送模拟流程，让学生了解和模拟电子数据交换过程。

（一）EDI 教学园地

EDI 教学园地是主要为学生提供 EDI 理论浏览和学习的地方，内容框架如图 7-1 所示。

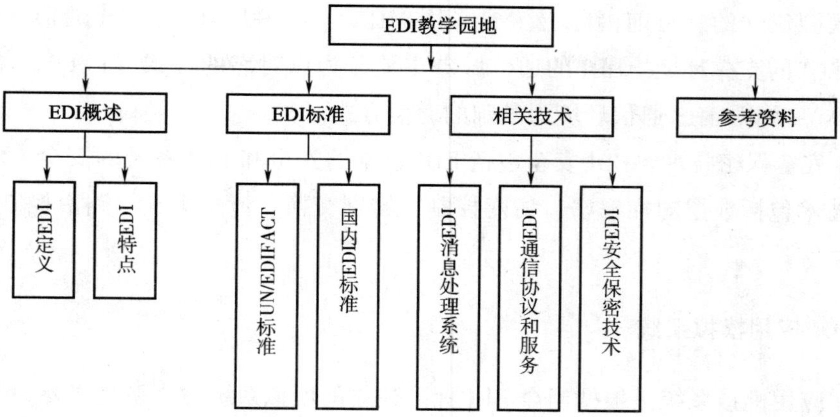

图 7-1 EDI 教学园地内容框架

1. EDI 概述

EDI（Electronic Data Interchange，电子数据交换）是一种在公司之间传输订单、发票等作业文件的电子化手段。它通过计算机通信网络将贸易、运输、保险、银行和海关等行业信息，用一种国际公认的标准格式，在各有关部门或公司之间实现数据的交换与处理，EDI 是一种新颖的电子化贸易工具。较之传统的贸易手段，EDI 使贸易双方能够以更快捷有效的方式进行贸易，提升企业的工作效率并降低运作成本，从而有效地提高企业的竞争能力。

2. EDI 标准

标准化的工作是实现 EDI 互通和互联的前提和基础。EDI 标准是国际上制定的一种用在电子函件中书写商务报文的规范和国际标准。目前，在 EDI 标准方面，EDIFACT（Electronic Data Interchange For Administration，Commerce and Transport）标准已被国际标准化组织 ISO 接收为国际标准。我国 EDI 标准的研究起步较晚，有关部门和专家认为，我国 EDI 标准应积极向国际标准靠拢。通过开展国际标准的引进和本地化，结合我国国情开发出自己的报文标准。

3. 相关技术

EDI 消息处理系统 MHS（Message Handling System，消息处理系统）是以存储转发为基础的、非实时的电子通信系统，具有快速、准确、安全、可靠等特点。MHS 为 EDI 创建一个完善的应用软件平台，EDI 与 MHS 互连，可将 EDI 报文直接放入 MHS 的电子信箱中，利用 MHS 的地址功能和文电传输服务功能，实现 EDI 报文的完善传送。

EDI 通信协议和服务：EDI 的消息处理系统是按照开放系统互联（OSI）分层结

构参考模型建立的。目前国际上主要采用 MHX（X.400）作为 EDI 通信网络协议，以创造 EDI 的支撑环境。EDI 的通信服务主要分为点对点的方式（P2P）、增值网方式（VAN）和以 MHS 通信环境为基础的通信方式。

EDI 安全保密技术：EDI 安全包括 EDI 数据的安全和 EDI 系统的安全。EDI 的安全保密技术包括数据的加解密、访问控制、鉴别交换、流量填充、路由控制、回执、安全恢复等。

（二）EDI 应用模拟系统

EDI 应用模拟系统是根据当今 EDI 标准建立的模拟系统，该系统主要为学生提供单证录入、EDI 报文制作、报文生成、报文转译、报文发送、报文接收等一系列功能，使学生清楚地了解 EDI 应用系统的特点和工作原理。EDI 应用模拟系统工作流程如图 7-2 所示。

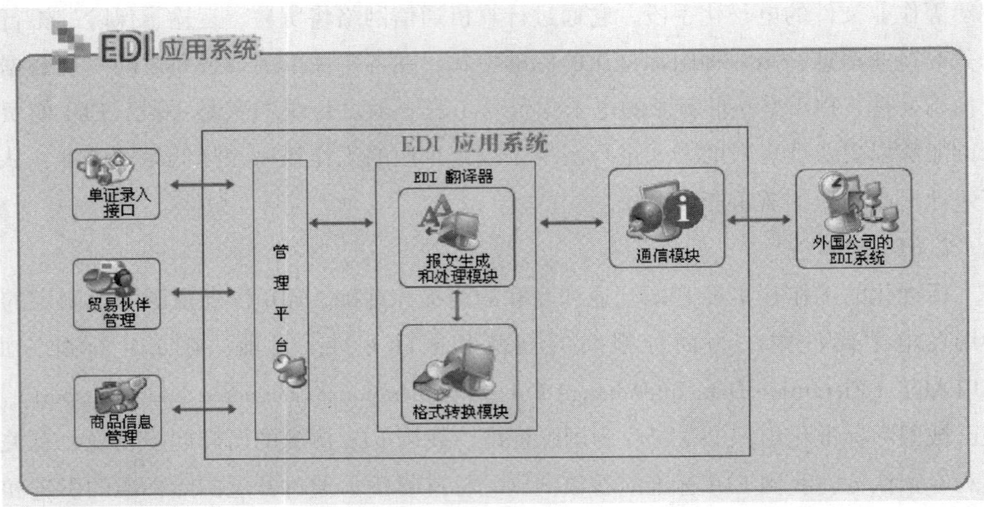

图 7-2　EDI 应用模拟系统工作流程

（1）单证录入接口：提供单证填写、单证生成功能，主要为企业提供单证填写模板，企业可通过模板生成相应的 EDI 报文。

（2）贸易伙伴管理：提供贸易伙伴管理功能，为贸易企业双方提供身份确认的功能，贸易企业可以在系统进行注册，为 EDI 系统建立企业信息标准。

（3）商品信息管理：提供商品信息添加功能，为贸易企业提供企业商品注册功能，并为 EDI 系统建立商品信息标准。

（4）管理平台：为企业提供回执查询功能、报文发送情况查询功能等。

（5）报文生成和处理模块：提供单证的映射，可将单证转成平文形式，为翻译系统做准备。

（6）格式转换模块：提供平文向原始报文格式的转换功能，可将单证翻译成标准的计算机识别语言，并为发送做好准备。

（7）通信模块：提供 EDI 报文的发送功能，可将报文发送到贸易对方客户端系统。

（三）EDI 应用的时代背景介绍

在国际贸易中，由于买卖双方地处不同的国家和地区，因此在大多数情况下，无法简单地面对面直接交易，而通常由银行作担保，以各种纸面单证为凭证实现交易目的。经济全球化加快了国际贸易的增长速度，促进了全球贸易自由化的发展。

全球贸易额的上升带来了各种纸质贸易单证数量的大幅增加。此外，在各类商业贸易单证中有相当大的一部分数据是重复出现的，需要反复地输入。反复录入相同数据存在着浪费人力、浪费时间、降低效率，且易出错的缺点。而全球市场行情的瞬息万变要求贸易双方提高商业文件的传递速度和处理速度。因此，纸面贸易文件数量的激增以及处理的低效率明显阻碍了国际贸易的发展。

随着计算机应用的普及以及通信和网络技术的快速发展与不断完善，以计算机应用、通信网络和数据标准化为基础的 EDI 应运而生。EDI 用电子数据交换代替传统的纸面单据进行贸易活动，将标准的经济信息通过通信网络在商业伙伴的计算机之间进行传输和处理，以实现买卖双方交易的目的。在国际贸易中使用 EDI，可以大量减少在传统贸易过程中的各种纸面单证文件，避免数据的重复输入，从而减少差错、降低成本、提高企业的管理效率。EDI 一经出现便显示出了强大的生命力，迅速在世界各主要工业发达国家和地区得到广泛应用。

五、实验步骤和内容

（1）单击“EDI 应用系统模拟”，填写注册信息，点击“提交”，如图 7-3 所示。

（2）点击界面左侧“模块目录”中“贸易伙伴管理”下的“类型”，如图 7-4 所示。

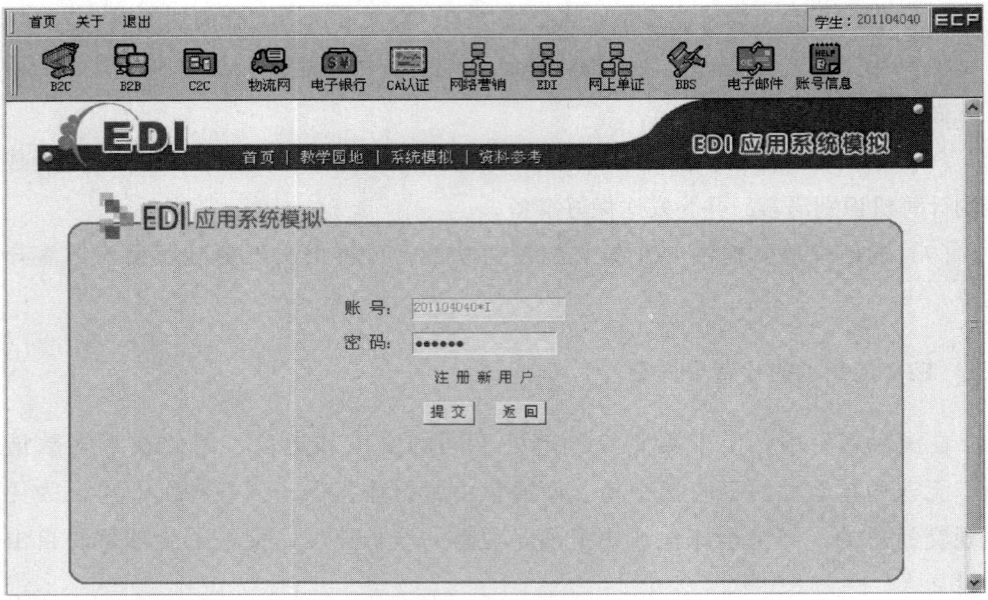

图 7-3 “EDI 应用系统模拟”界面

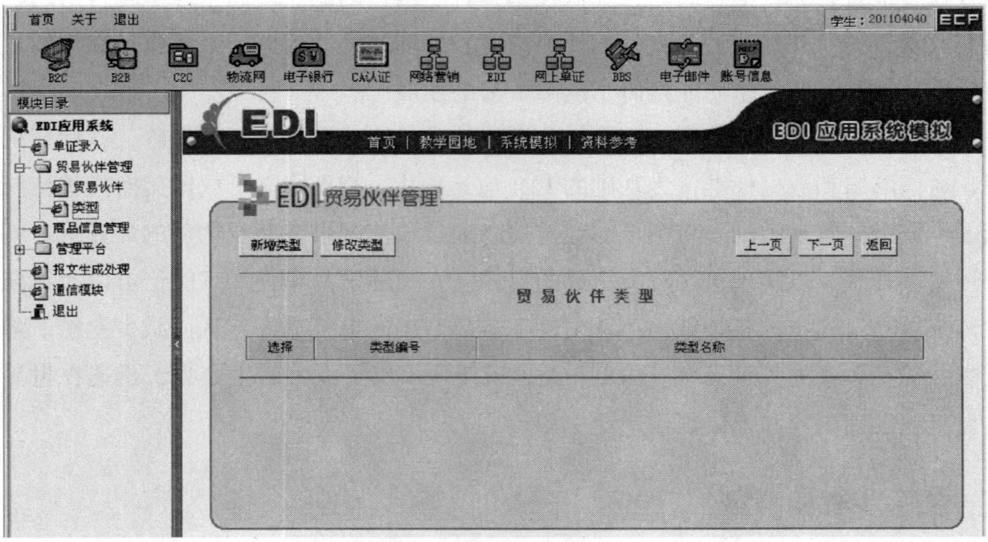

图 7-4 EDI“贸易伙伴类型”界面

（3）点击“新增类型”，输入类型名称，然后点击“保存”，如图 7-5 所示。

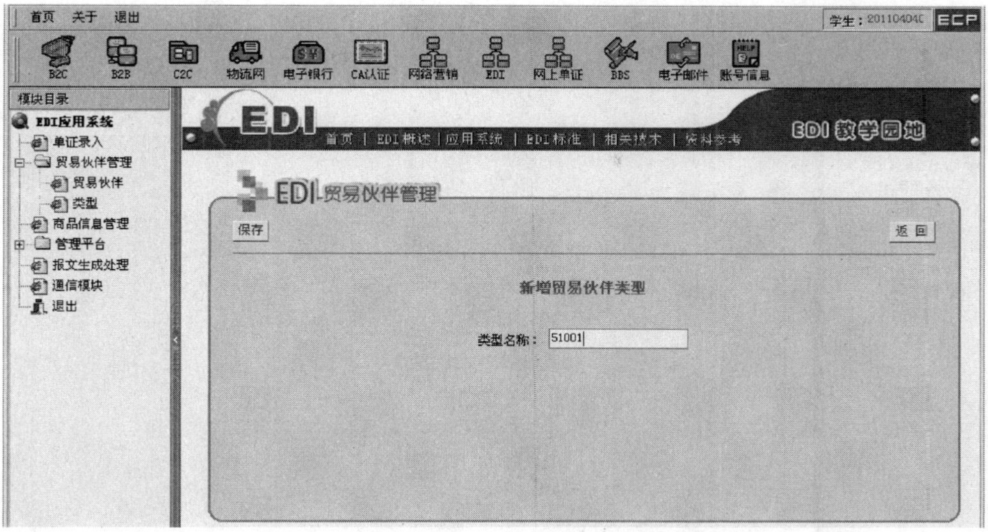

图 7-5 “新增贸易伙伴类型”界面

（4）点击界面左侧模块目录中“贸易伙伴管理”下的“贸易伙伴”，如图 7-6 所示。

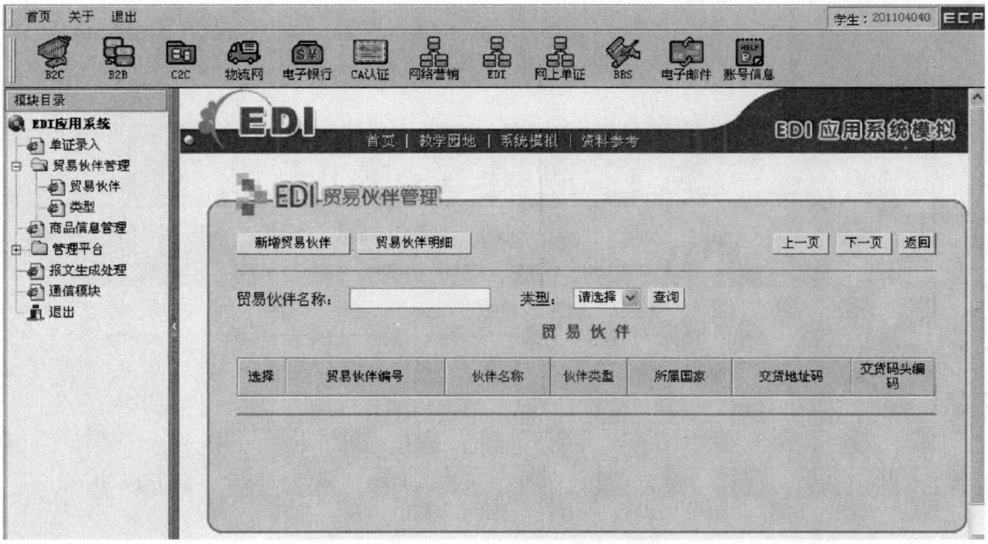

图 7-6 EDI“贸易伙伴”界面

（5）点击“新增贸易伙伴”，填写相关贸易伙伴的信息，然后点击“保存”，如图 7-7 所示。

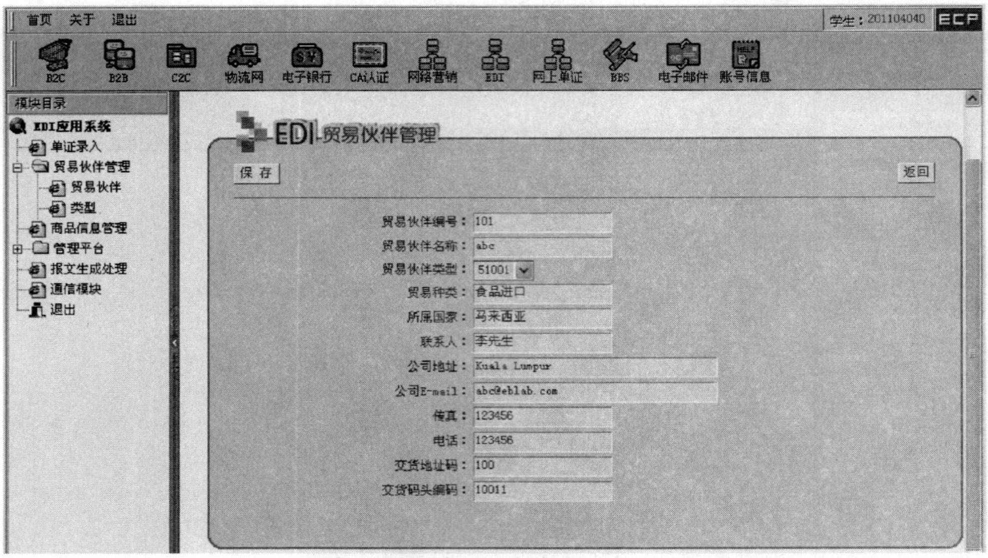

图 7-7　输入贸易伙伴信息界面

提示：

📖 EDI 的贸易伙伴类型一般有进口商、出口商、中间商、生产厂家、银行、物流。

（6）点击界面左侧模块目录中的“商品信息管理”，如图 7-8 所示。

图 7-8　“EDI 商品信息管理”界面

（7）点击“新增商品”，输入商品信息，然后点击“保存”，如图 7-9 所示。

（8）点击界面左侧模块目录中的“单证录入”，输入要求交货时间和卖主编码，如图 7-10 所示。

（9）点击“添加商品”，如图 7-11 所示。

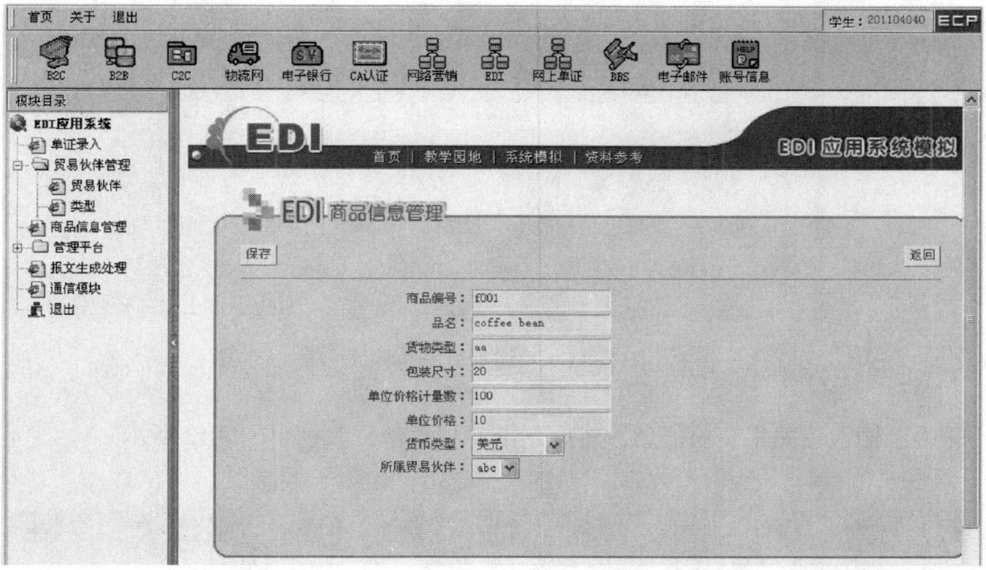

图 7-9 输入商品信息界面

图 7-10 单证录入界面

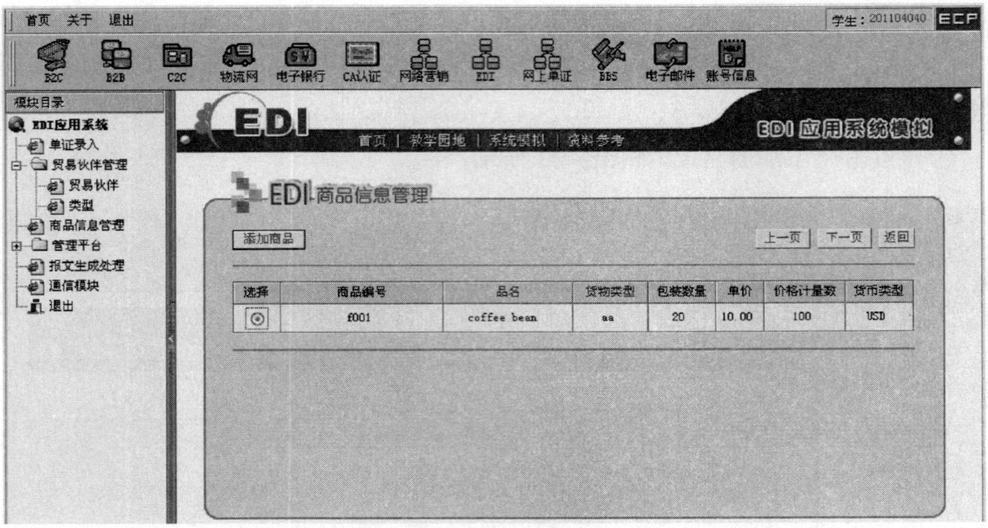

图 7-11　“添加商品”界面

（10）输入相关集装箱信息，然后点击“保存单证”，如图 7-12 所示。

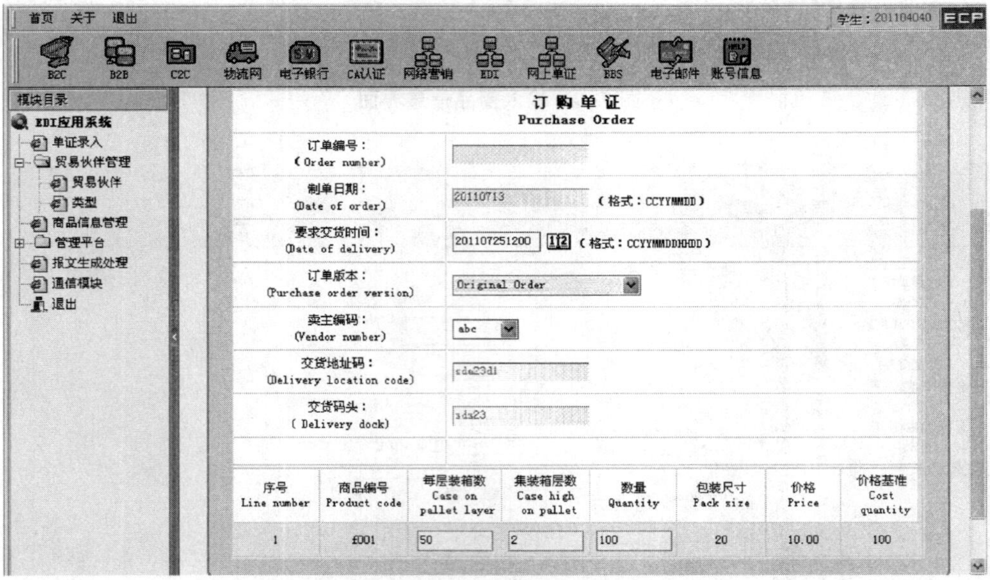

图 7-12　输入相关集装箱信息界面

（11）在界面左侧的模块目录中，点击“管理平台”下的“单证管理”，如图 7-13 所示。

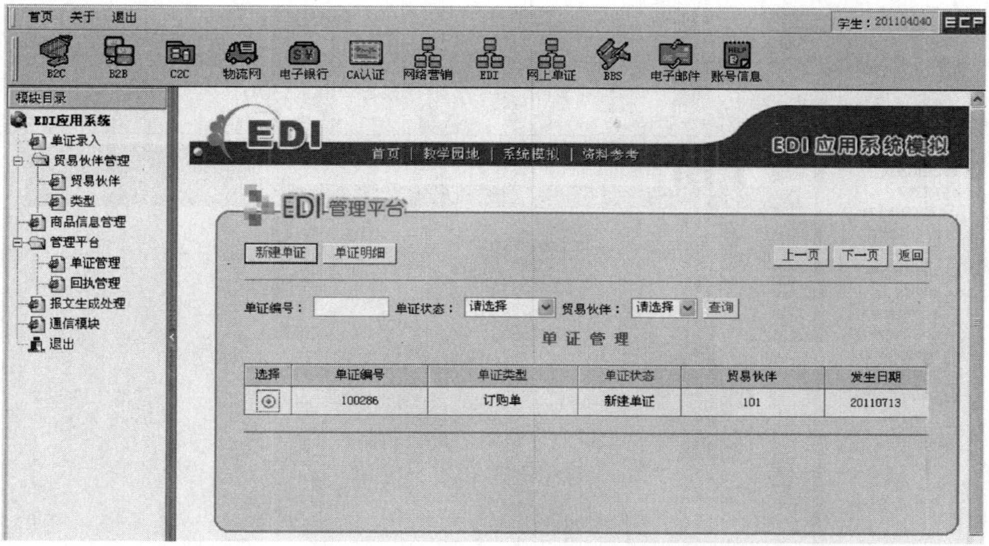

图 7-13 “单证管理”界面

（12）选择单证，然后点击“单证明细”→“生成平面文件”，如图 7-14 所示。

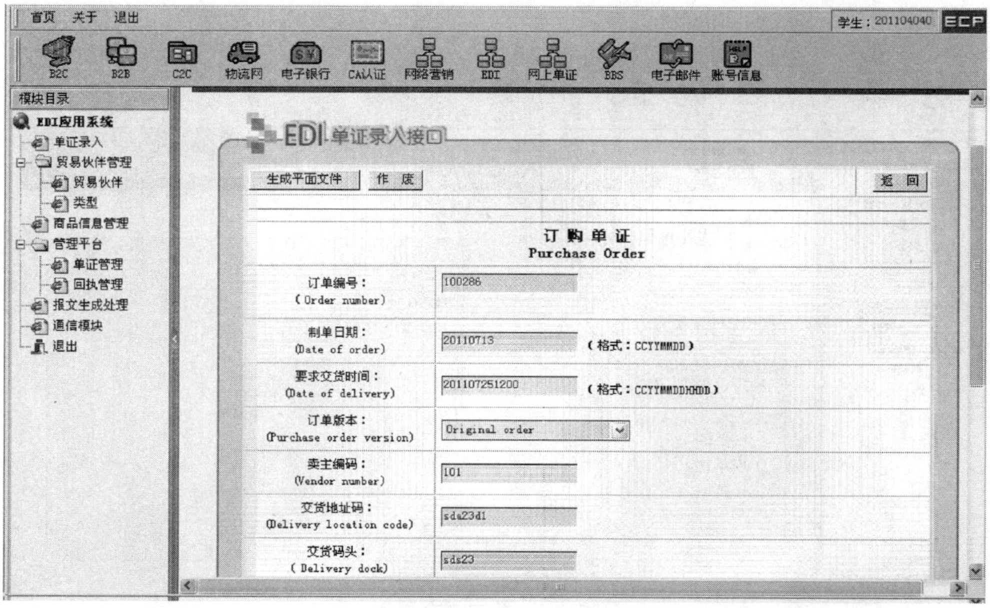

图 7-14 “生成平面文件”界面

（13）点击“生成 EDI 报文”，如图 7-15 所示。

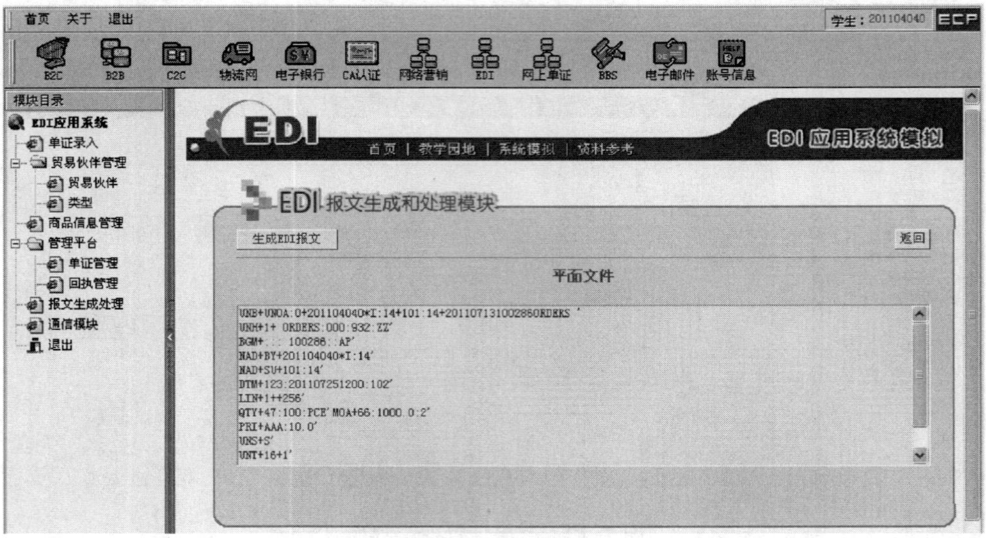

图 7-15 “生成 EDI 报文”界面

（14）发送报文，如图 7-16 所示。

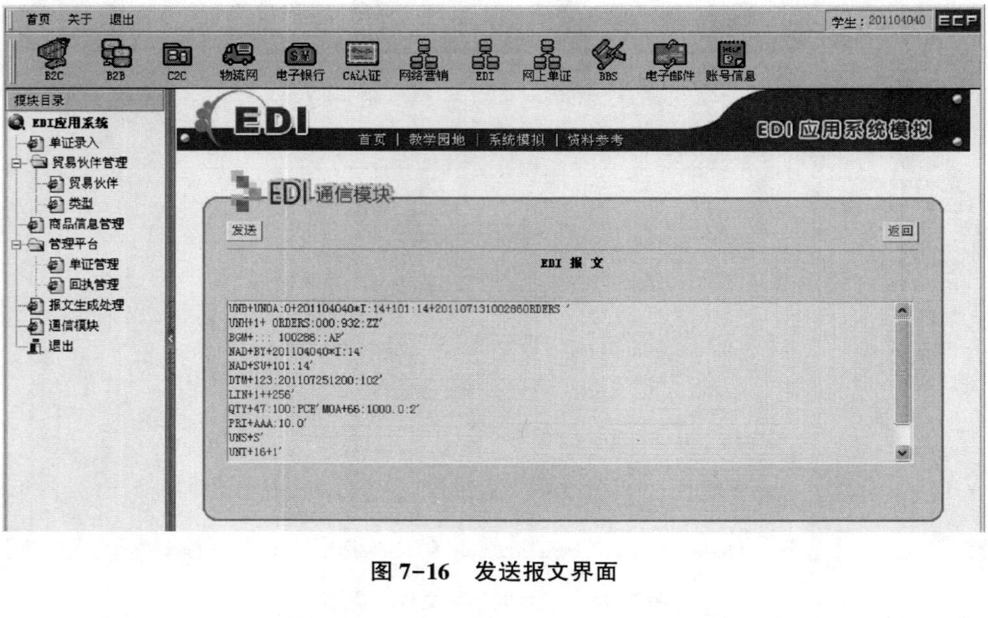

图 7-16 发送报文界面

（15）在界面左侧的模块目录中，点击“管理平台”下的“回执管理”，查看单证回执，如图 7-17 所示。

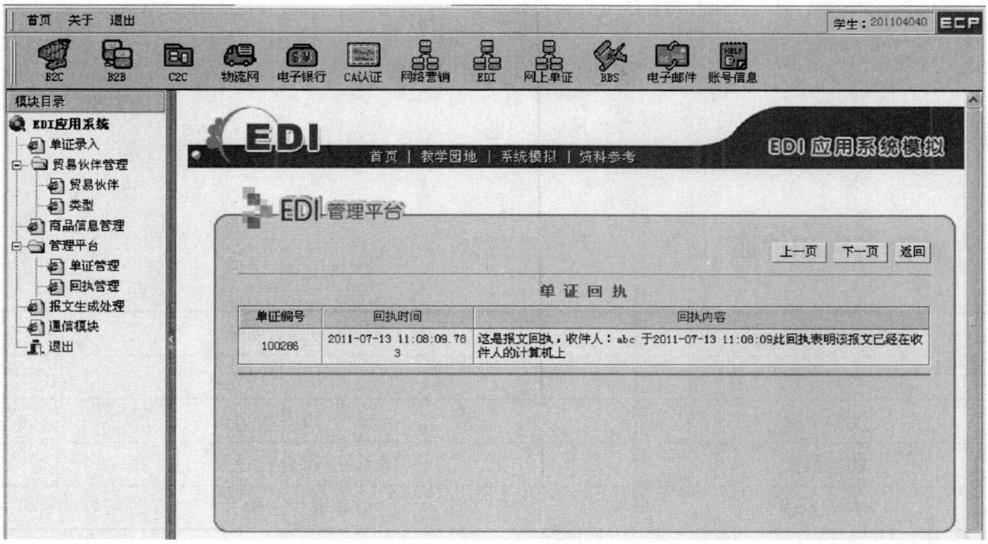

图 7-17 “单证回执”界面

六、实验总结

EDI 将买卖双方在贸易处理过程中的纸质单证信息由 EDI 通信网络传送，并由计算机自动完成其中大部分的数据处理。EDI 对企业管理、业务流程和组织机构有着巨大的影响。本项实验通过在电子商务师实验室的模拟环境中模拟 EDI 单证填写、生成、发送流程，让学生了解和模拟电子数据交换过程，以帮助学生掌握 EDI 的相关知识和操作流程。

实验八　网上单证

一、实验名称和性质

所属课程	电子商务综合实训
实验名称	网上单证
实验学时	2
实验性质	□验证 ☑综合 □设计
必做/选做	☑必做 □选做

二、实验目的

（1）了解网上单证的分类及特点。

（2）了解网上单证的设计流程。

（3）通过电子商务实验室模拟网上单证设计的实际操作。

三、实验环境

一台安装了 ECP v3.0 电子商务系统平台的服务器、局域网环境及 PC 机若干台。

四、知识准备

（一）什么是网上单证？

所谓网上单证，就是在电子交易中使用的表格和单证。它是计算机网络的数据库与用户之间的联系界面，是电子交易信息流的逻辑载体。它可以通过网页的形式表现和传播信息，向用户收集和传递必要的商务信息。从表面形式上看，它与纸质单证没有区别，但实际上，它利用计算机程序与数据库的紧密联系，通过计算机对不同的需求进行不同的处理，从而实现交易的自动化。

（二）网上单证的分类及特点

网上单证的分类及特点如下。

（1）身份注册类。身份注册类型网上单证一般用于各网站收集用户信息和确认用户身份，如在进行网站会员注册、申请电子邮件或个人主页空间时，网站都需要用户的个人信息，以确认用户身份，更好地赋予用户相应的角色和权限。

（2）普通信息交流类。普通信息交流类型网上单证的内容包括姓名、主题、电子邮件、地址、电话、留言信息等。

（3）信息发布类。信息发布类型网上单证是网站提供给用户发布信息的工具。信息发布类型网上单证的内容包括单位名称、邮编、电子邮件、地址、电话、联系人、信息主题、信息内容（主要是与产品相关的信息，如产品规格、数量及价格等）。

（三）网上单证设计时的注意事项

网上单证设计时的注意事项如下。

（1）应力求界面风格简洁友好、流程准确清晰。

（2）让客户在操作过程中感到方便和简单。

（3）设计节点时必须按照流程顺序添加。

（四）实验流程

网上单证设计流程如图 8-1 所示。

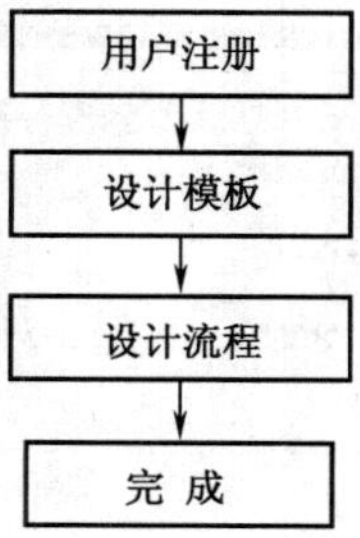

图 8-1 网上单证设计流程

五、实验步骤和内容

（1）单击“电子商务师实验室”下的“网上单证”，进入网上单证模块。

（2）在“网上单证前台登录界面”中点击“注册”，完成用户信息注册，如图 8-2 所示。

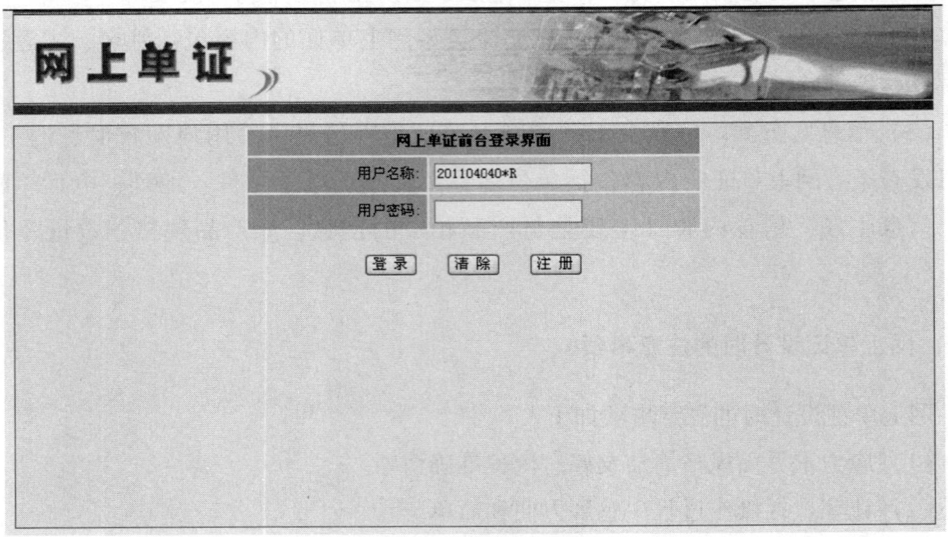

图 8-2　“网上单证前台登录”界面

（3）填写用户注册信息，如图 8-3 所示。

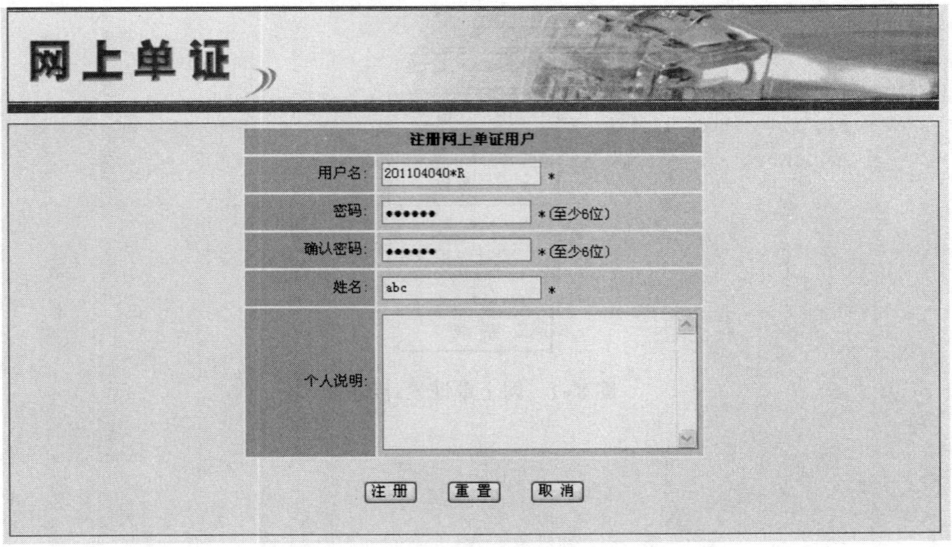

图 8-3　“注册网上单证用户”界面

（4）注册成功后，返回“网上单证流程操作”界面，如图 8-4 所示。

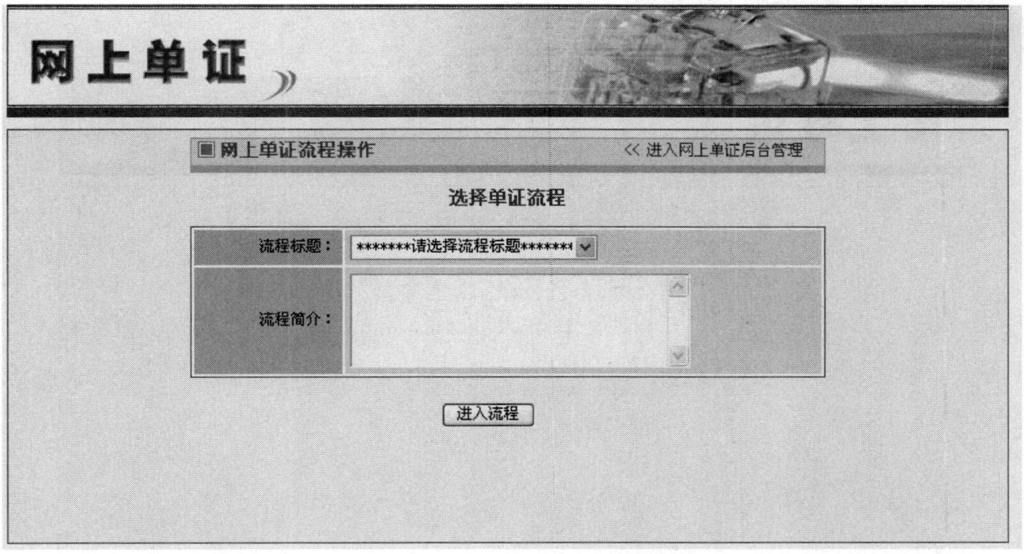

图 8-4　“网上单证流程操作”界面

（5）进入“网上单证后台管理”界面，如图 8-5 所示。

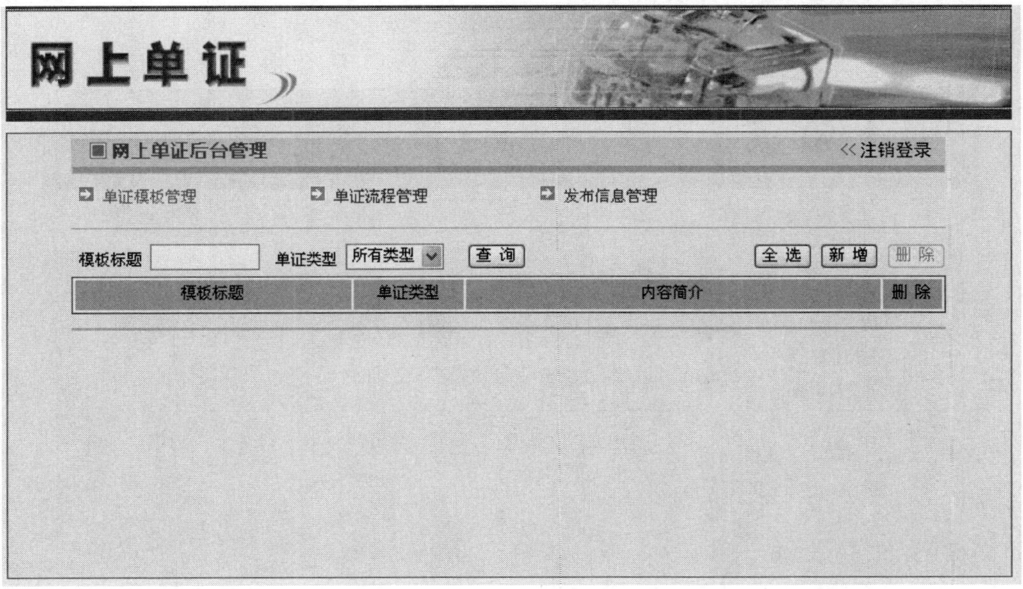

图 8-5　“网上单证后台管理”界面

（6）选择“单证模板管理”，然后点击“新增”，选择单证类型。如果要设计“身份注册”的单证格式，可以选择类型为“身份注册”，然后填写模板标题和内容简介，如图 8-6 所示。

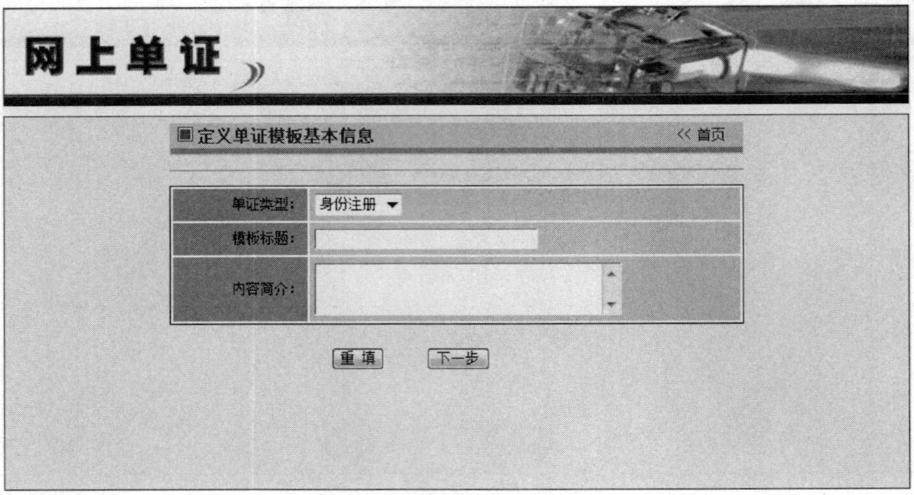

图 8-6 “定义单证模板基本信息”界面

（7）定义账号框和密码框的信息内容，可点击“增加项目”按钮增加表格项目，并可选择是否为必填项。完成填写后，点击“完成”按钮，即可完成用户身份注册单证的格式设计，如图 8-7 所示。

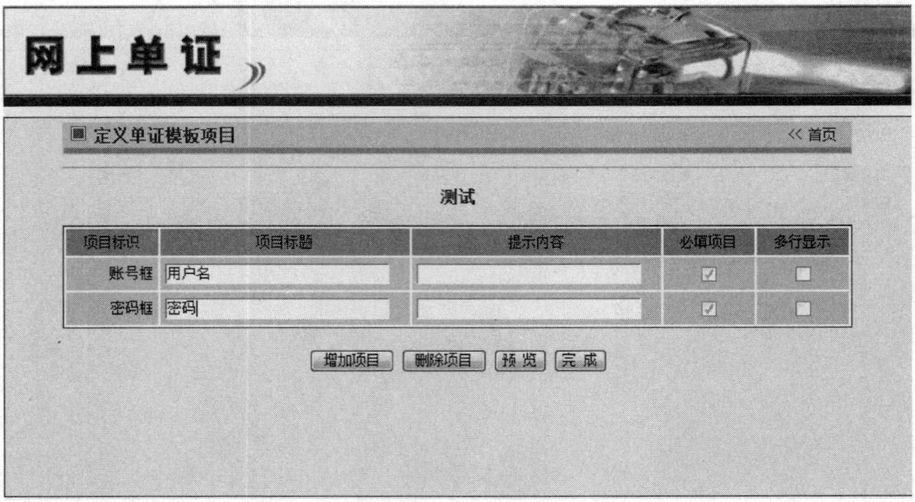

图 8-7 填写身份注册信息界面

（8）点击“预览”，可以看到设计的模板，如果满意，则点击“完成”。按以上设计方法，继续完成身份验证模板、信息发布模板的设计。完成后，返回到网上单证后台管理界面。

（9）选择“单证流程管理”，然后点击“新增”，如图 8-8 所示。

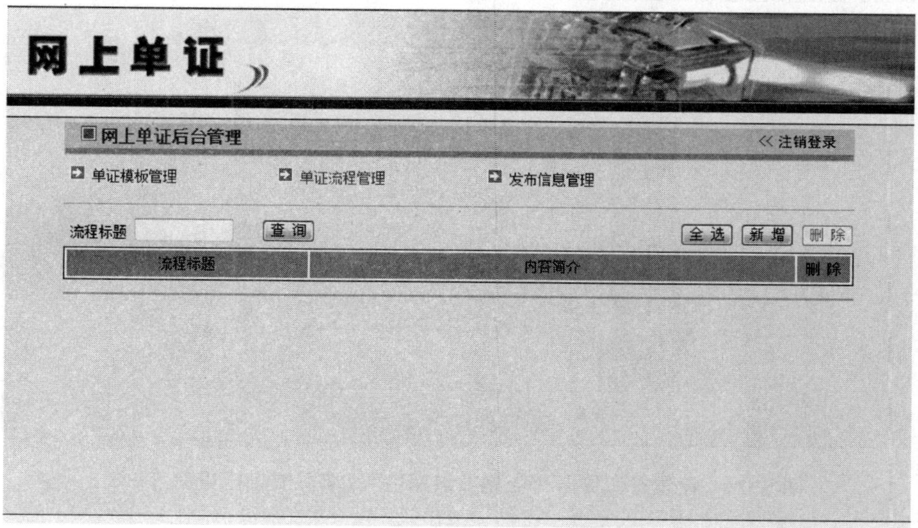

图 8-8 “网上单证后台管理”界面

（10）填写单证流程基本信息，如图 8-9 所示。

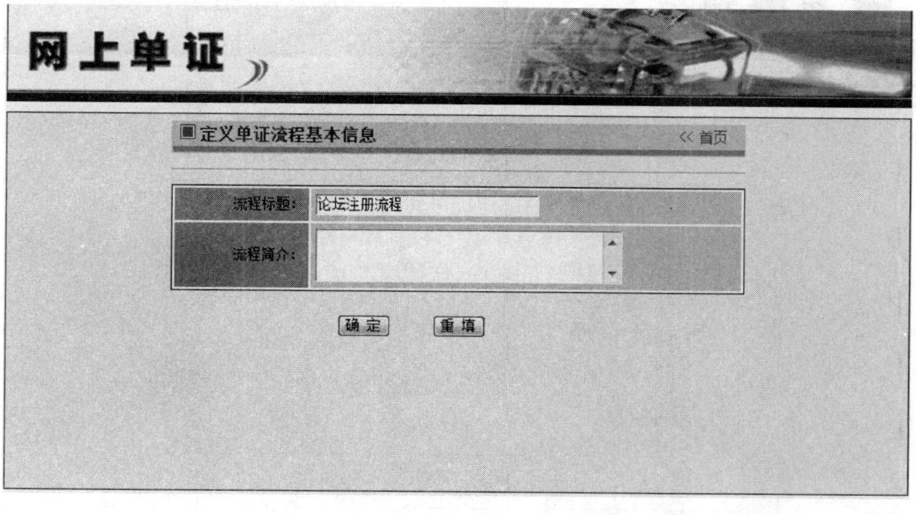

图 8-9 “定义单证流程基本信息”界面

（11）点击“添加节点”，选择第一个节点的类型为“身份注册”→“填写信息”，设置流程节点属性，如图 8-10 所示。

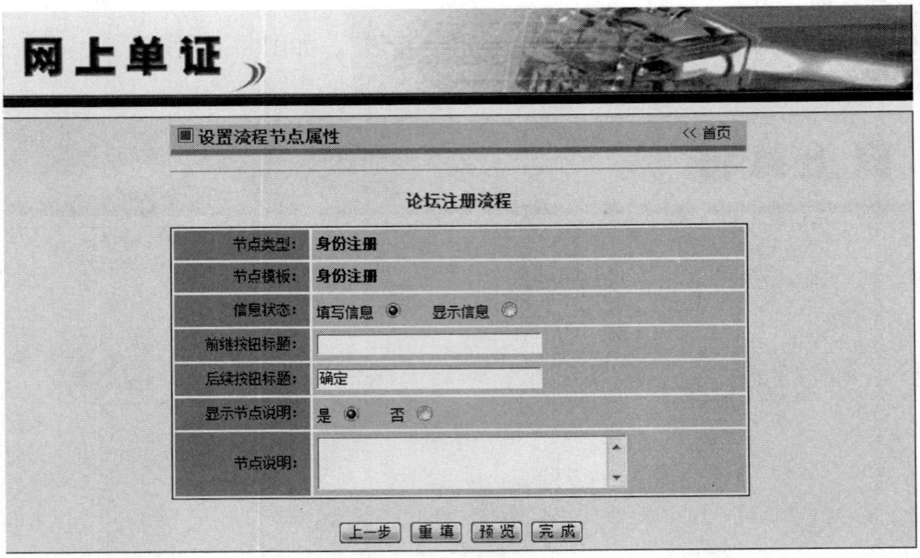

图 8-10　设置身份注册“流程节点属性”（填写信息）界面（一）

（12）继续点击“添加节点”，选择第二个节点的类型为“身份注册”→“显示信息”，设置流程节点属性，如图 8-11 所示。

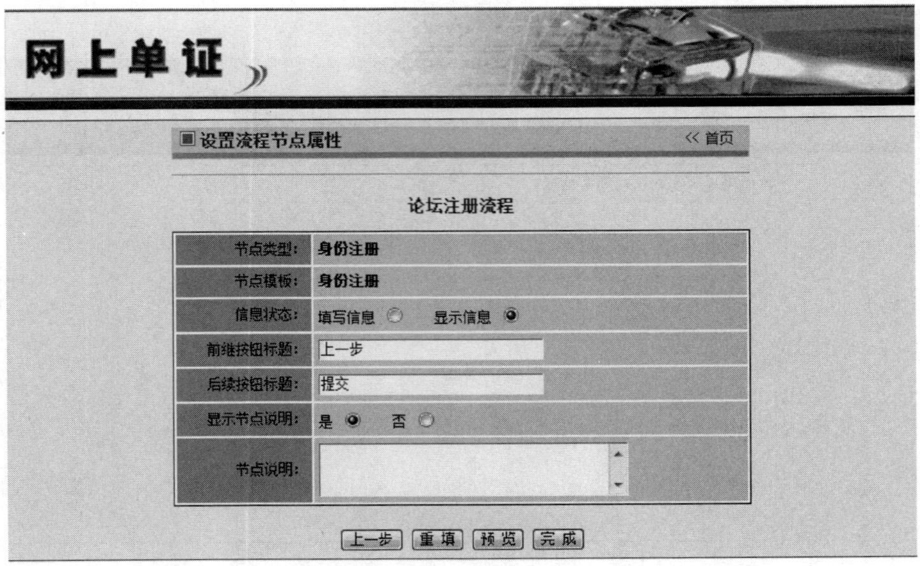

图 8-11　设置身份注册“流程节点属性”（显示信息）界面（二）

（13）继续点击“添加节点”，选择第三个节点的类型为“身份验证”，设置流程节点属性，如图 8-12 所示。

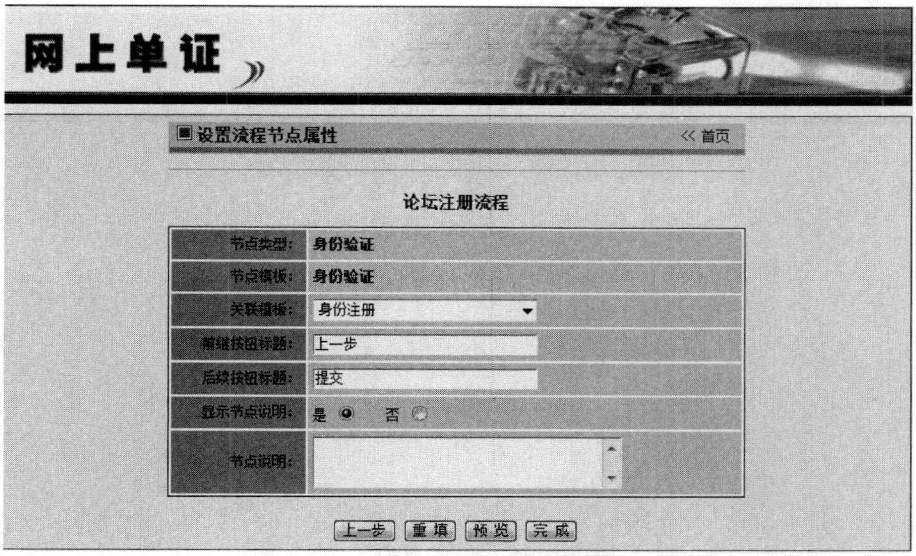

图 8-12　设置身份验证“流程节点属性”界面

（14）继续点击“添加节点”，选择第四个节点的类型为“信息发布”→“填写信息”，设置流程节点属性，如图 8-13 所示。

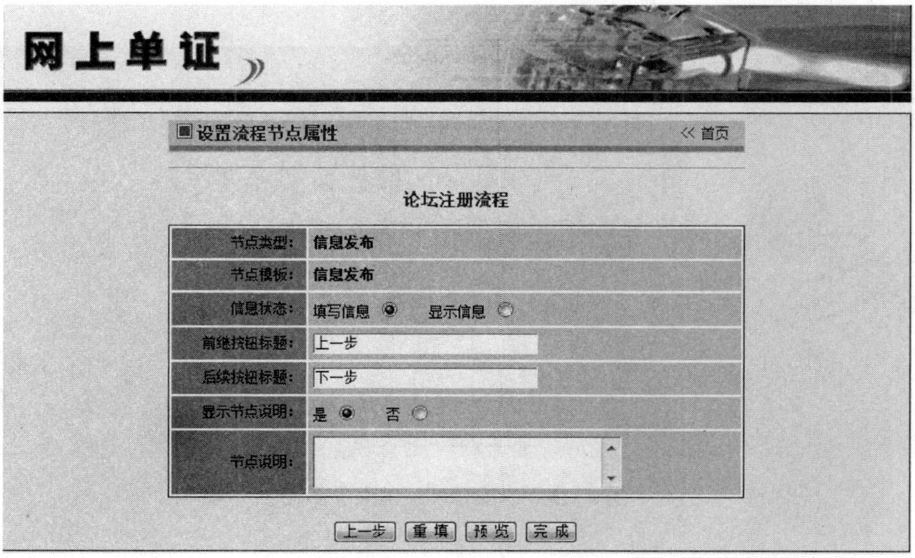

图 8-13　设置信息发布“流程节点属性”（填写信息）界面

（15）继续点击“添加节点”，选择第五个节点的类型为“信息发布”→“显示信息”，设置流程节点属性，如图 8-14 所示。

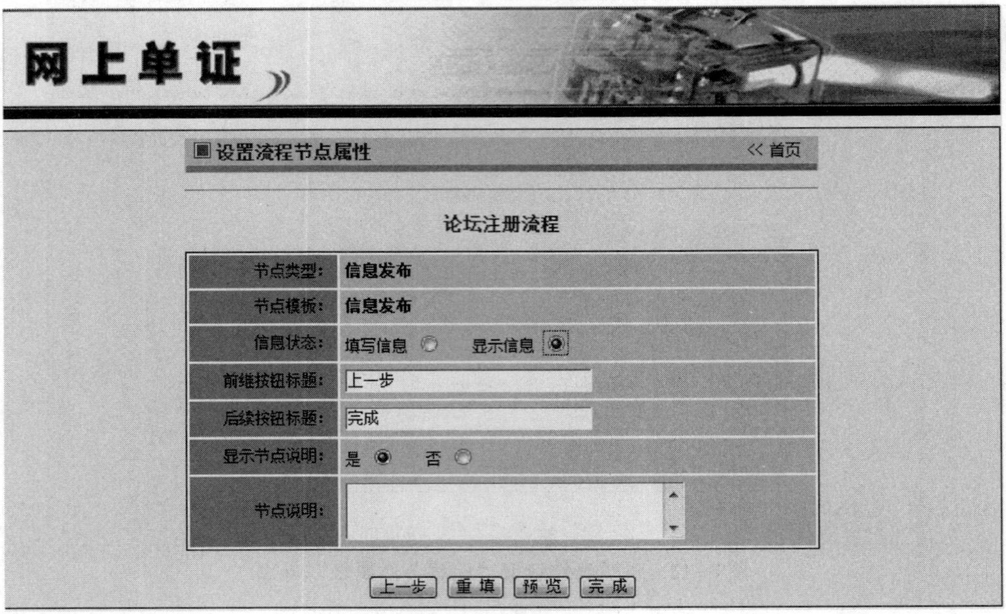

图 8-14　设置信息发布“流程节点属性”（显示信息）界面

（16）操作完成，反馈结果如图 8-15 所示。

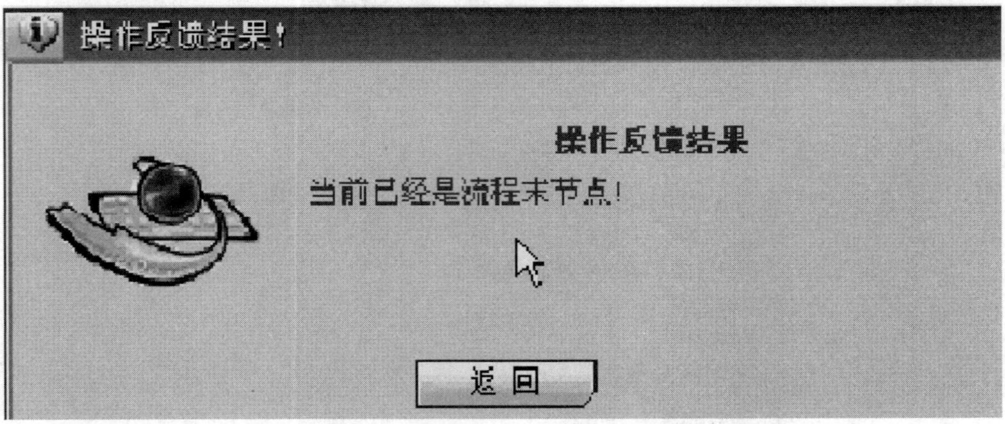

图 8-15　“操作反馈结果”界面

六、实验总结

本项实验以设计一个论坛注册流程为例，学生可以在电子商务师实验室的模拟环境中进行网上单证的设计，从而了解网上单证的分类及特点，掌握网上单证的设计流程。

第三篇

网上实务篇

实验一　网上购物

一、实验名称和性质

所属课程	电子商务综合实训
实验名称	网上购物
实验学时	2
实验性质	□验证 ☑综合 □设计
必做/选做	☑必做 □选做

二、实验目的

（1）理解网上购物产生的背景与现状。

（2）掌握网上购物的优缺点，了解常用的购物网站。

（3）掌握网上购物的基本步骤。

三、实验环境

能连接网络的移动端、能连接互联网的网络环境。

四、知识准备

（一）网上购物

网上购物，就是通过互联网检索商品信息，并通过电子订购单发出购物请求，然后填上私人支票账号或信用卡号码，厂商通过邮购的方式发货，或是通过快递公司送货上门。国内的网上购物，一般付款方式是款到发货（直接转账、在线汇款），担保交易（淘宝支付宝、百度百付宝、腾讯财付通等的担保交易）和货到付款等。

（二）网上商店

1. 网上商店的概念

网上商店又称网络虚拟商店、电子商店，是建立在互联网上的一种商业商店。就其经营而言，网上商店属于一种无店面销售形式。

2. 网上商店的类型

一般可根据销售的商品范围和销售的目的对网上商店进行分类。

（1）根据销售的商品范围，网上商店可分为以下三种。

①单一型网上商店。这类网上商店一般只销售一种商品，它适用于某种商品的生产厂商或代理商在网上进行的销售业务。

②专业型网上商店。这类商店如同专卖店一样，销售的是关联性的某一类商品，如服装、电器、电脑软硬件、化妆品、礼品、儿童玩具等。

③综合型网上商店。这类商店适合于具有各种消费需求的顾客光顾的网上商店，销售的商品门类繁多、品种齐全。

（2）根据销售目的，网上商店可分为以下三种。

①促销型网上商店。这类商店属于推广商品的广告型网上商店，并不是以销售产品为主要目的。

②零售型网上商店。这类商店主要进行商品的零售，B2C 电子商务交易大多属于这种类型。

③批发型网上商店。这类商店主要以 B2B 的形式进行在线销售活动。

（三）网上支付

1. 网上支付的概念

网上支付指的是客户、商家、网络银行（或第三方支付）之间使用安全电子手段，利用电子现金、银行卡、电子支票等支付工具，通过互联网将信息传送到银行或相应的处理机构，从而完成支付的整个过程。网上支付活动的主要参与者有买卖双方及银行或第三方支付商。

2. 网上支付的特征

（1）网上支付采用现代技术通过数字流转完成支付信息传输，支付手段均采用数字信息；而传统的方式是通过现金的流转、票据的转让以及银行转账等实体形式的转化实现的。

（2）网上支付是基于开放的系统平台；而传统支付则是在较为封闭的环境中进行。

（3）网上支付对系统的软硬件要求较高；而传统支付对于技术要求较低。

（4）网上支付可以突破时间和空间的限制，可以满足 7×24 小时的工作模式，其效率之高是传统支付难以匹敌的。

（四）常用购物网站

常用购物网站如表 1-1 所示。

表 1-1　常用购物网站列表

序号	LOGO	网站名称	域名	主要经营业务或简介	网站评价
1	京东	京东网	www. jd. com	京东商城（B2C）在线销售家电、数码通讯、电脑、家居百货、服装服饰、图书、食品等几大类的商品	“网店销售均为正品行货，全国联保。”
2	淘	淘宝网	www. taobao. com	淘宝网（C2C）整合数千家品牌商、生产商，为商家和消费者之间的问题提供一站式解决方案，提供 100%品质保证的商品，提供 7 天无理由退货的售后服务，以及购物积分返现等优质服务	“淘宝网是我们知道的较早的购物网站，我的第一次网购经历就是通过淘宝完成的。这里价格挺便宜的，适合居家过日子的小女人。”
3	当当 dangdang.com 敢做敢当当	当当网	www. dangdang. com	当当网在线销售包括图书音像、美妆、家居、母婴用品及服装等几十个大类的商品	“这上面的图书齐全、质量好，价格合适。”
4	Alibaba.com 阿里巴巴	阿里巴巴	www. 1688. com	阿里巴巴为全球领先的电子商务公司，也是阿里巴巴集团的旗舰业务	“如果你要做批发、大批采购商品，可以到阿里巴巴，它与淘宝连接在一起，如果你要开网店的话，可以从阿里巴巴上上传商品到淘宝，做到从阿里巴巴进货到淘宝销售一条龙服务。”

续表

序号	LOGO	网站名称	域名	主要经营业务或简介	网站评价
5		1 号店	www.yhd.com	1 号店覆盖了食品饮料、生鲜、进口食品、美容护理、服饰鞋靴、家电、保健器械、电脑办公、箱包珠宝手表、运动户外、礼品等几十个品类	“很好，就是网上超市，所有商品都有生产日期，食品都比较新鲜，而且达到一定金额可以包邮。”
6		亚马逊	www.amazon.cn	亚马逊公司是美国最大的一家网络电子商务公司，是网络上最早开始经营电子商务的公司之一，一开始只经营书籍的网络销售业务，现在扩及范围相当广的其他产品，已成为全球商品品种最多的网上零售商和全球第二大互联网企业	“亚马逊在产品要求上很严格，客服也非常负责任，处理问题非常及时。”
7		天猫	www.tmall.com	天猫是中国最大的消费者购物网站，由淘宝网分离而成，多由知名品牌的直营旗舰店和授权专卖店组成，现为阿里巴巴集团的子公司之一。天猫同时支持淘宝的各项服务，如支付宝、集分宝支付等	“天猫旗舰店质量有保证，物流公司服务态度很好，运送速度很快，很满意的一次购物。”
8		苏宁易购	www.suning.com	苏宁易购，是苏宁云商集团股份有限公司旗下新一代 B2C 网上购物平台，现已覆盖传统家电、3C 电器、日用百货等品类。苏宁易购强化虚拟网络与实体店面的同步发展，不断提升网络市场份额	“现在苏宁实体店铺和苏宁易购衔接得非常好，消费者可以在苏宁易购上下单，到实体店提货。”“前几天我在苏宁易购上买了个冰箱，那么沉的东西，中午买，下午就送到了，特别快，而且上门安装，服务特别周到，也非常热情。”

续表

序号	LOGO	网站名称	域名	主要经营业务或简介	网站评价
9	聚美优品 JUMEI.COM	聚美优品	www. jumei. com	聚美优品由三位海归学子创立于2010年3月，首创了“化妆品团购”概念，网站每天推荐几百款热门化妆品，并以远低于市场价折扣限量出售。从创立伊始，聚美优品便坚持以用户体验为最高诉求	“大体上它是不错的，在我的购物经历中，我买的大多数东西都是正品，我为自己代言！营销做得很厉害，针对女性用品这方面也可以说是很有研究了，快递非常迅速，盒子红红的也很好看。”

五、实验步骤和内容

本项实验以京东为例。

（一）京东网简介

京东网（jd. com）是中国最大的自营式电商企业，2015年第一季度在中国自营式B2C电商市场的占有率为56.3%。京东集团旗下设有京东商城、京东金融、拍拍网、京东智能、O2O及海外事业部。京东网创始人刘强东担任京东集团CEO。

2014年5月22日，京东在纳斯达克挂牌，股票代码为JD。京东成为仅次于阿里巴巴、腾讯、百度的中国第四大互联网上市公司 。2015年11月12日，京东商城入选MSCI中国指数。2016年6月8日，“2016年BrandZ全球最具价值品牌百强榜”公布，京东首次进入百强榜，排名第99位。2016年6月20日，京东与沃尔玛达成深度战略合作。

2017年1月，中国银联同京东金融签署战略合作协议，并宣布京东旗下支付公司正式成为银联收单成员机构。同年10月，京东物流首个全流程无人仓正式亮相。2017年11月1日至11日，京东全球好物节交易额达到1 271亿元。

（二）客户端购物流程

1. 下载京东客户端

（1）在手机的应用商店里输入“京东”，下载软件，京东客户端如图1-1所示。

图 1-1　京东客户端界面

（2）打开京东，在“京东隐私政策”界面点击“同意”，进入首页，如图 1-2 所示。

图 1-2　京东客户端首页

2. 新用户注册

（1）点击客户端首页右下角“我的”，再点击左上角“登录/注册”，进入“京东登录”界面，如图 1-3 所示。

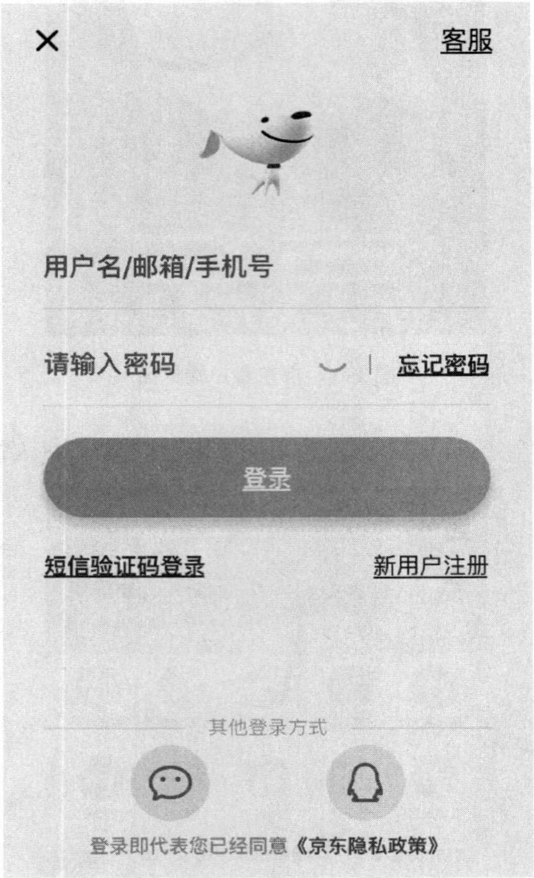

图 1-3 “京东登录”界面

（2）点击“手机快速注册”，填写有效的手机号码，以及手机收到的验证码。点击“下一步”，设定 6~20 位字符的密码，点击“完成”完成注册，如图 1-4、图 1-5、图 1-6 所示，也可以通过微信或者 QQ 直接登录。

3. 挑选需要购买的商品

（1）客户根据自己的需求，在客户端首页的搜索栏可以搜索关键字，并结合所给的筛选条件以及商品的详情、评价等信息进行挑选。同时，可以看到店铺的详细信息，包括关注人数，商品数，物流、商品和服务的评分等，如图 1-7、图 1-8 所示。

图 1-4 注册新用户界面（一）

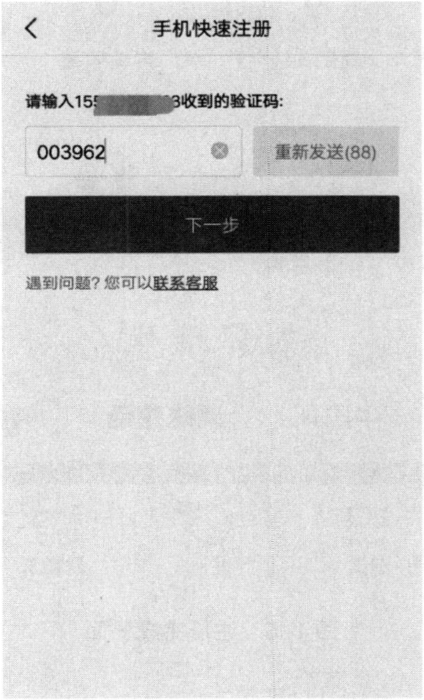

图 1-5　注册新用户界面（二）

jd_155573jgg
实名领好券
PLUS会员
待付款
待收货
待评价
退换/售后
我的订单
查看电子发票
0
京豆
0
优惠券
0.00
白条
开通有礼
0.00
京东小金库
新人有礼
我的钱包
0
商品关注
0
店铺关注
0
内容收藏
0
浏览记录
我的活动
预约/拍卖等
社区
客户服务
京东超市
为·你·推·荐
推荐测评
精选推荐
中国风
调味生活
井井有条
首页
分类
发现
购物车
我的

图 1-6　注册完成界面

商品
详情
评价
queend
00'18"
1/6
春意盎然 内衣焕新
淳度秋季新品纯棉女士圆领睡衣可外穿家居服套装女薄款两件套 藏蓝色 L
3.7-3.9京东蝴蝶节，全单买三免一。提前加购。点击前往淳度蝴蝶节会场
¥ 219.00
降价通知
白条 【激活白条】新用户得百元礼包
促销 跨店铺满免进行中 满3件，立减最低1件商品…
活动预告 03月07日00:00满3件，立减最低1件商…
已选 藏蓝色，L，1件
送至 浙江>嘉兴市>南湖区>城区
现货，今日16:00前完成下单，预计3月6日23:30前发货
运费 免运费
店铺发货&售后
货到付款
送保险
7天无理由退货
联系卖家
店铺
关注
购物车
加入购物车

图 1-7　商品信息界面

图 1-8　店铺信息界面

（2）确定购买的商品后，还需对商品的相关信息进行选择，如颜色、尺码、数量等，如图 1-9 所示。

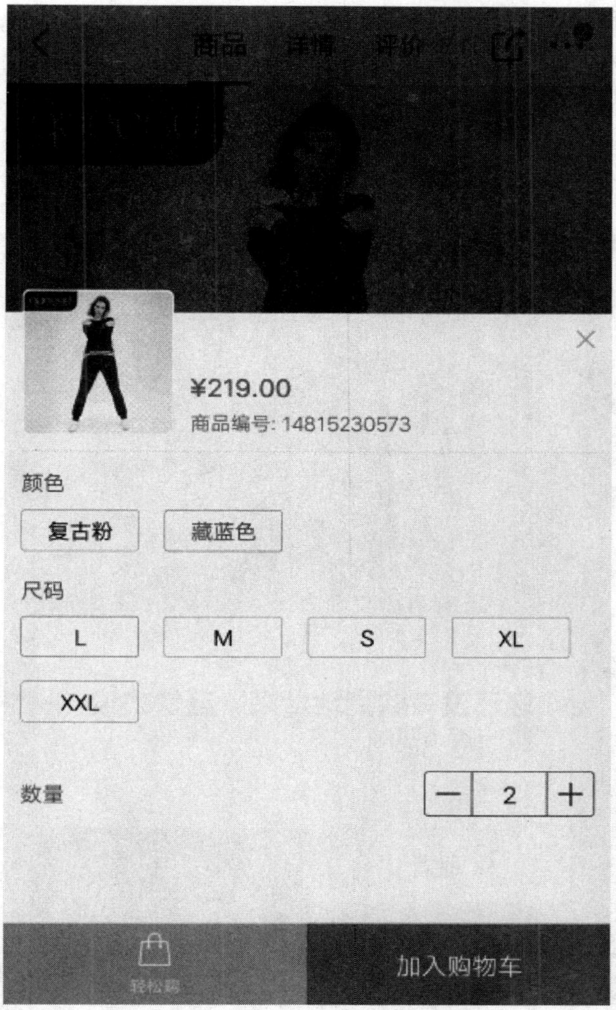

图 1-9　选择商品相关信息界面

4. **商品结算**

（1）完成上述步骤后，点击“加入购物车”，将需购买的商品放入购物车，如图 1-10 所示。

图 1-10　商品已加入购物车界面

（2）点击“购物车”，进入购物车界面，然后点击“去结算”，进行商品结算。此时需设置收货地址，点击“去设置”，新建一个收货地址，根据实际情况，填写收货人、手机号码、所在地区、详细地址、标签等，完成后点击“保存并使用”，如图 1-11、图 1-12 所示。

确认订单
您还没有收货地址哦，赶快去设置一个吧！
取消
去设置

图 1-11　设置收货地址界面（一）

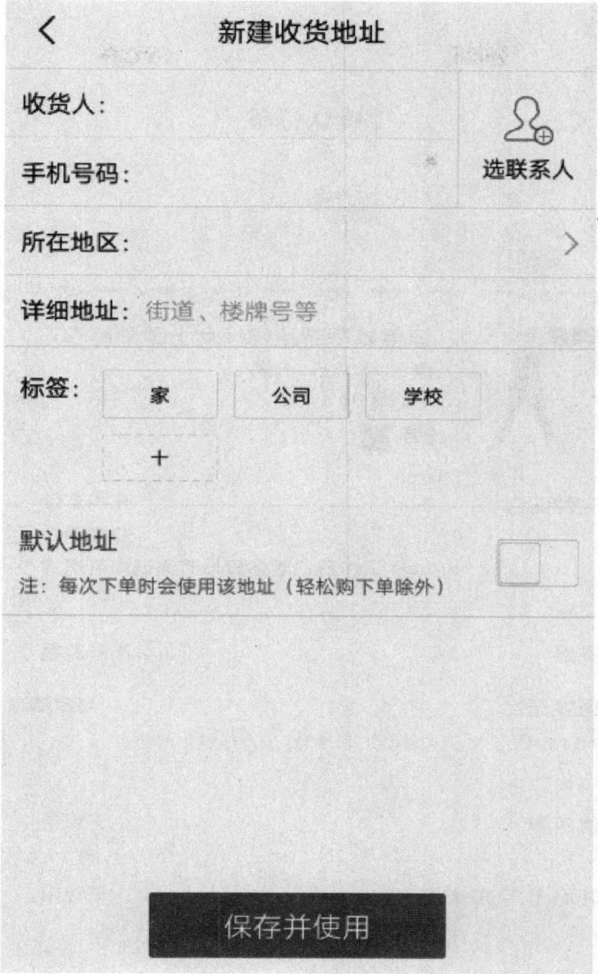

图 1–12　设置收货地址界面（二）

（3）随后进入“确认订单”界面，在此界面可以看到是否选择开发票，是否有可用的优惠券、礼品卡，是否享有退换无忧，还可以给商家留言，确认无误后点击“提交订单”，如图 1–13 所示。

（4）随后进入“京东收银台”界面。京东提供多种支付方式，选择一种完成支付，如图 1–14、图 1–15 所示。

（5）点击“我的”，进入个人中心，可以在“待收货”或“我的订单”中查看订单信息，点击商品，可以看到订单详情，点击“查看物流”，可以看到订单跟踪信息，如图 1–16、图 1–17、图 1–18 所示。

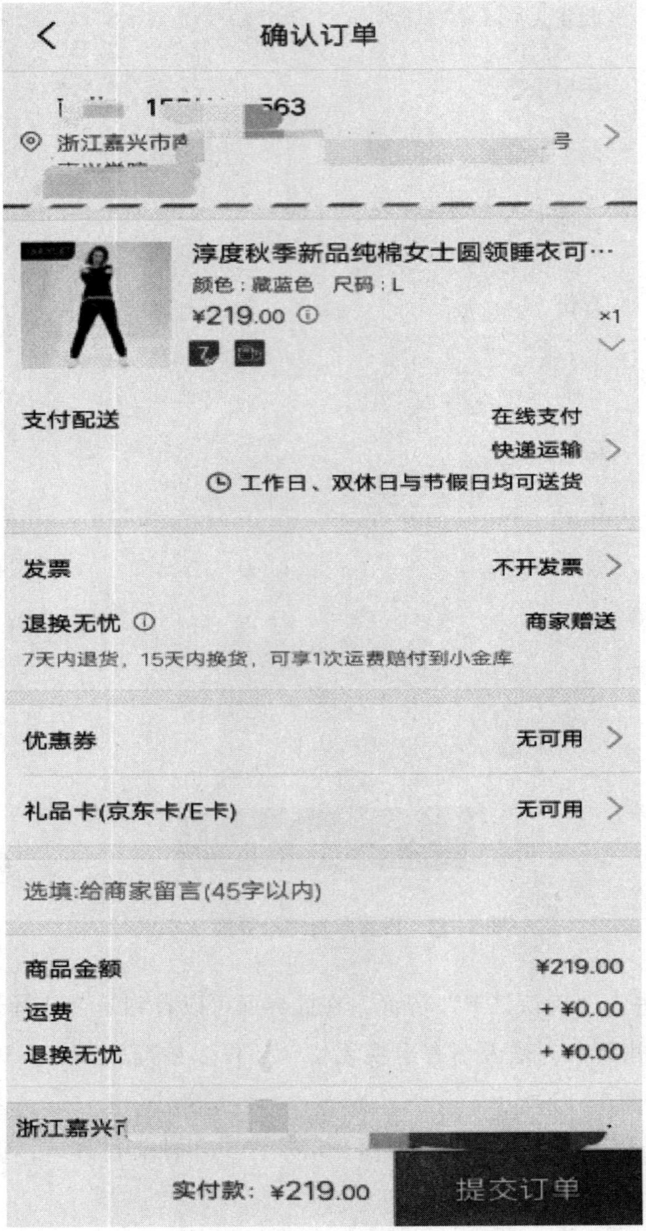
确认订单
淳度秋季新品纯棉女士圆领睡衣可…
颜色：藏蓝色　尺码：L
¥219.00
×1
支付配送
在线支付
快递运输
工作日、双休日与节假日均可送货
发票
不开发票
退换无忧
商家赠送
7天内退货，15天内换货，可享1次运费赔付到小金库
优惠券
无可用
礼品卡(京东卡/E卡)
无可用
选填:给商家留言(45字以内)
商品金额
¥219.00
运费
+ ¥0.00
退换无忧
+ ¥0.00
实付款：¥219.00
提交订单

图 1–13　“提交订单”界面

图 1-14　“京东收银台”界面

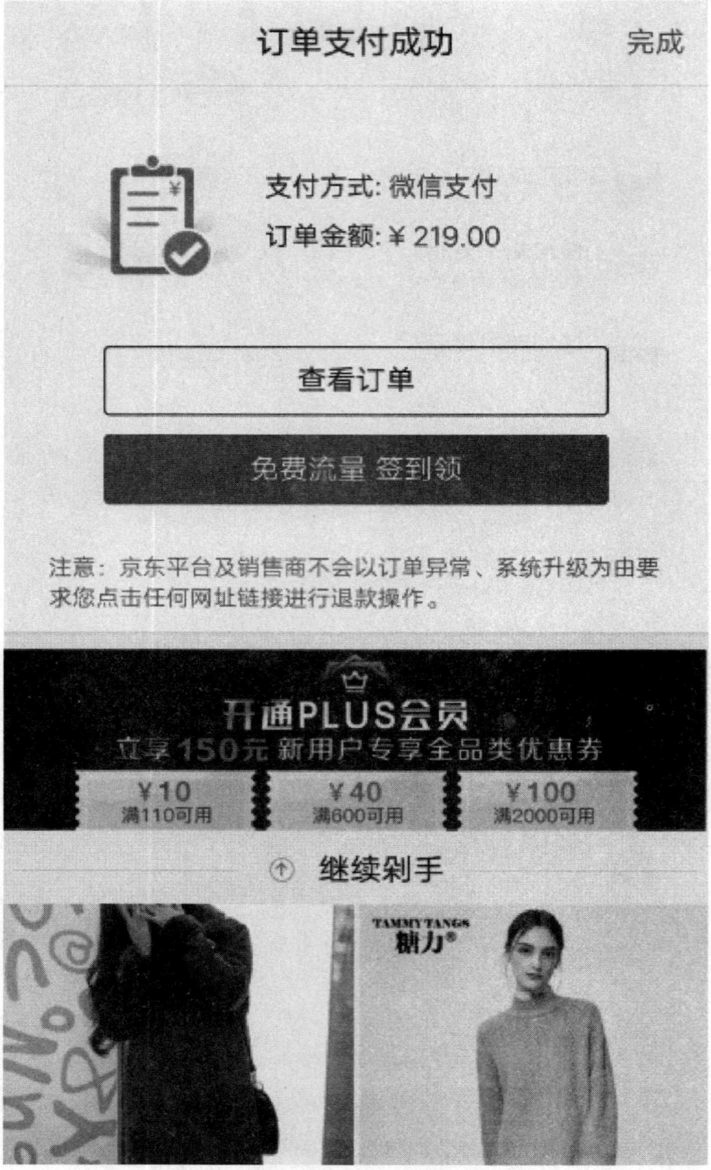

图 1-15 “订单支付成功”界面

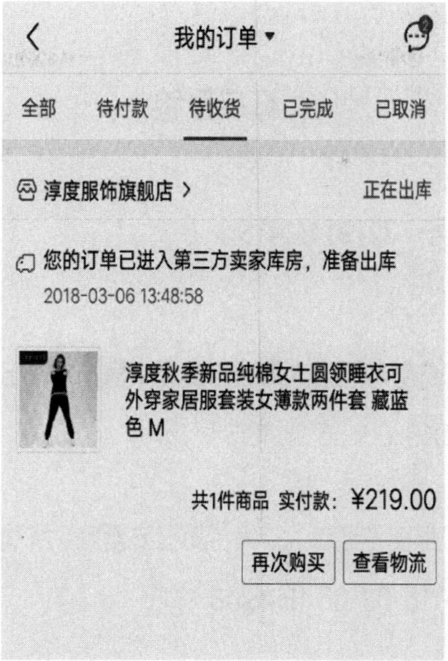

图 1–16　“我的订单”界面

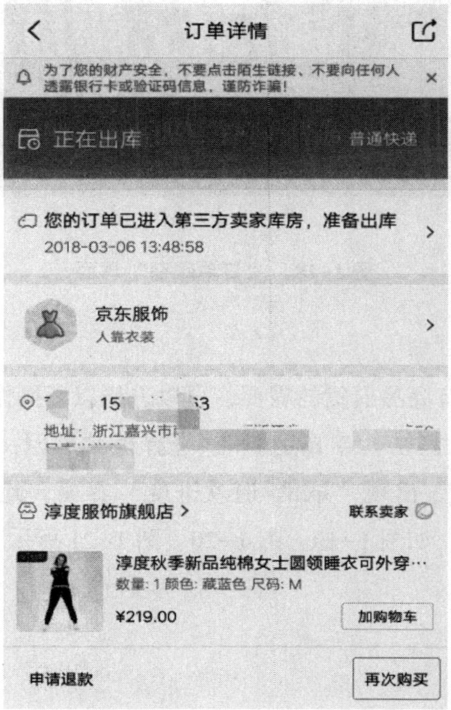

图 1–17　“订单详情”界面

订单跟踪
订单编号：72791441416
您的订单已进入第三方卖家库房，准备出库
2018-03-06 13:48:58
您提交了订单，请等待第三方卖家系统确认
2018-03-06 13:43:48
领京豆 做任务
天天有福利

图 1-18 “订单跟踪”界面

5. 商品退货

订单完成后，如果有商品退货的需要，可以进行以下操作。

进入“订单详情”，点击“申请退款”，选择退款原因，确认退款联系人、联系方式后点击“申请退款”，出现“取消/退款进度”界面，此界面显示退款申请已提交，最终成功取消订单，如图 1-19、图 1-20、图 1-21 所示。

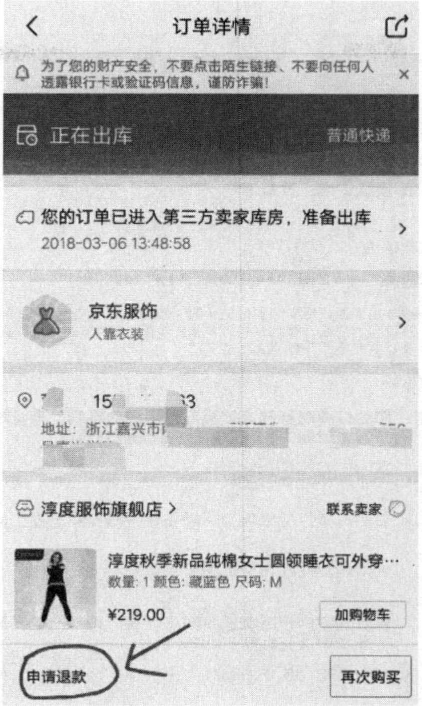
订单详情
为了您的财产安全，不要点击陌生链接、不要向任何人透露银行卡或验证码信息，谨防诈骗!
正在出库
普通快递
您的订单已进入第三方卖家库房，准备出库
2018-03-06 13:48:58
京东服饰
人靠衣装
地址：浙江嘉兴市
淳度服饰旗舰店 >
联系卖家
淳度秋季新品纯棉女士圆领睡衣可外穿…
数量：1 颜色：藏蓝色 尺码：M
¥219.00
加购物车
申请退款
再次购买

图 1-19　申请退款界面（一）

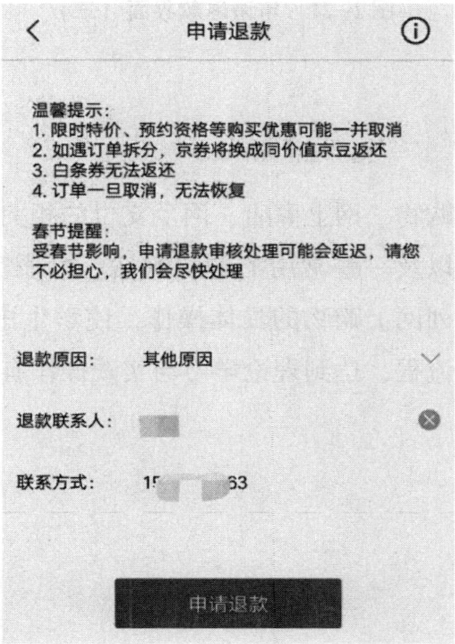
申请退款
温馨提示：
1. 限时特价、预约资格等购买优惠可能一并取消
2. 如遇订单拆分，京券将换成同价值京豆返还
3. 白条券无法返还
4. 订单一旦取消，无法恢复
春节提醒：
受春节影响，申请退款审核处理可能会延迟，请您不必担心，我们会尽快处理
退款原因：
其他原因
退款联系人：
联系方式：
申请退款

图 1-20　申请退款界面（二）

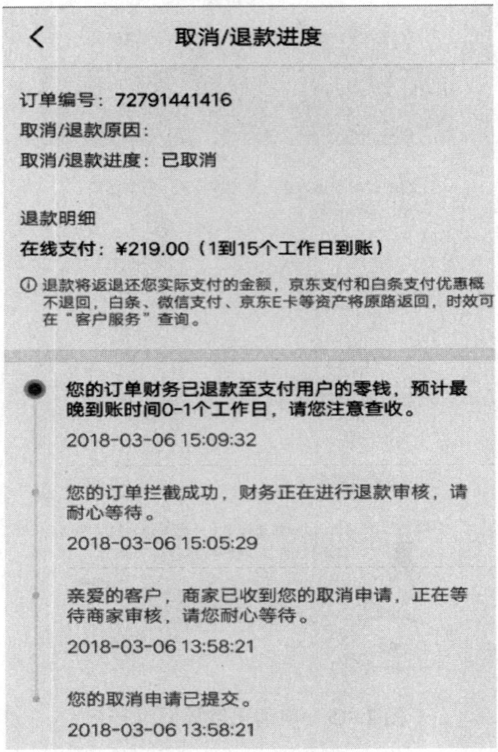
取消/退款进度
订单编号：72791441416
取消/退款原因：
取消/退款进度：已取消
退款明细
在线支付：¥219.00（1到15个工作日到账）
退款将返退还您实际支付的金额，京东支付和白条支付优惠概不退回，白条、微信支付、京东E卡等资产将原路返回，时效可在“客户服务”查询。
您的订单财务已退款至支付用户的零钱，预计最晚到账时间0-1个工作日，请您注意查收。
2018-03-06 15:09:32
您的订单拦截成功，财务正在进行退款审核，请耐心等待。
2018-03-06 15:05:29
亲爱的客户，商家已收到您的取消申请，正在等待商家审核，请您耐心等待。
2018-03-06 13:58:21
您的取消申请已提交。
2018-03-06 13:58:21

图 1-21　申请退款界面（三）

六、实验总结

本项实验阐述了网上购物、网上商店、网上支付的相关概念，并介绍了网上商店的类型、网上支付的特征以及一些常用的购物网站。本项实验选用“京东”购物软件为实验平台，通过一系列网上购物的具体操作，使学生进一步了解网上购物环节，在实践中掌握网上购物的流程，达到理论学习与实践操作有机结合的目的。

实验二　网上开店

一、实验名称和性质

所属课程	电子商务综合实训
实验名称	网上开店
实验学时	2
实验性质	□验证 ☑综合 □设计
必做/选做	☑必做 □选做

二、实验目的

（1）了解网上开店的各个环节。

（2）了解网上开店过程及一些基本手段。

（3）掌握第三方支付流程。

（4）了解当前电子商务对物流的一些基本要求。

（5）体验销售人员在电子销售活动中担任的角色及其职责。

三、实验环节

装有 Win 7/Win 10 的计算机、网络浏览器及能连接互联网的网络环境。

四、知识准备

（一）网上开店的准备

网上开店是一种在互联网时代背景下诞生的新的销售方式，区别于传统的商业模式。其具体定义是卖家自己建立网站或者通过第三方平台，将商品的信息发布在网页上给顾客看，并在网络上留下卖家的联系方式和支付方式，买家通过网上银行或汇款等支付方式向卖家付款，卖家发货，将商品发送到买家手中，从而实现交易的流程。

在网上开店是所有人都可以做到的，但是要想开好网店，还是需要做一番认真准备，包括一些硬件、软件和店铺定位的准备。

（1）硬件方面，卖家要较熟地悉掌握电脑的使用方法，学会用数码相机拍摄商品，也有部分网店可能需要使用打印机或扫描仪。

（2）软件方面，卖家要学会用 Photoshop 等软件处理图片，使商品的图片效果更好。网上开店必不可少地要进行支付，常用的支付方式主要有网上支付、邮局汇款、银行汇款、货到付款以及第三方平台提供的支付工具，如支付宝等。卖家为了更好、更快地将自己的商品送到买家手中，需要选择物流方式，主要的物流方式有快递公司、邮政、E 邮宝等。

（3）店铺定位方面，卖家要对自己的店铺做好定位，卖什么商品、自己店铺的优势、所售商品的买家年龄层次、收入水平等都是卖家要提前考虑的问题。开办店铺申请获批后，卖家要“装修”和宣传自己的店铺，“装修”店铺时要突出店铺商品的特点，以吸引相关人群的注意，另外可以通过搜索引擎、勤发帖、修改个人资料、广告宣传等方式宣传自己的店铺。

有些卖家的网上商品不错，但是没有良好的售前支持和售后服务，这也是不行的。有些卖家喜欢用“嗯”“啊”“好”等简单地回答买家的问题，这样会让买家觉得不舒服，甚至可能会致使买家另选店铺购买商品。

（二）常用网上开店网站

网上开店的优势很多，如市场远大于实体店、成本较低、经营方式灵活等。其中，网上开店的经营方式可以多样化，有全职经营网点、兼职经营网点和网上网下开店相结合等方式。

（三）常用的第三方支付工具及其特点

买卖双方达成交易意向后，买家会付款给卖家，在货款支付过程中可以使用第三方提供的支付工具。下面介绍第三方支付工具的概念及其特点。

第三方支付工具是指一些和国内外各大银行签约，并具备一定实力和信誉保障的第三方独立机构提供的交易支持平台。它通过与银行的商业合作，以银行的支付结算功能为基础，向政府、企业、事业单位提供公正中立的面向其用户的个性化支付结算与增值服务。

在通过第三方支付平台进行的交易中，买家购买商品后，使用第三方支付平台提供的账户进行货款支付，再由第三方支付平台通知卖家货款收到，卖家就可以发货了。买家验收货物成功后就通知第三方支付平台付款给卖家，此时第三方支付平台再将货款转至卖家账户。

第三方支付工具具有显著的特点。首先，它依附于大型门户网站，以与其合作的银行信用作为依托，能够较好解决网上交易中的信用安全问题。其次，它具有快捷支付功能，买卖双方在几分钟之内就能完成一笔交易，节省了买卖双方的时间。再次，它安全可靠，通过使用数据证书、数据签名等安全技术，实现了互联网与银行系统之间数据的加密传输，保证账户的安全。另外，付款方的账户信息是保密的，只有第三方支付服务商可以看到，收款人无法获取其信息。同时，第三方支付平台还提供了风险防范机制，以确保买卖双方的利益。

常见的第三方支付工具如表 2-1 所示。

表 2-1　常见的第三方支付工具

序号	LOGO	名称	简介
1		支付宝	支付宝（阿里巴巴旗下）网络技术有限公司是国内领先的第三方支付平台，从 2004 年建立开始，始终以“信任”作为产品和服务的核心。旗下有“支付宝”与“支付宝钱包”两个独立品牌。自 2014 年第二季度开始，支付宝成为当前全球最大的移动支付厂商
2		微信支付	微信支付是集成在微信客户端的支付功能，用户可以通过手机完成快速的支付流程。微信支付以绑定银行卡的快捷支付为基础，向用户提供安全、快捷、高效的支付服务。自 2018 年 4 月 1 日起，消费者在使用微信钱包扫描静态条码支付时，单日使用零钱包支付的上限不超过 500 元，同时微信关联的所有银行卡还可以再独立获得 500 元的支付上限
3		ApplePay	Apple Pay 是苹果公司在 2014 苹果秋季新品发布会上发布的一种基于 NFC 的手机支付功能，于 2014 年 10 月 20 日在美国正式上线。Apple Pay 自上线以来，已经占据数字支付市场交易额的 1%。2/3 的 Apple Pay 新用户已多次使用这项服务。Apple Pay 用户平均每周使用 1.4 次。2016 年 2 月 18 日，Apple Pay 业务在中国上线。2017 年 6 月 6 日，苹果 iOS 11 发布，Apple Pay 支持好友转账

五、实验步骤和内容

目前网上开店的平台有很多，本项实验主要以淘宝网上开店、微店开店为例，以从淘宝网开店、微店开店到出售物品成功的基本流程作为范例，介绍各个阶段的实际操作与理论知识，就实际运用中可能出现的问题以及对策进行说明。

（一）淘宝网开店

1. 淘宝网介绍

淘宝网，是中国最大的网购零售平台，拥有近 5 亿的注册用户数，每天有超过 6 000万的固定访客。截至 2013 年，淘宝网和天猫平台的交易额合计突破人民币 10 000 亿元，成为世界范围的电子商务交易平台之一。据阿里巴巴官方数据显示，2017 年淘宝“双十一”交易额达到 1 682. 69 亿元，刷新了 2016 年“双十一”全天交易额为 1 207 亿元的纪录，同比增速为 39. 36%。随着淘宝网规模的扩大和用户数量的增加，淘宝网也从单一的 C2C 网络集市扩大成为包括 C2C、团购、分销、拍卖等多种电子商务模式在内的综合性零售商圈。

淘宝网为了保证买卖双方货物以及货款的安全，打击虚假出售行为，需要对卖家进行实名认证。所谓实名认证，就是要求卖家在出售物品时必须将真实的身份通过系统认证，该实名认证与银行系统结合，将卖家身份与其银行账户绑定，从而使有虚假出售行为的单个卖家无法获取实际利益。淘宝网出售物品的过程主要分为准备、出售和总结三个阶段。其中，准备阶段可以分为用户注册和实名认证两个阶段；出售阶段可以分为物品登录和发货两个阶段；总结阶段的主要工作为对买家评价和收款。为了方便实验，以下介绍的图例包括商家与个人认证界面。淘宝网上开店流程实际操作顺序如图 2-1 所示。

图 2-1　淘宝网上开店流程

2. 注册用户

（1）进入淘宝网网页后，在网页左上角找到“免费注册”，如图 2-2 所示。

图 2-2　淘宝网首页界面

（2）进入免费注册界面，提交用户信息，该信息将在用户购物或者出售物品时作为基本信息展示给其他用户。用户提交注册信息后，将从手机短信或者邮箱收到验证码，用户将其填写到对应的校验码框并通过验证后，系统会提示注册成功，并显示注册的用户名等信息。以手机注册为例，其注册信息填写界面如图 2-3 所示。

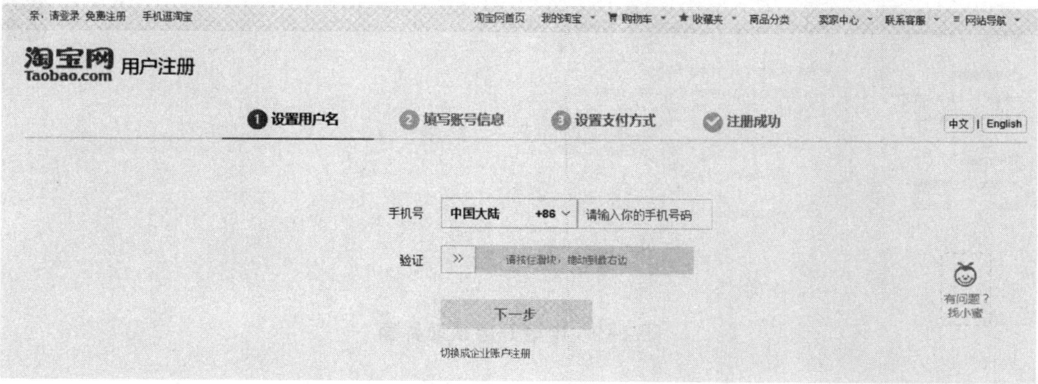

图 2-3　注册信息填写界面

3. **创建店铺**

（1）在淘宝网首页选择“卖家中心”中的“免费开店”，如图 2-2 所示。

（2）店铺类型分为“个人店铺”和“企业店铺”，如图 2-4 所示，本项实验以创建个人店铺为例。

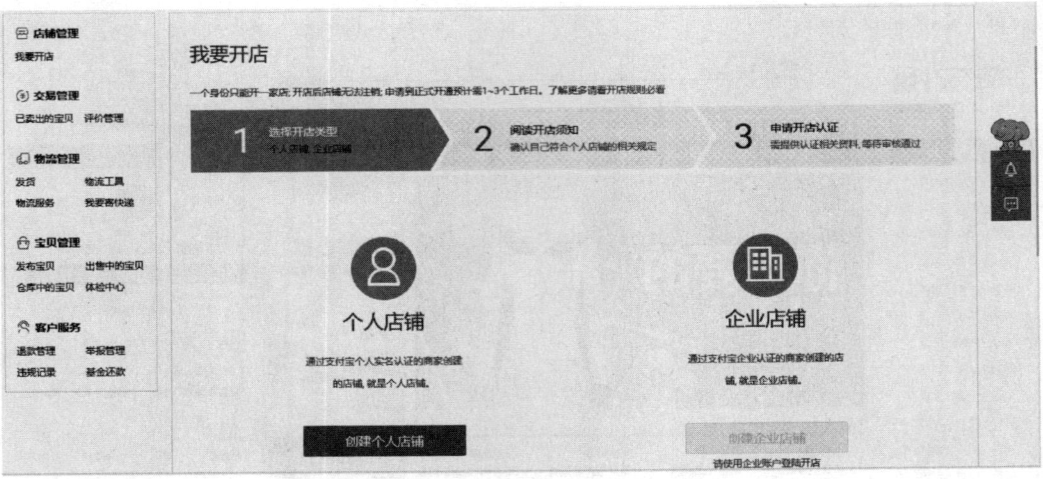

图 2-4 选择店铺类型界面

（3）申请开店认证，点击“认证”进入身份认证，如图 2-5 所示。

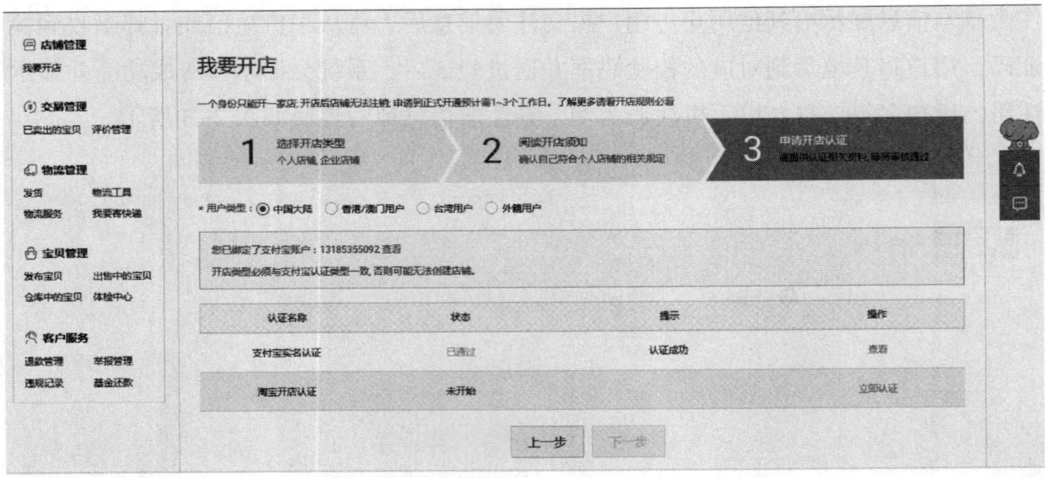

图 2-5 申请开店认证界面

（4）身份认证（钱盾），如图 2-6、图 2-7 所示。

手机下载钱盾软件进行身份认证，点击“我的”中“实人认证”，上传身份证正反面照片，如图 2-8 所示。上传成功后等待数分钟，审查后弹出认证成功窗口，如图 2-9 所示。

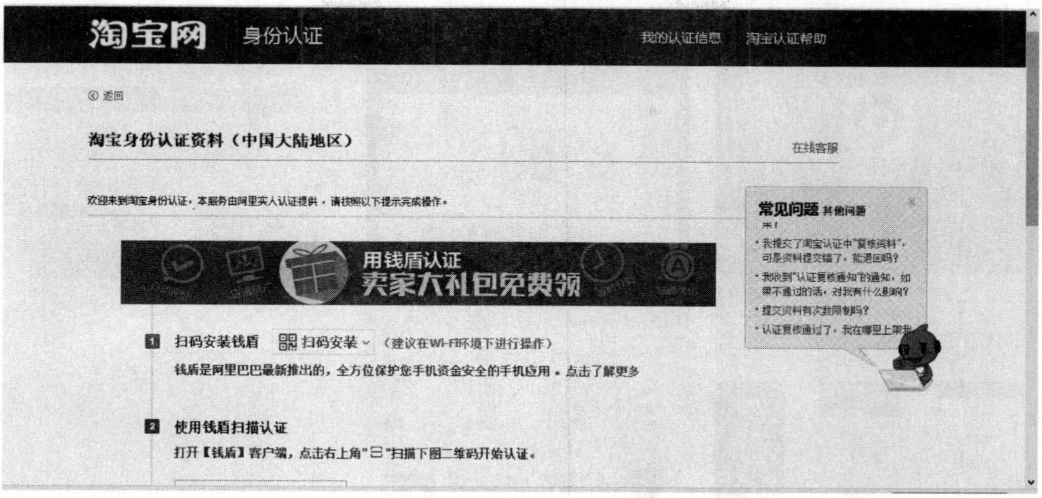
淘宝网 身份认证
我的认证信息 淘宝认证帮助
返回
淘宝身份认证资料（中国大陆地区）
在线客服
欢迎来到淘宝身份认证，本服务由阿里实人认证提供，请按照以下提示完成操作。
用钱盾认证
卖家大礼包免费领
常见问题 其他问题
我提交了淘宝认证中"复核资料"，司是资料提交错了，能退回吗？
我收到"认证复核通知"的通知，如果不通过的话，对我有什么影响？
提交资料有次数限制吗？
1 扫码安装钱盾 扫码安装（建议在Wi-Fi环境下进行操作）
钱盾是阿里巴巴最新推出的，全方位保护您手机资金安全的手机应用。点击了解更多
2 使用钱盾扫描认证
打开【钱盾】客户端，点击右上角"⊟"扫描下图二维码开始认证。

图 2-6 身份认证（钱盾）界面（一）

钱盾是阿里巴巴最新推出的，全方位保护您手机资金安全的手机应用。点击了解更多
2 使用钱盾扫描认证
打开【钱盾】客户端，点击右上角"⊟"扫描下图二维码开始认证。
刷新二维码
常见问题 其他问题
我提交了淘宝认证中"复核资料"，司是资料提交错了，能退回吗？
我收到"认证复核通知"的通知，如果不通过的话，对我有什么影响？
提交资料有次数限制吗？
3 在手机上完成以下操作：
验证手机号
填写联系地址
上传手势照
上传身份证照

图 2-7 身份认证（钱盾）界面（二）

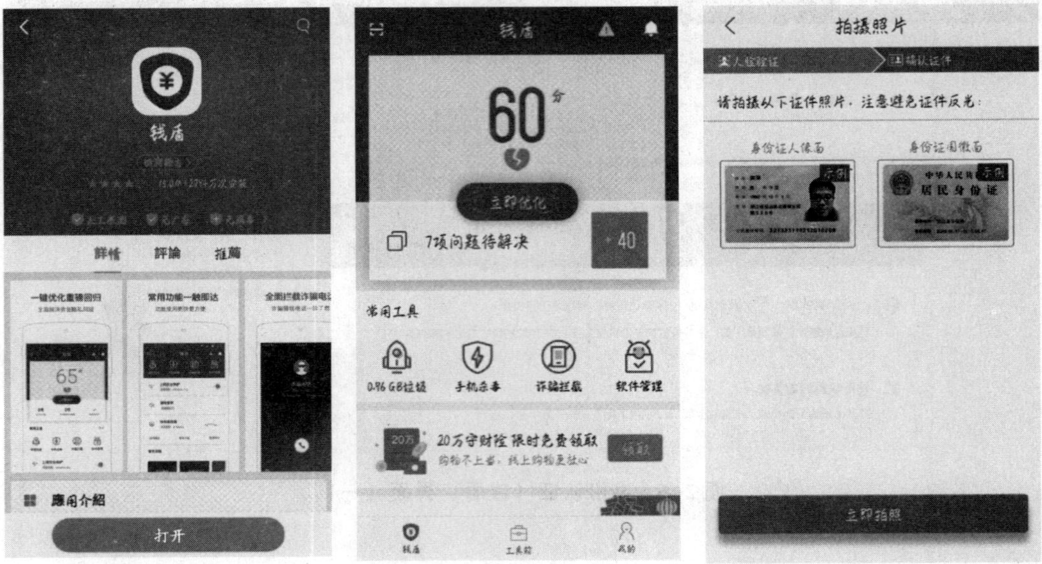

图 2-8　上传身份证正反面照片界面

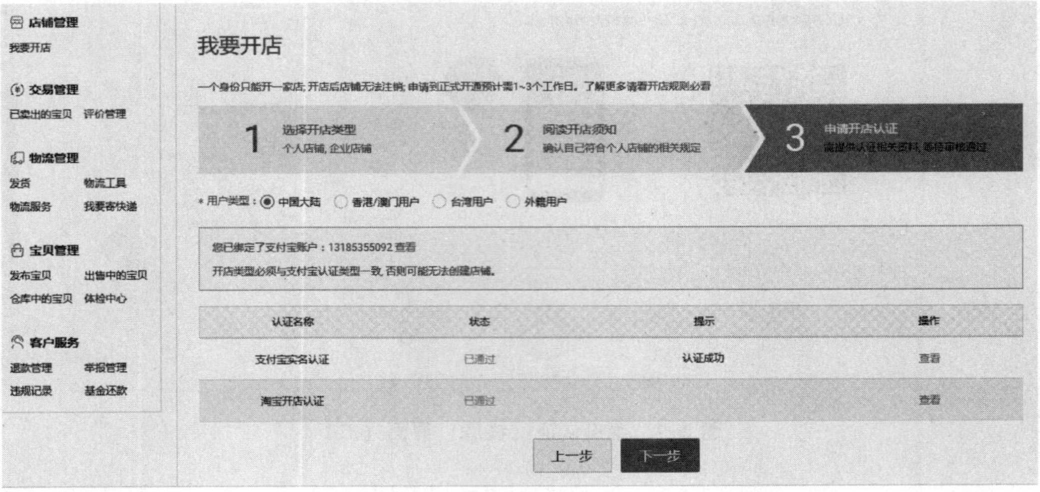

图 2-9　认证成功界面

（5）认证成功后登录淘宝网站，开店成功，如图 2-10 所示。

（6）点击基本设置，可设置店铺基本信息，如图 2-11、图 2-12 所示。

图 2-10　开店成功界面

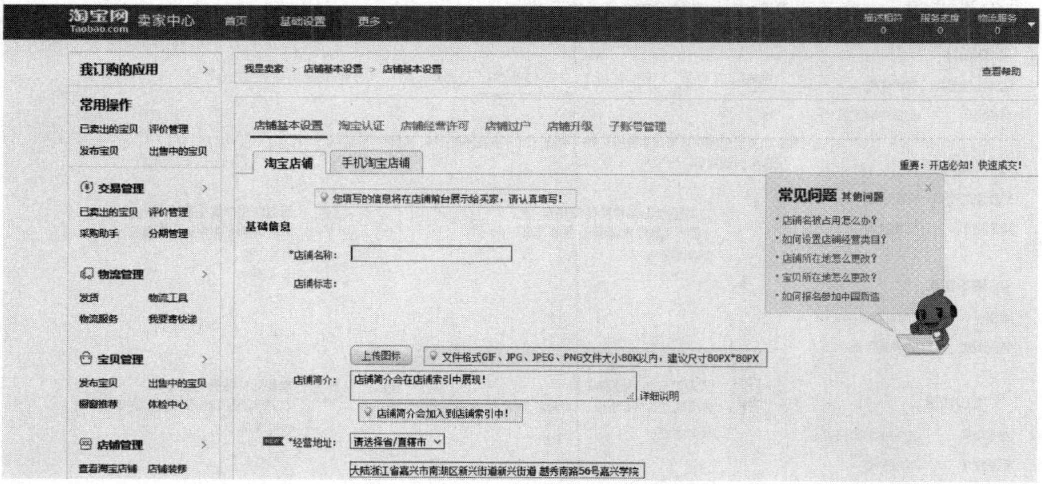

图 2-11　设置店铺基本信息界面（一）

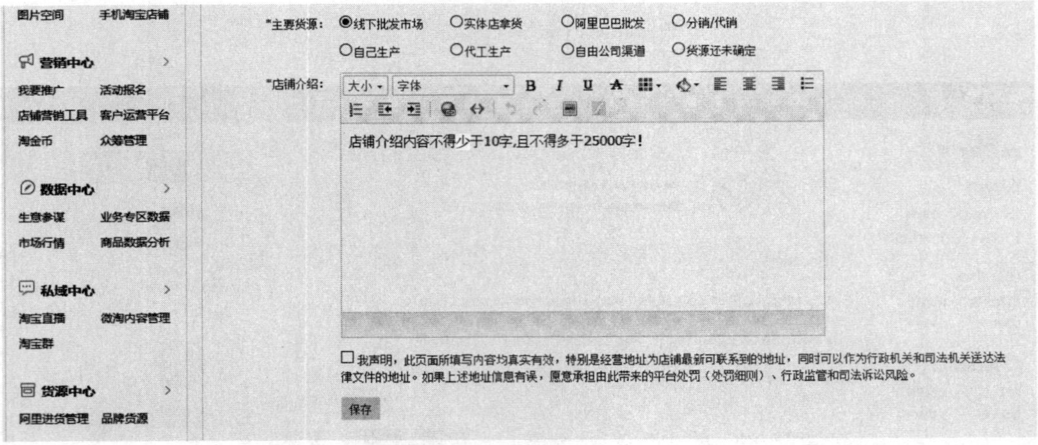

图 2-12 设置店铺基本信息界面（二）

（7）在基本设置中获得店铺经营许可，如图 2-13 所示。

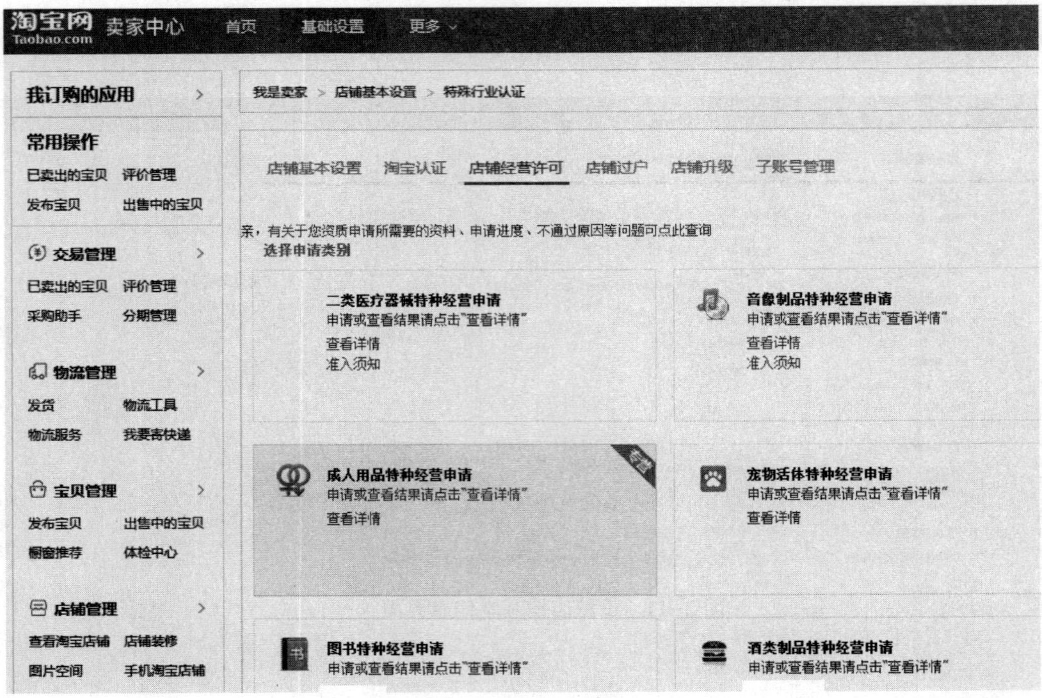

图 2-13 获得店铺经营许可界面

4. **出售货物与发货**

（1）在“卖家中心”中点击“宝贝管理"中的“发布宝贝”，如图 2-14 所示。

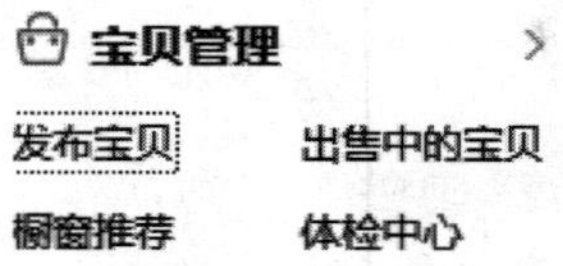

图 2-14　“宝贝管理”界面

为自己的商品选择“闲置”或者“一口价”的出售方式，并填写商品的信息、价格并上传图片，如图 2-15 所示。

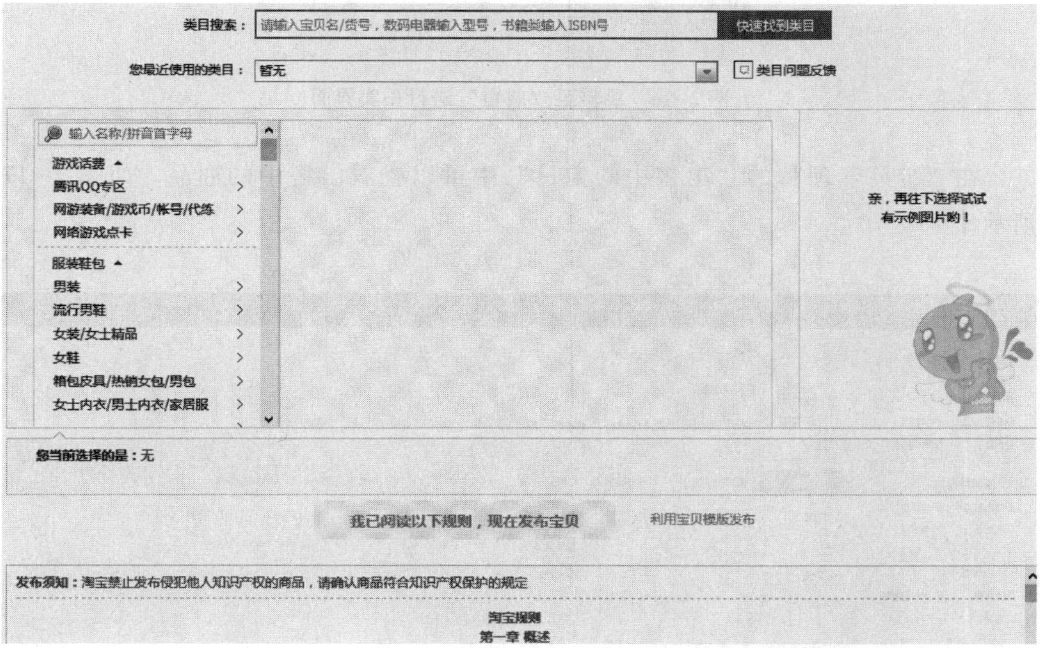

图 2-15　选择商品出售方式界面

闲置商品跳转至“咸鱼”进行拍卖，如图 2-16 所示。一口价商品则可以直接出售。商品发布后，两个出售方式不能互换。添加商品的类目、描述后，商品最终发布。在首页中输入自己的店铺地址即可查看发布商品的情况。

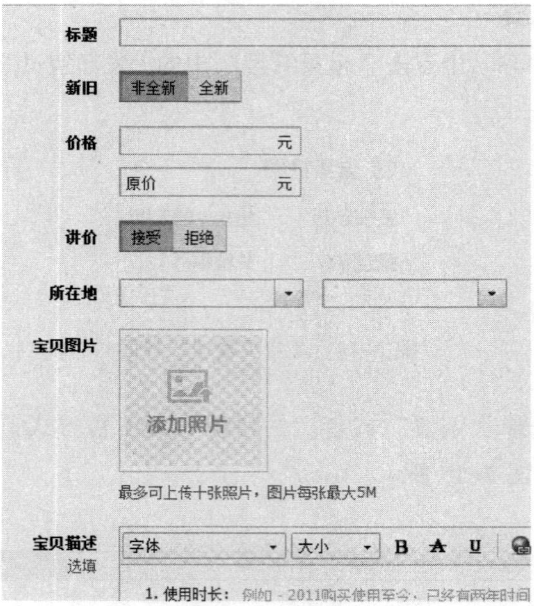

图 2-16　跳转至“咸鱼”进行拍卖界面

在“宝贝管理”的“出售中的宝贝”中可以查看出售中的商品，如图 2-17 所示。

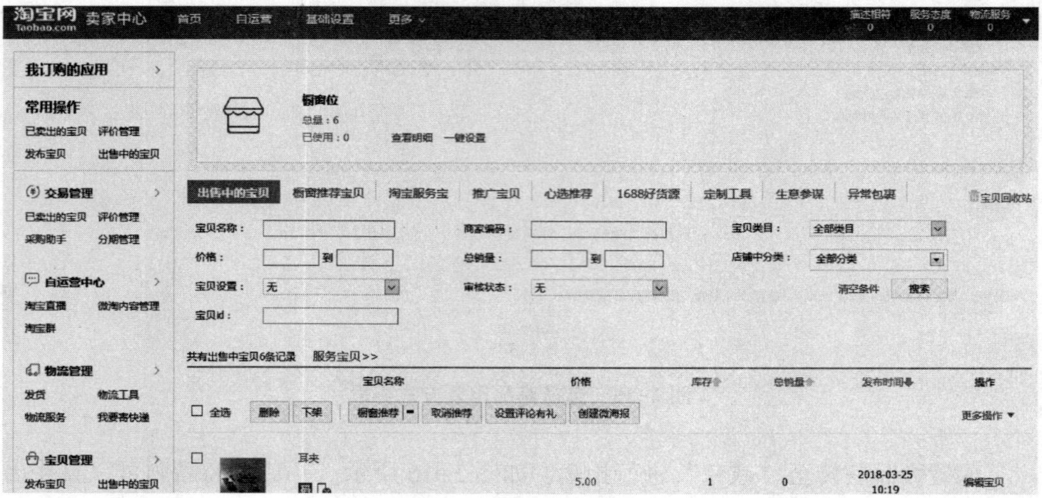

图 2-17　“出售中的宝贝”界面

（2）限时抢购，在“双十一”等特惠活动期间可设置限时抢购，商家设置库存计数可以为拍下后减库存或是付款后减库存以及有效期和开始时间等，如图 2-18 所示。

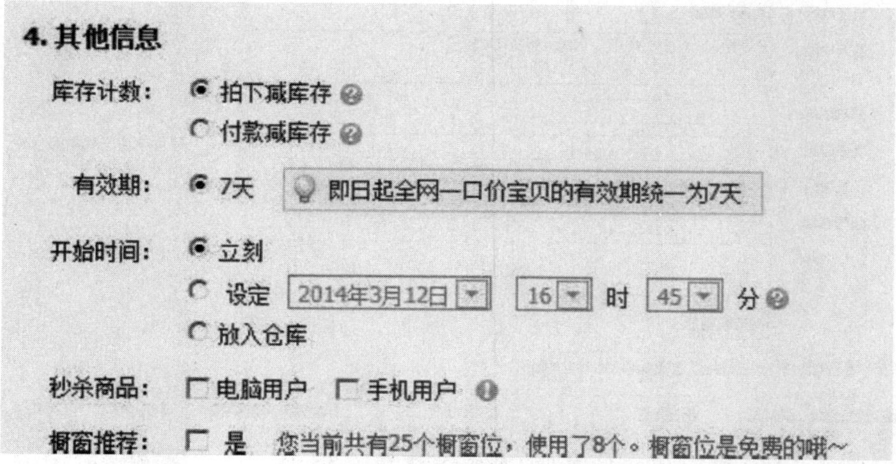

图 2-18 设定抢购信息界面

5. 发货管理

（1）商家通过“卖家中心”的“发货管理”管理货物，通过交易管理中的“已卖出的宝贝”查看商品出售状态，也可以查看买家是否付款。在付款前，卖家可以修改物品的价格。若买家已经付款，则在“等待发货”状态下选择该商品进入发货流程，或者直接选择“交易管理”中的“发货”查看需要发货的商品。

可以在“卖家中心”的“物流管理”中点击“物流工具”，在“地址库”中填写用于发货、退货及取货的地址，如图 2-19 所示。若不填写可以在“发布商品”时填写。淘宝支持单个用户配置 20 个发货地址，方便用户使用。

（2）商家还可以在“服务商设置”中选择开通服务商，界面中还显示各服务商开通的服务，如图 2-20 所示。物流共有四种方式，即限时物流、在线下单、自己联系物流以及无须物流。不同的物流方式对应的时效不同，限时物流主要为紧急商品服务，可以控制商品到达买家手中的时间，费用会较高，其他物流方式会有一个基本的时间范围。淘宝没有发货时限，只要维持在买家已付款、等待卖家发货的状态下，系统不会自动打款、关闭交易，这保证了货款的安全。若长时间未发货，买家可以直接申请退款。在卖家已发货的状态下，所有物品都有一个自动确定的收货时间，超过该时间，支付宝将自动将货款打入卖家账户。

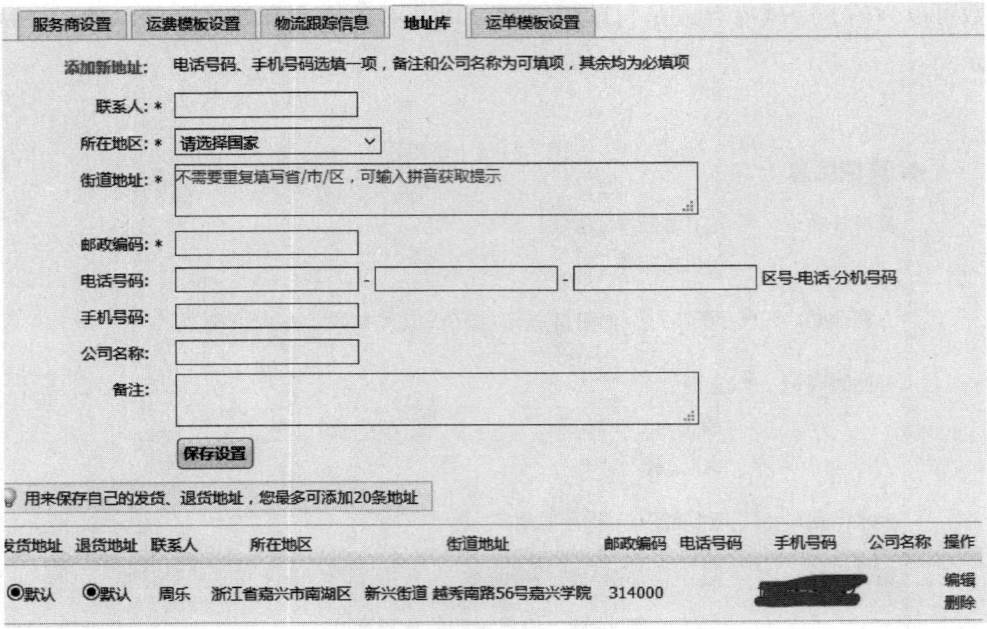

图 2-19　地址库界面

图 2-20　“服务商设置”界面

在“运费模板设置”中，可设置运费模板，确定运费，如图 2-21 所示。

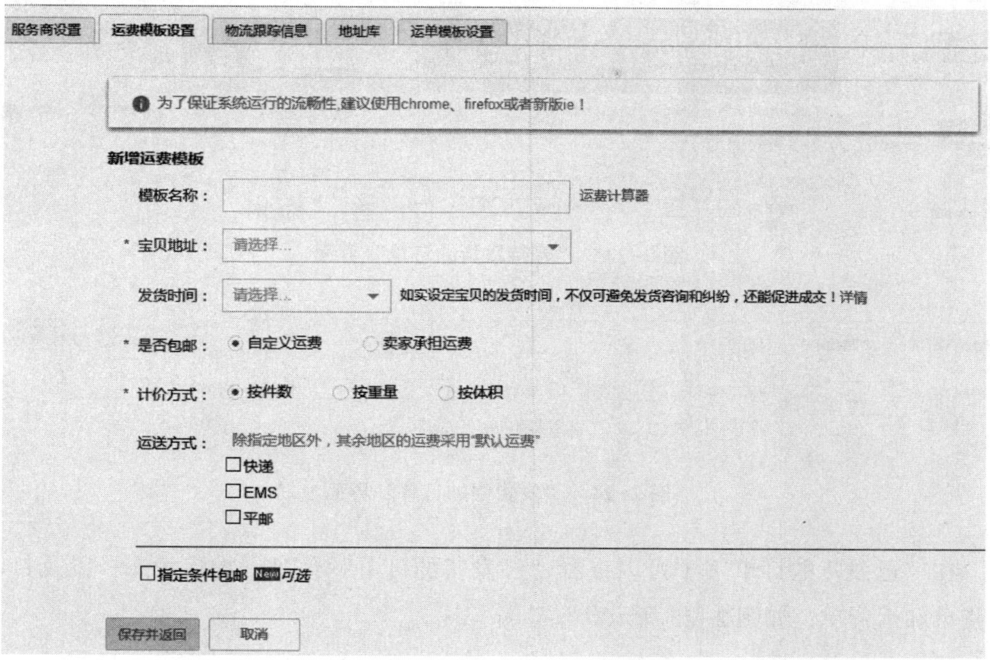

图 2-21　“运费模板设置”界面

在“物流跟踪信息”中，可以根据订单号查询物流信息，如图 2-22 所示。

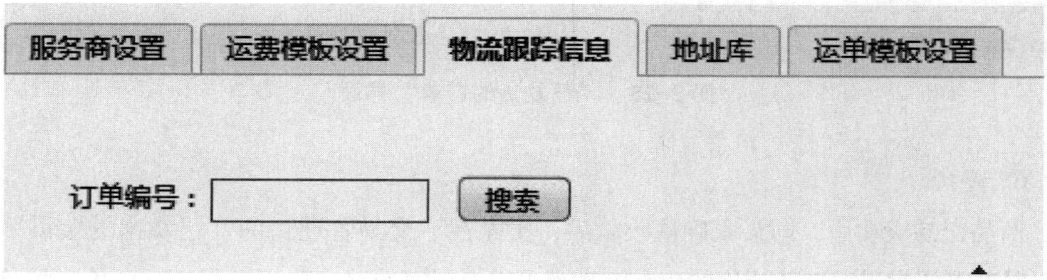

图 2-22　“物流跟踪信息”界面

(3) 点击“物流管理”中的“等待发货的订单”，可以查看“未发货的订单”和“被取消的订单”，以及可“新建物流订单”和“批量导入订单”，如图 2-23 所示。

在“发货中的订单”可以查看订单物流信息，如图 2-24 所示。

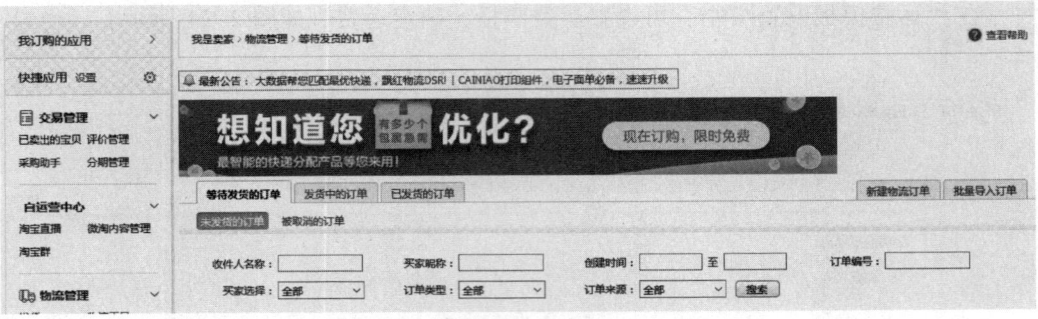

图 2-23　“等待发货的订单”界面

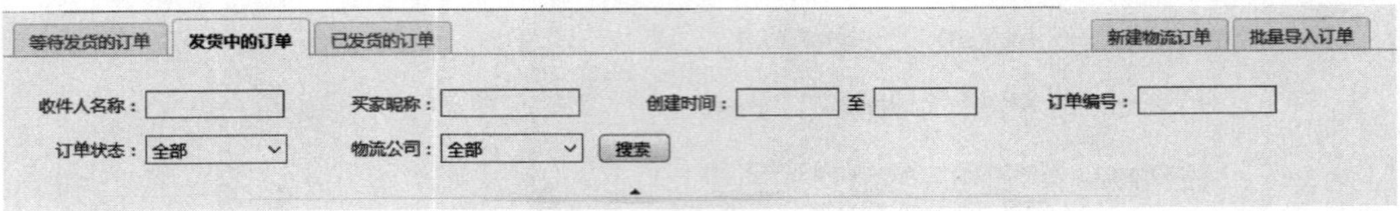

图 2-24　“发货中的订单”界面

在“已发货的订单”中可以查看“已发货的订单”信息、物流状态，以及打印发货单和运货单，如图 2-25 所示。

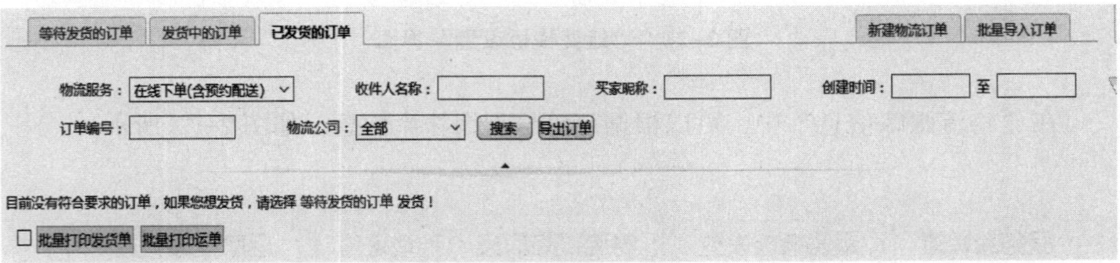

图 2-25　“已发货的订单”界面

6. **评价**

商品交易成功后，即买家确认收货后，卖家在“交易管理”的“已卖出的宝贝”中可以看到需要对买家进行评价的商品，卖家可以对买家的整个购买过程进行评价，评价结果可以提供给其他卖家参考。淘宝会员在淘宝网每使用支付宝成功交易一次，就可以对交易对象做一次信用评价。评价分为“好评”“中评”“差评”三类，每种评价对应一个信用积分，具体为：“好评”加一分，“中评”不加分，“差评”扣一分。买家也可以对卖家进行店铺评分，买家在交易成功后，可对本次交易订单的卖家进行四项打分：宝贝与描述相符、卖家的服务态度、卖家的发货速度、物流公司的服务。买家打分实际上就是对卖家的商品以及相应的配套服务做出细分的评价。评价界面如图 2-26 所示。

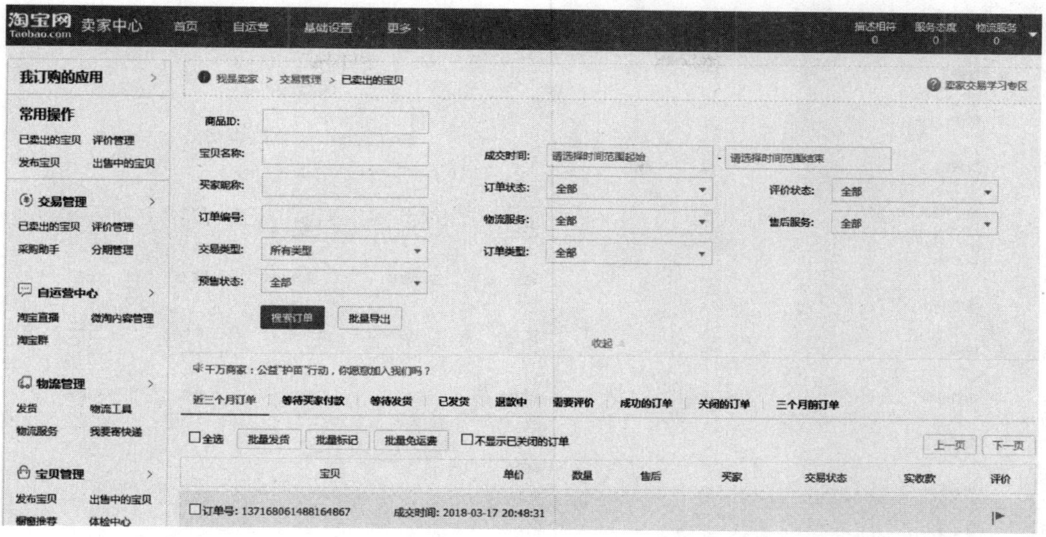

图 2-26　评价界面

由于卖家信用对商品的出售影响很大，淘宝允许买卖双方进行沟通，在达成一致的情况下允许买家修改对卖家的评价。

7. 微淘管理和店铺装修

（1）微淘管理。点击“自运营中心”的“微淘内容管理”，如图 2-27 所示，可以进行微淘管理，与买家进行线上沟通，增加卖家的商品曝光率。在“发微淘”中可以进行发帖、上新，发布短视频和链接等交流活动，如图 2-28 所示。

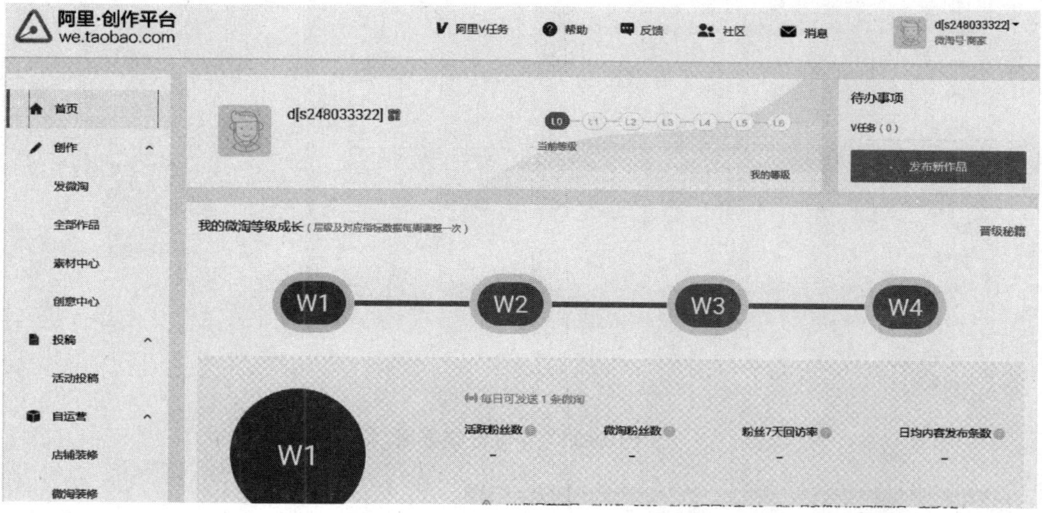

图 2-27　“微淘内容管理”界面

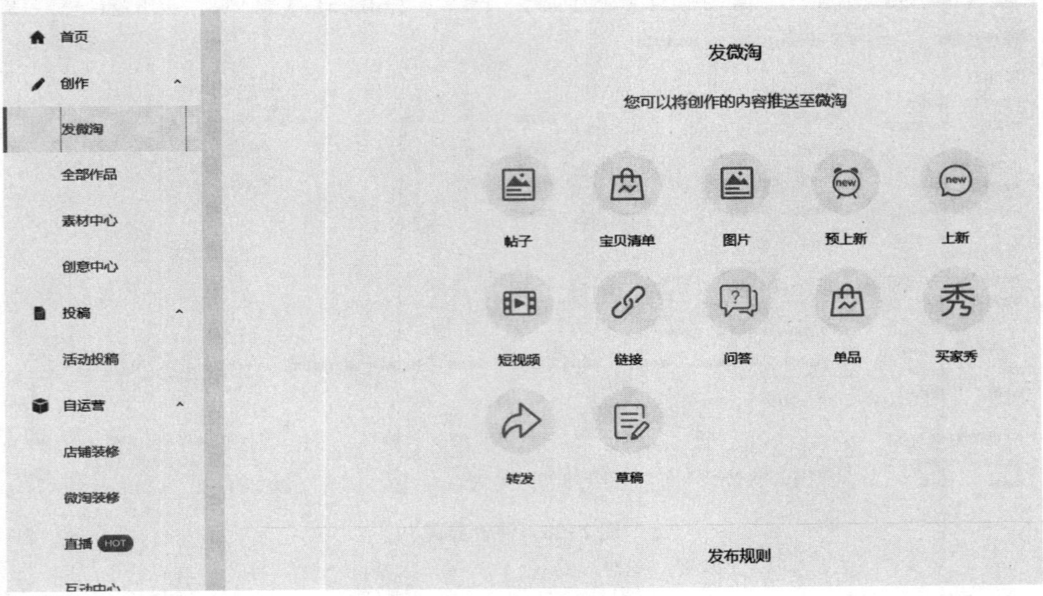

图 2-28 “发微淘”界面

（2）店铺装修。点击“阿里创作平台”中“自运营”的“店铺装修”，可转至“淘宝旺铺”进行“手机端”和“PC 端”的店铺装修，如图 2-29 所示。

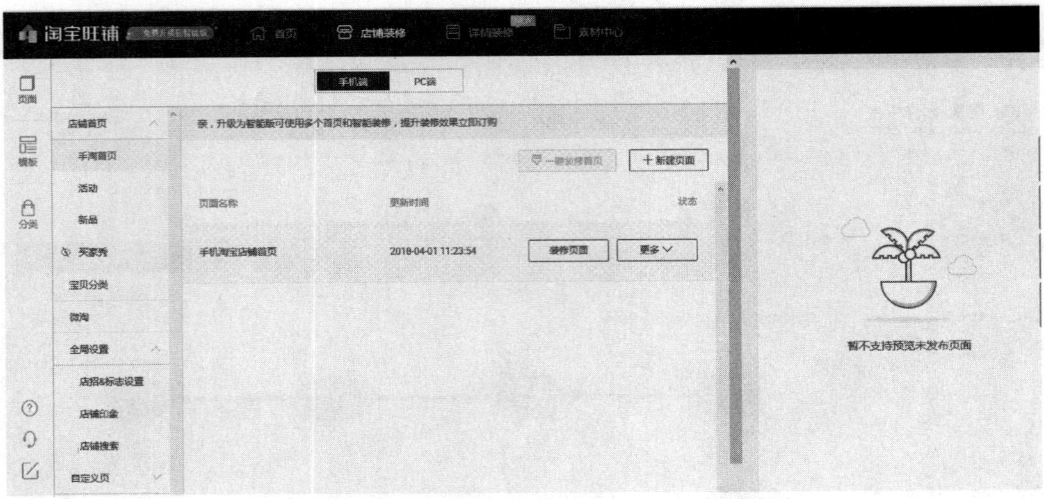

图 2-29 淘宝旺铺界面

（3）微淘装修。点击“自运营”下的“微淘装修”可进行微淘界面的设计，此操作要求安装高版本浏览器，如图 2-30 所示。

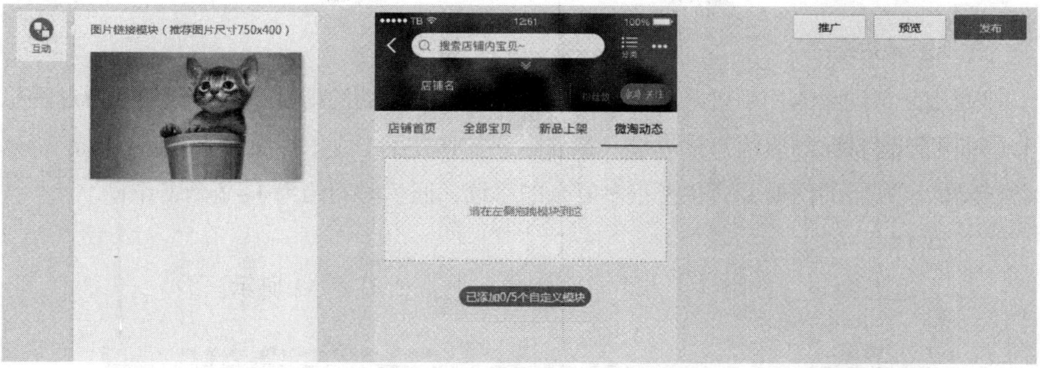

图 2-30　“微淘装修”界面

在创作平台中还可以进行直播、互动、粉丝管理等操作，如图 2-31 所示。

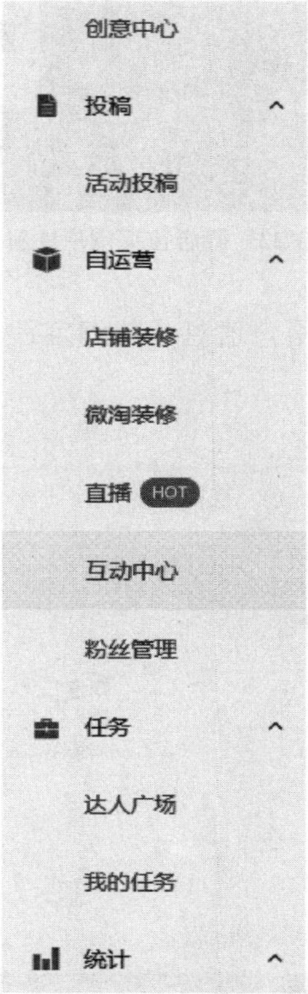

图 2-31　“自运营”界面

(二) 微店开店

1. 微店介绍

微店是帮助卖家用手机开店的软件。微店作为移动端的新型产物，任何人通过手机号码即可开通自己的店铺，并通过一键分享到 SNS 平台，宣传自己的店铺并促成交易。微店降低了开店的门槛并简化了很多复杂的手续，回款时间约为 1~2 个工作日。

2. 创建店铺

(1) 进入微店官方网站，点击首页用户注册，如图 2-32 所示。

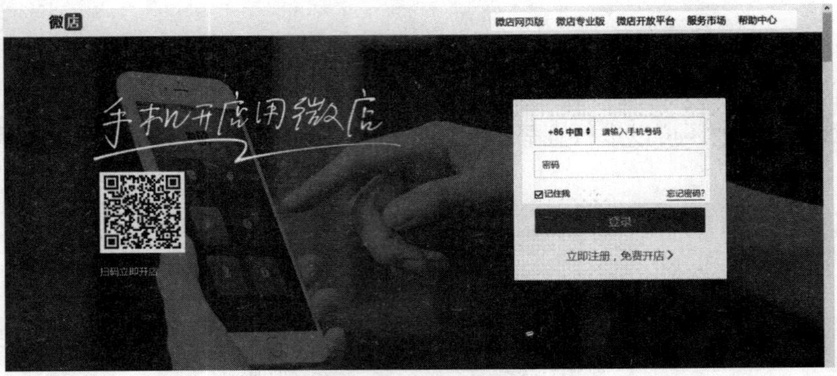

图 2-32　微店首页用户注册界面

(2) 进入注册页面，填写用户信息，与淘宝注册相似，如图 2-33、图 2-34、图 2-35 所示。

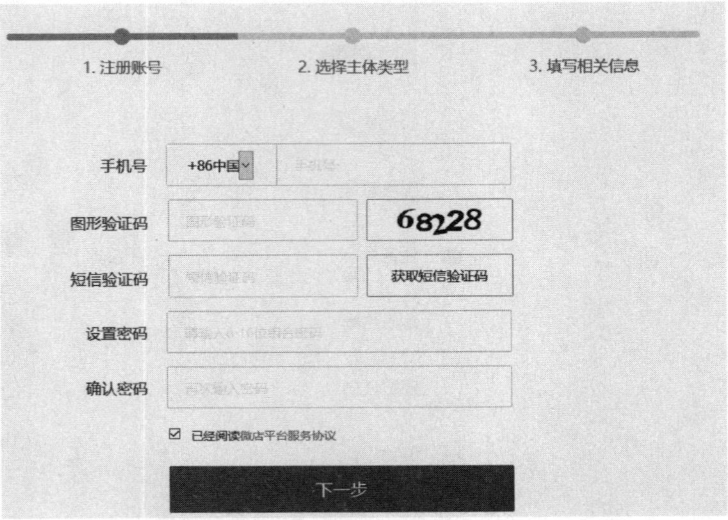

图 2-33　填写用户信息界面（一）

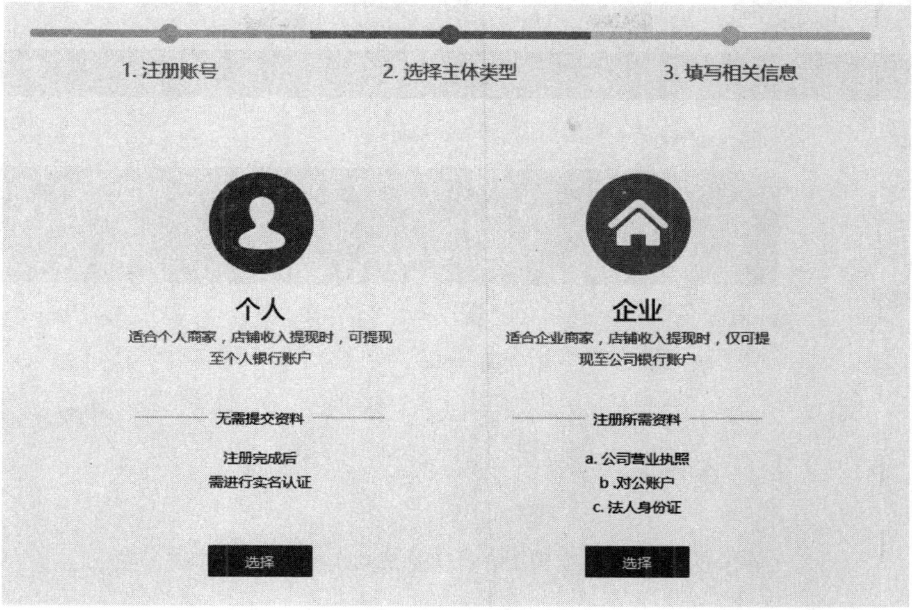

图 2-34　填写用户信息界面（二）

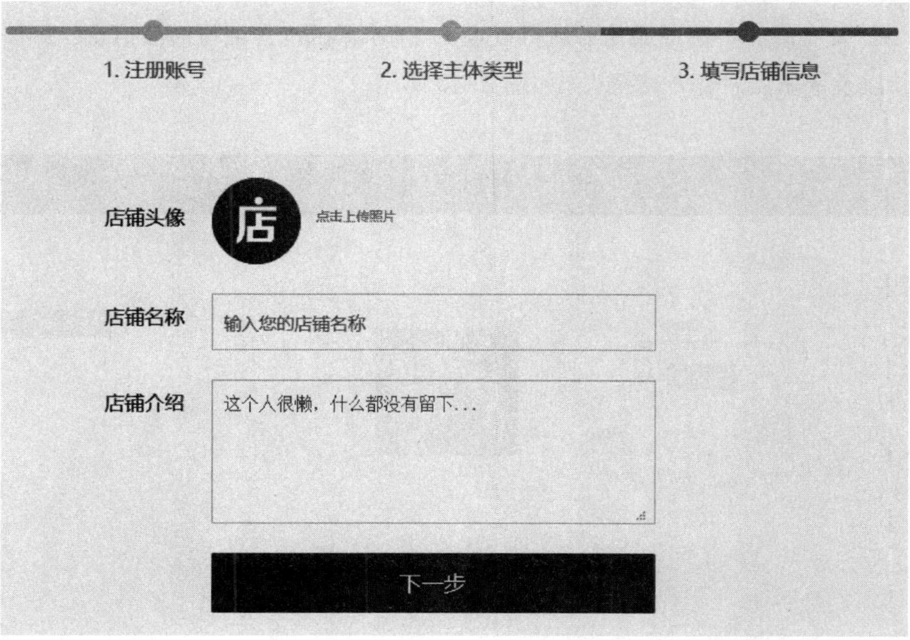

图 2-35　填写用户信息界面（三）

（3）填写店铺基本信息后即可开店成功，如图 2-36 所示。

图 2-36　开店成功

3. **发布商品**

（1）实名认证。点击“商品”的“商品管理”，有“添加商品”，按照弹出的提示，如图 2-37 所示，在手机版微店上进行实名认证，如图 2-38 所示。

（2）发布商品。认证成功后就可以点击“添加商品”，填写商品信息，如图 2-39 所示，以及手机版“添加商品”，如图 2-40 所示。

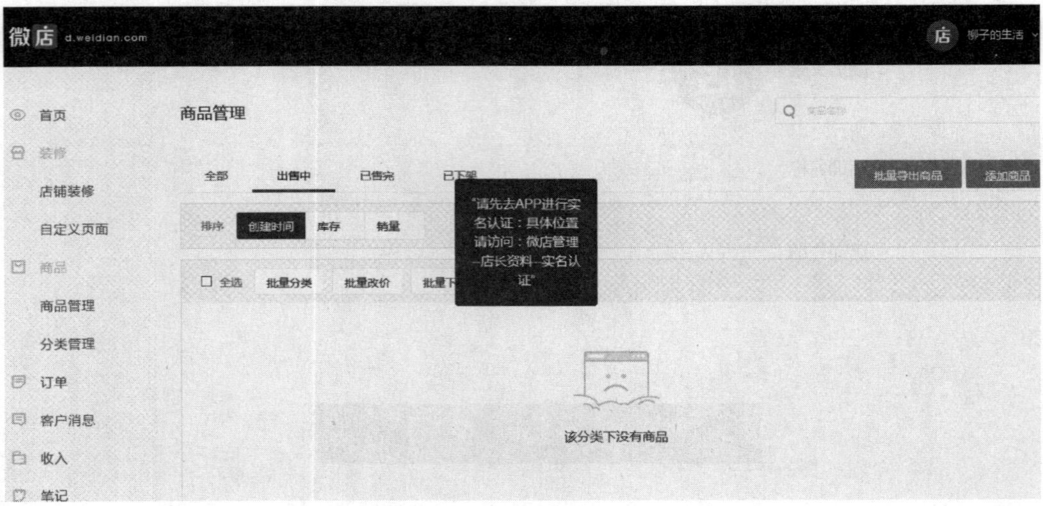

图 2-37　认证提示界面

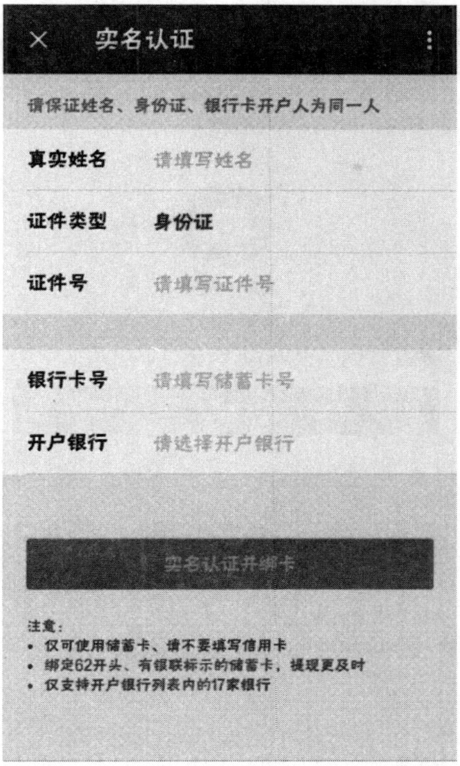

图 2-38　“实名认证”界面

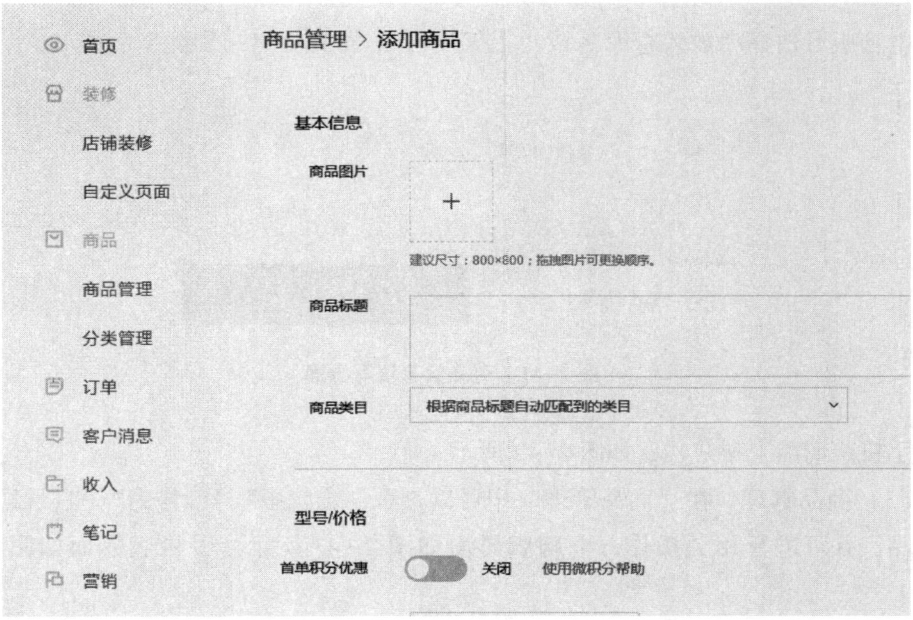

图 2-39　“添加商品”界面（一）

图 2-40 “添加商品”界面（二）

电脑版可选择“放入仓库”或“上架出售”，如图 2-41 所示。

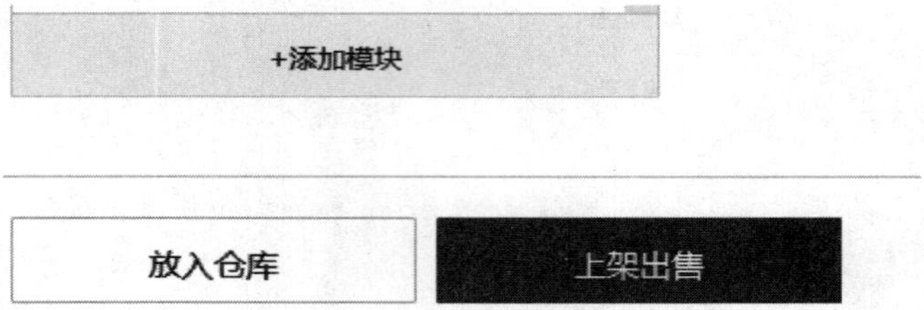

图 2-41 商品信息填写界面

手机版商品上架成功，如图 2-42 所示。

（3）商品管理。在“商品管理”中可以查看“出售中”“已售完”和“已下架”的商品，并可进行相关操作，电脑版界面如图 2-43 所示，手机版界面如图 2-44 所示。

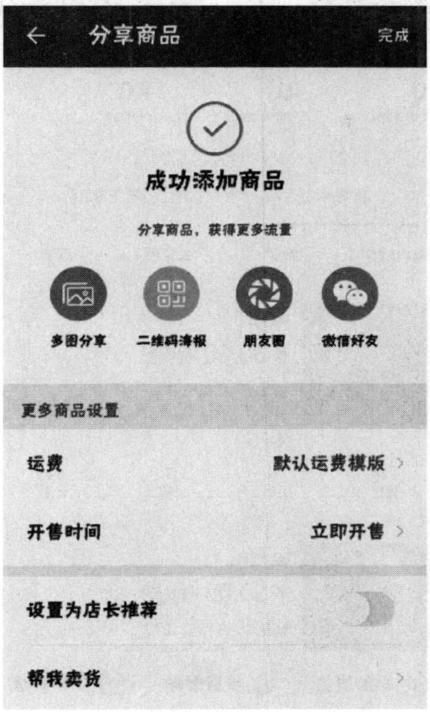

图 2-42　手机版“成功添加商品”界面

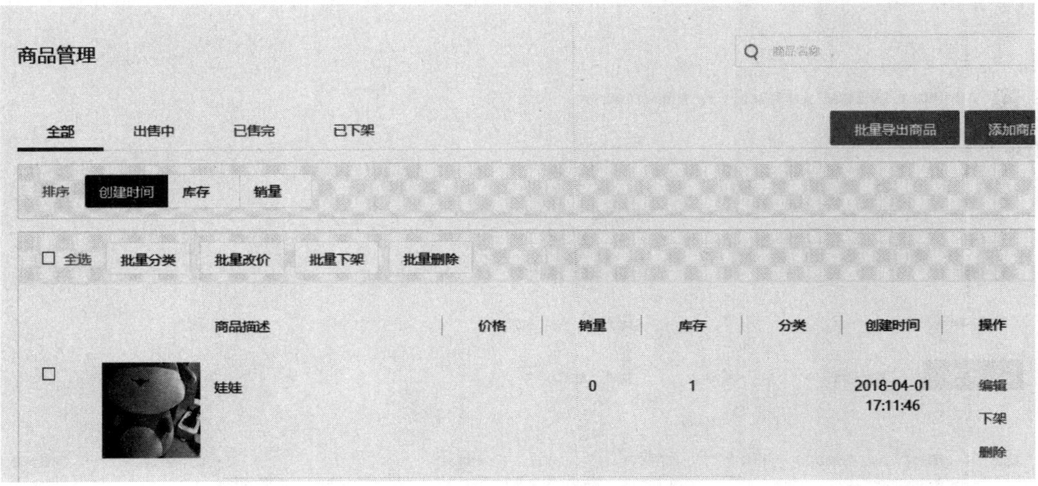

图 2-43　“商品管理”界面（一）

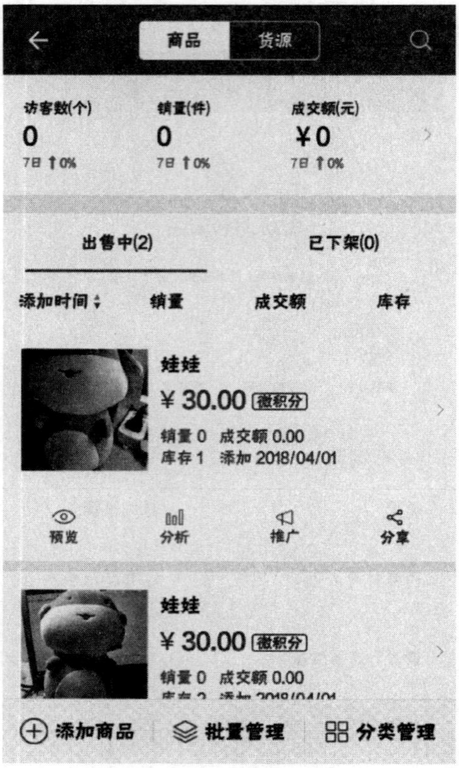

图 2-44 “商品管理”界面（二）

（4）订单发货。在“订单”中可以进行订单管理，选择发货订单，如图 2-45 所示。

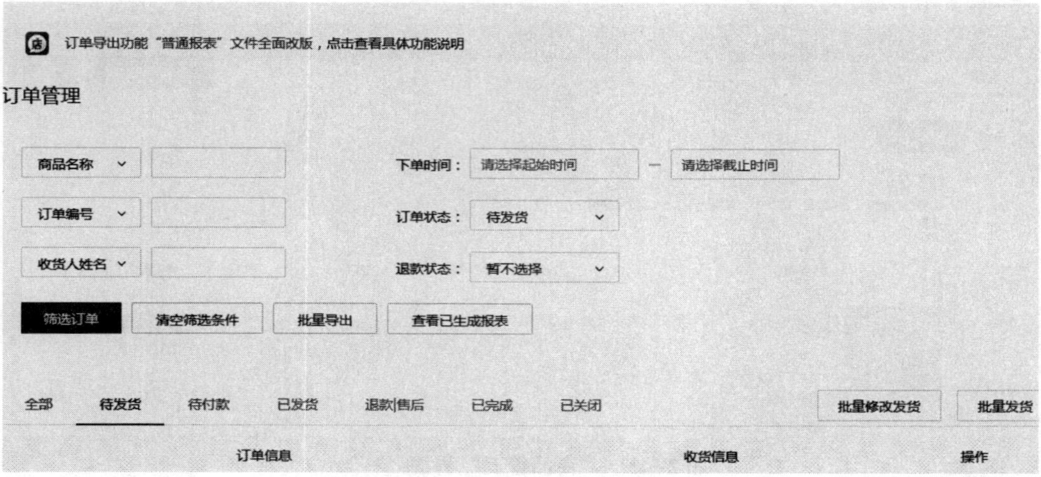

图 2-45 “订单管理”界面

在电脑微店的订单中可以查看订单情况，选择发货、退款以及售后评价，如图 2-46 所示；在手机微店中的“订单管理”中可以查看订单信息，如图 2-47 所示。选择订单进行发货，如图 2-48 所示；填写订单信息、输入快递单号，如图 2-49 所示。

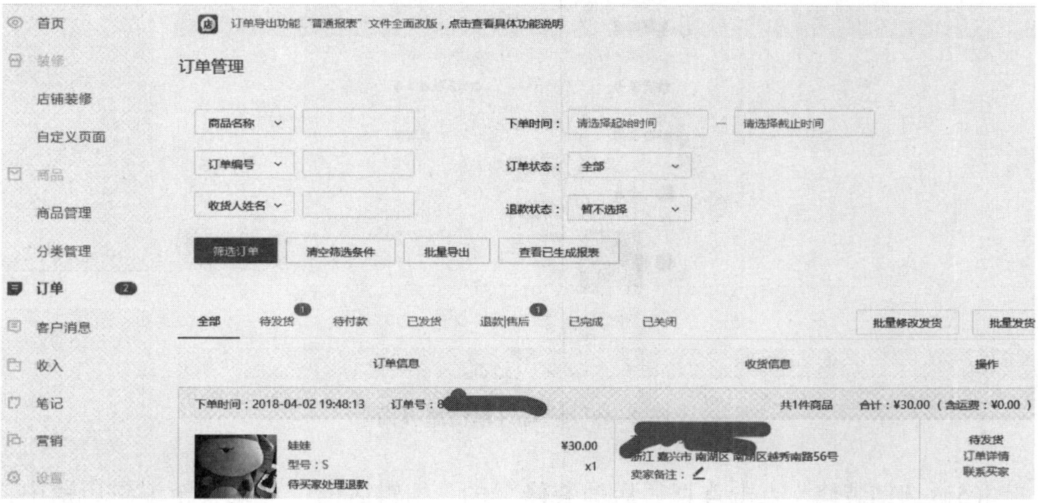

图 2-46　“订单管理”界面（一）

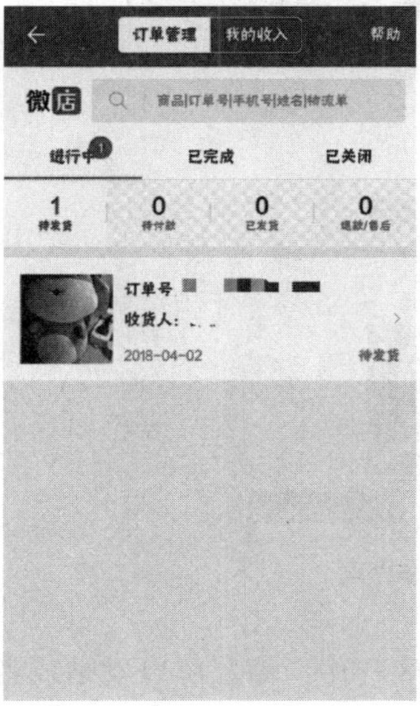

图 2-47　“订单管理”界面（二）

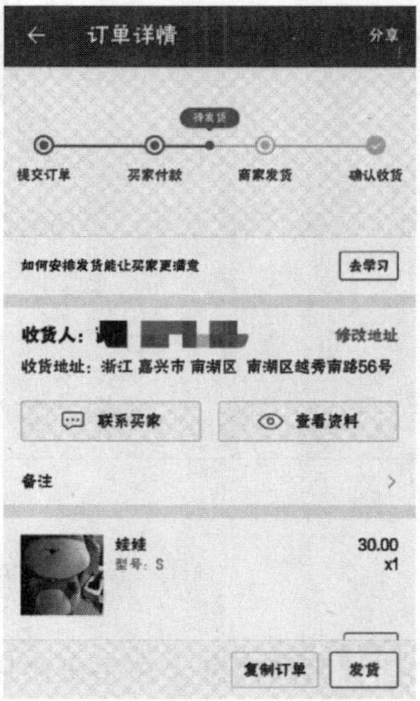

图 2-48　选择发货界面

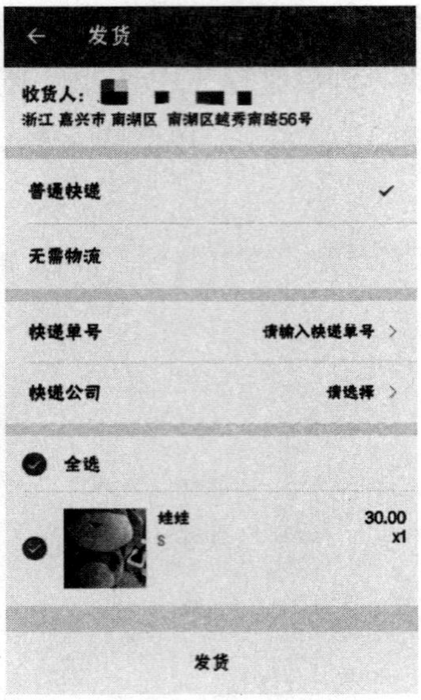

图 2-49　填写订单信息界面

（5）店铺装修。点击首页“店铺装修”的“编辑店铺”可跳转至编辑店铺中，按照界面左侧的选项对店铺进行编辑，如图 2-50 所示。

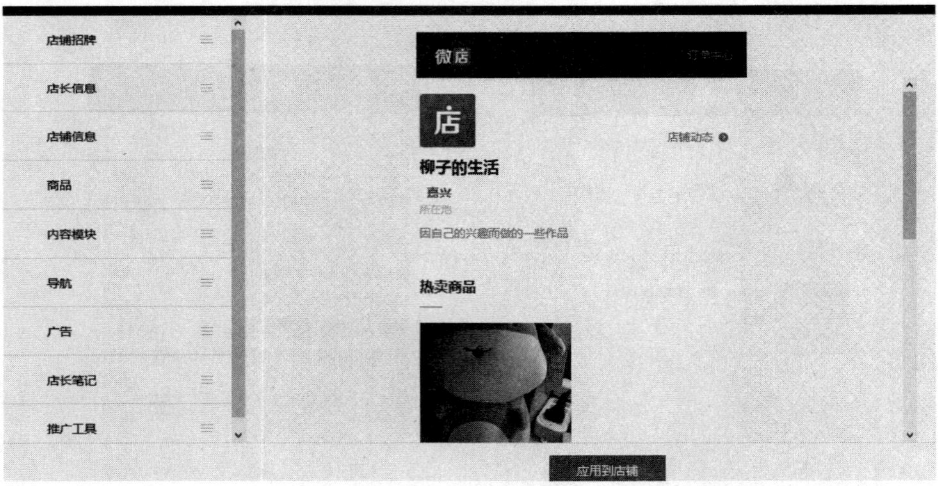

图 2-50　店铺装修界面

（6）微店社区及消息。在手机微店的“社区”中，商家可以发帖或者加入组织与买家进行互动交流（如图 2-51 所示），也可通过“消息”的私信或者推文和买家进行互动，如图 2-52 所示。

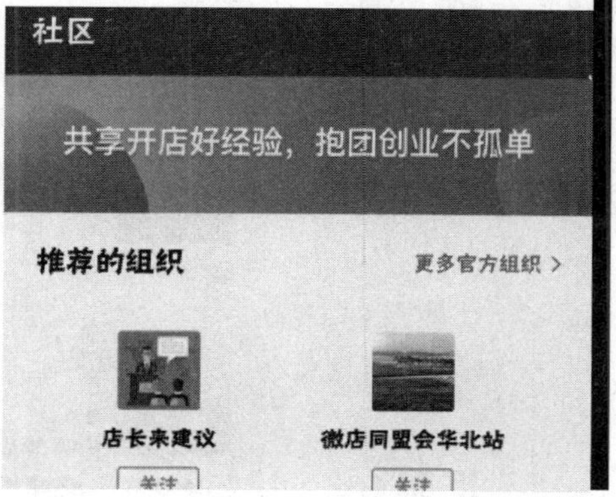

图 2-51　“社区”界面

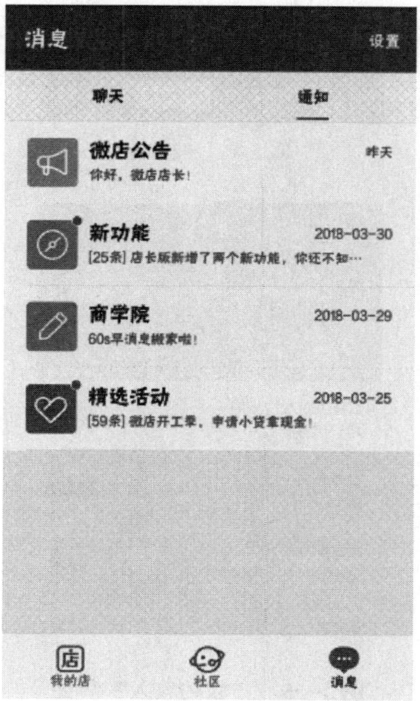

图 2-52　“消息”界面

（7）数据分析。微店可以对客户、商品、订单等信息进行分析，向卖家提供建议帮助，如图 2-53、图 2-54、图 2-55 所示。

图 2-53　“客户管理”界面

图 2-54　商品管理界面

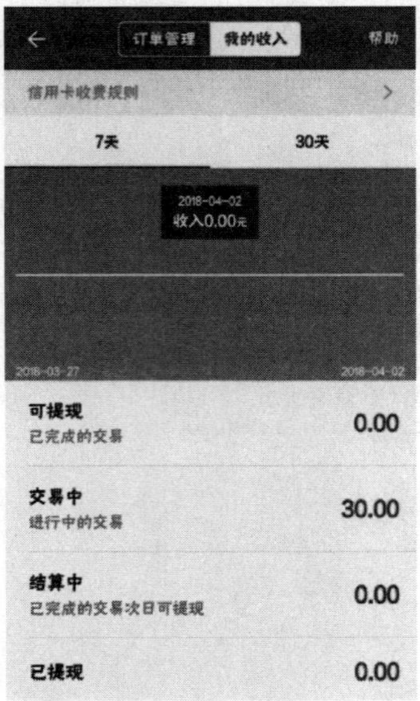

图 2-55　“我的收入”界面

六、实验总结

本项实验阐述了网上开店的各项准备工作，介绍了常用的网上开店网站以及常用的第三方支付工具，还具体介绍了淘宝网上开店和微店开店的各个环节，介绍了第三方支付概念及操作流程。学生通过注册淘宝账号（或微店账号）、创建店铺、货物上架、发货、评价等流程，可以对当前电子商务环境中开店有更确切的实际体验。

实验三　B2B 网上交易及服务

一、实验名称和性质

所属课程	电子商务综合实训
实验名称	B2B 网上交易及服务
实验学时	4
实验性质	□验证 ☑综合 □设计
必做/选做	☑必做 □选做

二、实验目的

（1）掌握 B2B 电子商务的概念、优势及分类。

（2）了解 B2B 的发展趋势。

（3）了解全球常用的 B2B 电子商务平台。

（4）在实践中掌握 B2B 电子商务的操作流程。

（5）在实践中掌握 B2B 后台管理系统的基本功能及操作流程。

三、实验环境

装有 Win 7/Win 10 的计算机、网络浏览器及能连接互联网的网络环境。

四、知识准备

（一）B2B 电子商务的概念

B2B 电子商务，也称为企业对企业的电子商务，指的是企业通过互联网、外联网、内联网或者私有网络，以电子化方式进行交易。这种交易可能在企业及其供应链成员间进行，也可能在企业和其他任何企业间进行。这里的企业可以指代任何组织，包括私人的或者公共的、营利性的或者非营利性的。

（二）B2B 电子商务交易的优势

B2B 电子商务交易通过互联网进行，贸易双方的交易从贸易切磋、签订合同到支付等均通过互联网完成，整个交易完全虚拟化。B2B 交易的优势在于交易成本大大降低，具体表现在以下五个方面。

（1）距离越远，网络上进行信息传递的成本相对于信件、电话、传真的成本而言就越低。此外，由于缩短了时间及减少了数据的重复录入，从而降低了信息成本。

（2）买卖双方通过网络进行商务活动，无须中介参与，减少了交易的有关环节。

（3）卖家可通过互联网进行商品介绍、宣传，节省了在传统方式下做广告、发印刷品等所需的大量费用。

（4）电子商务实行“无纸贸易”，可减少问卷处理费用。

（5）买卖双方可通过互联网及时沟通供需信息，使无库存生产和无库存销售成为可能，从而使库存成本显著降低。

B2B 交易减少了交易环节和大量的订单处理环节，缩短了从发出订单到货物装运的时间，提高了交易效率，促使企业取得了竞争优势。

（三）B2B 电子商务分类

企业开展电子商务有三种做法：一是企业单独建立网站，二是加入一个联盟，三是加入行业 B2B。单独建立网站的典型企业有戴尔（Dell）、英特尔（Intel）和思科（Cisco）；加入联盟的有汽车、PC 制造等；行业 B2B 如阿里巴巴、慧聪网、中国化工网、中国水泥网、全球五金网、我的钢铁网、建材第一网等。

行业 B2B 又分为综合类 B2B 与行业垂直类 B2B。综合类 B2B 定位于整个产业，覆盖面广，如阿里巴巴、环球资源网、慧聪网等网站；行业垂直类 B2B 则专注于某一个行业，专业水平非常高。

（四）B2B 的发展趋势

从本质上看，B2B 电子商务就是为企业级采购、分销等供应链过程提供服务，而只有进行高效的供应链过程管理才能保证企业获得高效率的实物流动。因此，面向供应链过程，以深度服务与整体解决方案为基础的 B2B 电子商务门户将更容易获得市场的青睐，并在短期内得到较快发展。

B2B 电子商务服务正面临新的发展机遇，其必将更深度地介入企业级采购与供应过程中，并以服务于供应链过程为目标，而不只局限于扮演供应源与采购源的交互平台角色。在未来 5 年，B2B 电子商务门户将与供应链两端的企业保持更加密切的联系，以提供更便捷的一站式高增值服务为标志。面向供应链运作，以深度服务与整体解决方案为基础的 B2B 电子商务门户将获得更快速的发展。

（五）全球著名 B2B 电子商务平台

全球著名 B2B 电子商务平台如表 3-1 所示。

表 3-1　全球著名 B2B 电子商务平台

序号	网站名称	简介
1	阿里巴巴	阿里巴巴是全球最大的 B2B 交易平台，销售 40 多个不同品类、约 1 亿件产品。平台买家来自 190 多个国家。供应商可以免费注册，最多可以发布 50 种产品，但要更多产品就必须购买会员资格
2	Amazon Business	Amazon Business 是亚马逊的 B2B 业务。和亚马逊 B2C 业务一样，买家要创建企业账号才能开始采购。供应商可以注册并销售产品，月费 39. 99 美元。亚马逊现有的 B2C 卖家，可以通过 Seller Central 在 Amazon Business 上销售
3	ThomasNet. com	美国 B2B 电商平台 ThomasNet. com 专注于让买家寻找供应商，并采购产品。该网站上交易的大多是工程和制造类产品。网站日访客量达 6 万
4	EC21	EC21 总部位于韩国，它是全球 B2B 交易平台，有多个品类产品，韩国是该平台最大的市场。平台上有超过 200 万供应商、700 万种产品、350 万买家，每月有 350 万的访客。供应商可以免费注册，最多可以发布 15 种产品
5	Joor	Joor 是专注零售产品的 B2B 交易平台。该平台与全球超过 15. 5 万名零售商和 1 500个领先品牌合作。Joor 总部位于纽约，但在巴黎、米兰、迈阿密和洛杉矶等地时尚中心都设有办事处。品牌可以在线申请，通过后就能进行销售
6	IndiaMart	IndiaMart 是印度最大的 B2B 交易平台。平台拥有超过 3 500 万买家、400 万的供应商和 4 300 万种产品。几乎每个国家都有买家使用该网站，每月有超过 2 000 万的询盘。供应商可以免费注册展示产品
7	Ofweek	Ofweek 是总部位于中国的 B2B 交易平台。它专注供应科技行业产品，有超过 800 万会员。Ofweek 由 25 个独立网站组成，如专门销售互联网相关产品的 Iot. ofweek. com 和销售医疗设备的 Medical. ofweek. com。该平台每年超过 3 亿访客，并有来自 70 多个国家的供应商。供应商可以免费注册，且该网站还提供高级会员

续表

序号	网站名称	简介
8	TradeKey	TradeKey 是专注供应电子产品的 B2B 交易平台。该平台支持多种语言（法语、韩语、俄语、阿拉伯语、中文、日语、西班牙语和英语），超过 900 多万名会员使用。供应商可以免费注册。此外，TradeKey 还提供一个名为 WomenInTrade 的项目来支持女性运营业务
9	TradeIndia	TradeIndia 是 1996 年上线的 B2B 交易平台，目前拥有超过 4 100 万注册用户和 2 200 个品类产品。该网站每月访客量近 2 000 万。供应商可以免费注册，最多发布 50 种产品，使用 20 个搜索关键词
10	环球资源	GlobalSources（环球资源）总部位于中国，有来自全球 140 万的卖家。环球资源让供应商免费注册，最多发布 100 种产品。大部分供应商来自中国
11	敦煌网	敦煌网（DHgate）是中国 B2B 交易平台，同时也会直销产品给全球消费者。该平台有超过 120 万的国际卖家，供应超过 3 300 万种产品。它在全球有 1 000 万买家，支持英文、法文、德文、意大利文、葡萄牙文、俄文和西班牙文。供应商可以免费注册
12	中国制造网	中国制造网（Made-in-China）是总部位于中国的大型 B2B 交易平台，它供应了超过 3 500 种产品。该平台支持 11 种语言，并有超过 100 万供应商，可以免费注册
13	FGMVendors	FGMVendors 是 B2B 交易平台，日均访客量达 2 万。大部分买家都是有实体店的零售商。供应商每年要支付 449. 99 美元，才能在该平台上销售产品
14	WholesaleCentral	WholesaleCentral 提供了供应商目录，买家可以搜索并点击查看供应商资料，然后直接从供应商网站购买。该平台会审核每个供应商，以减少欺诈概率。交 399 美元的半年费，供应商就可以在 WholesaleCentral 上销售产品
15	Bizbilla	Bizbilla 是总部位于印度的 B2B 交易平台。它有成百上千个品类。供应商可以免费注册。该平台还允许买家发出他们对产品和供应商的要求，之后等供应商回应即可
16	Zoodel	Zoodel 平台支持哈萨克斯坦、黎巴嫩、伊朗、中国、阿富汗、伊拉克、阿曼、土耳其、亚美尼亚、阿塞拜疆、格鲁吉亚、吉尔吉斯斯坦、巴基斯坦、俄罗斯、塔吉克斯坦、土库曼斯坦和乌兹别克斯坦等国的 B2B 交易。该平台支持英文、俄文、阿拉伯文、波斯文和土耳其文。供应商可以免费注册，然后就能导入完整的产品目录

续表

序号	网站名称	简介
17	eWorldTrade	eWorldTrade 是一个拥有超过 50 万注册用户的 B2B 交易平台，供应数百个品类产品。该网站有英文版和中文版，供应商可以免费注册
18	Kinnek	Kinnek 专注给中小型企业供应产品。它会审查所有供应商的要求。供应商每月需要支付固定费用才能在平台上交易
19	MakersRow	该网站拥有超过 10 000 名制造商和 100 000 个品牌，以及 200 多万种产品。供应商可以免费注册一个基本账号。所有买家必须注册并每月支付 35 美元后才可以开始采购
20	Etsy Wholesale	Etsy Wholesale 让买家可以选择小企业提供的服装和配饰。供应商可免费注册，但 Etsy 会对每笔交易收取 3. 5%的佣金

资料来源：http：//www. cifnews. com/.

五、实验步骤和内容

(一) 阿里巴巴简介

阿里巴巴是中国最大的网络公司和世界第二大网络公司，是由马云创立的企业对企业的网上贸易市场平台。2003 年 5 月，阿里巴巴投资 1 亿元人民币建立个人网上贸易市场平台——淘宝网。2004 年 10 月，阿里巴巴投资成立支付宝公司，面向中国电子商务市场推出基于中介的安全交易服务。

阿里巴巴创建于 1999 年，总部设在杭州，并在美国、英国等地设有分支机构。阿里巴巴是全球企业间（B2B）电子商务的著名品牌，是目前全球最大的网上贸易市场。良好的定位、稳固的结构、优秀的服务使阿里巴巴成为全球首家拥有 1 400 万商人的电子商务网站，成为全球商人进行网站推广的首选网站，被商人们评为“最受欢迎的 B2B 网站”。杰出的成绩使阿里巴巴受到各界人士的关注。世界贸易组织（WTO）首任总干事萨瑟兰出任阿里巴巴顾问，美国商务部、日本经济产业省、欧洲中小企业联合会等政府和民间机构均向本地企业推荐阿里巴巴。

阿里巴巴两次被哈佛大学商学院选为 MBA 教学案例，在美国学术界掀起研究热潮，四次被美国权威财经杂志《福布斯》选为全球最佳 B2B 站点之一，多次被相关机构评为全球最受欢迎的 B2B 网站、中国商务类优秀网站、中国百家优秀网站、中国最佳贸易网，被国内外媒体和国外风险投资家誉为六大互联网商务流派之一。

（二）阿里巴巴网站基本功能

目前阿里巴巴网站已分为多个分站，以阿里巴巴国际站为例，其首页如图 3-1 所示。

图 3-1 阿里巴巴网站首页界面

1. 搜索框

阿里巴巴搜索框如图 3-2 所示。

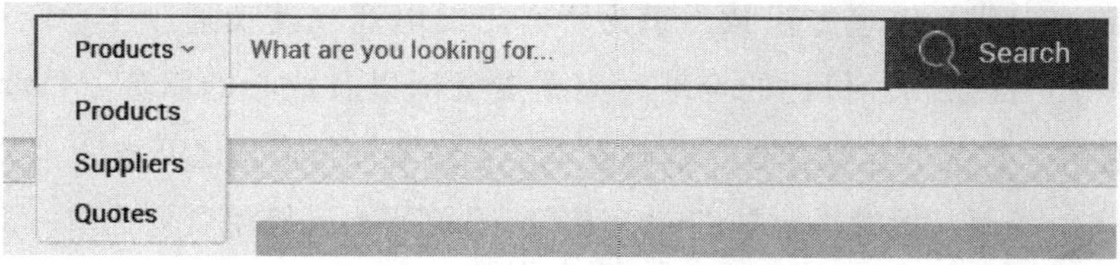

图 3-2 阿里巴巴搜索框

在阿里巴巴网站首页的“搜索框”选择“产品（Products）”“买家（Supplisers）”或“资讯（Quotes）”并输入任意关键字，用户就能快速找到该关键字的产品供应信息、公司信息、产品求购信息或产品资讯，如图 3-2 所示。

（1）产品：产品搜索频道用于满足买家购买产品的需求，买家在此频道可以了解各种产品的最新供应情况，并查看阿里巴巴网站的行业搜索排行榜，了解阿里巴巴网站的热门搜索关键词。

（2）买家：买家搜索频道是展示买家采购需求、提供买家服务的频道。在这里供应商可以查看买家的求购信息，并能通过类目、省份、城市、发布时间、会员类型和旺旺在线等条件进一步精确搜索结果。

（3）资讯：资讯搜索是用户搜索任一关键字的相关资讯、商圈、论坛、博客、帮帮和商友的频道。用户可以通过该频道了解产品的行情和业界新闻，找到相应的商圈、论坛帖子、博客文章、帮帮帖子和商友。

2. **功能频道**

阿里巴巴功能频道如图 3-3 所示。

图 3-3 阿里巴巴功能频道

（1）淘货源：为淘宝 600 万卖家提供具有淘宝特色的专属货源，帮助淘宝卖家快速、方便地采购到合适的产品。

（2）伙拼：阿里巴巴推出的批发类团购平台，汇集阿里巴巴最具人气的供应商最热销单品，以及最具实力的源头厂家货源，帮助采购商可以更低成本、更高效率地进行网络批发。

（3）微商进货：微商可以通过该平台进货，并进行微店销售。

（4）跨境专供：跨境专供致力于为所有出口电商（速卖通店主、亚马逊店主、WISH 店主等）提供高性价比的全球时尚新爆货源以及放心的服务。目前女装、男装、服饰配件、饰品、运动户外、数码家电、家纺家饰行业均已开放。

（5）进口货源：批发平台是进口货源第一分销平台和跨境贸易的单一窗口。

（6）工业品品牌站：工业品采销平台市场，覆盖工业品七大类目、近 300 个二级类目；为企业经营型或项目型采购、贸易型采购买家提供品牌正品、现货服务。

（7）淘工厂：淘工厂专注于帮助中小卖家找到 OEM、ODM 工厂平台，以需定产，形成柔性供应链。

（8）源头好货：用户可以直接联系制造商，省去中间环节。

（9）实力优品：提供各行业最新最快的行情信息。

（10）大企业采购：专门为大企业开设的大量交易平台。

（11）以商会友：在这里可以通过一些商友活动等拓宽人际关系渠道，快速找到想找的商友。

（12）生意经：类似论坛、博客板块，数百万商人在此讨论各行业精彩话题，发布商业信息。

3. 行业市场

在阿里巴巴网站中，按照产品所在的不同行业，将各种产品信息放在相应的行业类目下面，以便买家能够很快地根据产品所在类目找到需要购买的产品。行业类目如图 3-4 所示。

行业市场 女装 | 男装 | 内衣 | 鞋靴 | 箱包 | 配饰 | 运动户外 |
母婴用品 | 童装 | 玩具 | 工艺品 | 宠物 | 园艺 |
日用百货 | 办公文教 | 汽车用品 | 食品饮料 | 餐饮生鲜 |
家纺家饰 | 家装建材 | 美容化妆 | 个护家清 | 3C |
手机 | 家电 | 电工电气 | 照明 | 仪表 | 包装 |
印刷纸业 | 电子元器件 | 安防 | 机械设备 | 五金工具 |
劳保 | 橡塑原料 | 化工原料 | 精细化工 | 钢材 |
纺织皮革

特色市场 淘货源 | 伙拼 | 微商进货 | 跨境专供 | 进口货源 |
工业品品牌站 | 淘工厂 | 源头好货 | 实力优品 | 产业带 |
企业汇采 | 超级店 | 零售通

图 3-4 阿里巴巴网站行业市场分类

4. 城市分站

在阿里巴巴网站中，按照公司所在的地区不同，又开设了一些城市分站，将该地区的一些信息全部集中在这里，让买家能够根据公司所在的地点，就近选择合适的供应商。

（三）诚信通基本介绍

诚信通是阿里巴巴网站为从事商业活动的机构或个人提供的一种全方位的网上贸易服务，并对享受该服务的对象通过第三方认证机构核实身份。

1. 诚信通特权

诚信通的特权为：身份认证、信誉认证、商业信息排前、高曝光率，如图 3-5 所示。

图 3-5　诚信通特权

2. 诚信通会员类型

诚信通会员类型分为企业会员与个人会员。

3. 如何开办诚信通

诚信通开办流程如图 3-6 所示。

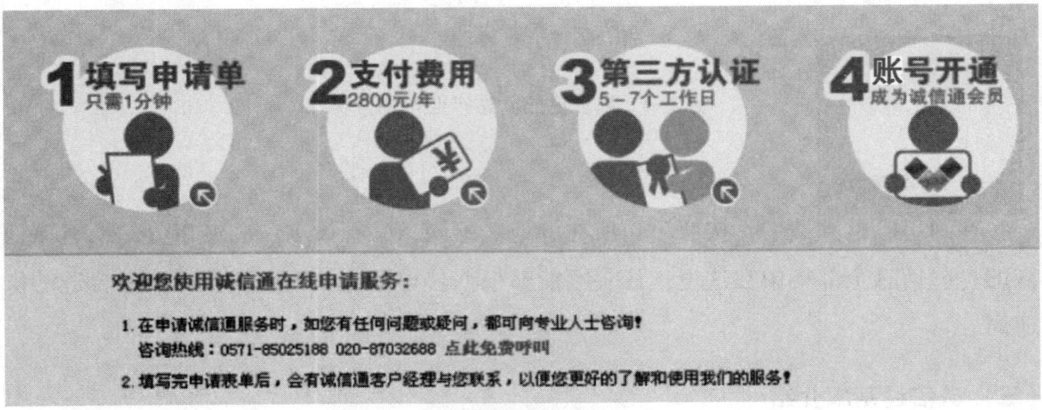

图 3-6　诚信通开办流程

（四）网站注册与登录

1. 免费注册

（1）进入阿里巴巴网站首页，点击“免费注册”按钮，进入免费注册账号界面，如图 3-7 所示。

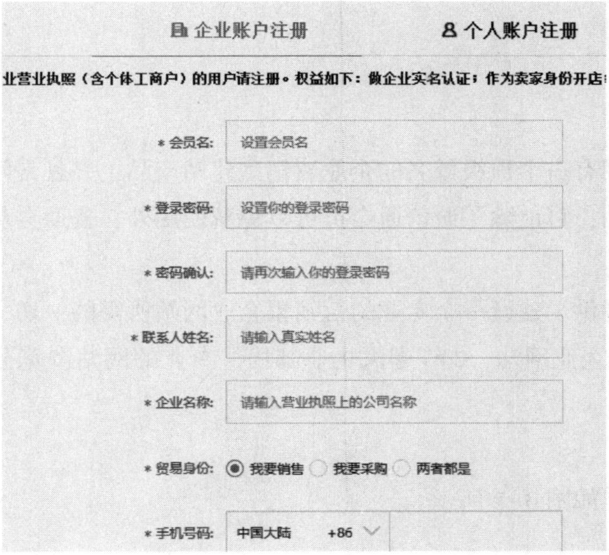

图 3-7　免费注册账号界面

（2）填写相关信息，并点击“同意服务条款”，提交注册信息，保存注册信息。

（3）点击注册普通会员下的“下一步”，进行邮箱验证，点击阿里巴巴发送邮件中的“确认”按钮。

（4）注册成功。

2. 诚信通会员注册

（1）按照上一板块步骤注册，或利用已有阿里巴巴账号可直接登录。

（2）支付费用。用户可以通过支付宝或其他途径向阿里巴巴（中国）网络技术有限公司汇款，个人用户每年 6 688 元。

（3）第三方认证。款项到账后，用户资料被送到第三方认证公司进行认证（认证周期为到账后 5~7 个工作日）。

第三方认证包括以下三种认证。

一是企业身份认证：是指第三方具有独立资质的认证公司，对申请诚信通服务的会员进行“企业的合法性、真实性”的核实以及“申请人是否隶属该企业且经过企业授权”的查证。企业身份认证的信息包括工商注册信息和认证申请人信息。

二是个人身份认证：是指经过支付宝实名认证，在认证日对申请诚信通服务的会员进行“个人身份准确性和真实性”的核实。

三是支付宝认证服务：其具体程序包括身份信息识别和银行账户识别。

（4）开通账号。认证审核后，阿里巴巴将会开通用户的会员权限。

（五）阿里旺铺

1. 旺铺简介

阿里旺铺是拥有一个顶级域名的企业营销型建站产品，并且是阿里巴巴推出的新的战略性收费产品，目前除了诚信通会员可以免费使用外，普通会员也可通过知识闯关免费使用一年。

旺铺为用户提供了建设一个专业的营销型企业网站所需的一切，包括1个中国国家顶级域名、1个企业网站、20G超大企业邮局、专业的网站浏览分析，以及多账号企业在线系统。

2. 旺铺功能

阿里旺铺功能如图3-8所示。

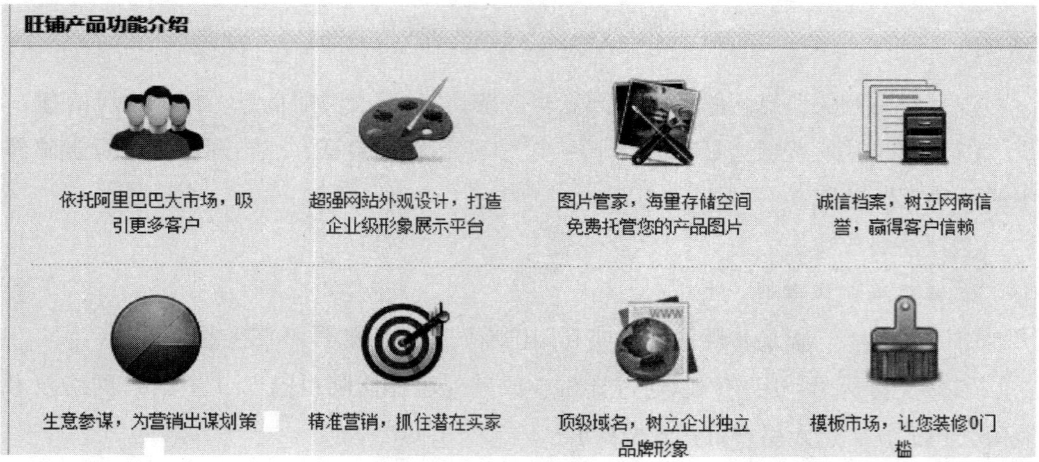

图3-8 阿里旺铺功能

（1）依托阿里巴巴大市场，吸引更多客户。

（2）超强网站外观设计，打造企业级形象展示平台。

（3）图片管家，海量存储空间免费托管您的产品图片。

（4）诚信档案，树立网商信誉，赢得客户信赖。

（5）生意参谋，为营销出谋划策。

（6）精准营销，抓住潜在买家。

(7) 顶级域名，树立企业独立品牌形象。

(8) 模板市场，让您装修0门槛。

3. 开通阿里旺铺

(1) 查询域名和申请域名。

①查询域名。查询用户想注册的域名，输入后点击“立即查询域名”，查看是否被注册，如图3-9所示。

②申请域名。在查询域名被提交后，系统显示查询结果，并标志出域名的状态(可注册/已被注册)后，可点击“立即申请域名”，如图3-9所示。

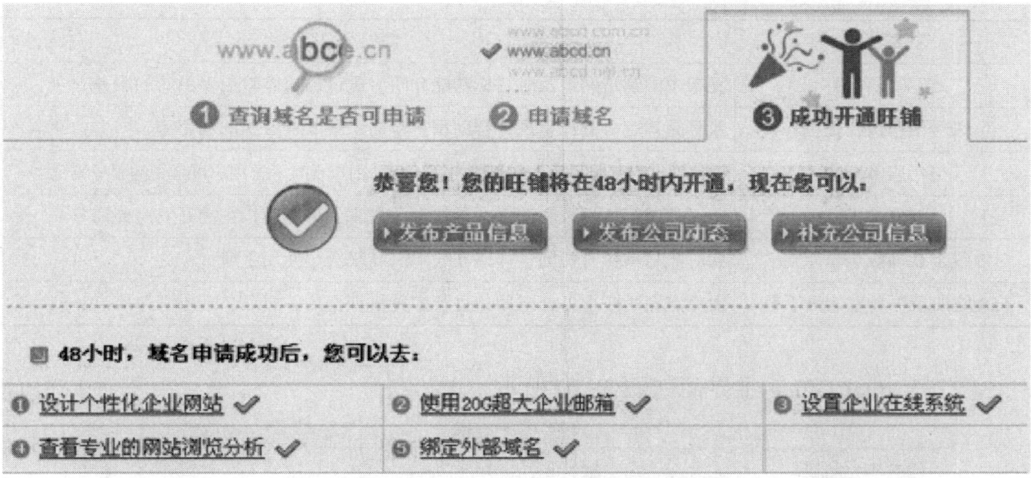

图3-9　域名申请成功界面

(2) 开通。在点击“立即申请域名”提交申请后，阿里巴巴将用户的申请提交中国互联网信息中心（CNNIC）审核，在审核通过后将同时开通可灵活设计和管理的企业网站系统、20G企业邮局、网站浏览分析、企业在线系统。

(六) 中国制造网 Virtual Office 管理系统操作

1. 中国制造网简介

中国制造网是一个中国产品信息荟萃的网上世界，面向全球提供中国产品的电子商务服务，旨在利用互联网将中国制造的产品介绍给全球采购商。中国制造网创建于1998年，是由焦点科技开发和运营的、国内最著名的B2B电子商务网站之一，已连续4年被《互联网周刊》评为中国最具商业价值的百强网站。中国制造网汇集中国企业产品，面向全球采购商，提供高效可靠的信息交流与贸易服务平台，为中国企业与全球采购商创造了无限商机，是国内中小企业通过互联网开展国际贸易的首选 B2B 网站之一，也是国际上有影响力的电子商务平台。

2. Virtual Office 登录

访问 Made-in-China. com 首页，在界面右侧上方登录框内输入在 Made-in-China. com 的登录名或指定邮箱及密码，即可登录高级会员 Virtual Office 管理系统。

3. Virtual Office 主界面

（1）点击“Virtual Office”登录主界面，其主要功能如表 3-2 所示。

表 3-2　Virtual Office 主要功能介绍

主要功能	简　介
新功能介绍	发布中国制造网最及时的新功能介绍，邀请用户体验更多更新的服务
账号使用情况提醒	账号完善度百分比呈现，帮助用户全面了解账号资源的利用率
当年服务列表	详细列出当年服务期内现有的内容，帮助用户及时了解用户可享受的服务情况
买家搜索	通过关键词、目录和国家，寻找意向买家，帮助用户主动开发海外商务
在线下载高级会员手册	如对账号操作有疑问，可以在线下载高级会员使用手册
658 培训预告和邀请函下载	由焦点商学院主办，对用户进行多种培训

（2）Virtual Office 主界面如图 3-10 所示。

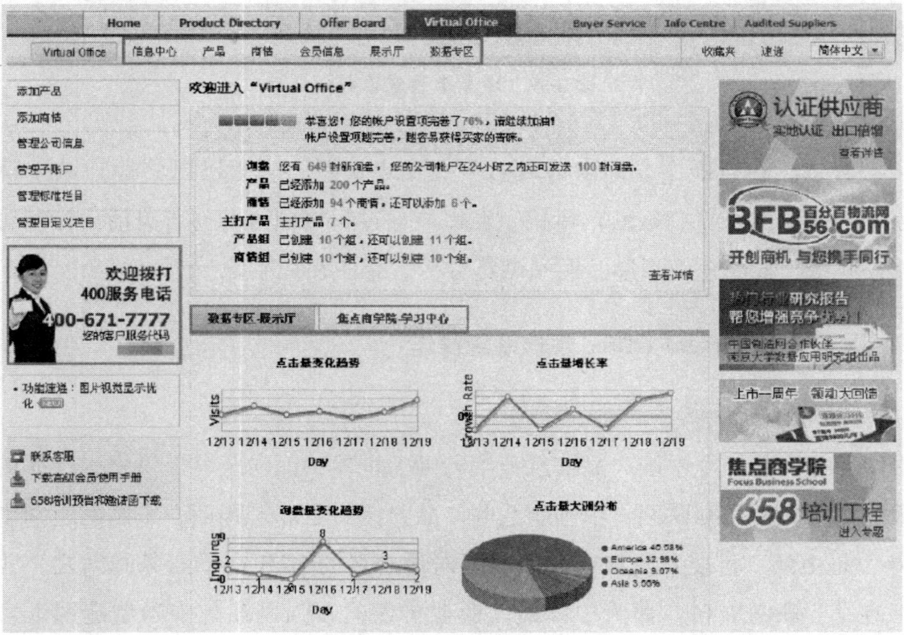

图 3-10　Virtual Office 主界面

（3）账号资源使用情况提醒。其显示用户的账号设置完善百分比，帮助用户掌握账号已使用和未使用的资源情况，最大化利用各项功能。

（4）可点击查看详情，如图 3-11 所示。

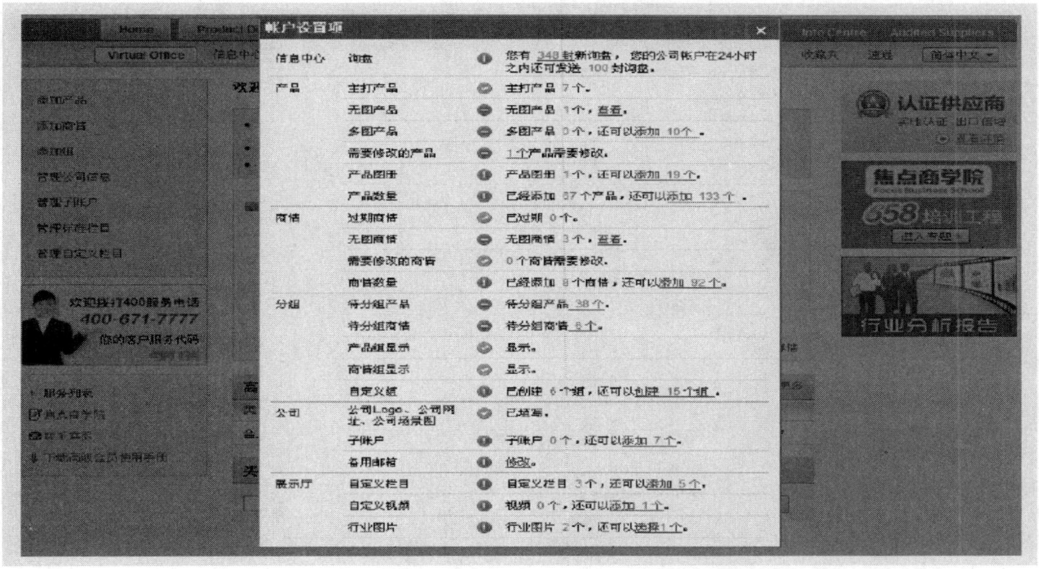

图 3-11 Virtual Office 账号资源使用情况提醒详细界面

4. Virtual Office **的主要功能**

（1）产品（My Products）。“产品”为用户提供全方位的产品信息展示功能。点击主菜单栏的“产品”，进入其管理界面（默认“管理产品”界面）。“产品”的主要功能如表 3-3 所示。

表 3-3 “产品”的主要功能

主要功能	简　介
产品添加	发布产品图文信息，并支持多图上传，在线编辑图片，提高信息发布率
管理产品	修改、删除、更新产品信息，及时优化管理
管理组	包含添加组、管理组和产品分组三个功能，方便用户更快捷地进行分组管理
主打产品	设置 7 款主打产品，重点推广
产品排序	调整产品组、所有产品在展示厅的显示顺序
产品图册	选择对应产品，自动生成精美产品图册，可随时发送给买家进行用户的推介
产品展台	选择重点产品首页展台优先显示，自由调整布局

在此以“产品添加”为例。

点击界面左侧菜单“添加产品”，进入产品信息添加界面，在此用户可以添加各项产品说明，全面展示产品资讯，如图 3-12 所示。

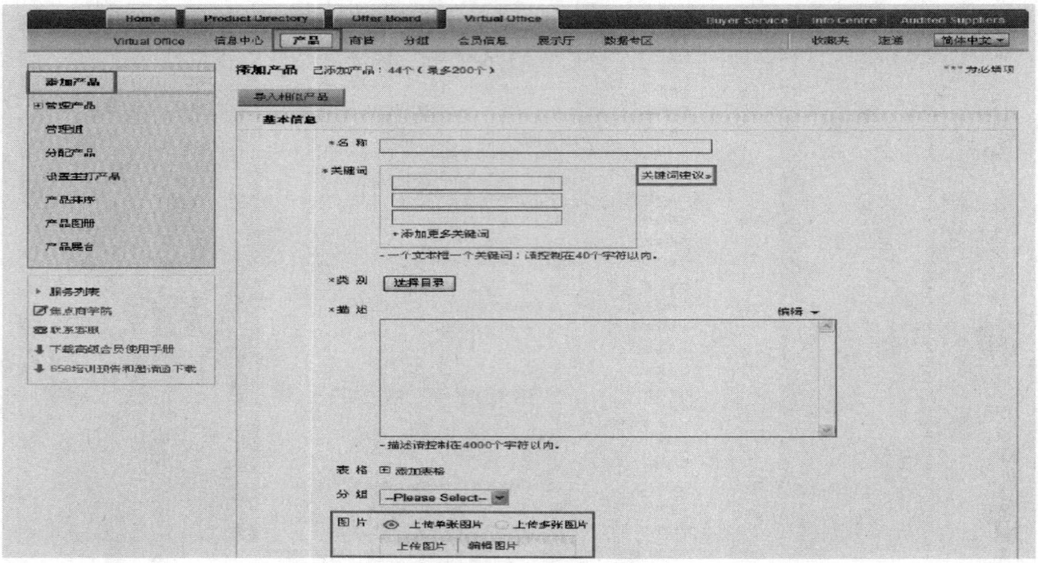

图 3-12 Virtual Office 产品添加功能示意界面

①多图功能

第一，用户可选择 10 个产品上传多张图片，每个产品最多可上传 6 张，多角度、多方面展示产品。

第二，上传的多张图片可随时进行排序，按住鼠标左键进行前后拖拽即可。在中国制造网产品板的搜索结果中优先显示排序最靠前的产品图片。当买家点击进入公司展示厅后，可浏览该产品配备的所有图片。

网站搜索界面效果如图 3-13 所示。

展示厅（Showroom）展示效果如图 3-14 所示。

②编辑图片。发布图片时，可以通过裁剪、缩放和添加水印工具对图片进行编辑，从而提高发布信息的效率，体现企业专业化管理，如图 3-15 所示。

第一，点击编辑图片，进入图片编辑界面，该界面支持单图产品和多图产品的图片编辑。以单图产品为例，其图片编辑界面如图 3-16 所示。

图 3-13　Virtual Office 网站搜索结果示意界面

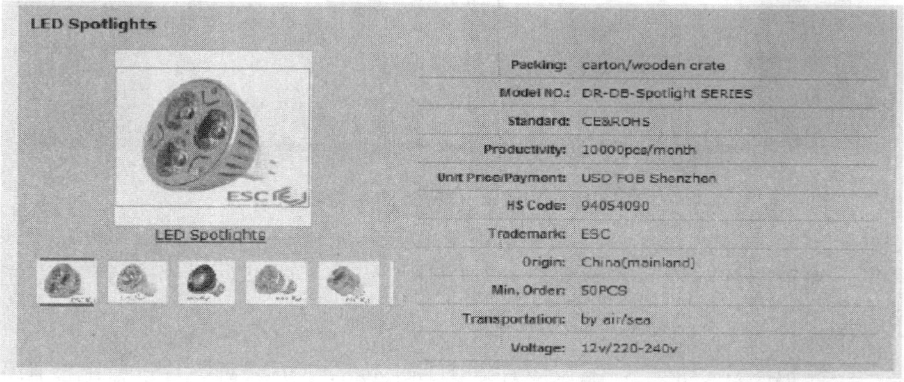

图 3-14　展示厅展示效果示意界面

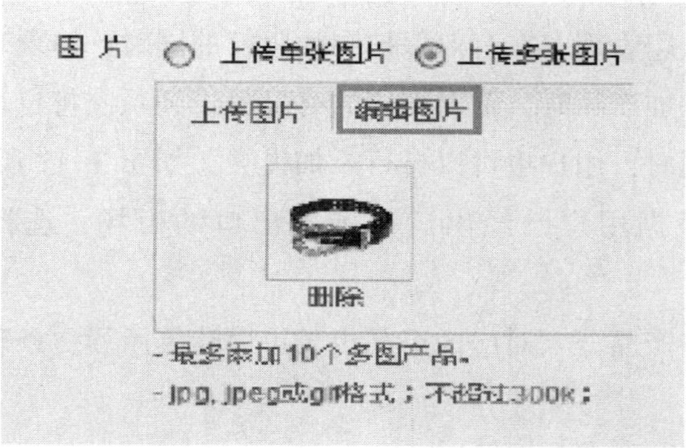

图 3-15　Virtual Office 编辑图片流程界面

图 3-16 Virtual Office 图片编辑界面

第二，编辑图片功能一：裁剪图片。图片上传后，可以对图片进行裁剪，建议调整为正方形。

第三，编辑图片功能二：缩放图片。图片上传后，可以对图片进行缩放调整，使得图片展示更为统一规范。

第四，编辑图片功能三：添加水印。用户可自主选择水印的颜色、尺寸以及透明度，实现统一化的水印管理，在有效保护图片版权的同时，体现专业化的企业管理。

③产品属性。添加产品时，针对不同的终极目录，系统将自动提供相关产品属性选项供用户选择。同时，用户也可以自行添加设置，如图 3-17 所示。

④目标市场。根据用户已经出口或希望出口的市场，选择“目标市场”，如图 3-18 所示。

⑤产品分组。将产品分入对应的产品组，可以让展示厅更条理化。

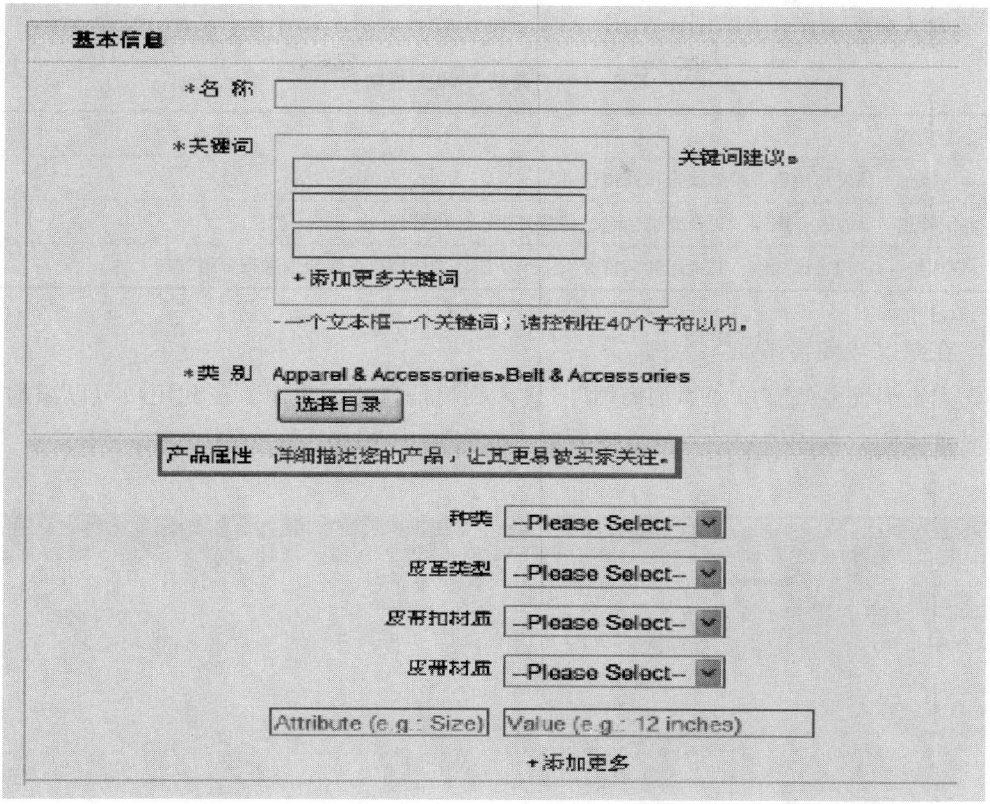

图 3-17　Virtual Office 产品属性设置界面

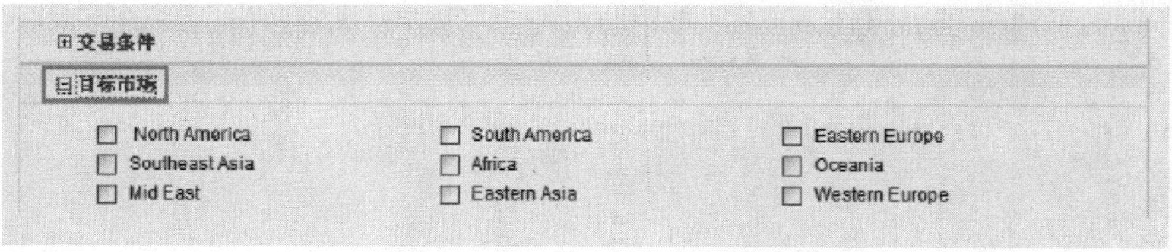

图 3-18　Virtual Office 目标市场选择界面

提示：

🕮 产品分组只是整理展示厅产品类别，与询盘分配无关。按产品分配询盘，可参考“信息中心”下的询盘分配介绍。

（2）商情（My Offers）。“商情”为用户提供完善的商情信息展示功能。点击主菜单栏的“商情”，进入其管理界面，默认“管理商情”界面。“商情”的主要功能如表 3-4 所示。

表 3-4 “商情”的主要功能

主要功能	简　介
商情添加	发布销售、求购或合作商情信息
商情管理	修改、删除、更新商情信息、商情分组，优化管理
管理组	包含添加组、管理组和商情分组三个功能，方便用户更快捷地进行分组管理

在此以“商情添加”为例。

点击界面左侧菜单“添加商情”，进入商情信息添加界面，在此用户可以添加各项商情说明，全面展示用户的商情资讯，如图 3-19 所示。

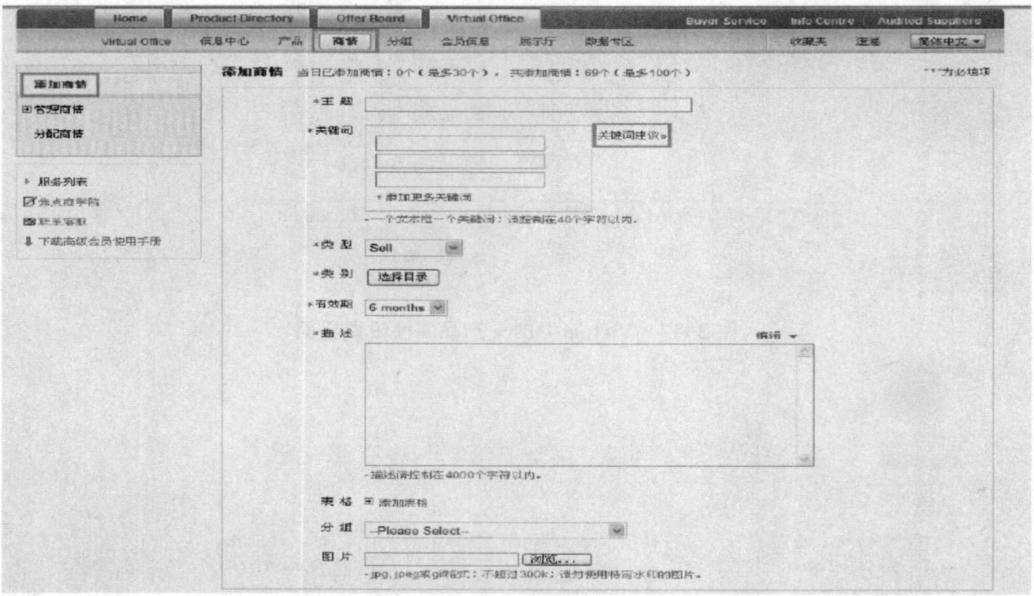

图 3-19　Virtual Office 商情添加界面

提示：

🕮 商情与产品的区别：“产品”仅限于发布中国制造的产品，“商情”则无限制，可发布非中国制造的产品。商情有三种类型：销售（Sell）、求购（Buy）及合作（Cooperation）。用户可根据需要发布三种不同类型的商情信息。“商情状态”同“产品状态”。

（3）会员信息（Member Info）。“会员信息”为用户提供完善的企业视窗及管理功能。“会员信息”的主要功能如表 3-5 所示。

表 3-5 “会员信息”的主要功能

主要功能	简　介
公司介绍	发布企业详细介绍等
负责人指定	指定外贸业务主要管理人及身份和联系方式
密码修改	自主调整密码设置，及时保障密码安全性
子账号	支持分账户管理，业务员各司其职，让用户的账户管理更具统筹性，保证信息安全

点击主菜单栏的“会员信息”，进入管理界面（默认界面），如图 3-20 所示。

图 3-20　Virtual Office“会员信息”管理界面

在此以“指定外贸业务主要管理人”为例。

点击界面左侧菜单“管理信息”，用户添加、修改业务主要管理人的相关信息，如姓名、邮箱、所在部门及职务、手机号等，并可指定接收询盘的主、备用邮箱。

提示：

🕮 建议用户启用备用邮箱功能，这样一来，如主邮箱出现问题，可用备用邮箱及时接收邮件。备用邮箱宜选用不同邮箱服务器的邮箱，可进一步提高安全性。

（4）信息中心（Message Center）。“信息中心”为用户提供询盘管理、信息过滤等功能。除此之外，用户还可免费订阅来自 Made-in-Chin. com 的信息邮件，从而更有效地进行网络推广。

点击主菜单栏的“信息中心”，进入管理界面（默认“询盘接收”界面）。

“信息中心”的主要功能如表 3-6 所示。

表 3-6 “信息中心”的主要功能

主要功能	简　介
询盘接收/发送	接收、回复买家询盘邮件，了解买家信息，提供系统自动分配
询盘保持/下载	可下载一年内询盘来往邮件，及时保存客户资料
通讯录/黑名单	对买家进行筛选式管理
信息订阅	可选择性接收来自中国制造网的各类邮件

在登录状态下，网页顶部区域为用户显示新询盘/未阅读盘的数量，提醒用户及时处理。

点击“询盘接收”可查看用户一年内所收到的全部询盘，并可随时按照不同条件进行查询。如用户已全面启用子账户，还可手动分配询盘，转发至指定子账户，由其进行处理，如图 3-21 所示。

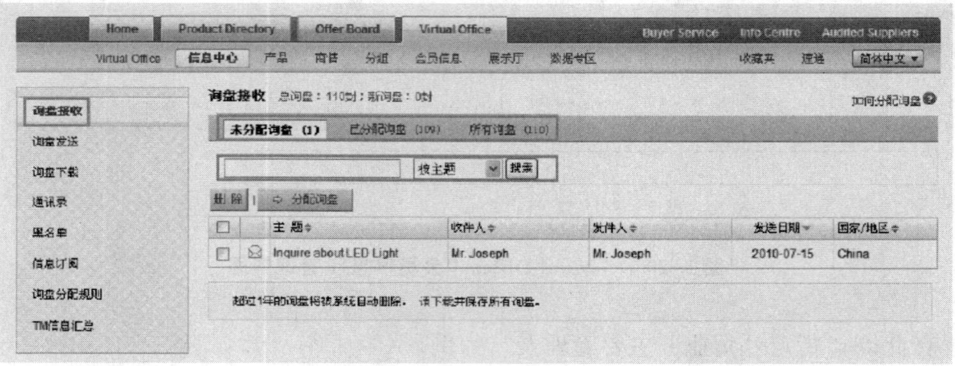

图 3-21 Virtual Office“询盘接收”界面

询盘分配方式有两种。一是系统自动分配，全面启用子账户功能后，系统将根据用户的设置，将询盘自动分配至对应子账户处，同时在主账户收件箱中自动显示在“已分配询盘”中。二是主账户手动分配，因询盘自身信息或子账户设置等原因将导致部分询盘不自动分配至子账户，仅发送至主账户，显示在“未分配询盘”中。主账户后续可进行手动分配。询盘不能进行二次分配。对管理员手动分配给子账户的询盘，子账户可登录 Virtual Office 查看，同时子账户邮箱可收到询盘提醒邮件。主账户进行手动分配询盘时，可根据主题、收件人、发件人、时间、国家等标题进行排序，也可根据不同条件进行搜索，根据搜索结果进行批量分配。

（5）展示厅（Showroom）。“展示厅”为用户提供自主设定商铺模式及内容管理功能。点击主菜单栏的“展示厅”，进入其管理界面（默认“模板选择”界面）。“展示厅”的主要功能如表 3-7 所示。

表 3-7　“展示厅”的主要功能

主要功能	简　介
模板选择	提供展示厅模板，全面配合宣传
行业特色图片	提供多种标准行业图片选择，自定义图片
标准栏目管理	对网站固定栏目进行管理
自定义栏目管理	自主设置展示内容，展示企业特色与卖点
My Video 上传	自主管理（上传、修改）用户自行拍摄的一段视频，立体展示公司或产品特色

在此以“选择行业特色图片”为例。

①选择行业特色图片。

②上传自定义行业图片，如图 3-22 所示。

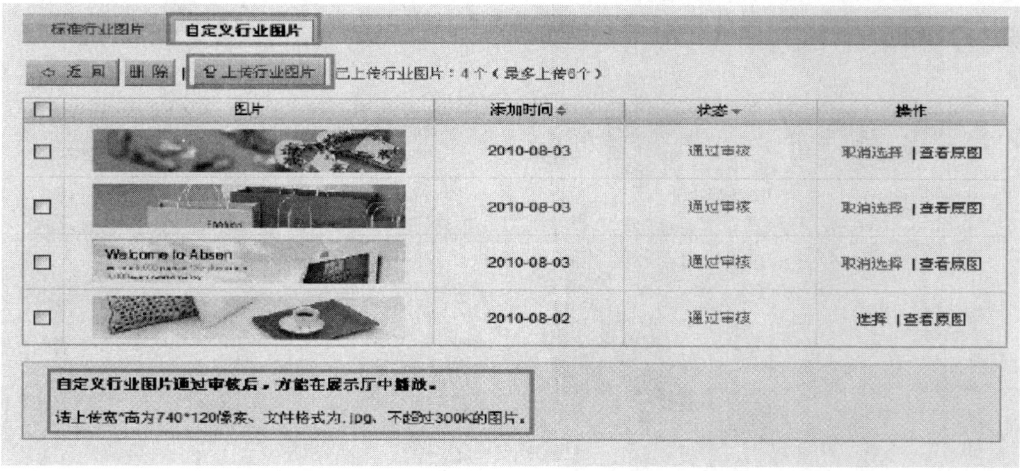

图 3-22　Virtual Office 上传自定义行业图片界面

提示：

🕮 行业特色图片只出现在 Showroom 首页以及各栏目的首页。

（6）数据专区（Trade Trends）.“数据专区”是一套数据分析系统。该系统会在有效时间段内记录用户的信息，从 Made-in-China. com 网站中获得推广效果数据，并通过各种数据分析的图表提供推广效果的发展趋势以及能引起买家关注的产品，并进行相关的访问基础分析，从而帮助用户获得更好的推广效果。“数据专区”的主要功能如表 3-8 所示。

表 3-8 “数据专区”的主要功能

主要功能	简　介
主打产品效果统计	定期了解主打产品的点击量及询盘量，方便用户掌握具体产品的买家关注度
展示厅效果统计	及时掌握展示厅点击量及询盘量的变化趋势，掌握产品在各大洲的发布情况及海外买家或地区分布情况，协助用户把握市场未来发展方向

在此以“主打产品效果统计”为例。

点击界面左侧导航栏的“主打产品效果统计”，选定相应的统计类型及统计时间，即可统计主打产品的点击量及询盘量。

①主打产品询盘量统计。点击“统计时间”，用户可以选择当年、某月或者某一周统计所有主打产品的询盘量情况，方便用户及时掌握产品的实际推广情况。

②主打产品点击量统计。点击“统计时间”，用户可以选择某年、某月或者某一周统计所有主打产品的点击量情况，方便用户及时掌握产品被买家关注的情况，如图 3-23 所示。

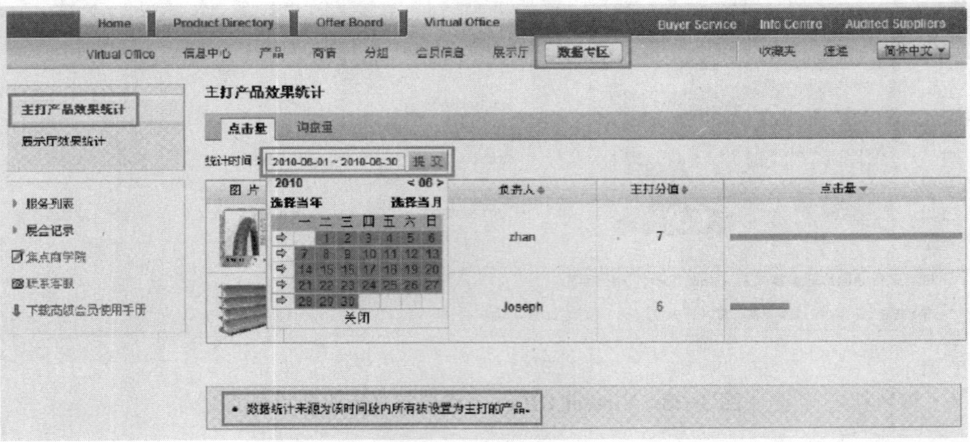

图 3-23 主打产品点击量统计界面

六、实验总结

本项实验阐述了 B2B 电子商务的概念、优势、分类、发展趋势以及全球常用的

B2B 电子商务平台。本项实验选用阿里巴巴作为 B2B 电子商务交易平台，对阿里诚信通、网站注册及阿里旺铺等一系列操作进行了详细说明，选用中国制造网的高级会员 Virtual Office 管理系统进行详细的操作讲解，使学生进一步了解 B2B 电子商务的基本内容，在实践中掌握 B2B 电子商务的操作流程，了解 B2B 后台管理系统的基本功能及操作流程，达到理论学习与实践操作有机结合的目的。

实验四　跨境电商

一、实验名称和性质

所属课程	电子商务综合实训
实验名称	跨境电商
实验学时	2
实验性质	□验证 ☑综合 □设计
必做/选做	☑必做 □选做

二、实验目的

（1）了解跨境电商的发展趋势。

（2）了解常见的跨境电商平台。

（3）掌握跨境电商开店的基本步骤。

三、实验环境

装有 Win 7/Win 10 的计算机、网络浏览器及能连接互联网的网络环境。

四、知识准备

（一）跨境电商的含义

跨境电商是指分属不同关境的交易主体，通过电子商务平台达成交易、进行支付结算，并通过跨境物流送达商品、完成交易的一种国际商业活动。

（二）跨境电商的发展趋势

随着经济的全球化，各国跨境电商日渐风靡。跨境电商消费总额的前三名是美国、英国和德国。

面对快速发展的国际跨境电商，我国跨境电商也迅速发展。2016 年，我国跨境电商交易规模 6. 7 万亿元，同比增长 24%。2017 年上半年，我国跨境电商交易规模 3. 6 万亿元，同比增长 30. 7%。其中，出口跨境电商交易规模 2. 75 万亿元，进口跨境电商交易规模 8 624 亿元。在区域格局方面，主要是广东、浙江、福建、江苏等电商及外贸较发达的省份引领发展。

市场的快速发展使得我国跨境电商得到了政府的重视及支持。2016 年 4 月 8 日，我国对跨境电商零售进口商品实施新税制，并实行清单管理。经国务院批准，2016 年 5 月，我国出台了跨境电商零售进口有关监管要求过渡期政策。2017 年，有利于跨境电商进出口的政策不断出台；同年 9 月举行的国务院常务会议决定，将跨境电商监管过渡期政策延长一年，至 2018 年年底。

跨境进口电商持续爆发性的增长，顺应了国内强烈的市场需求。2016 年，进口跨境电商在激烈竞争中不断提升用户体验，同时仍以增长的趋势向前发展。各大电商巨头包括京东、阿里巴巴、苏宁易购等都积极主动抢占市场。

（三）常见的进出口跨境电商平台

常见的进出口跨境电商平台如表 4-1 所示。

表 4-1　常见的进出口跨境电商平台

序号	LOGO	平台名称	域名	主要经营业务或简介
1	DHgate.com 敦煌网	敦煌网	seller. dhgate. com	敦煌网是国内首个为中小企业提供 B2B 网上交易的网站。它采取佣金制，免注册费，只在买卖双方交易成功后收取费用。自建的 dhgate 平台，为海外用户提供了高质量的商品信息，用户可以自由订阅英文 EDM 商品信息，第一时间了解市场最新供应情况
2	亚马逊 amazon.cn	亚马逊	www. amazon. cn	亚马逊公司是网络上最早开始经营电子商务的公司之一。初期只经营网络的书籍销售业务，现在则扩及了范围相当广的其他产品，已成为全球商品品种最多的网上零售商和全球第二大互联网企业

续表

序号	LOGO	平台名称	域名	主要经营业务或简介
3	AliExpress	速卖通	www. aliexpress. com	速卖通，即全球速卖通（英文名称：AliExpress），是阿里巴巴旗下面向全球市场打造的在线交易平台，被广大卖家称为国际版“淘宝”。像淘宝一样，把宝贝编辑成在线信息，通过速卖通平台发布到海外。类似国内的发货流程，通过国际快递，轻轻松松将宝贝运送到买家手上，与220多个国家和地区的买家达成交易
4	ebay	eBay	www. ebay. cn	上海亿贝网络信息服务有限公司是 eBay International AG 投资设立的中外合资企业，其致力于推动中国跨境交易电子商务的发展，向中国的小企业和个人用户在“eBay 全球平台/eBay Marketplaces”上直接进行销售的方法，同时在此平台上可不断深入了解市场和用户的需求
5	Lightinthebox	兰亭集势	www. lightinthebox. com	兰亭集势是中国整合了供应链服务的在线B2C。公司拥有一系列的供应商，并拥有自己的数据仓库和长期的物流合作伙伴，截至2010年，兰亭集势是中国跨境电子商务平台的领头羊
6	洋码头	洋码头	www. ymatou. com	“洋码头”移动端内拥有首创的“扫货直播”频道；另一特色频道“聚洋货”，则汇集全球各地知名品牌供应商，提供团购项目、认证商家、一站式购物，保证海外商品现货库存，全球物流护航直邮
7	网易考拉海购	网易考拉海购	www. kaola. com	网易考拉海购是网易旗下以跨境业务为主的综合型电商，销售品类涵盖母婴、美容彩妆、家居生活、营养保健、环球美食、服饰箱包、数码家电等。网易考拉海购秉持100%正品，天天低价，7天无忧退货，快捷配送服务，提供消费者海量海外商品购买渠道，希望帮助用户“用更少的钱过更好的生活”，助推消费和生活的双重升级

续表

序号	LOGO	平台名称	域名	主要经营业务或简介
8	天猫国际 我们的商家在海外	天猫国际	www. tmall. com	天猫国际主要是为国内消费者直供海外原装进口商品。入驻天猫国际的商家均为中国大陆以外的公司实体，具有海外零售资质；销售的商品均原产于或销售于海外，通过国际物流经中国海关正规入关
9	小红书	小红书	www. xiaohongshu. com	小红书创办于 2013 年，通过深耕 UGC（用户创造内容）购物分享社区，发展成为全球最大的消费类口碑库和社区电商平台
10	SF EXPRESS 顺丰速运	顺丰海淘	www. sfbuy. com	顺丰的海淘网站——海购丰运 SFBuy 是第一家国内民营快递公司，涉足海淘转运业务，转运价格相对其他转运公司高出不少，主打超高的服务品质
11	global sources	环球资源	www. globalsources. com	环球资源是一家多渠道 B2B 媒体公司，致力于促进大中华地区的对外贸易，超过 100 万国际卖家。95 家来自全球百强零售商，使用环球资源提供服务，了解供应商及产品的资料，帮助他们在复杂的供应市场进行高效采购
12	Made-in-China.com 中国制造网	中国制造网	made-in-china. com	立足内贸领域，专注中国制造的著名 B2B 电子商务平台，覆盖全行业品类：工业品、原材料、家居百货和商务服务等

五、实验步骤和内容

本项实验将以敦煌网为例，介绍在跨境电商平台开店的基本流程。

（一）敦煌网简介

敦煌网是全球领先的在线外贸交易平台，其 CEO 王树彤是中国最早的电子商务行动者之一。王树彤 1999 年参与创立卓越网并出任第一任 CEO，2004 年创立敦煌网。

敦煌网是国内首个为中小企业提供 B2B 网上交易的网站。它采取佣金制，免注册费，只在买卖双方交易成功后收取费用。据 Paypal 交易平台数据显示，敦煌网是在线外贸交易额中亚太排名第一、全球排名第六的电子商务网站，其 2011 年的交易额达到 100 亿元的规模。

敦煌网“为成功付费”打破了以往的传统电子商务“会员收费”的经营模式，既可降低企业风险，又可节省企业不必要的开支，同时避开了与 B2B 阿里巴巴、中国制造网、环球资源网等的竞争。

一个标准的卖家是这样做生意的：把自己产品的特性、报价、图片上传到平台；接到海外买家的订单后备货和发货；买家收到货后付款，双方通过多种方式进行贸易结算。整个周期为 5~10 个工作日。

（二）敦煌网开店流程

1. 敦煌网首页

在浏览器网址中输入“seller. dhgate. com”，进入敦煌网首页，如图 4-1 所示。

图 4-1　敦煌网首页

2. 卖家注册

(1) 填写商户信息。点击首页左上角的“免费注册”或下方的“免费开店”，进入注册界面，如图 4-2 所示。填写商户信息后点击下方的“提交注册信息并继续”，其中用户名由 4~20 个英文字母或数字组成，不支持中文与空格，只能以字母开头，提交后信息不可再修改，此用户名可用于商铺名称以及买家查找卖家的账号。

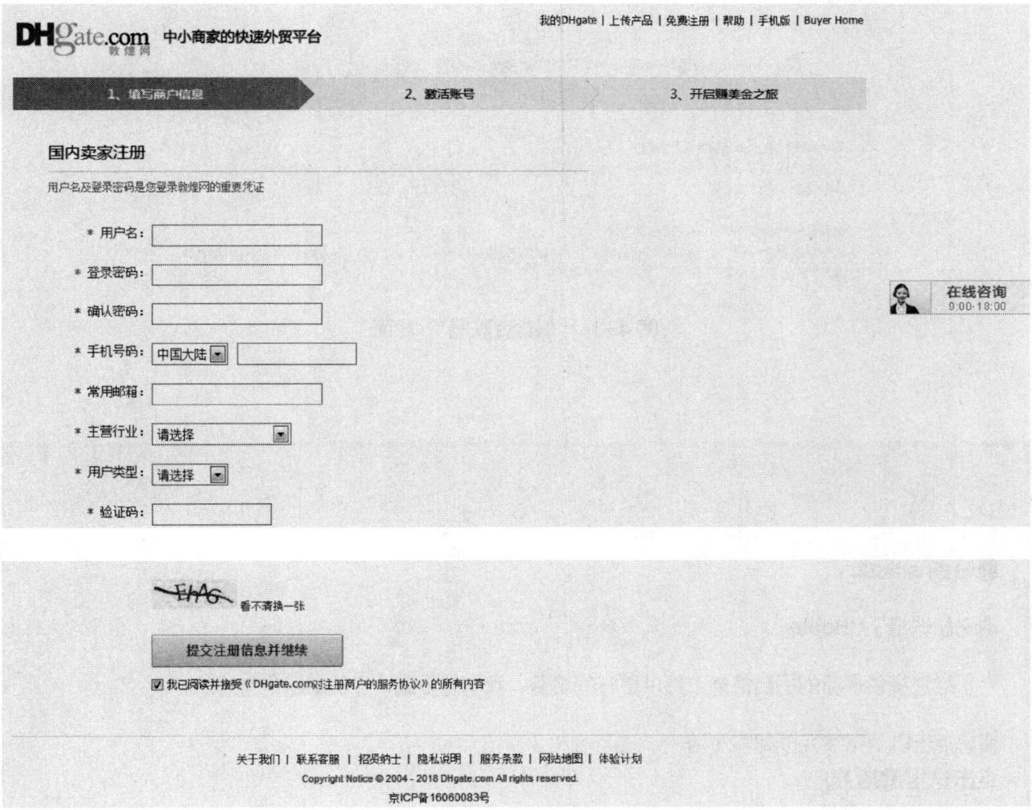

图 4-2 注册界面

(2) 激活账号。此步骤需经过手机验证和邮箱激活，如图 4-3 所示。手机验证需接收手机验证码，邮箱激活需要登录邮箱，进入邮箱的收件箱，点击对应邮件中“点击这里激活账户”的链接完成邮件激活，如图 4-4 所示。

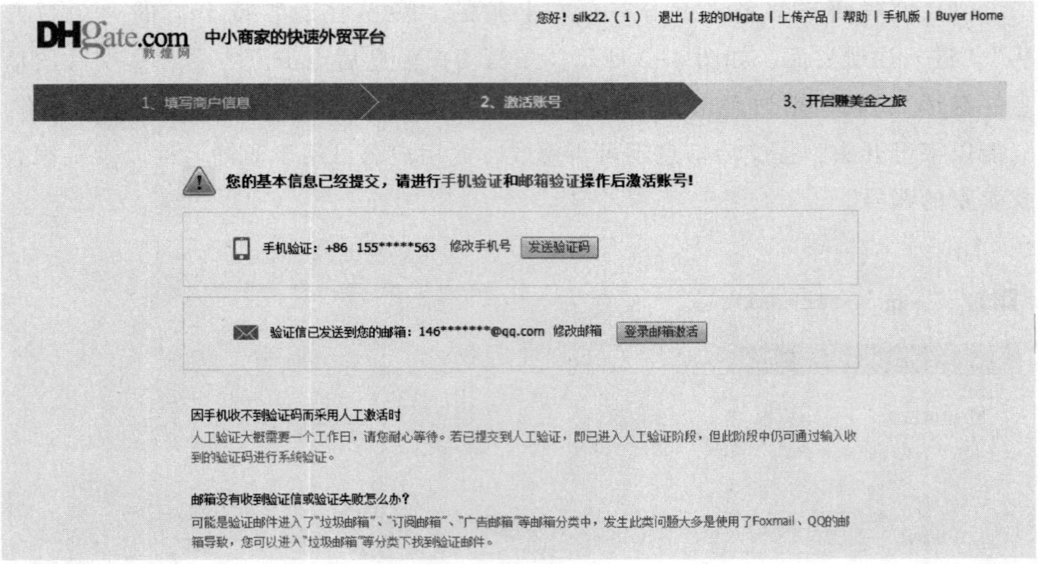
您好！silk22.（1） 退出 | 我的DHgate | 上传产品 | 帮助 | 手机版 | Buyer Home
DHgate.com 敦煌网
中小商家的快速外贸平台
1、填写商户信息
2、激活账号
3、开启赚美金之旅
您的基本信息已经提交，请进行手机验证和邮箱验证操作后激活账号！
手机验证：+86 155*****563 修改手机号 发送验证码
验证信已发送到您的邮箱：146*******@qq.com 修改邮箱 登录邮箱激活
因手机收不到验证码而采用人工激活时
人工验证大概需要一个工作日，请您耐心等待。若已提交到人工验证，即已进入人工验证阶段，但此阶段中仍可通过输入收到的验证码进行系统验证。
邮箱没有收到验证信或验证失败怎么办？
可能是验证邮件进入了"垃圾邮箱"、"订阅邮箱"、"广告邮箱"等邮箱分类中，发生此类问题大多是使用了Foxmail、QQ的邮箱导致，您可以进入"垃圾邮箱"等分类下找到验证邮件。

图 4-3 “激活账号”界面

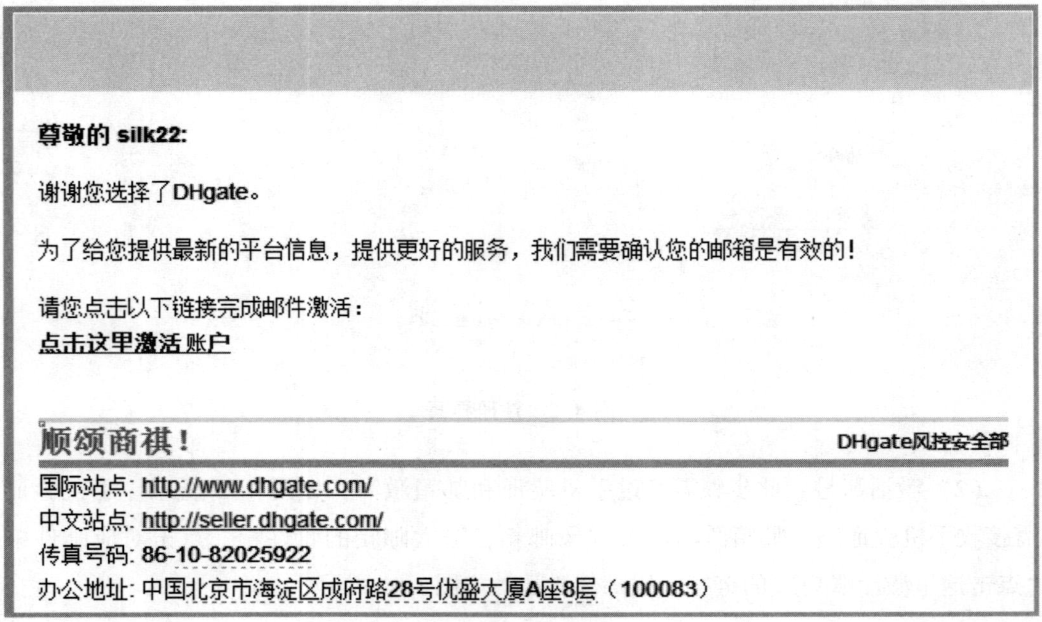
尊敬的 silk22:
谢谢您选择了DHgate。
为了给您提供最新的平台信息，提供更好的服务，我们需要确认您的邮箱是有效的！
请您点击以下链接完成邮件激活：
点击这里激活账户
顺颂商祺！
DHgate风控安全部
国际站点: http://www.dhgate.com/
中文站点: http://seller.dhgate.com/
传真号码: 86-10-82025922
办公地址: 中国北京市海淀区成府路28号优盛大厦A座8层（100083）

图 4-4 登录邮箱激活界面

（3）身份认证。账号激活后注册完成，进入第三步“开启赚美金之旅”，如图 4-5 所示。点击“进行身份认证”，进入身份认证界面，填写正确的姓名和身份证号后点击“开始认证”，如图 4-6 所示。按照示例提交联系人手持身份证的正反面照片后，点击“提交认证资料”，如图 4-7 所示。上传后，认证时间大致为 3~5 个工作日。在此期间，可以先选择经营的产品类范围，并体验产品上传功能，认证通过后，上传的产品便可正式发布。在登录后的界面可以看到基本信息，包括账号信息、站内信和留言、系统消息、快捷入口等，如图 4-8 所示。

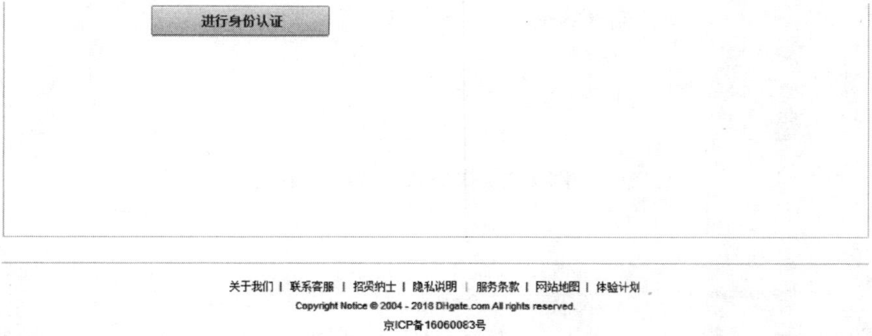
进行身份认证
关于我们 | 联系客服 | 招贤纳士 | 隐私说明 | 服务条款 | 网站地图 | 体验计划
Copyright Notice © 2004 - 2018 DHgate.com All rights reserved.
京ICP备16060083号

图 4-5　注册完成界面

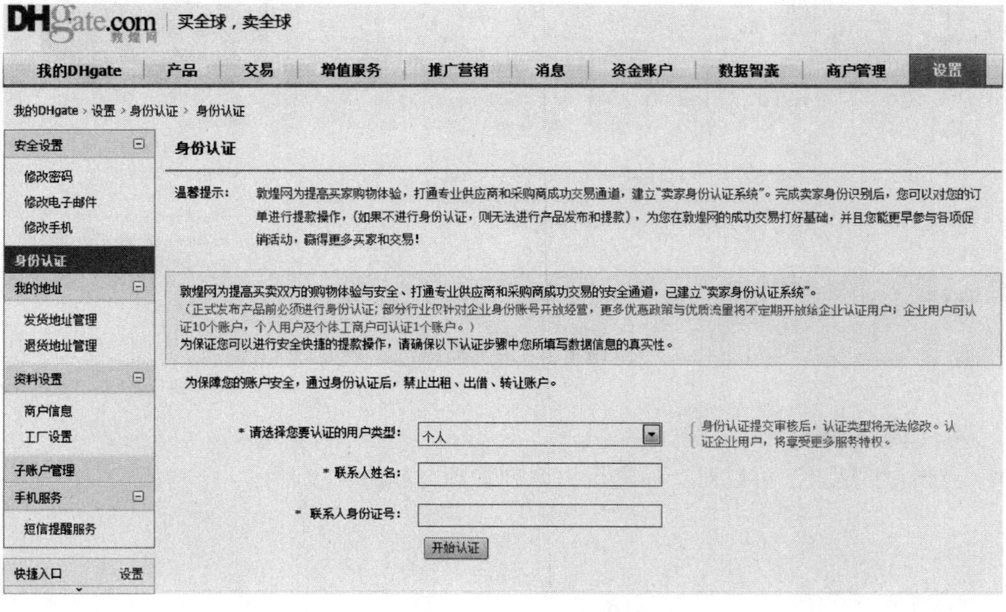
DHgate.com 敦煌网
买全球，卖全球
我的DHgate
产品
交易
增值服务
推广营销
消息
资金账户
数据智囊
商户管理
设置
我的DHgate > 设置 > 身份认证 > 身份认证
安全设置
修改密码
修改电子邮件
修改手机
身份认证
我的地址
发货地址管理
退货地址管理
资料设置
商户信息
工厂设置
子账户管理
手机服务
短信提醒服务
快捷入口
设置
身份认证
温馨提示：
敦煌网为提高买家购物体验，打通专业供应商和采购商成功交易通道，建立"卖家身份认证系统"。完成卖家身份识别后，您可以对您的订单进行提款操作，(如果不进行身份认证，则无法进行产品发布和提款)，为您在敦煌网的成功交易打好基础，并且您能更早参与各项促销活动，赢得更多买家和交易！
敦煌网为提高买卖双方的购物体验与安全、打通专业供应商和采购商成功交易的安全通道，已建立"卖家身份认证系统"。
（正式发布产品前必须进行身份认证；部分行业仅针对企业身份账号开放经营，更多优惠政策与优质流量将不定期开放给企业认证用户；企业用户可认证10个账户，个人用户及个体工商户可认证1个账户。）
为保证您可以进行安全快捷的提款操作，请确保以下认证步骤中您所填写数据信息的真实性。
为保障您的账户安全，通过身份认证后，禁止出租、出借、转让账户。
* 请选择您要认证的用户类型：
个人
身份认证提交审核后，认证类型将无法修改。认证企业用户，将享受更多服务特权。
* 联系人姓名：
* 联系人身份证号：
开始认证

图 4-6　“身份认证”界面

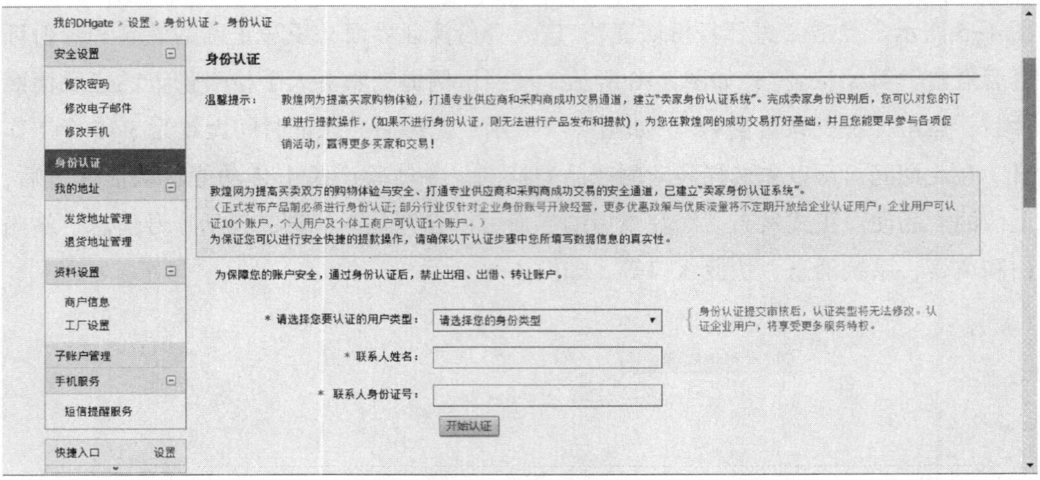

图 4-7 提交认证资料界面

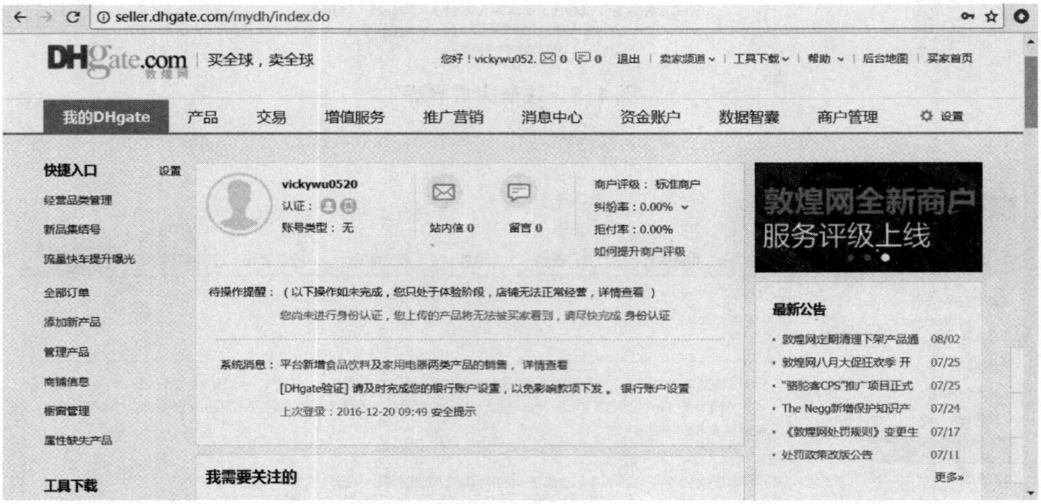

图 4-8 登录后界面

3. **产品管理**

点击“产品”，可以对产品进行一系列管理，如图 4-9 所示。

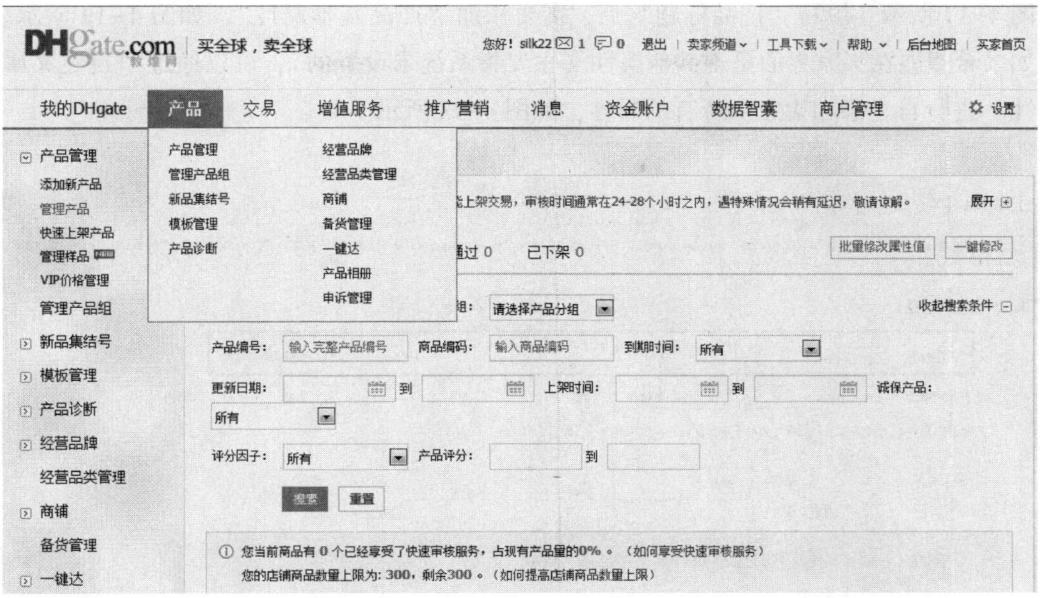

图 4-9 “产品”界面

（1）上传产品。

①产品信息是由文字和图片组成的，详细的文字描述和清晰的图片可以吸引更多买家的眼球。点击“添加新产品”，选择相应的类目，如图 4-10 所示。

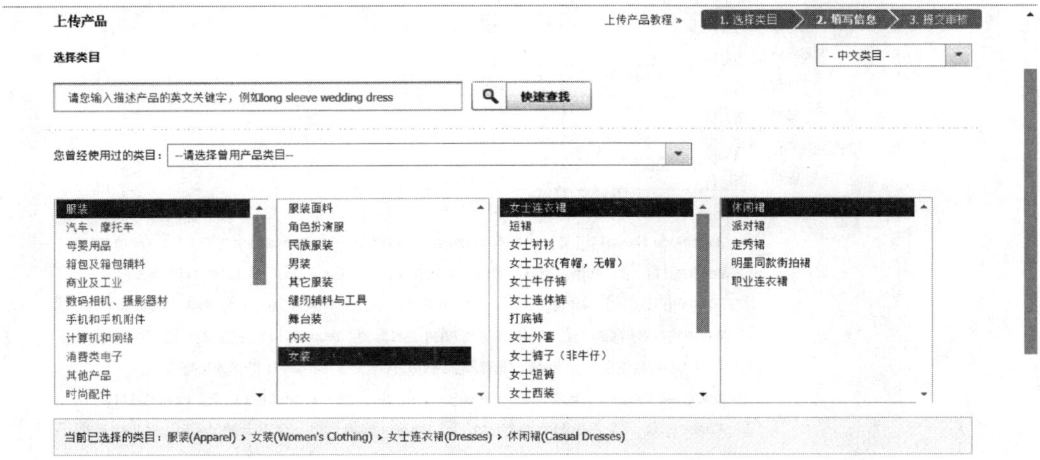

图 4-10 “选择类目”界面

②填写信息，产品标题要清楚、完整、形象，最多可输入 140 个字符，如

图 4-11 所示。填写“产品标题”后，需要添加“产品基本属性”，如图 4-12 所示。如果希望能在买家界面呈现其他属性（主要指系统未设置的），可以通过“自定义属性”进行自主添加卖家所特有的属性，如图 4-13 所示。

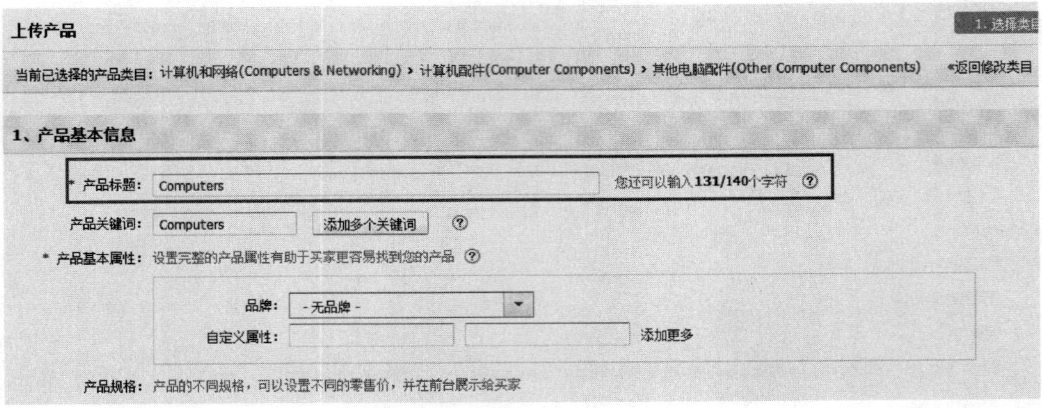

图 4-11　产品标题界面

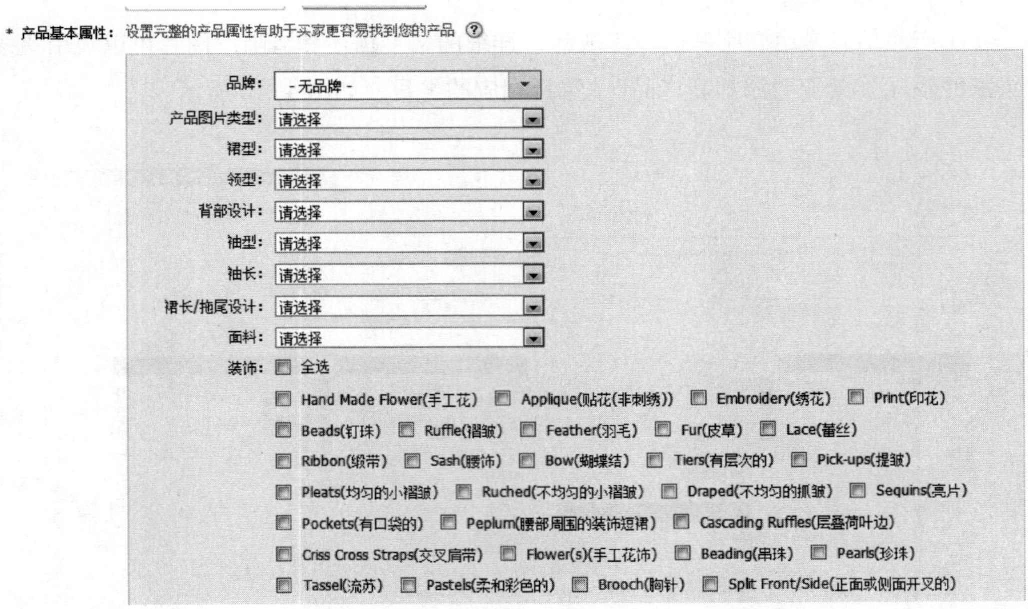

图 4-12　“产品基本属性”界面

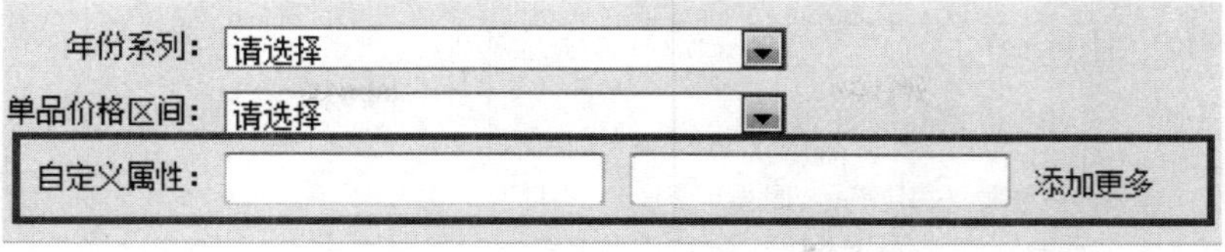

图 4-13 添加“自定义属性”界面

③卖家根据产品规格的不同，可以设置不同的零售价，并在前台展示给买家；如果系统所提供的可选择规格不能满足需要，可以选择“自定义规格”选项后进行自主设置，如图 4-14 所示。

图 4-14 设置“产品规格”界面

（2）设置销售方式时可以选择按件销售或按包销售。如选择按包销售，需输入每包产品的数量，其中单位为“件”，也可以在界面右侧选择其他销售单位，如图 4-15 所示。

（3）设置备货状态时可以选择有备货或者待备货。其中有备货可以选择备货地、备货数量，备货期 2 天（有备货的产品备货期小于等于 2 天）。待备货的产品可以设置客户一次最大购买数量，并且备货期可以设置 1~60 天（备货期：卖家确认执行订单至成功发货期间的天数，此项由卖家自定义，这里不含国际运输时间），如图 4-16 所示。

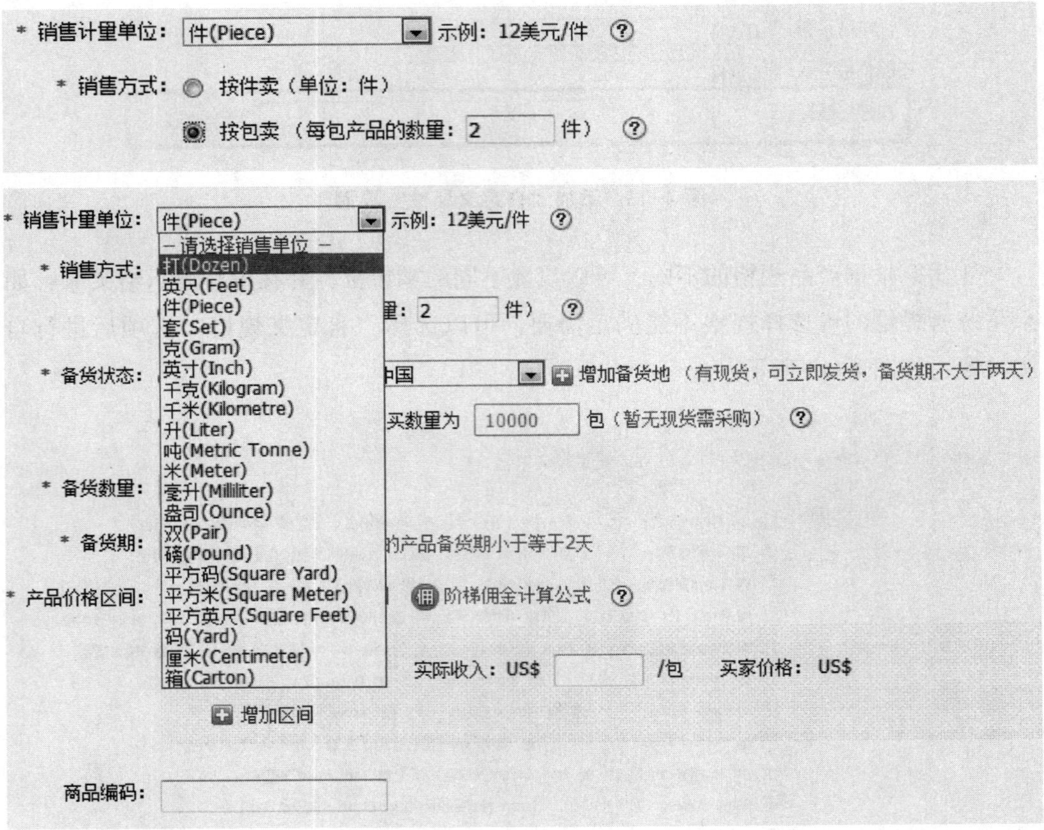

图 4-15 设置“销售方式”界面

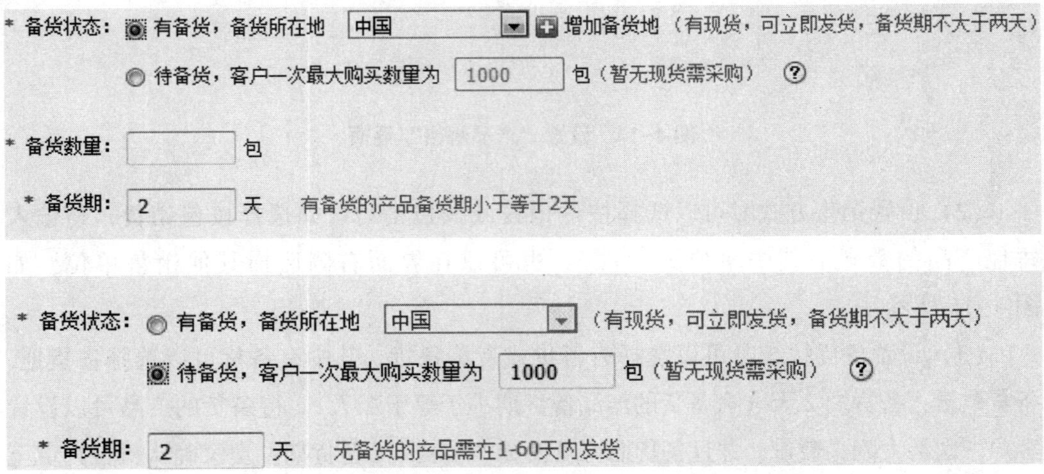

图 4-16 设置“备货状态”界面

（4）设置产品价格区间。在敦煌网，卖家可以针对同一产品的不同数量区间，分别设置各个数量区间的不同报价；如果同一产品还有不同的规格，也可以对不同的规格在不同的数量区间设置各自的价格，如图 4-17 所示。

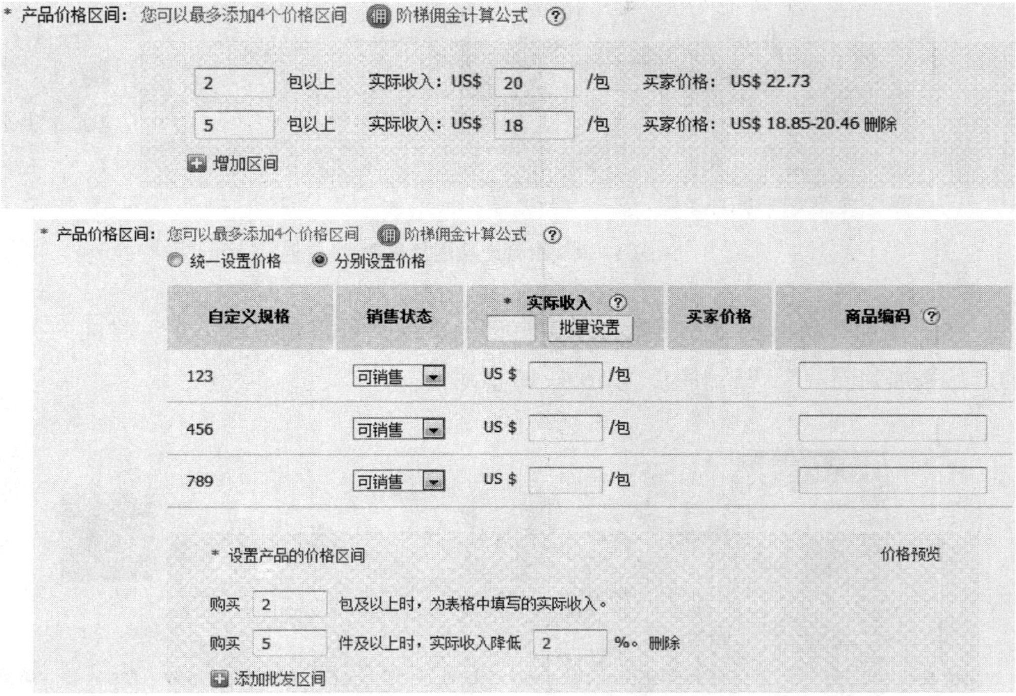

图 4-17 设置“产品价格区间”界面

（5）上传产品图片时要用生动真实的图片展示产品，上传产品之前要准备好图片。上传图片可以选择从“本地上传”或者从“相册上传”，如图 4-18 所示；图片上传后可以删除，如图 4-19 所示。

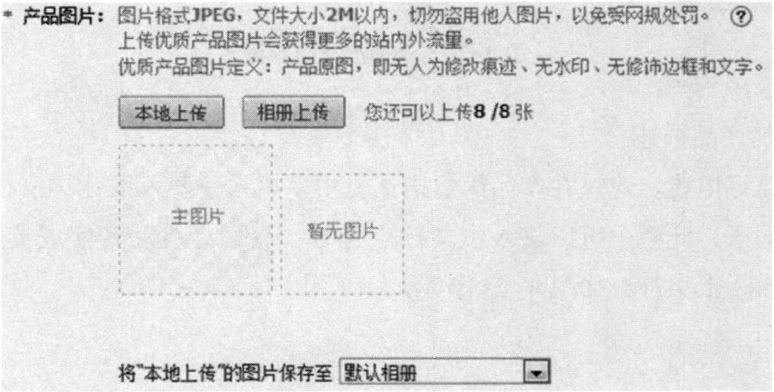

图 4-18 上传产品图片界面

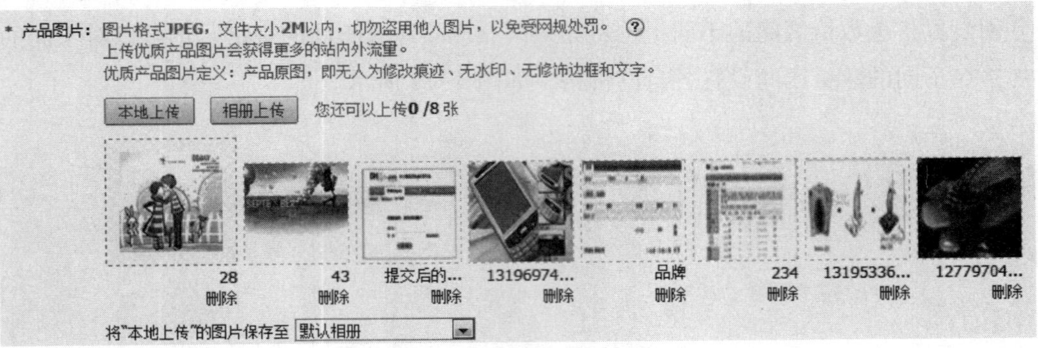

图 4-19　删除产品图片界面

（6）添加产品组。为方便卖家管理自己的产品，可以创建产品组，将同一类别的产品添加到同一个产品组中，如图 4-20 所示。

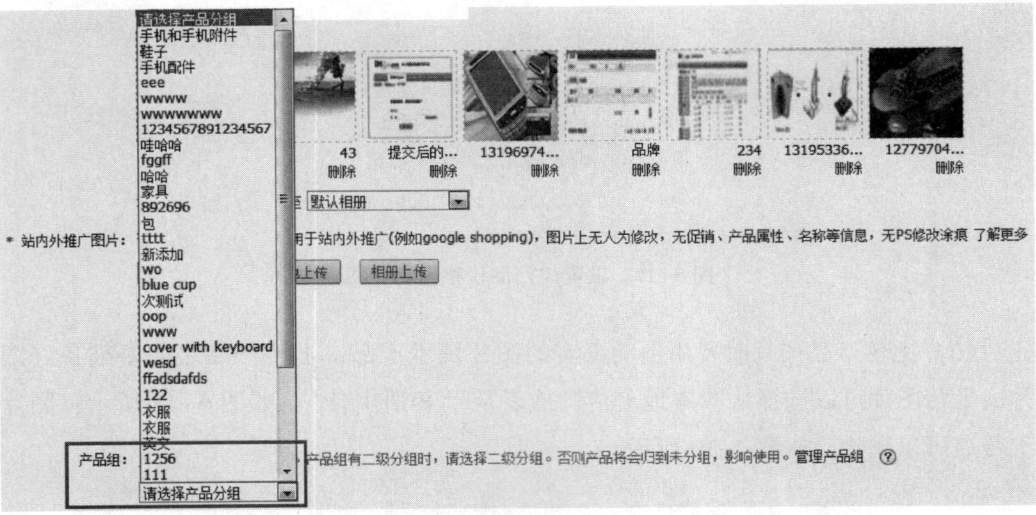

图 4-20　添加产品组界面

（7）添加产品描述。

①产品简短描述：建议在产品简短描述栏中多填入一些可以让买家在查找物品时会搜索到的词语。此栏中可以输入中文标点符号，它们会自动转换成英文标点符号，最多可输入 500 个字符，如图 4-21 所示。

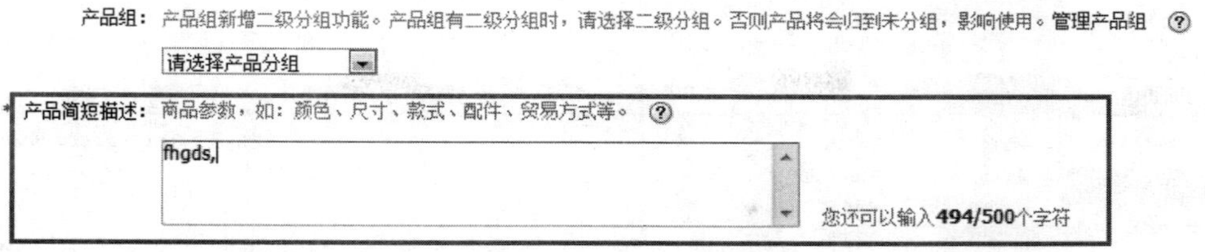

图 4-21　“产品简短描述”界面

②产品详细描述：把在产品名称和规格说明中不能涵盖的产品信息进一步详细地展示给买家；将买家比较关注的产品的特色、功能、服务、包装及运输信息等展示出来，让买家可以一目了然地、尽可能多地了解产品的相关信息；还可以通过一些个性化的描述展现卖家的专业性，如制作模板、敦煌网相关产品的站内链接。这些手段可以向买家展示更多的相关产品，进行自我促销，引起买家的兴趣。详细描述中有 8 万个字符空间，支持 HTML 语言。

🕮 提示：

详细描述中不能出现敦煌网以外的链接，禁止出现任何形式的联系方式，如邮箱、公司网址、SKYPE 等。考虑到敦煌网面对的都是国外的买家，所以需要使用英文填写一切产品信息，以便买家在搜索产品时可以准确地了解产品的各种情况。也可以登录敦煌网，点击“在线翻译”，将产品信息的中文翻译为英文，如图 4-22 所示。

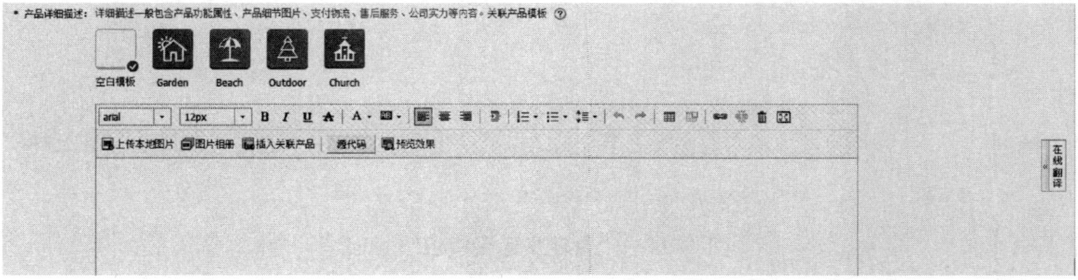

图 4-22　“产品详细描述”界面

（8）设置运费。

①如果第一次上传产品，需要创建一个运费模板，如图 4-23 所示。

②点击“运费模板管理”，会在新窗口打开添加运输模板界面，如图 4-24 所示。

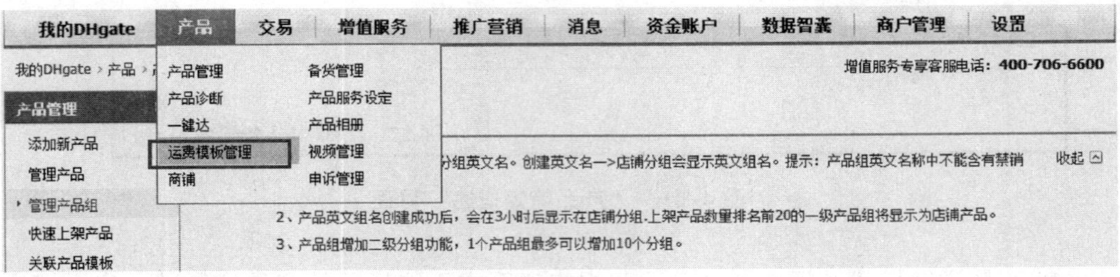

图 4-23　创建运费模板界面

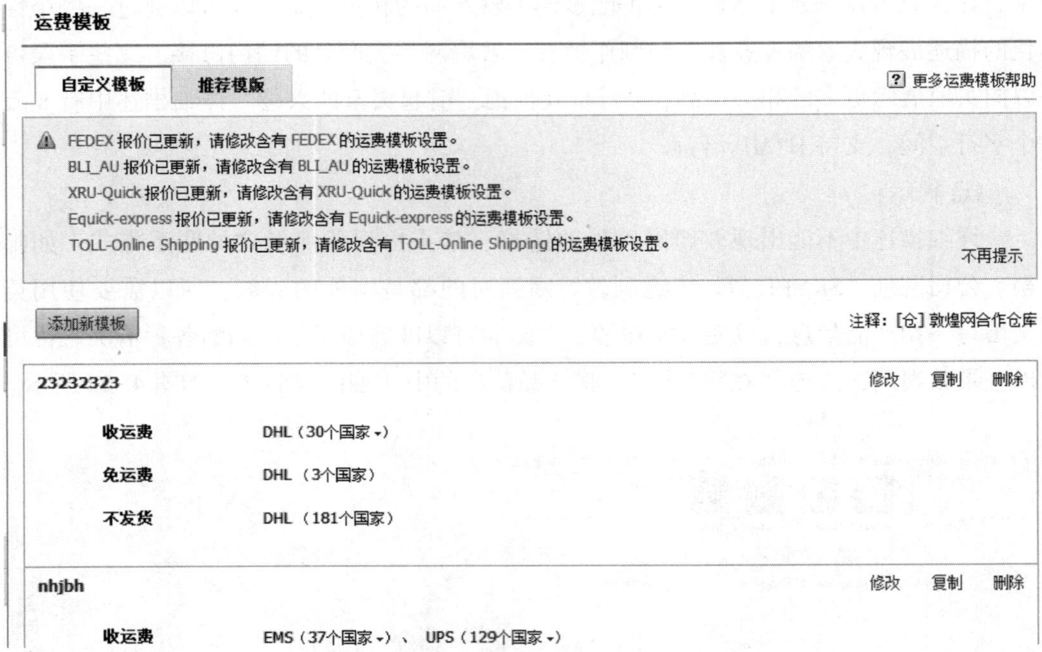

图 4-24　“自定义运费模板”界面

③点击“添加新模板”，需要添加“运费模板名称”并选择想要使用的物流方式，设置后点击“保存并添加”，这时模板就创建完成了，如图 4-25 所示。

（9）设置其他信息。如产品有效期，产品有效期指的是从产品成功提交那天起，到产品停止在网上展示那天截止的时间段，有效期默认为 90 天，如图 4-26 所示。

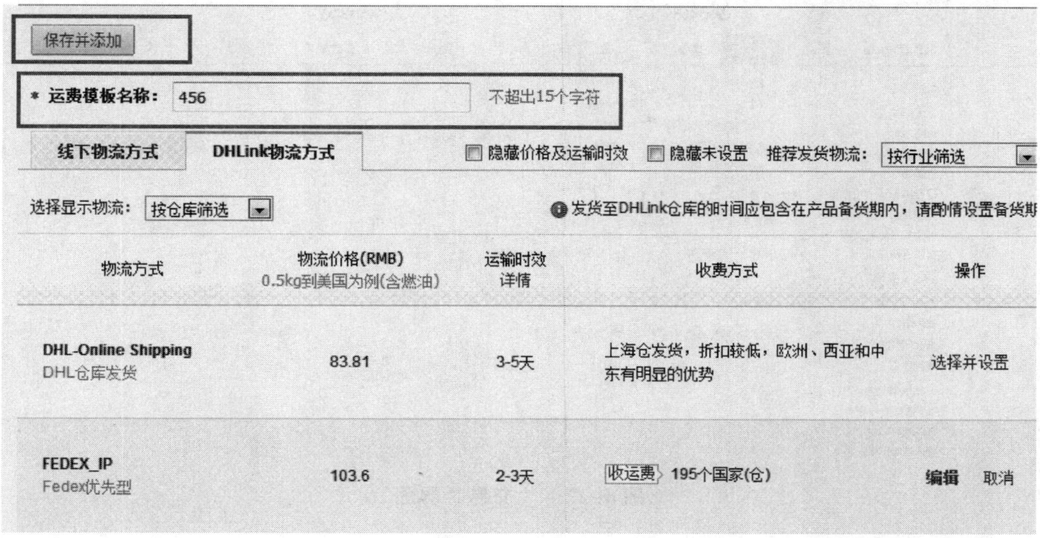

图 4-25　创建完成界面

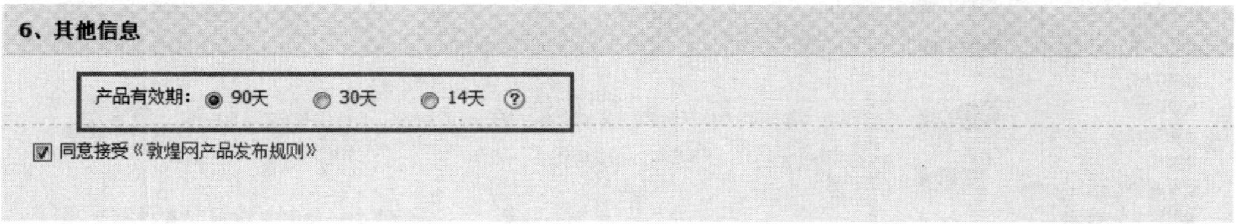

图 4-26　“其他信息”界面

4. **交易管理**

同样的，点击“交易”，可以对我的订单、物流运费月结、在线发货、我的买家、客户介入订单申请等进行处理，如图 4-27 所示，其中在“我的买家”中可以查看买家名单和买家黑名单，如图 4-28 所示。

点击“交易”界面的“客服介入订单申请”，可以对退款申请订单、延期申请订单、运单号修改等异常订单进行处理，如图 4-29 所示。

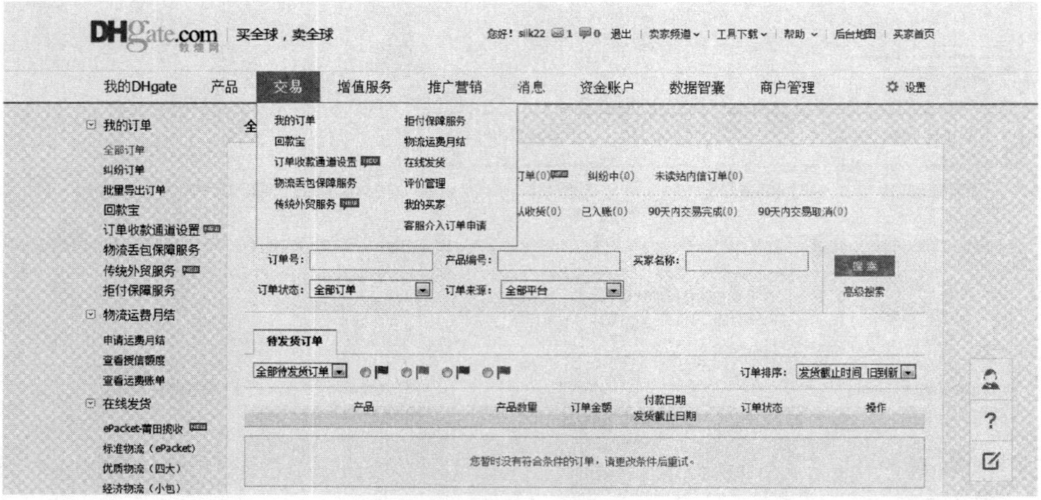

图 4-27 “交易”界面

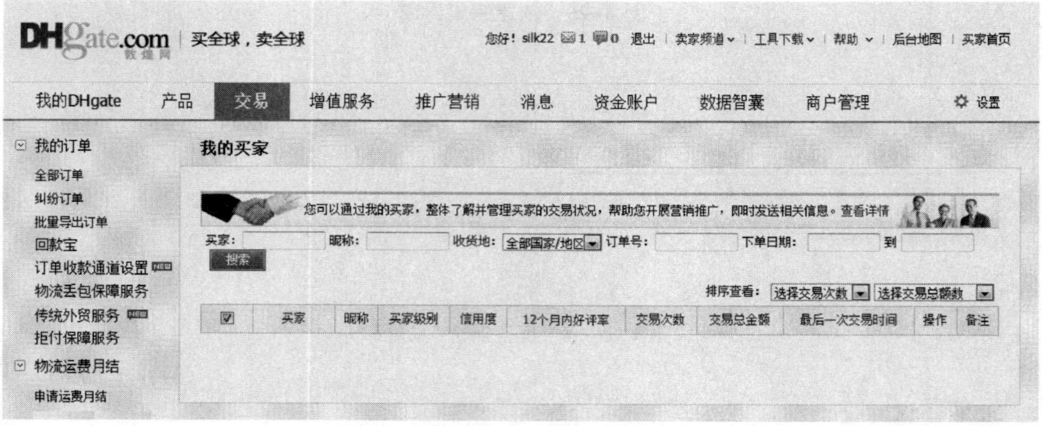

图 4-28 “我的买家”界面

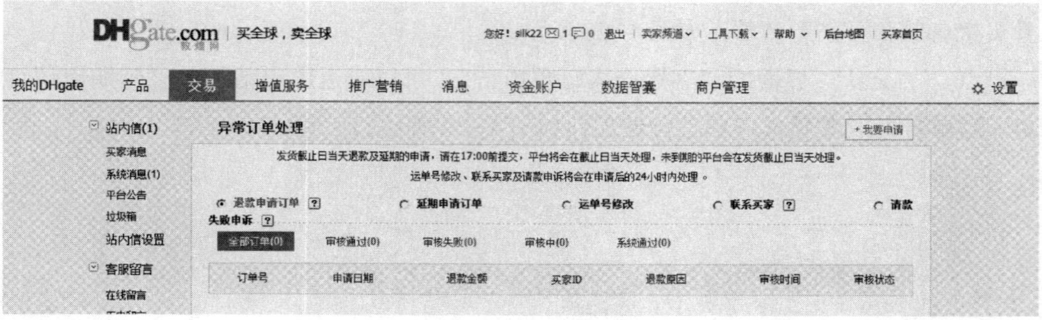

图 4-29 “异常订单处理”界面

5. 增值服务

增值服务包括增值礼包、各种套餐、店铺市场和定制组合、数据智囊，主要提供各种店铺装饰模板，利用更好的广告效果、更多的行业数据等帮助经营者更好地进行店铺优化，如图 4-30、图 4-31 所示。

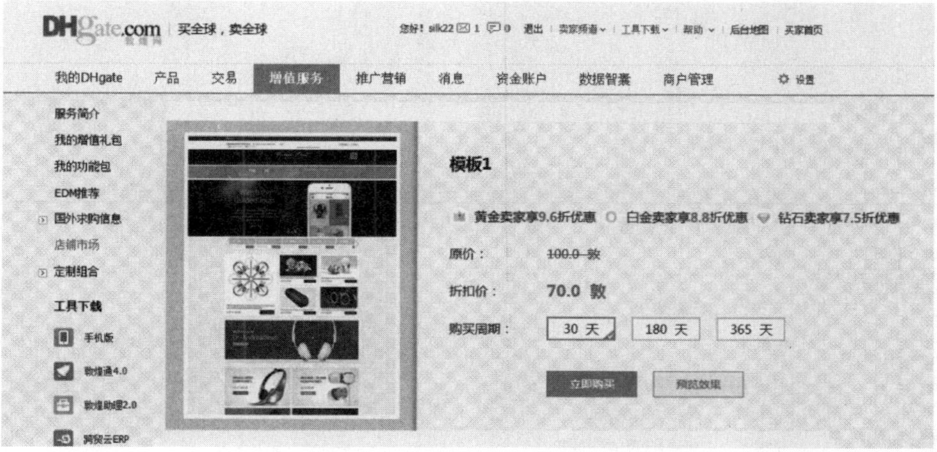

图 4-30 “增值服务”界面（一）

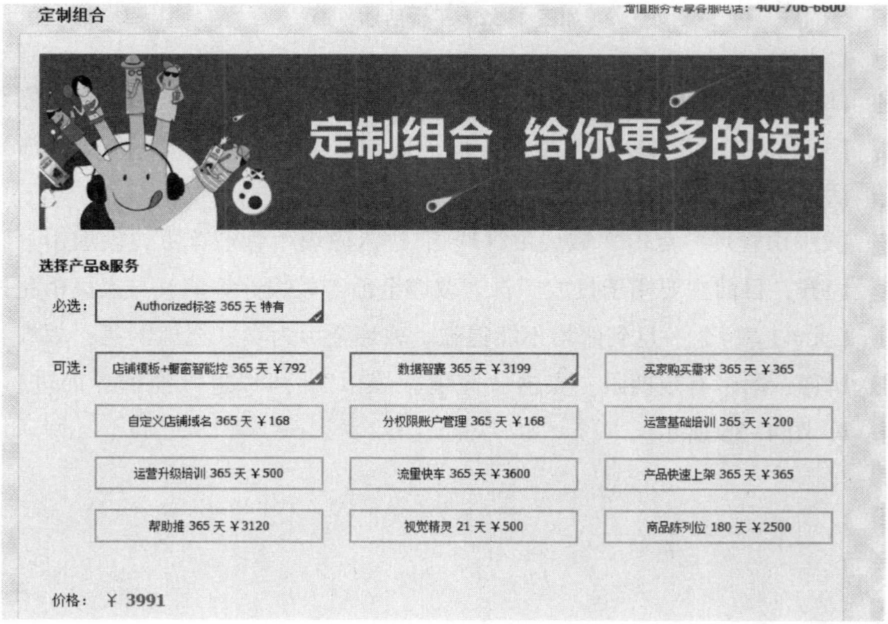

图 4-31 “增值服务”界面（二）

6. **推广营销**

该模块包括敦煌币管理、促销活动、敦煌产品营销系统、流量快车、帮助推、站外广告管理等功能，这些功能可帮助经营者更好地推广自己的店铺。

（1）平台促销活动。点击“平台活动”，可以看到限时的平台活动，点击“我要报名”，选择要促销的产品，填写折扣信息即可参加平台的促销活动，如图 4-32 所示。

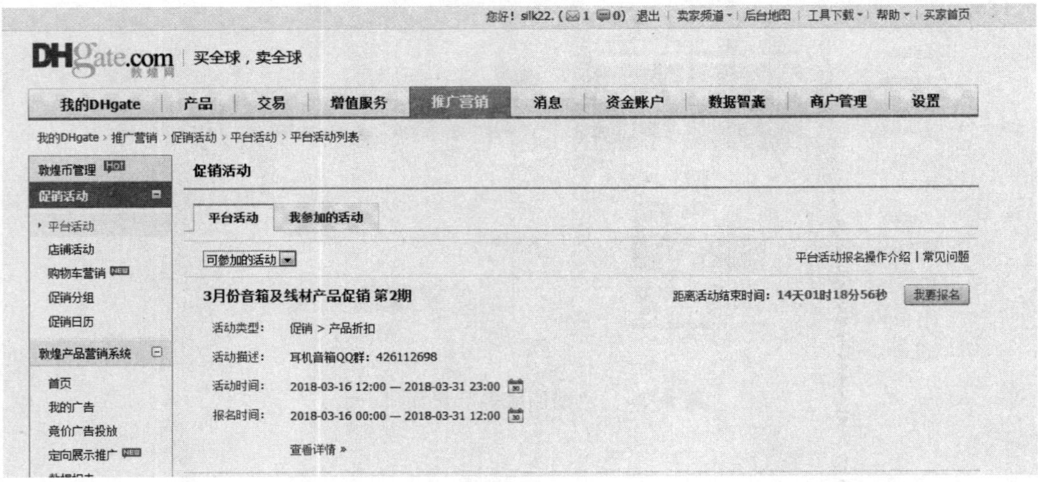

如图 4-32　平台活动界面

（2）店铺促销活动。点击“店铺活动”，可以选择“创建限时限量”“创建全店铺打折”“创建满立减”“添加优惠券”四种店铺活动，经营者根据自己的需要选择一种促销活动创建，如图 4-33 所示。

（3）敦煌币管理。点击“敦煌币管理”，进入敦煌币管理首页，敦煌币分为敦煌金币和敦煌券，目前主要用于投放广告。敦煌金币与敦煌券等值，与人民币兑换比例是 1∶1（1 元=1 敦），一旦到账均不能退款。敦煌金币为卖家充值购买；敦煌券为敦煌网赠送所得，附带有效期限。点击“充值敦煌币”，可以进入充值界面进行充值，如图 4-34、图 4-35 所示。

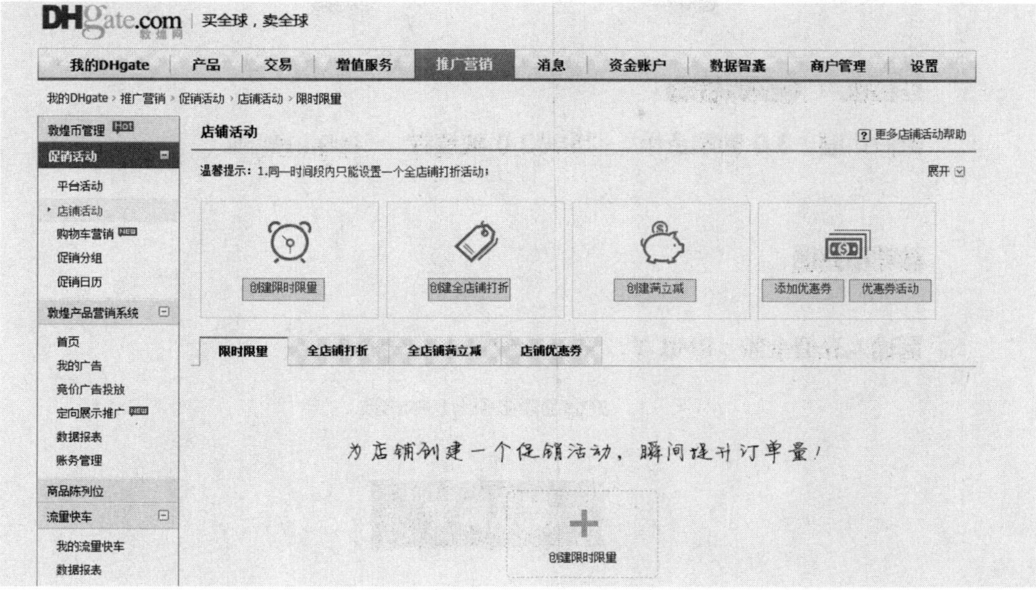

图 4-33　创建店铺促销活动界面

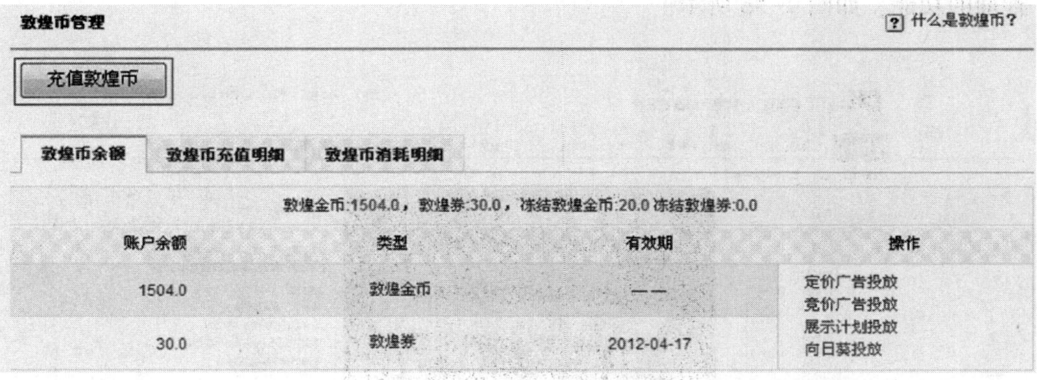

图 4-34　“敦煌币管理”界面

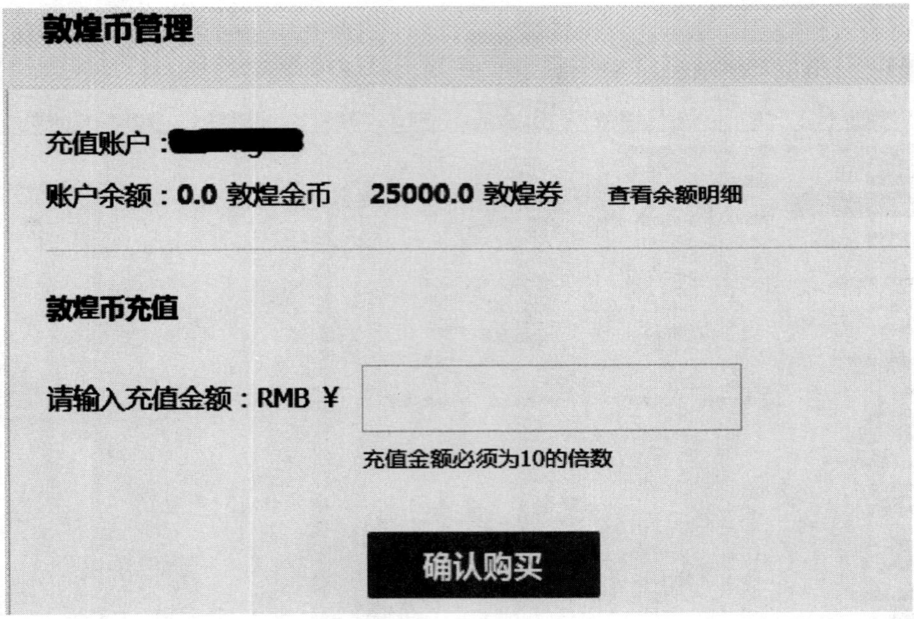

图 4-35 “敦煌币充值”界面

（4）敦煌产品营销系统。点击“敦煌产品营销系统”，进入敦煌产品营销系统首页，该页面提供定价广告投放、竞价广告投放、定向展示推广、数据报表及财务管理查询的功能，如图 4-36 所示。

图 4-36 “敦煌产品营销系统”界面

7. 消息

该模块包括“站内信”和“客服留言”，站内信如买家消息、系统消息、平台公告等；客服留言处可以发起客服留言以及查询历史留言，如图 4-37 所示。

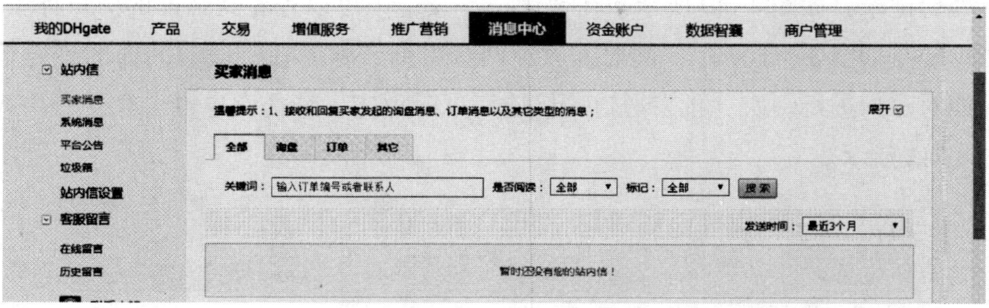

图 4-37 消息界面

8. 资金账户

点击“资金账户”，可以管理银行卡，对各种资金明细、资产统计、结汇记录进行查看等，如图 4-38、图 4-39 所示。

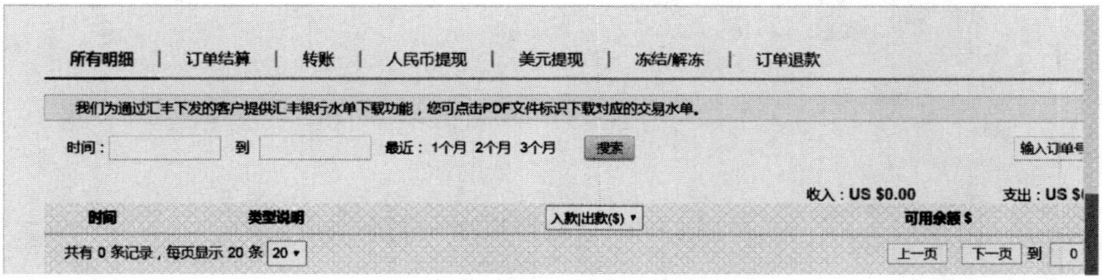

图 4-38 查看资金明细界面

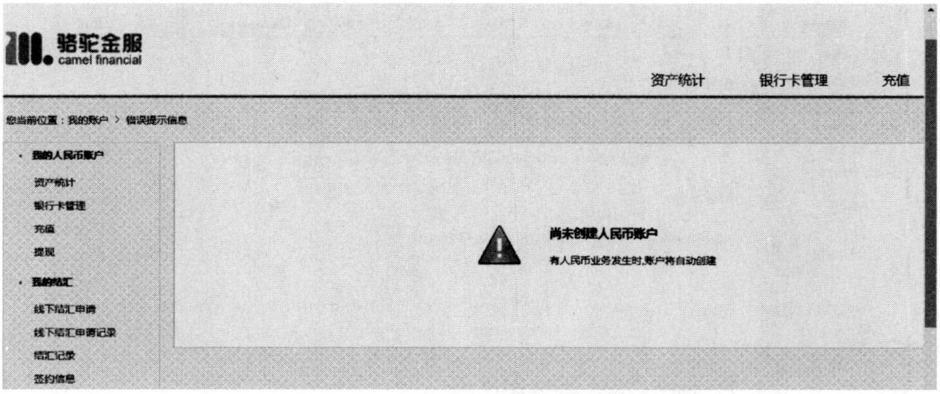

图 4-39 “我的账户”界面

9. 商户管理

点击“我的 DHgate”下的“商户管理”，进入商户管理界面，该界面包括处罚管理、商户评级、申请自主品牌、批发通道及王牌商户模块。在“处罚管理”中可以查看处罚记录，如图 4-40 所示；在“商户评级”中可以查看到当前的商户评级、评级指标等，如图 4-41 所示；同时，敦煌网会根据经营者在一段时间内的经营情况，每周四对账户进行一次“批发通道—精选商户”评定，精选商户也会享受一些权益，如图 4-42 所示。

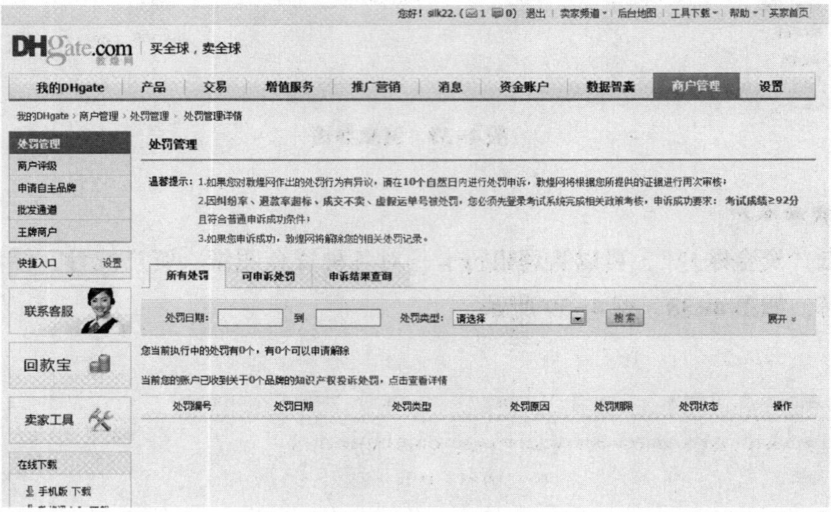

图 4-40　“处罚管理”界面

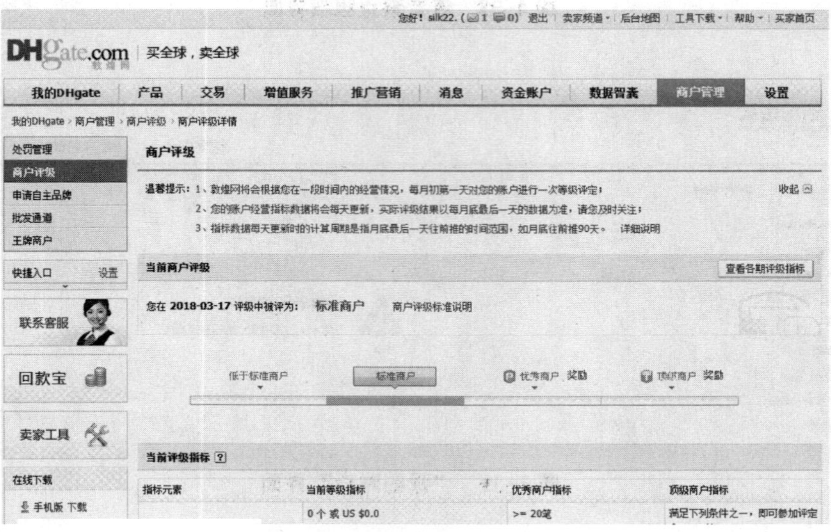

图 4-41　“商户评级”界面

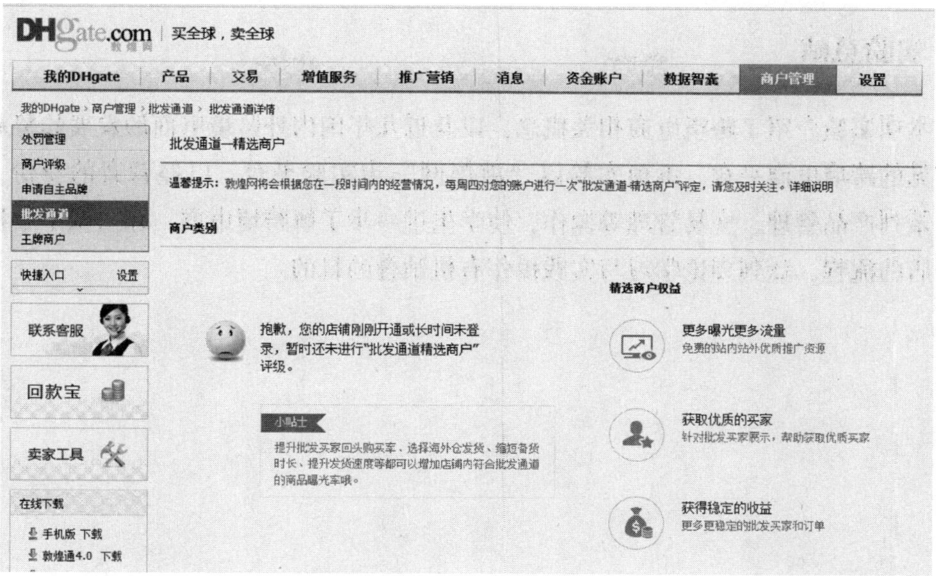

图 4-42 “批发通道—精选商户”界面

10. **设置**

该模块可以进行一些基本设置，如修改密码、修改电子邮件、修改手机号等安全设置，以及地址管理、商户信息和工厂信息设置、子账户管理等，如图 4-43 所示。

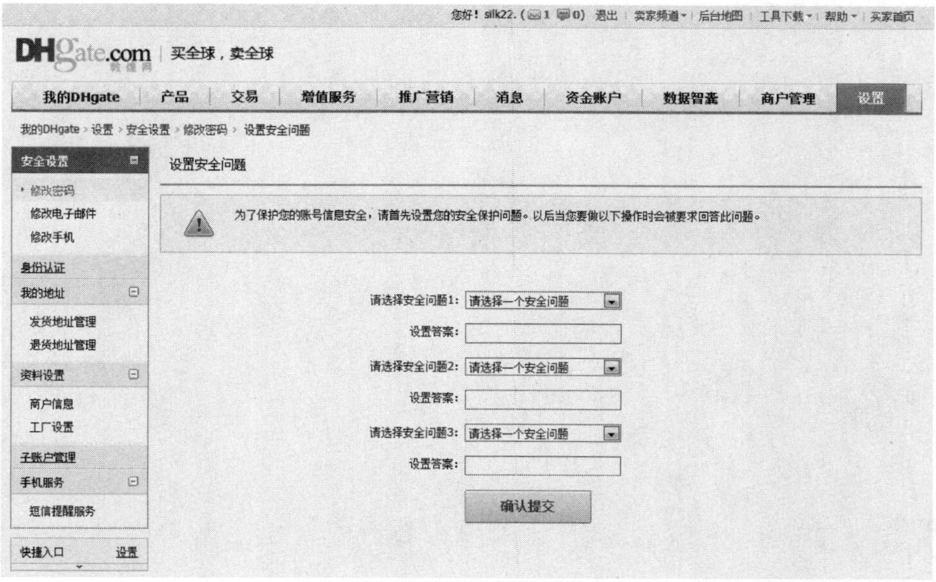

图 4-43 设置界面

六、实验总结

本项实验介绍了跨境电商相关概念，以及近几年国内外跨境电商的发展趋势和一些常见的跨境电商平台。本项实验以“敦煌网”为实验平台，以经营者的身份，通过一系列产品管理、交易管理等操作，使学生进一步了解跨境电商，在实践中掌握跨境开店的流程，达到理论学习与实践操作有机结合的目的。

实验五 O2O 电子商务

一、实验名称和性质

所属课程	电子商务综合实训
实验名称	O2O 电子商务
实验学时	2
实验性质	□验证 ☑综合 □设计
必做/选做	□必做 ☑选做

二、实验目的

（1）掌握 O2O 电子商务的基础知识。

（2）掌握 O2O 的特点，了解常见的 O2O 平台。

（3）了解 O2O 视角下共享单车的互动运营。

三、实验环境

装有 Win 7/Win 10 的计算机、能连接互联网的网络环境、能连接网络的移动端。

四、知识准备

（一）O2O 简述

O2O 即 Online To Offline，这个概念最早来源于美国，是指将线下的商务机会与互联网结合，让互联网成为线下交易的前台。O2O 的概念非常广泛，只要其产业链既可涉及线上，又可涉及线下，就可统称为 O2O。

O2O 模式存在两种基本的实施方式和路径：Online to Offline（线上营销和交易到线下体验）和 Offline to Online（线下营销到线上完成交易），分别简称为“先线上后线下”模式和“先线下后线上”模式。在此基础上，衍生出另外两种实施方式和路径：Online to Offline to Online（线上营销到线下体验，再到线上交易）和 Offline to Online to Offline（线下营销到线上交易，再到线下体验），分别简称为“先线上后线下再线上”模式和“先线下后线上再线下”模式。

O2O 电子商务模式需具备五大要素：独立网上商城、国家级权威行业可信网站认证、在线网络广告营销推广、全面社交媒体与客户在线互动、线上线下一体化的会员营销系统。

O2O 平台可以根据业务对象类型的不同分为以下四类。

1. 以信息流为核心的 O2O 平台

这类平台的主要业务对象是信息，解决的问题是信息的不对称或者不透明，如携程、大众点评、地图导航类等。

2. 以商流和物流为核心的 O2O 平台

这类平台的主要业务对象是商品和订单，实现商品的订单和物流递送，如团购、丁丁优惠、顺丰、京东等。

3. 以资金流为核心的 O2O 平台

这类平台的主要业务对象是资金，实现跨渠道的资金支付和转账功能，如微信支付、支付宝等移动支付方式。通过这些资金流为核心的 O2O 平台，人们可以快速、便捷地进行资金支付和转账，实现 O2O 交易的资金闭环。

4. 以人或人的功能需求为核心的 O2O 平台

这类平台的主要业务对象是人，将不同的人连接起来，或者将需要某个功能的人从这个 O 转换到另一个 O 的平台，如社区 O2O、滴滴打车、口碑网、微信等。

以上 O2O 平台呈现出的共同特点是：端到端、点到点、社交化。

第一，端到端体现的是品牌直接到消费者，通过网站、软件等不同渠道直接与消费者连接。

第二，点到点体现的是从接触点直接跳到单品或者具体活动的链接，不再是搜索、查询，然后才进入所需要的信息界面，尤其是在移动互联时代，消费者更习惯的是点到点，而不再是传统互联网时代的门户和搜索模式。

第三，社交化体现的是个体背后的社交关系，这就意味着从某个个体到该个体所有的其他社交关系，O2O 平台会充分利用个体的社交网络。

（二）常见的 O2O 电子商务平台

常见的 O2O 电子商务平台如表 5-1 所示。

表 5-1 常见的 O2O 电子商务平台

LOGO	平台名称	网址	简　介
	饿了么	https：//h5. ele. me/	“饿了么”是一家网上订餐平台。作为 O2O 平台，其自身定位是连接“跟吃有关的一切”。除了现有的餐饮配送业务，目前“饿了么”已经将“触角”延伸至商超配送等其他领域
	美团	http：//www. meituan. com/	“美团”是 2010 年 3 月 4 日成立的团购网站。美团网有着“吃喝玩乐全都有”的宣传口号，成为消费者最值得信赖的商家，让消费者享受超低折扣的优质服务；为商家找到最合适的消费者，为商家提供最大收益的互联网推广
	淘票票	https：//dianying. taobao. com/	“淘票票”是由中国淘宝软件有限公司开发的一款生活类手机软件，有 iOS 和安卓两个版本。平台提供丰富的正在热映和即将上映的电影资讯信息，包括预告片、高清海报与剧照、剧情介绍以及网友评论等
	滴滴出行	http：//www. xiaojukeji. com/	“滴滴出行”是中国知名的打车平台，称为手机“打车神器”，是受广大用户喜爱的“打车”应用。目前，“滴滴出行”已从出租车打车软件，成长为涵盖出租车、专车、快车、顺风车、代驾及大巴等多项业务在内的一站式出行平台
	京东到家	https：//daojia. jd. com	“京东到家”是京东 2015 年重点打造的 O2O 生活服务平台，既基于京东物流体系和物流管理优势，同时在共享经济风行的推动下依托“互联网+”技术大力发展“众包物流”，整合各类 O2O 生活类，向消费者提供生鲜及超市产品的配送，基于 LBS 定位实现 2 小时内快速送达，打造生活服务一体化应用平台

续表

LOGO	平台名称	网址	简　介
华阳信通 HUA YANG XINTONG	华阳信通	http：//www. hyxt. com/	“华阳信通”是深圳市华阳信通科技发展有限公司的简称，成立于2005年7月，是中国最早从事二维码技术研究及应用创新的互联网企业之一，也是二维码全产业链应用服务提供商。华阳信通已为数千家商业企业提供线上线下融合的O2O整体解决方案，帮助零售企业构建O2O数字化零售体系
	喵街	https：//www. miaostreet. com/	“喵街”是由阿里巴巴集团打造的新一代消费者逛街神器，通过向商场、商圈和商户提供互联网商业解决方案，为消费者创造新的生活方式。喵街能够基于用户当前地理位置，提供商场及商户吃喝玩购信息查询、室内导航找店、停车找车缴费、餐厅在线排队、电影购票选座等智慧逛街服务，同时提供在线交易及场景社交服务
ofo 小黄车	ofo 共享单车	http：//www. ofo. so/	“ofo”小黄车是一个无桩共享单车出行平台，缔造了“无桩单车共享”模式，致力于解决城市出行问题。用户只需在微信公众号或客户端扫一扫车上的二维码或直接输入对应车牌号，即可获得解锁密码，解锁骑行，随取随用，随时随地，也可以共享自己的单车到ofo共享平台，获得所有ofo小黄车的终身免费使用权，以1换N

五、实验步骤和内容

本项实验以美团网为例。

（一）美团网简介

美团是2010年3月4日成立的团购网站。美团网有着“吃喝玩乐全都有”的宣传口号，为消费者最值得信赖的商家，让消费者享受超低折扣的优质服务；为商家找到最合适的消费者，为商家提供最大收益的互联网推广。

（二）功能特点

1. **界面友好**

整体升级的友好界面，为用户提供操作简单、顺畅的界面。

2. **支付便捷**

支持微信、支付宝等安全支付，使用手机随时随地安心快捷地参加团购。

3. **方便查找**

省去在诸多手机短信中查找美图券短信的麻烦，在客户端处没有网络的离线状态也能随时查看。

4. **密码传输**

新增美团券密码发送功能，以及美团券密码条码显示功能，同时为消费者和商家带来最大便利。

5. **定位服务**

寻找客户所在地附近的超值团购。

6. **直观地图**

提供商家直观、准确的交通路线信息。

7. **即时提醒**

美团券到期提醒，每日团购更新提醒。

8. **信息详尽**

客户端首页可以直接查看今日团购，图文内容的信息详细。

（三）团购步骤

（1）下载安装美团 App，用手机号注册登录或微信登录，如图 5-1 所示。

（2）美团首页有“美食”“电影/演出”“酒店住宿”“休闲娱乐”“外卖”等分类，搜索栏可以搜索想要的具体服务，如图 5-2 所示。

（3）搜索店名“千鱼千寻”，搜索结果如图 5-3 所示。

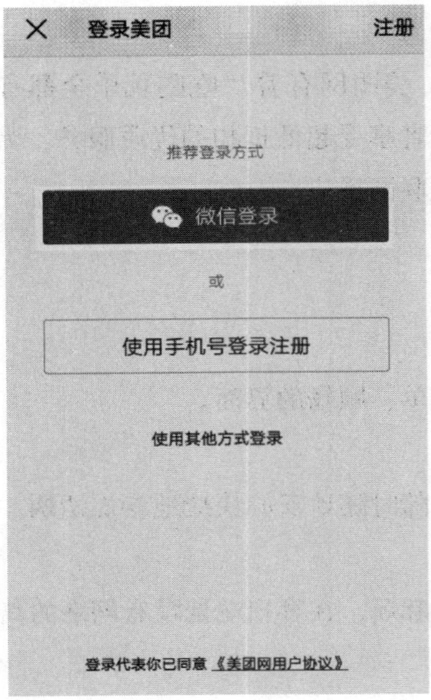

图 5-1 “登录美团”界面

图 5-2 美团首页界面

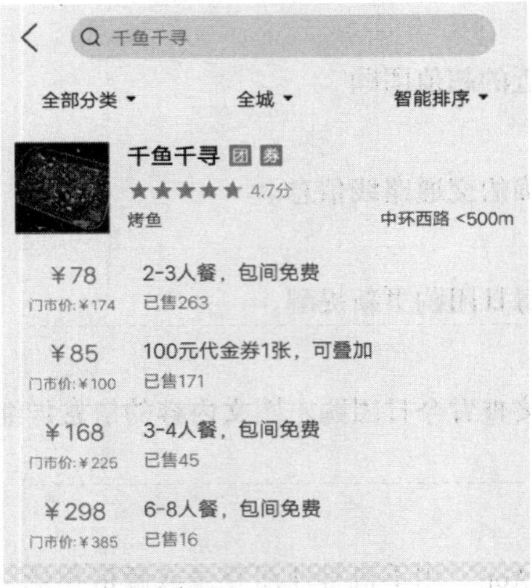

图 5-3 搜索“千鱼千寻”店铺界面

（4）这里以 4 人就餐为例，选择￥168 的 3~4 人餐，可以看到套餐详情，包括用户评价、相关推荐等，如图 5-4 所示。

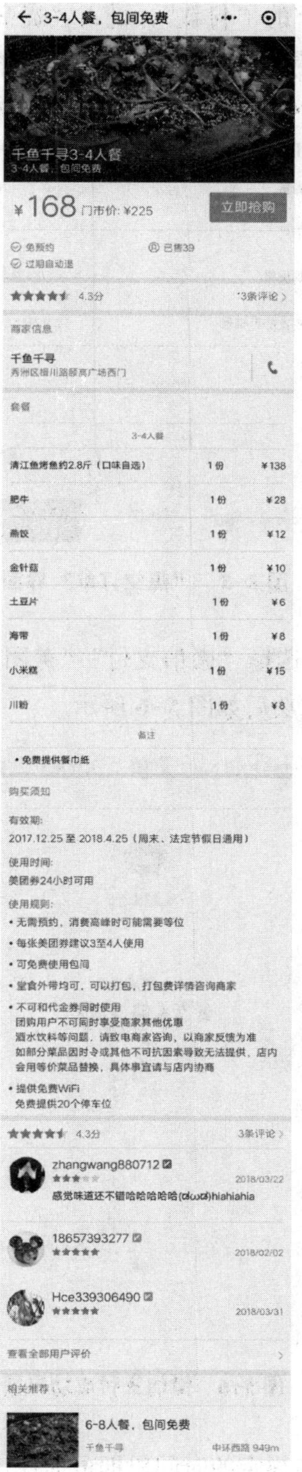
3-4人餐，包间免费
千鱼千寻3-4人餐
3-4人餐，包间免费
¥168 门市价: ¥225
立即抢购
免预约
已售39
过期自动退
4.3分
3条评论
商家信息
千鱼千寻
秀洲区桐川路郡亮广场西门
套餐
3-4人餐
清江鱼烤鱼约2.8斤（口味自选） 1份 ¥138
肥牛 1份 ¥28
燕饺 1份 ¥12
金针菇 1份 ¥10
土豆片 1份 ¥6
海带 1份 ¥8
小米糕 1份 ¥15
川粉 1份 ¥8
备注
• 免费提供餐巾纸
购买须知
有效期:
2017.12.25 至 2018.4.25（周末、法定节假日通用）
使用时间:
美团券24小时可用
使用规则:
• 无需预约，消费高峰时可能需要等位
• 每张美团券建议3至4人使用
• 可免费使用包间
• 堂食外带均可，可以打包，打包费详情咨询商家
• 不可和代金券同时使用
团购用户不可同时享受商家其他优惠
酒水饮料等问题，请致电商家咨询，以商家反馈为准
如部分菜品因时令或其他不可抗因素导致无法提供，店内会用等价菜品替换，具体事宜请与店内协商
• 提供免费WiFi
免费提供20个停车位
4.3分
3条评论
zhangwang880712
2018/03/22
感觉味道还不错哈哈哈哈哈(ơωơ)hiahiahia
18657393277
2018/02/02
Hce339306490
2018/03/31
查看全部用户评价
相关推荐
6-8人餐，包间免费
千鱼千寻
中环西路 949m

图 5-4　套餐详情界面

（5）点击“立即抢购”下的“付款”，进入“提交订单”界面，如图 5-5 所示。

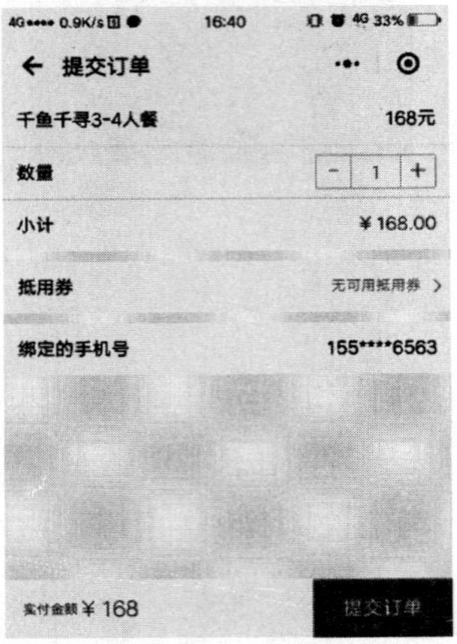

图 5-5 “提交订单”界面

（6）点击“提交订单”，选择“微信支付”“美团支付”或“银行卡支付”等方式进行支付即可。微信支付成功后如图 5-6 所示。

图 5-6 微信支付成功界面

（7）线上购买成功后，在规定的时间段即可前往该店用餐。

（四）商家注册

（1）进入美团官网，在首页底端找到“商家自助入驻美团入口”，如图 5-7 所示。

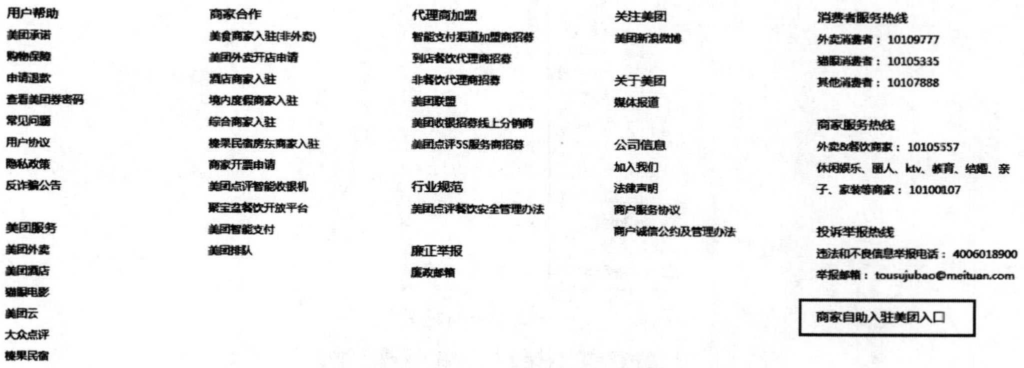

图 5-7 “商家自助入驻美团入口”界面

（2）进入界面后，选择要入驻的行业，如图 5-8 所示。

图 5-8 选择合作行业界面

（3）这里以选择“美食”为例。点击“美食”后可以看到需要经过“注册账户”“认领门面”和“提交资质”三步，参见填写详细的信息，信息填写要准确、完整并且尽量详细，然后提交。提交申请以后，美团网会对商家的资质进行审核（一般 7 个工作日左右）；资质审核通过后，美团联系商家进行沟通洽谈，如图 5-9 所示。

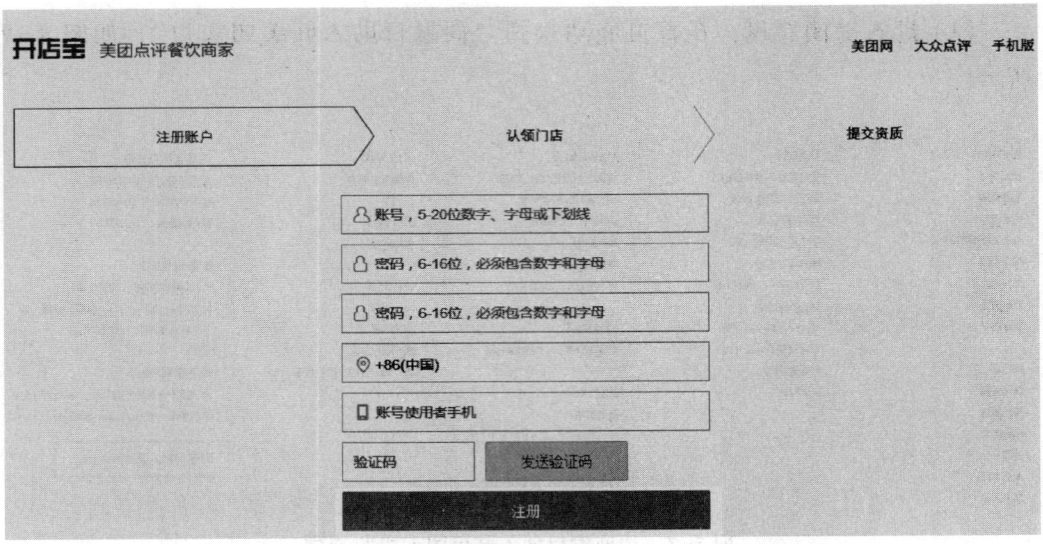

图 5-9 开店过程界面

（4）审核通过后，店家即可上传商品经营自己的店铺，客户在线上挑选满意的商品后，再到店里体验、消费，实现互联网和现实的交互过程。

六、实验总结

本项实验阐述了 O2O 相关概念，以及目前 O2O 平台的分类。本项实验以美团网为实验平台，通过一系列的具体操作，使学生进一步了解团购这一 O2O 经典代表(美团)，在实践中更好地了解 O2O 平台线下线上相结合的商业模式，达到理论学习与实践操作有机结合的目的。